专利热点与
审查实务研究

ZHUANLI REDIAN YU
SHENCHA SHIWU YANJIU

主　编　陈玉华
副主编　姚宏颖　崔海波

知识产权出版社
全国百佳图书出版单位

图书在版编目（CIP）数据

专利热点与审查实务研究／陈玉华主编 . —北京：知识产权出版社，2017.7

ISBN 978 - 7 - 5130 - 5003 - 6

Ⅰ.①专… Ⅱ.①陈… Ⅲ.①专利—审查—法规—研究—中国 Ⅳ.①D923.424

中国版本图书馆 CIP 数据核字（2017）第 155593 号

责任编辑：雷春丽　　　　　　　　　　　责任出版：刘译文

封面设计：SUN 工作室　韩建文

专利热点与审查实务研究

主　编　陈玉华

副主编　姚宏颖　崔海波

出版发行：	知识产权出版社 有限责任公司	网　　址：	http：//www.ipph.cn
社　　址：	北京市海淀区西外太平庄 55 号	邮　　编：	100081
责编电话：	010 - 82000860 转 8004	责编邮箱：	leichunli@ cnipr.com
发行电话：	010 - 82000860 转 8101/8102	发行传真：	010 - 82000893/82005070/82000270
印　　刷：	北京科信印刷有限公司	经　　销：	各大网上书店、新华书店及相关专业书店
开　　本：	720mm×1000mm　1/16	印　　张：	29.25
版　　次：	2017 年 7 月第 1 版	印　　次：	2017 年 7 月第 1 次印刷
字　　数：	536 千字	定　　价：	75.00 元

ISBN 978 - 7 - 5130 - 5003 - 6

本书编委会

主　编　陈玉华

副主编　姚宏颖　崔海波

编　委　（排名不分先后）

曾宇昕	杨　嘉	徐国祥	白　燕	梁素平
刘振玲	李　航	杜　睿	刘继业	刘秀艳
薛　梅	李　俊	凌宇飞	王振宇	刘子晓
冯婷霆	沈敏洁	李福永	林松岭	张　文
覃冬梅	王　荣	田　越	杜　军	魏　峰
张明霞	马美红	徐卫峰	于　白	武文琛
裴素英	唐　嫣	王　晶	姚　楠	李　勇
朱　科	庄　澩	黄　勇	武建刚	葛加伍
杨　燕	高民芳	高丹丹	王　芳	郭明华

前　言

　　电学领域是一个涉及计算机、半导体、电力电子、电化学的多学科交叉领域。近年来，电学领域技术发展日新月异、专利的申请和运用行为活跃。为了促进专利审查质量提升、提高社会服务水平，国家知识产权局专利局专利审查协作北京中心电学发明审查部将本部门审查员完成的学术研究成果结集出版。本书收录的论文涉及近年来电学领域知识产权热点问题和实质审查工作中的难点问题。论文来源包括已经在国家知识产权局内部刊物如《审查业务通讯》和《专利文献研究》上发表的论文，以及审查员在总结审查经验的基础上新撰写的论文。

　　本书共分为两个部分：第一部分专利热点篇、第二部分审查实务篇。其中，第一部分包括了时事热点追踪、专利技术分析和技术综述三个方面，第二部分包括了专利审查实务、专利检索策略两个方面。希望本书能够为审查实践提供帮助，为知识产权运用提供借鉴和指导。

　　由于作者水平有限，本书难免有疏漏和不当之处，恳请读者批评指正。

本书编委会

2017 年 3 月

目　录

contents

第一篇　专利热点

第二篇 审查实务

专利热点与审查实务研究

专 利 热 点

从华为诉中兴 SEP 案
浅谈对滥用专利的限制

魏　峰

▎摘要▎ 在"互联网＋"时代，知识产权作为知识经济资源极易引发市场垄断的属性更加凸显，而专利在知识产权中排他性尤为突出，专利的标准化可能会导致市场的垄断化。专利本身并不直接导致垄断，但作为一种合法垄断权，其存在着被滥用的可能，本文试图通过一个经典案例对专利法和反垄断法的关系进行分析，初步探讨如何界定滥用专利权的行为以及如何对其进行限制。

▎关键词▎ 专利法　反垄断法　竞争　滥用　标准必要专利

专利制度为技术保护提供了一种受一定限制的排他性垄断权，因此企业可以通过对技术的控制达到在一定领域内对市场的控制。拥有专利的企业以占领市场为目的不断将其技术推广，控制市场的专利技术成为"标准"，实现专利技术的标准化，掌握标准核心专利的权利人可以控制整个行业。因此，专利权人必须以合法、规范的方式行使其权利，不得滥用其独占权利，否则就会不合理地损害国家和公众的利益。本文试图通过一个典型案例探讨两方面的问题：（1）滥用专利权的行为如何界定；（2）采取何种措施来限制滥用专利权的行为。

一、案件概况

欧盟法院于 2015 年 7 月 16 日对华为与中兴专利纠纷案涉及的一些与标准必要专利相关的问题作出了初步判决。这些问题由德国杜塞尔多夫法院在审理华为诉中兴侵权案件时提交给欧盟法院。

华为诉中兴案涉及了华为的一项 LTE（Long Term Evolution，长期演进）标准所"必要"的欧洲专利，名为"在通信系统中建立同步信号的方法和设备"

3

技术，由 EPC（European Patent Convention，欧洲专利公约）缔约国的德意志联邦共和国授予的 EP2090050B1 号专利。对于该标准必要专利，华为作为 ETSI（European Telecommunications Standards Institute，欧洲电信标准协会）的一员，承诺会基于公平、合理及非歧视条款（fair，reasonable and non‑discriminatory，简称 FRAND 条款）授权第三方。华为和中兴经过谈判没能达成 FRAND 授权协议，随后华为在德国对中兴提起侵权诉讼，并且寻求法院禁止中兴的任何后续侵权行为。中兴抗辩称既然中兴已经表示愿意成为被授权方，任何法院禁令都会造成华为滥用其市场优势地位。

德国法院向欧盟法院提请初步裁决（preliminary ruling），欲确认在何种情形下，为了符合欧盟竞争法目的且专利人已承诺依 FRAND 条件授权时，标准必要专利（SEP，standard‑essential patent，是指包含在国际标准、国家标准、行业标准中，且在实施标准时必须使用的专利，也就是说当标准化组织在制定某些标准时，部分或全部标准草案由于技术上或商业上没有其他可替代方案，无可避免要涉及专利或专利申请，当这样的标准草案成为正式标准后，实施该标准时必然要涉及其中含有的专利技术）持有人将会对遵循标准的制造商构成滥用市场支配地位。

德国法院认为，根据 TFEU（Treaty on the Functioning of the European Union，《欧洲联盟运行条约》）第 102 条、2013 年 6 月 26 日颁布的法律《反对限制竞争》第 20 段第（1）点、《民法典》第 242 段以及德国联邦法院 2009 年 5 月 6 日关于 Orange Book 案（KZR 39/06）的判决，专利权人请求法院向声称拥有该专利的许可权的被告颁布禁止令，只在某些特定的情况下才构成滥用其支配地位：首先，被告必须已经向原告发出无条件签订许可协议且不限于侵权案件的要约；其次，如果被告想要在原告承诺之前使用该专利，它必须根据未来的许可协议履行应当承担的义务。

二、案件评析

对于该案，欧盟法院第五审判庭作出如下裁决：关于标准必要专利所有人提起的侵权诉讼是否违反了欧盟反垄断法中禁止滥用市场优势地位的规定，欧盟法院判定标准必要专利所有人寻求法院强制性禁令时，有可能构成滥用其市场优势地位，从而违反欧盟反垄断法。

更具体地，欧盟法院判定如果标准必要专利所有人已经同意对第三方根据 FRAND 条款授权，该所有人提起的侵权诉讼以及法院禁令请求不构成滥用市场优势地位，但是必需满足以下条件：

（1）在提出诉讼前，所有权人必须已经警告被诉人侵权；

（2）在被诉侵权人明确表明了愿意达成基于 FRAND 条款的授权协议后，所有权人必须提出具体的、书面的授权协议要约；

（3）在被诉侵权人仍继续使用专利的情况下，该被诉人没有认真答复该授权要约。

尽管本案争议的必要专利的所有人有权提起诉讼，要求颁布禁令或者召回产品，但是该专利已经达到标准必要专利程度这一事实意味着：专利所有人可以阻止竞争者制造的产品进入或遗留在市场上，由此自己保留本案争议产品的制造权。在上述情况下，考虑到 FRAND 条款中承诺授予专利许可这一事实给部分第三方带来了合法的期待，即标准必要专利的所有人实际上会根据此条款授予许可，而如果标准必要专利所有人拒绝这样的许可，原则上很可能构成 TFEU 第102 条规定的权利滥用。沿此逻辑推演，原则上，滥用行为的特征——拒绝授予许可可能会成为对专利所有人要求颁布禁令或召回产品的抗辩。然而，根据 TFEU 第 102 条，专利所有人只在基于 FRAND 条款时有义务授予许可。而在本案的主要诉讼程序中，双方并没有达成 FRAND 条款规定的具体情况的协议。在这种情况下，为了防止将请求颁布禁令或召回产品的起诉行为视为权利滥用，标准必要专利权利人必须遵守确保相关利益达到合理平衡状态的条件。

三、我国有关法律的规定

现阶段我国对于滥用专利行为的规制主要体现在两个方面：一是 2008 年 6月颁布的《国家知识产权战略纲要》将防止知识产权滥用作为战略重点之一，提出要制定相关法律法规，合理界定知识产权的界限，防止知识产权滥用，维护公平竞争的市场秩序和公众合法权益；二是《中华人民共和国反垄断法》（以下简称《反垄断法》）第 55 条之规定，经营者如果是依法行使知识产权相关权利，反垄断法不予关注，如果经营者滥用知识产权相关权利，排除限制了市场竞争，反垄断法将予以规制。具体而言（《反垄断法》第 3 条），垄断行为包括：（1）经营者达成垄断协议；（2）经营者滥用市场支配地位；（3）具有或者可能具有排除、限制竞争效果的经营者集中。

具体到专利法，《中华人民共和国专利法》（以下简称《专利法》）中并没有"滥用专利权"的措辞，但是其第 48 条与制止滥用专利权相关，该条规定：有下列情形之一的，国务院专利行政部门根据具备实施条件的单位或者个人的申请，可以给予实施发明专利或者实用新型专利的强制许可：（1）专利权人自专利权被授予之日起满三年，且自提出专利申请之日起满四年，无正当理由未实施或者未充分实施其专利的；（2）专利权人行使专利权的行为被依法认定为垄断行为，为消除或者减少该行为对竞争产生的不利影响的。

可见，我国专利法中针对滥用专利权规定并不算全面，而反垄断法也仅对滥用专利权作出了原则性规定。随着我国经济的不断发展，滥用专利权的形式越来越多样化，常见的形式如：（1）搭售，即专利权人要求被许可人向自己或其指定的人购买非专利材料、设备或者其他服务作为授予专利许可的条件；（2）拒绝许可或设置明显不合理的专利许可费用，即专利权人为巩固和加强其因技术标准而形成的垄断地位，拒绝给予相关企业合理的使用许可或设置高价格障碍；（3）垄断价格，即专利权人利用技术优势垄断市场，对自己生产的产品制定垄断价格，赚取垄断利益；（4）价格歧视，即专利权人没有正当理由对不同的企业设置不同的专利许可费用或专利产品价格等。同时，因为缺乏相关配套法规，导致这些行为在法律适用上缺乏可操作性。

类似于欧洲在保护知识产权与确保公平竞争之间达成平衡的双向评判方式，最高人民法院于 2016 年 4 月起施行的《关于审理侵犯专利权纠纷案件应用法律若干问题的解释（二）》进一步完善了我国对知识产权竞争的保护。其中第 24 条第 2 款规定"推荐性国家、行业或者地方标准明示所涉必要专利的信息，专利权人、被诉侵权人协商该专利的实施许可条件时，专利权人故意违反其在标准制定中承诺的公平、合理、无歧视的许可义务，导致无法达成专利实施许可合同，且被诉侵权人在协商中无明显过错的，对于权利人请求停止标准实施行为的主张，人民法院一般不予支持"，其中引入了欧美通行的 FRAND 条款，同时，该条第 3 款明确了法院可以协助双方协商确定实施许可条件，在完善我国知识产权保护的基础上，实现了与国际制度的进一步接轨。

四、对本案的相关思考

根据该 SEP 案例，欧洲在保护知识产权与 SEP 持有人向法院寻求救济两方面之间要达成平衡。这对我国相关法律的进一步完善给出了一定的启示，专利法是赋权法，它通过赋予专利权人对于专利技术或产品的专有权来保障专利权人的权益，这种专有权实质上是一定限度的法定垄断权，在一定程度上排除了竞争。

而反垄断法作为经济宪法，作为市场竞争的守护者，主要就是通过保护竞争与竞争机制来避免和制止市场上的反竞争行为，让每个市场参与者都获得公平公正的交易机会，那么其必然会关注专利权可能带来的这一负面经济效果。但是，关注并不意味着对立，只要专利权人在其合法的权利边界内行使其权利，反垄断法并不干涉，因为两者有着共同的价值追求，即促进创新。通过法制明确这一边界，我们才能够在合法垄断与自由竞争之间寻求到一种平衡。其中，对滥用专利权的形式，明确对于行为人的主观认定、有无正当理由的标准、不充分实施的标准、行为人的抗辩权等作出明确的规定，能够进一步提高相关法律适用上的可操作性。

此外，完善国家知识产权局标准必要专利的审查机制，提升审查质量，也是限制专利滥用，防止专利丛林出现的有效措施。首先，应重视各领域技术标准、规范的检索，例如通信领域 3GPP、LTE 等技术标准文件及草案的检索，及时关注标准修订的动向，尽早发现可能涉及标准修改的申请，在审查环节确保此类申请的授权质量，尤其是创造性质量，防止低质甚至垃圾专利进入或包围技术标准，以免在后续程序中浪费更多的审查和行政资源。其次，对于涉及技术标准的专利申请，应从专利实施的角度给予权利要求适当的保护范围。尤其对于权利要求中的技术特征，还应当从清楚、明确，能够得到说明书支持等角度确保授权的权利要求界限清晰、范围适当，防止涉及标准的专利的保护范围过于宽泛。借鉴欧美的审查机制，对于其中重大标准必要专利的审查，建议实行合议审查制度，以确保授权质量。最后，目前国内对于专利和标准之间的关系和界定还没有统一管理模式，对于不同领域专利和标准的关系也比较复杂，我国的各领域的行业协会和标准组织对于标准制定时，也缺乏专利法律状况的考虑。借鉴欧洲电信标准协会（European Telecommunications Standards Institute，ETSI）对于标准必要专利的管理经验，国家知识产权局的各个领域的审查部门也应当加强与行业协会和标准组织的合作和互动，积极开展对标准动态的调研，并对标准的制定提供相关支持。例如，对于所有权人提请将专利写入技术标准前，欧洲的标准化组织要求专利所有方必须承诺按照 FRAND 条款将其许可给第三方使用，对此，一方面，国家知识产权局审查部门可以为我国相关标准化组织提供相关支持；另一方面，对于已经写入标准的专利，也可以在专利数据库中加以标引，以便后续相关申请的检索和审查。另外，加强司法执行力度、细化专利许可措施，进一步细化标准必要专利的许可规定，也有利于为同业者及中小企业打开生存空间，打破技术壁垒，打造行业优势。

参考文献：

［1］KZR 39/06，Orange Book，6 May，2009.

［2］C – 170/13，Huawei Technologies Co. Ltd v. ZTE Corp.，ZTE Deutschland GmbH.

［3］欧洲联盟基础条约. 经《里斯本条约》修订［M］. 程卫东，李靖堃，译. 北京：社会科学文献出版社，2010.

［4］中华人民共和国反垄断法，2008.

中国专利技术转移模式总结分析

徐金环　覃冬梅[①]　董泽华[②]

┃摘要┃本文归纳了中国专利转移模式的三种类型：政府主导型、社会团体型和以技术经纪人为主体的准市场化专利技术转移服务模式，例举并分析了各类型的优点、缺点，并在此基础上提出了专利转移运行建议。

┃关键词┃中国　专利技术　转移　总结　分析

引言

技术创新与技术转移对国家发展、社会进步产生着巨大的影响，已成为世界各国共识。国家经济的发展、企业核心竞争力的提高，既要依靠企业和科研机构的自主创新，同时还必须注重研究技术转移模式。中国专利法实施20多年来，伴随我国改革开放和市场经济的发展，全国专利事业快速发展，专利技术转移也取得了一定的成果，初步形成了多种模式并存的技术转移服务体系。通过我们的调查研究，目前我国主要存在政府主导型和民间社会团体型两类公益专利技术转移服务模式以及以技术经纪人为主体的准市场化专利技术转移服务三种模式。政府主导型和民间社会团体型两类公益性技术转移服务模式为中国专利转移搭建了交易平台，推动了专利技术市场的健康、快速、有序发展，有效服务于我国专利技术的转化实施，加速我国专利技术的商品化与产业化，促进我国自主知识产权产品、产业的发展；以技术经纪人为主体的准市场化专利技术转移服务为供需双方提供了跟踪式技术服务，灵活地化解技术交易中的矛盾，便于实现技术转移。

[①][②]　第二作者、第三作者与第一作者对本文贡献相同。

我国关于专利技术转移并无明确的法律规定，相关的专利出资入股、专利许可、其他专利转移方式等散见于《公司法》《合伙企业法》《专利法》《促进科技成果转化法》《中小企业法》及《担保法》等。现有的法律法规主要集中在技术、技术产品的进出口环节和关税等方面，而对技术消化和技术吸收等方面则很少涉及。

下面详细介绍各种转移模式的典型代表以及特点。

一、政府主导型专利技术转移模式

政府主导型的技术转移模式是指各级政府部门根据国家、上级有关技术成果转移的法律文件单独或联合而推出的各种促进专利技术转移的工作模式。其中的典型代表有国家知识产权局 2006 年 2 月推出的全国专利技术展示交易平台计划、各地知识产权局/专利局下设的服务中心以及中国浙江网上技术市场。

（一）全国专利技术展示交易平台

2006 年 2 月，国家知识产权局下发《关于实施全国专利技术展示交易平台计划的通知》（国知发管字〔2006〕14 号），通知要求地方开展全国专利技术展示交易平台，目标是在在"十一五"期间或更长的时间内，在全国部分具备条件的城市选点和支持发展若干个区域性专利技术展示交易中心，建设和发展形成一个诚信和低成本的全国专利技术展示交易服务体系，进而形成一个具有较高知名度和公信力的全国专利技术展示交易网络平台。截至 2016 年 6 月，全国专利技术展示交易中心共通过认证 41 家，涵盖了我国的所有省份。

以国家专利技术（北京）展示交易中心为例，其依托主体是中国技术交易所有限公司。中国技术交易所于 2009 年 8 月 8 日，经国务院批准设立，由科技部、国家知识产权局、中国科学院和北京市人民政府联合共建诞生于中关村核心区。在技术交易方面，在全国率先推出专利拍卖、能力交易等服务，围绕技术交易与科技成果转化提供一系列的相关服务，主要分为三大类共 11 项服务产品。

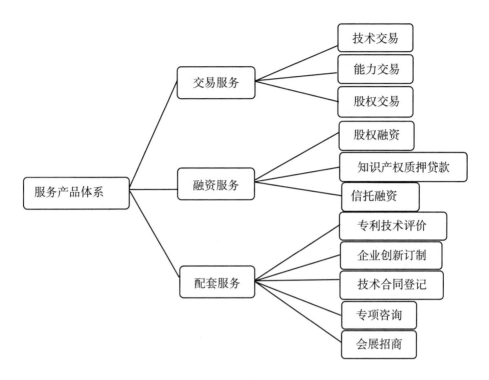

图 1　中国技术交易所的服务产品体系

中国技术交易所有比较完善、透明的交易规则、信息披露操作细则、组织交易签约操作细则、交易资金结算操作细则以及会员管理暂行规则以及收费标准。其中，其知识产权服务中心突出需求导向型服务，面向政府、科研院所、科技园区、企业、天使投资人等客户提供建设知识产权一站式服务平台，提供一站式服务；同时，提供国际业务并挖掘投资需求。其整合了北京地区强大知识产权资源，形成以信息会员、经纪会员、服务会员和能力会员构成的服务体系。

截至 2014 年年底，累计挂牌各类技术产权转让项目 6.8 万余项，累计成交 985 亿元；技术合同总计完成 9816 个项目，成交额总计 491.3 亿元。

（二）各地知识产权局/专利局下设的服务中心

除了全国专利技术展示交易平台，在全国各地知识产权局/专利局，也基本都设置了服务中心或服务平台，搭建了专利技术转移模块，这些服务中心或服务平台基本都是事业单位，由所述知识产权局/专利局主管。

以北京知识产权局为例，北京知识产权局下设北京市知识产权公共信息服务平台，平台设置有专利交易板块，发布专利技术转让和需求信息，同时可以看到，其专利价值评估系统也正在建设中。北京市知识产权局进行专利技术评价标准研究，并在 2006 年年底研究制订了一套科学的专利技术评价标准，北京市知识产权局会同北京市工商局等部门，研究出台《以专利资产作为企业注册资本的指导意见》。

服务中心或服务平台的建设，反映出了各地知识产权局/专利局在专利技术转移方面的探索精神，但是囿于人力和资源的不足，往往只有很少的交易产生。

（三）中国浙江网上技术市场

中国浙江网上技术市场是经科技部批准的全国首家网上技术市场，由浙江省人民政府、科技部和国家知识产权局共同举办，浙江省科技厅和全省各市县人民政府共同承办，浙江省电信公司协办，于 2002 年 10 月 16 日投入正式运行，通过互联网连接 11 个市级市场、90 个县级市场，连接省内数万家企业，连接省内外数万家高校、科研院所、风险投资、技术中介机构等众多交易网点，具备信息平台、交易平台、服务平台和管理平台的各项功能、形成覆盖全省、联系全国的市场组织网络系统和信息技术网络系统。

中国浙江网上技术市场经过 10 多年的探索和发展，成为中国目前最炙手可热的技术转移市场。该市场包含在线拍卖、技术评估、技术众缘、技术众筹、技术众包、在线招标、在线展会、知识产权维权等功能，拥有省内企业网上会员近 10 万家，截至 2016 年 1 月，累计发布技术难题 7.7 万项，征集并发布科技成果 15.9 万项，签约技术合同 3.6 万项，成交金额 330 亿元。

（四）中国创新驿站

最早起源于欧盟创新驿站（Innovation Relay Centre，简称 IRC），它是欧盟鼓励中小企业进行跨国技术创新合作的中介网络。简单地说，它是一个技术转移网络，中小企业的技术需求在"驿站"汇集，专业服务人员通过动用各类专家资源，最终给出理想解决方案。这个源自欧盟的企业服务模式，正因为解决了以上难题引起各国政府的关注。

由科技部火炬中心于 2010 年试点开展我国的创新驿站，目前以进行了两批试点。第一批确定的试点地区包括北京、天津、黑龙江、上海、浙江、安徽、湖北、深圳、四川、陕西 10 个省（市）以及广州开发区，共有 11 个区域站点、21 个基层站点；第二批试点正在进行中。

二、社会团体型技术转移模式

社会团体型技术转移模式常见于各专业联盟，一部分联盟目的在于促进技术交流，但更大的一部分其目的在于促进技术转移，即技术实施或技术整合。同一行业或有同样需要的几个自发形成联盟，协同分工，共同分析联盟面临的知识产权形式、解决专利技术问题。

（一）中国知识产权运营联盟

2015 年 4 月 27 日，由中国专利保护协会、全国重点知识产权运营机构共同发起的中国知识产权运营联盟在北京成立。以"产业定位＋服务增值＋资本增值"为模式,以知识产权许可、转让、投资入股、质押、证券化等为服务内容,以实现知识产权的商业价值、服务价值和金融价值为一体的综合性服务。建立与政府部门、司法机关、行业协会及相关联盟的沟通机制;加强知识产权运营试点机构跨行业、跨区域、跨部门之间的沟通和交流;引入国际专利,加强二次开发;制定知识产权许可、转让、竞价交易的服务规范和标准;引导联盟成员探索设立知识产权运营基金、开展知识产权质押、知识产权证券化等金融创新模式等。

中国知识产权运营联盟的业务有:IP 战略规划、IP 预警分析、IP 挖掘申请、IP 许可转让、IP 投资运营和 IP 咨询,其中 IP 许可转让的流程如表 1 所示。

表 1　IP 许可驻让流程

买入和 LICENSE IN	卖出和 LICENSE OUT
帮助确定标的知识产权	分析寻找潜在客户
联系所有权方	联系买方/许可对象
买入交易/许可条款谈判	卖出交易/许可条款谈判
知识产权价格评估	知识产权价格评估
交易/许可合同准备	交易/许可合同准备
法律流程操作	法律流程操作

(二) 全国产业知识产权联盟

2015 年 4 月 28 日,国家知识产权局印发了《产业知识产权联盟建设指南》,为促进知识产权与产业发展深度融合,深化产业专利协同运用,产业知识产权联盟建设被提升到一个新的高度,得到了社会各方的热烈关注与积极响应。截至 2016 年 6 月,产业知识联盟在国家知识产权局备案在册的共有 56 家。

以北京市音视频行业知识产权联盟为例,该联盟成立于 2009 年 10 月 28 日,由中国科学院计算所、华旗资讯、中星微电子、新奥特四家单位发起,业内专家相应而成立的合作型团体。其目标是:着眼于整个音视频行业的技术研发、运用与知识产权保护,形成一条从技术产出——技术实施——二次开发——市场推广的完整路线,并由专业的知识产权服务机构及专家团队为联盟成员的知识产权工作保驾护航。联盟集合企业、科学院所及知识产权中介机构的力量,共同解决行业共性知识产权问题,应对知识产权纠纷,增加中国音视频领域知识产权的竞争筹码。

音视频领域中的知识产权问题是四家企业共同遇到的问题，该联盟四家企业通过交流合作，逐渐掌握了在音视频领域美国、日本的技术积累和专利布局以及专利许可的运作模式，摸清了专利池中专利的分布情况，对这四大专利管理公司的音视频编解码相关技术的专利发展态势、各国研发实力、专利的保护地域、专利技术分类情况以及技术生命周期等相关信息进行了详细分析，明白了国际上的哪些专利技术的保护期限将届满，警醒和提醒我们地方专利的乱收费。从以上可以看出，行业联盟更多的目标在于摸清行业的知识产权状况，为专利技术转移做到未雨绸缪。

三、以技术经纪人为主体的准市场化技术转移

（一）科易网

科易网（www.1633.com）由厦门中开信息技术有限公司创建于 2007 年 5 月，定位为卓越的技术转移全流程平台及技术市场基础服务提供商。在技术转移平台上，创造性将电子商务与技术转移有机结合，提供展示、对接、定价、交易、服务、管理等技术转移各节点性环节支撑，并逐步形成一系列成熟、行之有效的市场运行规则、规范；在科技资源整合上，实现从"注重资源丰富性"到"注重资源有效性"到"资源贡献者的活跃性"直至"注重资源商务关系整合"的层层深入；在区域服务上，作为技术市场基础服务提供商，探索并实践出成熟的区域技术市场市场化运营模式，通过体制、政策、服务的三大创新，构建了真正有效果、可持续、能扩展的区域技术创新服务体系。目前，该模式已在厦门思明、浙江海宁、陕西西安、南京高淳等多地实施应用，取得了显著成效。

1. 资源整合

科易网改变了原有简单的科技资源采集与展示方式，坚持以优质服务和良好的客户体验来吸引服务机构自主进驻平台，实现核心资源由会员自主发布，大幅提升资源的有效性；坚持按客户需求导向来深度整合与加工科技资源，建立了数以几万计的多维度的技术专题与专家能力点，满足中小企业个性化需求。截至2016 年，科易网积累了丰富、有效的科技资源。

表 2　科易网积累的科技资源

可交易技术成果	26 万件	技术专家	6 万多名
合作院所	1075 多家	技术能力点	3 万多个

2. 流程创新

科易网将电子商务与技术转移有机结合，打通技术转移全流程服务。首创技术交易价格评估系统，为企业提供技术定价的参考依据；首创在线展会服务体系，实现企业不出办公室、专家不出实验室在线同步洽谈对接；首创技术交易服务系统，解决技术交易双方资金担保支付、技术安全交付、线下服务规范等三大节点问题，提高科技成果转化成功率。

3. 服务效果

截至 2016 年，科易网服务了全国 200 多万家中小企业，其为企业提供了一站式科技创新服务方案，包括为企业定制培训主题、专家主题沙龙分享、面对面交流互动的深度创新研发服务体系，让企业远离困惑，举行能力对接、项目对接、培训活动达 541 场，实现对接 24979 次，达成意向 5286 次，科易网取得的丰硕成果。

表 3　2007 年至今科易网的平台实效

达成意向	实现交易（局部统计）	交易金额（线下估算）
12 万项	2400 多项	30 多亿元

表 4　2014 年至 2016 年 11 月科易网的网上交易情况

截至 2016 年 11 月交易金额	累计对接次数
11 亿多	148952 次

4. 总体情况

以推动技术转移与区域创新体系发展为主轴，通过为各个创新主体提供优质增值服务来获取合理收益，成为全国第一个国家科技成果转化服务示范基地。

（二）蓝海网

青岛蓝海网致力于汇聚各地资源，搭建协同创新平台，为成果供、需、中介三方打造技术转移整合方案，搭建区域分市场/专业子平台体系，旨在通过市场化运营，解决技术交易信息不对称问题，降低技术交易综合成本，探索技术成果、技术需求挂牌交易机制，推行成果标准化评价，解决技术交易供、需、中介三方信息不对称问题，引导科技服务模式，培养高校院所、企业通过网络买卖技术成果的习惯，繁荣技术市场。

蓝海网为成果买卖双方及各类第三方服务机构提供免费的标准化管理空间，可自由展示成果、需求、专家团队、成功案例、街景等信息；可按照技术领域、关键词、发布时间、发布机构等多种形式查找技术成果、企业需求、专家、政策法规等；注册用户可实时、快速、便捷发布成果或需求；服务机构可通过蓝海网在线发起、报名、直播各类活动，包括培训、宣讲、座谈、路演等；通过蓝海网对成果进行标准化评价、推荐成果确权、授权、挂牌、摘牌、停牌、延期、交易等。

蓝海网助力青岛技术交易市场，业务保持了很快的增速，2016 年截至目前交易额超过 51 亿元，科技成果挂牌 3729 项，需求挂牌项目达到 577 项。通过技术转移机构保荐挂牌制度设计，有效解决了高校院所成果的确权、授权、评估等难题，促进了技术成果的公开交易和转移。

四、三种模式的特点分析

（一）政府主导型的专利技术转移模式

政府主导型的技术转移模式就是由政府部门主管，具有突出的优势：以政府作为法定担保人，平台/服务中心作为政府主管部门的隶属机构，履行政府部分权力与公共管理职责采取免费服务的形式，为专利技术转移创建交流平台；依托政府，动员、汇集社会各方力量投入技术转移服务，并能为技术转移提供政府财政资助、实施政策倾斜和法律援助，利于大项目、大工程的技术转移；作为政府所属技术服务机构，具有权威性和公信度，利于调节、化解技术供需双方矛盾和市场交易、创新过程中的障碍，利于科技成果转化和产业化。

然而，作为政府所属技术服务机构，沿袭政府行政管理、整齐划一的服务方式以及管理人员不掌握知识产权和技术这一特点，政府主导型的技术转移模式难以应对解决技术转移过程中超越组织界限的复杂问题和专业问题；政府行政命令方式，易于使技术供需双方作出非主动的技术选择；或大包大揽作风，使企业滋生依赖和应付的思想，或难以满足企业自主创新的需求和促进企业发展；平台/服务中心"推介"的技术转移服务方式简化了技术转移过程，其由于人员编制以及人员结构类型的限制，缺乏专业技术的指导，淡化了科技成果转化的复杂性、不确定性及风险。但是，在我国专利技术转移市场发展初期，采用这种模式可以有效地引导技术转移市场的走向，也能避免我国各省市因自身发展差距带来的技术转移思路的落后。

（二）社会团体型的专利技术转移模式

社会团体型的技术转移模式为促进成员内部的专利技术转移，其一般是以政府监管、市场导向的模式开展工作。该种模式的特点是政府在其中的作用并不占主导地位，只是起到支持和监管，而技术转移市场的具体运作则是由团体联合其他组织完成。相比之下，该类技术转移模式的发展比政府主导型的转移模式更有目的性，也比以技术经纪人为主体的准市场化技术转移模式更具理性。首先，社会团体型组织的成立具有迫切性、自发性、目的性，因此体现在技术转移工作中，社会团体型的组织具有明确的组织章程和管理规则，成员之间联系广泛、分工明确、信息沟通顺畅，利于提供综合化、复合型专利技术转移服务；其次，社会团体型的组织一般具有自己的技术人才和技术资源，清楚自己的技术和专利技术，同时也有能力了解到与自己技术相关的其他国内外技术和专利情况，因此其在专利技术转移中具有核心支持，利于实现技术转移；最后，社会团体型的组织能够实现跨地区的政策、人才和技术的资源整合，能够提供多样性和灵活性的专利技术转移服务，又能节省技术服务的社会成本。

社会团体型的专利技术转移模式也存在很多的局限性：第一，社会团体型的技术转移组织缺少政府直接的资金投入，他们或通过银行贷款，或根据国家政策自行寻找资金，因此难以为专利技术转移提供资金资助；第二，由于组织人员不固定，有时无法提供常规的或全程式技术服务，管理人员的变动也会影响专利技术转移的延续性；第三，社会团体型的技术转移模式缺乏明确的服务对象，也容易出现工作虎头蛇尾的弊端。

（三）以技术经纪人为主体的准市场化专利技术转移模式

以技术经纪人为主体的准市场化技术转移模式是企业创建的以盈利为目的技术交易市场，这种模式是实行市场化运作和企业化经营管理的代表。市场化运作是以交易所提供的优质平台和服务，吸引专利技术项目的持有者和资本的持有者进场交易，有自己的交易算法以及服务费收费标准，但成交价格基本上是由市场竞价所决定。这种专利技术转移模式使技术交易贴近市场，反映技术供需市场的需求，服务人员既通晓技术供需双方和市场的情况，又有主动沟通双方的强烈意愿，容易化解技术交易中的矛盾，交易能更容易、更合理地达成；以技术经纪人为主体的准市场化技术转移模式中，技术服务紧密贴近社会实际，掌握"软性"的、不可编辑的技术以及服务方式灵活，利于"有的放矢"地开展技术服务或提供跟踪式技术服务，可提供全时段的跟踪服务，便于企业实现技术需求；大多数人员专门从事技术转移服务，他们的收入、业绩跟达成的技术转移密切相关，因此调动了成员的积极性，能够促进各种专利技术转移的达成。

以技术经纪人为主体的准市场化技术转移模式也存在弊端；大多数技术经纪人以"单兵作战"方式从事技术转移服务，限于他们技术知识结构的偏颇及能力、精力的限制，难以提供综合性的技术服务；以技术经纪人为主体的准市场化技术转移模式有时缺乏综合的知识产权分析能力，限制了他们为技术转移提供全面的技术转移服务；由于该种模式对市场化程度的要求比较高，也需要相关的监管机制和市场的监控能力。

（四）未来我国专利技术转移运行模式的思考

通过以上分析能够看出，中国专利技术转移市场正在逐步丰富和增大，政府支持的转移平台多种多样，准市场化的网络平台也层出不穷。然而，在这看似庞大的技术转移资源背后，却仍是拿不出手的成交记录和对不上口的服务。笔者认为，未来我国专利技术运行模式若想取得实质性的进步，应当从以下方面下功夫。

1. 整合资源

不论是全国专利技术展示交易平台、各地方专利局下设的服务中心还是中国创新驿站，构建的模式都是不错的。然而，太多的政府主导型平台不仅浪费政府资源，也浪费了地方资源，且政府主导型的转移平台都受人员编制的影响，人力资源往往有限，真正的服务无从谈起，往往只是搭了空架子。因此，我国应该整合各部委的资源，注重规范化建设。建立一个权威性、全国性专利转移平台，保证对技术转移的各级服务，增进供需双方互信。

2. 培养专业

专利技术转移过程需要很多专业的服务过程，例如评估服务、财务服务、技术服务以及流程服务。没有对这些过程的专业服务，就不会有优质的专利技术转移流程。因此，我国应当在大学设立专利技术转移专业课程，从根本培养专业人才，有人才的培养，才会有技术和服务的提升，才能带动市场繁荣。

3. 提高信息化水平

专利技术转移过程中涉及多种财务数据和技术数据，我国应在专利技术转移平台建立过程中提高信息化水平，使得技术网络扩大化、信息交互及时化、技术评估智能化，提供方便快捷的信息化服务，有效解决供需双方断层问题的能力。

五、总结

本文通过对中国目前存在的专利技术转移模式进行分析总结，中国专利技术转移市场正在有序建立，政府主导型的转移模式为全国创建了平台，而各地区又因经济发展的制约对专利技术转移市场有不同程度的推进。未来我国应该汲取各类型转移市场的长处，实时调整，集中资源，建立规范化专利技术转移市场，中国专利技术转移市场还有很多需要努力的地方。

参考文献：

［1］赵峰，长三角地区技术转移服务模式的比较［J］. 经济管理，2011（2）：31－32.

［2］Joyce Evans，国内知识产权运营联盟分析［J］. CTEX 情报分析师，2016（33）.

欧洲技术转移法律体制研究

查洁立　覃冬梅[①]

┃摘要┃技术转移法律体制是调整技术转移活动的法律规范的总称，包括专门的法律法规和相当数量适用广泛的相关技术政策、措施与规范性文件。本文主要针对欧盟和法国、英国等欧洲国家为推进技术转移所制定和实施的一系列法律法规和相关政策措施进行总结分析，以期为我国的技术转移法律体制建设提供相应的建议。

┃关键词┃技术转移　法律　政策

引　言

一直以来，欧洲的学术界及研究单位具有非常强的科学基础，而产业界应用创新能力不足，这被学者形象地概括为"欧洲创新悖论"（European paradox）问题。为推动落实欧洲一体化和近年来的欧洲2020目标的实现，欧盟和许多欧洲国家在立法和一系列技术转移政策的制定和实施方面进行了大量创造性的工作，并取得了巨大成效。中国各地区的经济社会发展水平差异巨大，技术转移制度体系的发育程度参差不齐，整体发展状况仍有诸多不尽如人意之处，为此，有必要对欧盟和欧洲促进技术转移较为成功的国家的技术转移相关法律法规和政策、措施等进行系统的梳理和总结，以充分挖掘欧洲的做法和经验，从而对中国的技术转移法律体制建设提供有益的经验借鉴。

一、欧洲的技术转移法律体系

成功的技术转移机制需要具备各方面的条件和要素，其中最重要的莫过于技

---

①　第二作者与第一作者对本文贡献相同。

术转移法律体制的支撑。技术力量和其内在隐藏的经济利益如何产生、流转、发展和分配，只有相应的法律力量才能对其作出合理的引导和规制，以满足公共和个人的技术需要，最大限度地发挥出科技的正面效应。

（一）欧盟促进技术转移的法律体系

形成促进技术转移的法律体系是欧盟落实发展战略的首要保障手段，欧盟分别从信息传播、共同研究、成果转化、知识产权保护等方面进行了诸多立法工作。

促进信息传播最早受到欧盟的重视。早在1974年，欧盟就为推动欧洲经济共同市场区的研究计划成果有关信息的传播制定了专门的法律（欧洲经济共同体，European Economic Community，EEC）No 2380/74，其后还多次对其进行了修订，从而形成了比较完善的促进信息传播的法律体系。

为了推动实施欧洲共同市场有关研究、技术并发和示范的计划，欧洲议会于1994年制定了专门的法律（欧洲理事会，European Council，EC）94/76，欧盟委员会根据该法律制定了具体的实施条例（欧洲理事会，European Council，EC）No 2897/95。为了规范技术转移协议和研发协议，欧盟委员会分别于2004年和2010年颁布了（欧洲理事会，European Council，EC）No 772/2004 和（欧盟，European Union，EU）No 1217/2010，对两类协议的具体类别及相关要求进行了详细阐述。

在促进成果传播方面，重点是欧盟的主体框架计划——第七框架计划及其中的欧洲原子能共同体计划，为了规范研究中心和大学参与框架计划的任务并促进成果传播，欧洲议会分别颁布了两部专门的法律（欧洲理事会，European Council，EC）No 1906/2006 和（欧洲理事会，European Council，EC）No 1908/2006。

在促进知识产权保护方面，针对专利的原则、申请、诉讼等，欧盟先后制定了《欧洲专利公约》《欧洲专利公约附属规定》（针对专利从业人员）、《罗马条约》（针对专利许可协议的反垄断）、《伦敦协议》（针对降低成本的可选协议）、《欧洲专利诉讼协议》等。

（二）法国促进技术转移的法律法规

"二战"后，法国尚没有专门的技术转移法律，政府旨在促进科技发展的政策、规定往往融合在经济、社会发展的相关法律之中。1982年7月15日，政府制定了首部科技法律——《科学研究与技术发展规划与导向法》。随后，1985年

12 月 23 日制定了《科学研究与技术发展法》。1997～1998 年，法国蓬勃地开展围绕技术创新问题的全国性大讨论。在对法国的技术创新体制进行了深入的评价和诊断的基础上，法国于 1999 年 7 月 12 日颁布了一部具有历史意义的重要法律——《技术创新与科研法》。制定《技术创新与科研法》的目的是利用政府将有限的科研资源和经费集中调动，通过公共研究机构与企业在费用均摊、利益均摊的原则下进行合作的形式，促进科技成果尽快转化和面向市场。

《技术创新与科研法》的主要内容包括：

（1）加强科技界与企业界的合作。首先，为研究人员和教学研究人员创建企业提供便利，允许研究人员参与企业的创建，使他们可以毫无风险地以协作者、经营者和领导者的身份进入新企业，在企业工作一段时间以后，还可以自由选择回到公共部门或留在企业。其次，扩大研究人员和教学研究人员与企业的接触。研究人员在公共部门工作期间，可以向开发其成果的企业提供学术上的帮助，也可参与企业股份，限额为企业股份的 15% 以下。

（2）发展大学与企业的合作关系。第一，简化合作体制的行政手续。由科研机构、高校和企业联合创建的企业和"公共利益集团"不再需要部长会议批准，建立一个默许的机制。第二，为企业合同的管理提供方便。高校和科研机构不必承担科研计划结束后合同人员失业的补偿费，而且合同人员的公务员地位和权利可以不变。第三，为高校科研成果推广活动的管理提供便利。高校可以设立"工业和贸易活动服务处"，负责管理与企业签订的合同和经费，实行统一有效的管理。第四，依靠孵化器帮助企业的创建。高校和科研机构可以设立孵化器，为年轻企业提供场地、物质和人员，实行有偿服务。第五，明确技术学校和职业专科学校与企业所签协议的法律地位。技术学校和职业专科学校可以与企业签订协约，并通过它们的技术优势获取有偿报酬。第六，鼓励大学科技园对外开放。政府将与科技型公共机构签订多年度合同，进一步明确这些机构的发展目标，特别是技术转移方面的目标。

（三）英国等欧洲国家促进技术转移的法律法规

自工业革命以来，英国都有很强的科学优势，但在技术转移工作上却落后于法国。为规范学术转型及推动知识产业化发展，英国政府进行了一系列相关的立法工作，1965 年英国政府颁布《英国科学技术法》，旨在进一步规范有关科学研究的责任和权力，有关技术部长、国务大臣、某些经特许的机构和其他组织在科学研究中的权力。它是英国科学技术发展的基本法。其后颁布的《发明开发法》（1964 年、1968 年）、《应用研究合同法》（1972 年）、《不公正合同条款法》

(1978年)、《竞争法》（1980年）的目的都在于畅通科学技术转移的渠道，维护研究开发合同的秩序，限制非法垄断技术等阻碍大学知识产业化的不利因素。

丹麦作为一个只有530余万人口的北欧小国，却在2009～2010年世界经济论坛年度报告中位列全球竞争力的前5位。究其原因，丹麦公共研发机构活跃的技术转移活动是一个重要因素。根据泛欧技术转移协会（Proton Europe）的调研，丹麦是欧盟国家中公共研发机构开展技术转移活动最好的几个国家之一。为了加速公共科研机构科研成果的转化，丹麦政府于1999年6月颁布了第347号法令，这是一项关于促进公共科研机构和产业界合作的法律。该法律规定：对于就职于丹麦公共研发机构的研发人员的发明，公共研发机构有权利决定发明的所有权；研发人员必须将发明披露给所属机构的技术转移中心；技术转移中心必须在两个月以内决定是否获取该项发明的所有权，并积极实现发明的技术转化；研发人员有义务对技术转移过程提供积极主动的帮助；研发人员、学校和院系均可以按照一定比例获得科研成果转化的收益等。

西班牙近年来经济发展速度较快，从2001年起至今，其经济增长速度大大高于欧盟的平均水平，甚至高于英国等经济强国，分析原因，发现活跃的大学和产业界技术转移活动与西班牙经济的高速发展密切相关，西班牙也已逐渐成了公共研发机构技术转移活动开展得比较好的欧盟国家之一，西班牙政府在1986年加入欧共体之际，颁布了《科学法》。为了提升西班牙在欧盟乃至全球的竞争力，西班牙政府颁布的《科学法》在三个方面进行了机制改革，以提升和整合西班牙公共研发机构的研发能力和技术转移的能力：（1）成立了一个跨部委的科技委员会，对西班牙公共研发系统进行指导和支持；（2）开始制定跨年度的国家研究和技术发展计划；（3）重新定义了公共研发机构，明确指出了公共研发机构和与产业界合作的重要性。

二、欧洲的技术转移政策

技术转移过程是一个涉及经济、政治、科学、文化诸因素的复杂的社会过程，而不是一个单纯的技术过程，因此，除了需要专门的法律法规对技术转移活动做细致的规范，由于在科技与经济全球化背景下技术转移过程中的新领域和新问题不断涌现，还需要借助政策措施的灵活性，辅助相关法律法规的实施。

（一）欧盟的技术转移政策

欧盟在促进合作研究与技术转移、人才自由流动、技术转移金融支持、中小企业技术创新等方面先后制定和实施了若干针对性极强的技术转移政策。

为了专门推动企业间的跨国知识转移以及欧洲公共研究机构与产业部门间的知识转移，欧盟委员会制定了《关于欧洲公共研究中心和产业间知识转移的传播和与之相关的良好实践准则》，以减少行政阻碍，为公共研究机构提供了关于如何占有和开发研发成果及相关知识产权的准则。为促进公立研究机构和私人部门之间的知识产权协议的管理，欧盟制定了《欧盟委员会关于大学和其他公立研究机构的知识转移活动的管理和实践准则的推荐》。并且，欧盟科学技术研究理事会在《CREST OMC 专家组关于知识产权的最后报告》中，针对跨国公共研究机构和产业与技术转移培训部门之间的合作开展制定了一个专门的指南。

推动科技人才的自由流动是促进技术转移的重要途径之一，为此欧盟先后提出了若干个自愿遵守的指南和准则。首先，为推动欧洲的大学、研究和技术机构和其他公共财政资助机构的良好实践，推动知识和知识产权的管理和知识转移，针对传统的渠道制定了数个科研人员自愿遵守的准则，包括针对常规渠道的科研人员流动的《欧盟有关欧盟宪章中研究人员聘用行为准则的推荐》，以及针对非常规渠道的流动的《大学和其他研究机构促进他们和欧洲产业部门的联系的自愿指南》。其次，为了促进高级管理人员更好地服务于技术转移，欧盟制定了《负责人伙伴关系——开放创新世界中的联合力量：促进科学界与产业界合作研究实践之指南》的手册，旨在帮助高级公共或私人部门的管理人员更好的创造、转移和应用知识。

欧盟还强调采取直接的资助来促进技术转移，其中最重要的方式当属第七研究框架计划，其中的四大具体计划都或多或少涉及技术转移的内容，包括针对技术转移提出了若干要求或相关内容，或设置专门的技术转移行动计划。除了研究框架计划外，竞争力和创新框架计划（Competition and Innovation Plan，CIP）和结构基金—凝聚力政策计划（Structural Funds – Cohesion Policy，SF – CP）在相当篇幅上主要着眼于推动合作研究及其技术转移的工作，从而成为资助技术转移的另外两个主要计划。同时，欧盟投资基金在《技术转移加速器》报告中提出，欧洲在促进技术转移方面落后于美国，为此需要制订一个技术转移加速器计划来促进欧洲学术机构研究的商业化，并在之后得以实施，它因此成为欧盟另一类推动技术转移的金融政策工具。

此外，为支持中小企业发展，欧盟在《研究与创新传播》报告中提出，要通过识别支持中小企业发展的利益相关者的方式来提高知识产权的利用，为此在PRO INNO 欧洲倡议中制订了一个在中小企业中传播知识特别是专利的计划，同时在竞争力和创新框架计划中提出了一个三年的知识产权意识与执行子计划，以增强中小企业在知识产权方面的意识、知识和能力。

（二）法国的技术转移政策

法国除通过立法促进科技成果尽快转化和面向市场外，还在促进合作研究与技术转移、技术转移金融支持、支持技术创新型企业等方面实施了一系列有效的技术转移政策和措施。

为了专门推动公共研究机构与产业部门间的知识转移，首先，允许高校和科研机构以子公司或内部服务处形式设立孵化器，鼓励由多个机构联合并设立孵化器。1999 年，国民教育、研究与技术部和经济、财政与工业部共同拿出 2 亿法郎，设立孵化器和启动基金，科研机构、高校和私人投资者都可以申请这项资助，项目计划由科学界、企业界和金融人士组成的委员会进行评审。其次，建设技术创新和科研网络，科研与技术创新网是于 1998 年由法国总理宣布创立的，同年获得了科技研究部际委员会的确认，这项措施旨在进一步促进企业在研发领域，特别是政府经过评估确定的那些研发力量不足且需优先发展的领域，与国家公共研究机构进行联合。技术创新网的运作方式主要是以项目合作的方式把企业界和公共研发机构结合起来，针对经过仔细筛选的项目进行合作。它所支持的项目也可以获得法国研技部的技术研究基金和国家科学基金的资助，同时也可以获得政府其他部门的财政支持。

在促进技术转移的金融支持政策中，法国的科研税收信贷政策举足轻重，该项政策于 1982 年年底颁布，1983 年开始实施，后来又经过数次修改，形成了目前的版本，该项政策旨在通过减税促进企业的研发工作，规定企业研发投资与前两年研发投资平均值相比增长超过 50% 的，增长部分的一半通过减免所得税的方式返还给企业。为了鼓励企业在研发领域与国家公共科研机构的合作，在所有公共科研机构都设有科研税收信贷办公室，负责把企业委托公共科研机构所作的研发工作的支出计入可享受科研税收信贷的投资中去。

此外，为支持技术创新型企业发展，法国从 1999 年起开展一项创建高技术企业激励行动计划，凡是准备在法国境内创建一个独立的、开发新产品或新工艺的创新企业，都可以参与全国性的投标，政府将择优支持，给予配套措施和必要的资金支持，优先支持的领域是生物技术和信息技术。

（三）英国的技术转移政策

为推动知识产业化发展，英国政府还在促进合作研究与技术转移、技术转移金融支持等方面制定和实施了一系列相关政策。

为了专门推动公共研究机构与产业部门间的知识转移，1992年英国政府实施法拉第合作伙伴计划（Faraday Partnership），该计划支持由多个大学、独立研究机构、制造业公司以及金融机构所组成的协作集团之间的合作，致力于通过科学技术和产业之间的合作以提高英国工业的竞争力。1994年，英国贸易与工业部（Department of Trade and Industry，DTI）发起了商业连接（business link）方案，该方案的项目需要由科研机构和企业共同申请，合作承担项目，政府只提供运用于可行性研究和市场发展项目的研发经费，其余必须由企业提供。2003年，英国贸易与工业部设立"知识转移合作伙伴计划"（Knowledge Transfer Partnerships Scheme，KTP），该计划由英国贸易与工业部于1975年设立的"教研公司计划"（Teaching Company Scheme，TCS）和1996年开始试运行的"院校与企业界的合作伙伴计划"（College-Business Partnerships Scheme，CBP）合并而来。

在促进技术转移的金融支持政策中，1996年，英国科技办公室和高等教育基金委员会共同实施共同研究设备方案（Joint Research Equipment Initiative，JREI），目的是资助自然科学研究设施，使高质量的研究得以进行，该方案主要目的在于促进高等教育与产业研究赞助者之间的伙伴关系。1998年，英国政府、维康基金会、盖茨比慈善基金会共同设立"大学的挑战"（University Challenge Scheme）种子基金，所有的大学均可以通过公开投标的方式申请，大学和其他高等教育机构和公共研究机构的合作投标也可以申请。1999年，英国开始实施"科学企业中心"挑战计划（Seience Enterprise Centers，SEC），鼓励优秀英国大学设立创业中心，并对创业中心资助100万到400万英镑不等的金额，促进创业文化的发展和科研成果产业化的进行。2000年，设立了"研究之外"基金，鼓励大学设立专门针对科研成果产业化的机构以促进大学与企业的密切联系，向企业销售大学和其他高等教育机构的研究成果，支持创建衍生企业等，其资助额度为每两年100万英镑，该基金现已更名为"高等教育机构创新基金"（High Education Innovation Fund，HEIF）。

（四）丹麦等欧洲国家的技术转移政策

首先，丹麦通过立法明确了技术转移中心的重要作用，规定了科研人员和大学技术转移中心的义务，通过法律手段要求科研人员和大学技术转移中心必须积极参与到技术转移活动中去，并制订激励政策，保障科研人员和所属机构通过技术转移活动获得相应的收益。在此基础上，丹麦各个研发机构均成立了技术转移中心，并且在国家层面上，丹麦国家科学技术部于2004年设立了丹麦国家技术转移协会，对丹麦全国范围内的技术转移中心加以管理。该协会的主要活动包括培训课程、研讨会和年度大会等，可以帮助丹麦全国的公共研发机构实现在技术转移方面的知识和经验的共享，同时协会积极联系产业界，促进公共研发机构和产业界之间的联系，实现科研成果产业化。

西班牙政府于 1988 年制订的第一个跨年度的国家研究和技术发展计划中，充分强调了大学技术转移中心的重要性，明确提出西班牙大学应建立大学技术转移中心。因此，首批国家级的专业化的西班牙大学技术转移中心得以在该年度成立。并且，在政府法律法规的长期指导下，西班牙全国的大学开始逐渐意识到大学和产业界合作的重要性，纷纷建立起了大学技术转移中心。为了有效地整合全西班牙的大学技术转移网络，西班牙大学校长联合会于 1997 年成立了西班牙国家大学技术转移协会。这是一个非营利性的有关大学技术管理的全国性组织，也是一个链接了知识产权管理、技术转移和投资评估及咨询的三位一体的机构。该协会的建立，一方面，可以促进和指导新的大学技术转移中心的建立；另一方面，通过开展课程培训、年度大会、研讨会等活动，提高各大学技术转移中心的运作效率。

三、对中国的启示

（一）完善法律体系，加大知识产权保护力度

从现有的法律政策来看，中国的技术转移法律制度体系呈现出体系庞杂、条文分散、配套性差等弱点，立法水平和步伐还有待提高和调整。我国需进一步加强立法工作，应当从基本法律的高度确立技术转移活动的地位和意义，在此基础上，还需要一系列单行法律法规和部门规章协助构成立体的技术转移法制体系，对技术转移通路先后经历的技术引进与吸收、技术创新和升级、技术交流与扩散、技术出口与创汇等几个环节分解分级立法，这其中需要政府、大学、科研机构、企业、风险投资者、技术转移中介服务机构的共同努力，它们的行动职责和规范也应一并纳入技术转移法制体系。

随着知识产权的价值含量越来越高，知识产权的侵权行为也越来越多。我国法律中对于专利侵权赔偿制度的规定还不尽完善。应通过完善专利侵权赔偿制度加大惩罚力度，例如，可以通过细化我国专利侵权赔偿的计算方式和放开专利侵权案件的赔偿数额上限的方式提高专利侵权损害赔偿数额，另外，建议我国设立国家层面独立的知识产权法院，提高知识产权案件的审判效率，最大限度地保障知识产权权利人的合法权益。

（二）制定配套政策，鼓励技术成果转化

我国针对法律和政策的实施，缺乏加以保障的专门的行动计划以及配套的发展资金和管理机构。例如，对于拥有大量科技成果但技术转移率低的公共研发机构，缺乏专门的引导和足够的政策激励。这些公共研究机构包括大学和国有科研院所等，它们多承担国家重大科研课题和基础性研究工作，对这些主导性技术的发散和转移，很大程度上引领了整个国家科技进步和创新转化能力的提高。

充足的资金能够促进技术转移的步伐，是技术转移能够良好运行的动力支撑。由于技术转移高风险、高投入、回报周期长的特点，在不完善的制度下，很难吸引到企业的投资，因此需要加大资金投入，激发技术转移主体的积极性。例如，进一步完善我国知识产权项目商品化的税收优惠制度，更大范围地设立创业投资引导基金，加强知识产权基金的协调作用，为技术转移的投资提供更方便、快捷的渠道。

（三）规范技术转移机构的设立，完善相关立法和协调机制

法律政策对于技术转移机构的设立、发展缺乏指导和激励，我国没有技术转移机构设立的具体制度，也没有建立针对性的法规来规定技术转移机构的权利与义务。国内目前存在名目繁多的生产力促进中心和科技咨询公司等中介机构，但欠缺成熟的技术转移工作网络和专业能力。我国的技术转移立法和政策制定应当引导技术专业服务机构进行合理的队伍配备和工作流程设定，提倡技术创新服务，提高技术转移中介机构的地位，以吸引高档次人才的加入。

参考文献：

［1］金明浩. 高校科技创新中的知识产权制度研究——以专利制度为中心［D］. 华中科技大学 2007 年博士学位论文：83－87.

［2］张演迪. 大学技术转移激励机制研究［D］. 天津大学 2009 年硕士学位论文：10－28.

［3］费春月. 我国技术转移法律体制研究［D］. 中国科学技术大学 2009 年硕士学位论文：11－18.

［4］孙南申. 论技术创新的法律保障［J］. 上海财经大学学报，2007（4）：17－23.

［5］许长青. 立法促进大学知识产业化的作用透视［J］. 公共管理学报，2009，6（1）：104－114.

［6］杜红亮，等．欧盟技术转移制度体系述略［J］．科技与法律，2012，95（1）：63－67．

［7］刘民义．英国促进技术转移和产学研的分析和启示［J］．科技成果管理与研究，2010（5）：21－25．

［8］饶凯，等．英国大学专利技术转移研究及其借鉴意义［J］．中国科技论坛，2011（2）：53－57．

［9］饶凯，等．丹麦公共研发机构专利技术转移研究［J］．科技进步与对策，2011，28（8）：47－51．

［10］饶凯，等．西班牙大学技术转移中心的成功经验分析［J］．科学管理研究，2011，29（3）：53－57．

［11］郜志雄，等．中国专利技术转移：状况、问题与对策［J］．科技与经济，2014，27（4）：46－50．

欧洲专利运营模式研究

姜晓庆　李　娜[①]　覃冬梅[②]　姚　杰[③]

┃摘要┃欧洲的专利运营比较成熟，其设置的企业服务网络有效地促进了欧盟内部及与外部国家之间的技术转移，提高了技术转化的效率，促进了经济技术的快速发展。本文主要基于欧洲企业服务网络（EEN）研究分析欧洲专利运营模式的特点，为我国的专利运营提供有益的参考。

┃关键词┃专利运营　欧洲企业服务网络　EEN

一、欧洲专利运营的发展历程

从 1984 年起，欧洲开始实施自己的研究与技术开发计划（简称框架计划）。该计划是欧盟成员国共同参与的中期重大科技计划，具有研究国际前沿和预竞争性科技难点的特点；是欧盟投资最多、内容最丰富、市场目的最明确的全欧洲性科研与技术开发计划。截至当前，已经完成七个框架计划，目前正处于第八个框架计划（2014～2020 年），又称"2020 地平线计划"。在前几个框架计划中，欧盟统一了相关法律并开始提供相关的信息服务，为统一的专利平台发展奠定基础。如 1987 年，欧盟建立欧洲信息中心（Europe Information Center），旨在提供关于欧洲法律及政策的信息和咨询，帮助企业找到业务合作伙伴。

在后来的发展中，大型跨国公司已经能够很好地利用区域内资源进行技术国际化推广，然而作为欧洲产业界重要力量的中小企业，则不能很好地利用全球的技术资源，自身研发技术往往也无法有效转移推广，限制了欧洲中小企业技术创新的动力。因此，欧盟从第四框架计划（1994～1998 年）开始大力支持中小企业技术创新，并于 1995 年开始资助建立覆盖整个欧洲的创新驿站（Innovation Relay Centre，简称 IRC），旨在促进欧盟跨国的中小企业技术转移与技术合作。

---

①②③　第二作者、第三作者、第四作者与第一作者对本文贡献相同。

在第五框架计划（1998～2002 年）中进一步加强了对中小企业创新的支持。第六框架计划（2002～2006 年）包含了扩大和更新后的创新驿站网络，创新驿站工作的重点为进一步强调服务中小企业。与前几个框架计划不同，第七框架计划为期七年（2007～2013 年），比过去更重视欧洲工业需求的开发研究、设立技术平台的工作和新的合作技术项目，第七框架研发计划 16.3% 的经费用于支持创新型中小企业。在第七框架中，欧盟整合欧洲创新驿站和欧洲信息中心组建欧洲企业服务网络（European Enterprise Service Network，EEN），旨在进一步帮助中小企业加强技术和业务合作，提升创新驿站的内涵。并且 EEN 开始国际化网络服务的拓展，在美洲、亚洲、大洋洲和非洲建立了站点，开始国际范围内的技术转移服务，目前 EEN 在中国设立了华中、华东、华东南、西部、北方五大分中心。

"2020 地平线计划"总投入约 800 亿欧元。由于中小型企业提供了大量就业岗位且极具创新力，中小型企业仍然是"2020 地平线计划"的重点关注对象，本计划中对中小型企业资金总投入约 86.5 亿欧元，中小企业可以作为参与者与其他部门进行项目合作，并且能够得到更小型创新型公司的专业技术支持[1]。由于中小企业一直是欧盟关注的重点，本文将基于 EEN 介绍欧洲专利运营状况。

二、EEN 的架构和功能

（一）EEN 的架构

EEN 由欧盟委员会企业工业总司设立，整合欧洲创新驿站和欧洲信息中心。该网络覆盖全球 27 个国家和 25 个非欧盟国家，由超过 100 个区域联盟组成，拥有 600 多个技术转让与商业合作组织，包括国家、地区、市级的经济发展机构、工商会、研发机构、高等院校、科研中心和创新中心等，以及超过 5000 名有经验的工作人员，服务全球超过 100 万家中小企业。欧盟委员会企业工业总司对竞争与创新计划（Competition and Innovation Framework Programme，CIP）及欧洲创新政策全面负责，欧洲竞争与创新执行署（European Association for Creativity and Innovation，EACI）具体对 EEN 进行维护和管理，帮助欧盟委员会运营管理 EEN 和其他的 CIP 项目、管理区域联盟的协议与财政支持、监督 EEN 内部网与交流平台、将 EEN 伙伴机构与相关欧盟部门及对企业有价值的相关欧盟资源联系起来，还以技术支持、培训、推广会、各种宣传促销为 EEN 伙伴机构提供实际的帮助[2]。

欧盟创新驿站由欧洲各国的创新驿站共同构成，驿站由设在卢森堡的中央服务机构——网络秘书处（Network Secretary）负责协调。网络秘书处是官方机构，由欧盟企业总公司负责管理。各国设立协调机构负责国内创新驿站项目实施，创新驿站之间通过电子公告栏系统（Business Bulletin System）连接。

（二）EEN 的功能

EEN 的设立，目的是通过一个单一的网络提供综合服务，为欧盟中小企业的商务合作和技术创新提供支持。通过统一的服务平台，为科技型中小企业提供一站式服务。这个网络将各国的伙伴机构联结，分享技术供给、技术需求和技术政策。EEN 的数据库目前包括 13 000 项欧洲最先进的技术，各伙伴机构可以使用 EEN 数据库，寻找适合自己的合作伙伴或发布需求。

EEN 主要帮助中小企业寻找和确定潜在的商业合作伙伴、帮助中小企业进入新市场并为他们提供相关欧盟活动和信息，以获得欧盟创新基金的机会；提供针对欧盟的立法和政策的咨询服务以及就有关技术交易、技术转让和知识产权界定等各种问题的技术咨询服务。同时，还运作了欧洲最大的商业服务平台的企业数据库，对所有中小企业提供商业服务；组织国际企业贸易洽谈活动、组织商务代表团并参加国际贸易展览会。商务对接活动也包括技术交易洽谈，据统计每年有 1 万多个交易信息。此外，EEN 还代表欧盟中小企业的利益，及时向欧盟报告企业内部业务发展的种种障碍。

值得一提的是，EEN 不仅在技术产品方面创新，在服务上也有所创新。他们制定相关的政策和法律，使欧洲和国际的研究成果服务于自己的中小企业，并向他们介绍来自其他地区好的做法，企业成功转让技术的经验会得到传播。EEN 将这些经验在十分清晰的行业分类之后进行书面记录、规划，并使其得以传播。

在技术和知识转让服务方面，EEN 首先会对新的技术进行审核，以查明它的长处和短处。一旦确定该新技术具有市场价值，便马上建立行动实施计划，以改进中小企业的技术创新能力。同时，他们积极发展欧洲和国际合作伙伴关系，支持发展特定区域机构和部门的研发创新、区域联盟和工业同会。此外，对于很多企业难与大学人员打交道的问题，EEN 还能从中起到媒介作用，帮助中小企业与研发人员达成合作协议。

每个区域联盟都要确保能够为本地区的中小企业提供全部服务，但是区域联盟的每个伙伴机构不一定要提供所有的服务，他们只要提供其中若干服务即可。当企业有某种需求时，可以向任意一个伙伴机构寻求帮助。该伙伴机构将根据企业的具体需求，找到对口的 EEN 伙伴机构，为企业排忧解难。

专利热点与审查实务研究

三、EEN 的运行

（一）EEN 的运行模式

EEN 实施标准化的服务模式，即统一的网络平台、统一的语言环境、统一的服务流程、统一的文件格式、统一的考核方式、统一的信息传递方式。在这个网络体系中，虽然几百个专业化服务机构分布在各个不同的国家，但标准化的运行模式可以保证众多机构开展协同服务。

EEN 有 A、B、C 三种工作模式。其中，模式 A 包括信息服务、商务合作和国际化服务，模式 B 包括创新与技术转移服务，模式 C 包括促进本地的研发机构和企业参与欧盟研究开发计划（Research and Technological Development，RTD）。EEN 以模式 A 和模式 B 为主[3]。

EEN 向网络伙伴机构提供很多服务工具，这些工具不仅对 EEN 网络伙伴机构的日常工作提供帮助，还能促进伙伴机构之间的联系和互动。现有信息工具及服务手段主要有：First Class、内部网、欧盟和服务公告、商务合作数据库、电子布告栏、自动匹配工具（Automatic Matching Tool，AMT）、中介活动匹配工具（Brokerage Event Management Tool，BEMT）。

（二）EEN 提供的主要服务

EEN 主要为中小企业服务，提供的服务也主要偏向于中小企业，主要包括以下几个方面。

（1）提供市场信息。提供与某个公司或企业相关的欧洲法律或政策的信息以及切实可行的建议。这种服务可能是直接回答公司的咨询，也可能是主动通过网站、新闻简报、工作坊或其他方式来完成。

（2）寻找业务合作伙伴。通过使用 EACI 的商务与技术合作数据库来帮助中小企业找到合适的业务合作伙伴。

（3）提供关于投标机会的信息，通过组织诸如工作组、研讨班等培训活动形式来帮助公司竞标。

（4）帮助中小型企业建立与大学、研究机构之间的联系，促成它们之间的技术合作，从而提高中小型企业的研究和创新能力，还开展科技、商贸中介服务活动，提供创新支持服务。

（5）帮助中小型企业共享研究成果、参与研究项目、申请资助，尤其是获得欧盟第七框架计划（FP7）的资助。

（6）使中小型企业以及其他的业务机构参与制订政策的过程，向欧盟提供关于现存规则问题的反馈，鼓励公司对未来的发展规划、政策法规发表自己的看法。

（三）EEN 的技术转移服务机制与手段

EEN 在技术转移服务过程中设置了多种手段为中小企业服务，这些服务手段对于获取准确的信息作用十分显著，提高了获取准确信息的效率。其服务的手段主要包括以下几个方面。

（1）建立 EEN 网站：通过各成员机构上传和发布技术、商业、贸易等多类信息，建立科技、商务合作数据库，收集和回复来自各合作伙伴的问题；利用自动配对工具，针对网站中机构上传资料，自动匹配相关的技术供给与技术需求信息；利用中介活动匹配工具，帮助中介机构组织活动，使企业在活动中可以遇到自己所在领域的潜在合作伙伴。

（2）建立内部行业组。建立涵盖食品、机械、材料、环境、能源等 18 个专业领域的行业组，每个组由不同国家地区的联络机构组成，设定一个联络人，负责协调管理，从而促进该领域协同合作。

（3）组织会议活动。组织企业走访、国外考察，组织推介、对接洽谈、科技展览等活动；组织人员培训、交流、联盟年会，加强合作机构间的沟通。

（4）开展标准化管理。建立数据库表单信息，技术协议、商业协议、合作协议，跟踪反馈信息等统一格式的数据标准；对各合作机构的年度计划与工作指标进行标准量化分工。

（5）业绩增强系统（Performance Enhancement System，PES）。该系统从 50 个数据项目对 EEN 伙伴机构做了对比。此系统的目的是通过对比，进而鼓励 EEN 伙伴机构取长补短，提高能力，共同发展。

（6）中小企业反馈工具。此工具由欧盟委员会管理，它能使 EEN 伙伴机构对其客户在内部市场经商过程中所遇到的问题给予反馈。此系统的目的是及时发现和完善 EEN 网络中存在的问题，反馈企业对未来科技、经济发展各方面、各层次的诉求。

四、EEN 运营的特点

（一）EEN 整体性特点

欧洲在专利运营方面一体化方面程度高，建立的 EEN 是一个系统化的工程。

首先，欧盟内部设置了统一的法律体系，为系统内的技术转移提供了法律保障；其次，建立的EEN是在欧盟的推动下构建的系统化的工程。在EEN中将欧洲的各种资源整合在一起形成了一个有机的整体，该服务网络在欧盟内各国以及欧盟外的许多国家设立了大量站点，各站点又与当地的技术服务部门互相协作，共同为该地区的企业、学校、科研院所搭建沟通的平台，并且还可以基于当地站点的帮助在其他地区的站点间寻求帮助与合作，共同促进技术的转移。

（二）工作模式特点

欧盟成立的EEN服务对象比较明确，主要是面向中小企业。在欧洲，中小企业是企业的大多数，大约有2300万家，占欧盟企业总数的99.8%，且这些中小企业占了国内生产总值的一半以上，且提供了欧盟60%以上的就业机会。因此，解决好中小企业的发展问题也就解决好了欧盟的经济发展的基础，这也是欧盟成立EEN的初衷。

欧盟的EEN的各站点通过欧盟获得资金支持，最多获得多达60%的资金，其余的资金则主要来自当地政府的支持。正是由于欧盟及政府的支持，EEN对中小企业的收费非常低，这样也降低了中小企业的成本，增加了中心企业参与技术转移的积极性，从费用方面很好地降低了企业成本。

EEN的创新驿站的人员构成中比较特殊的是其工作职员大部分为技术经济人，这些技术经济人具有多方面的素质，首先技术经济人的学历高、专业背景强，大部分技术经济人都具有硕士以上的学历，而且技术和工程背景的占比达到一半以上，这使得技术经济人对技术的理解和把握得比较准确，能够从技术的角度出发找出真正合适的技术供给方和技术需求方，更容易促进技术转移的达成；同时，这些经济人还熟悉多种语言，这便于促进国际的合作。正是基于其技术背景和知识能力，使得这些技术经济人更容易确定技术转移的机会，能正确地构建技术转移的桥梁。这些技术经济人在经过一定的培训后，能很好地实现对企业的走访、确定企业的需求、对技术进行合理的评估以及实现对一些技术的咨询。

为了促进相同或相似行业的快速技术转移，EEN中还具有18个专题小组，这18个专利小组包括了生物、环境等18个不同的行业。这些小组定期举办本行业的经济活动，加强了本行业之间的技术交流，快速地促进了行业内不同区域、不同国家间的技术转移交流。

EEN运行成功的原因还在于其自身的主动性，EEN的工作人员会积极地通过各种渠道向用户推广各种信息，这些信息不仅包括用户需要的技术转移信息，还包括相关的法律及政策信息，使用户能全面地了解各种信息；EEN的工作人员还会主动确定需要帮助的企业，实地走访调研，了解企业的真实需求，通过工作人员确定的信息再去积极地寻求合作方，在这个过程中，他们不仅在本地区查找，也会积极联系其他工作站点寻找合适的信息，并会带领客户完成技术的转移工作，提供一站式的服务。

在 EEN 运行的过程中，为了保证各项工作的更好运作，其设置很多量化考核的指标，这些指标包括：促成合作协议的数量；促成商业协议的数量；促成技术转移协议的数量；促成第七框架合作协议的数量；成功案例的数量；与 EEN 伙伴合作的成功案例的数量；EEN 内部客户支持的次数；成功实践贡献的次数。通过上述考核指标，EEN 实现了对各地站点的高效管理，也提高了各地站点工作的积极性。

（三）服务内容特点

1. 宣传

EEN 为了实现快速的推广营销，让更多的企业了解 EEN 的功能和作用，采用了多种宣传方法和手段。这些宣传手段包括通过邮件、报纸、杂志、电视、广播、电话营销发送和传递信息，还采用会议和贸易展览以及网站的方式进行宣传。通过综合采用这些常规和新兴的媒介进行宣传，扩大了自身的影响力。在一些营销中，他们还会通过 EEN 的各站点与当地的贸易协会、政府机构、商会及研究中心建立密切的联系，并通过这些机构获取企业的信息，然后对企业做一些分析，通过邮件向这些企业推送相关的信息。为了增强推介的有效性，EEN 各站点还会基于当地企业的特点，分析潜在客户的技术潜力及缺陷，作出针对性明确的宣传。这些推介方式增强了宣传的效果，也提高了与 EEN 合作的可能性。

同样，EEN 各站点通过对当地企业的扶持和帮助，也会产生积极的影响，使得当地企业知道可以从 EEN 获得足够的帮助，这种企业间信息的传播也会扩大 EEN 的影响力。

2. 技术服务

在 EEN 帮助企业实现技术转移的过程中，其工作人员会对企业进行技术评估。在确定企业的技术需求评估过程中，工作人员先收集相关的信息，如企业信息、产品、生产工序以及市场信息等；然后，会对企业实地走访，并对实地收集的信息进行分析评估。在实地走访时会通过 SWOT 分析获得企业需要的技术，然后再帮助企业匹配相关的信息并确定具体技术的市场价值。

EEN 还为企业提供技术透视报告服务，通过技术透视报告了解产品、竞争对手及立法方面的信息。EEN 还致力于通过经济活动促进技术转移，其经济活动比较多样，包括展览、会议及技术转移日等活动，促进了企业间的交流与合作。

由于现在 EEN 具有一个完整的网络平台，成为网络平台的用户时可以很方便地获取各种信息，而且也能很方便地发布自身的各种需求，该网络平台具有强大的数据库，里面包含了各站点收集的有效信息以及用户发布的信息，同时其还提供了搜索工具以便用户准确地找到与自己的需求相匹配的技术信息。

3. 资金支持和法律帮助

EEN 可帮助企业获取一定的资金，通过构建公司与资本市场的桥梁帮助有潜力的种子公司获得风投和贷款；帮助企业获取欧盟、国家或地区的资金援助；帮助企业减免税收；帮助中心企业获取欧盟的研究基金。

EEN 还会给企业提供知识产权服务。由于 EEN 与世界知识产权组织、欧洲专利局、知识资产中心、知识产权服务平台等机构有紧密联系，因此，EEN 会对企业提供专利申请、知识产权培训和咨询以及知识产权审查、评估等方面的服务，使得企业在获取技术转移的同时能得到专业的知识产权保障服务，以减少技术转移中可能出现的风险，也提高了企业对 EEN 的认可。

EEN 的工作人员会向企业推送欧盟机构的法律信息，对一些重要的法律和市场信息进行分析和解读，并为有需要的企业提供相关的信息。

五、总 结

EEN 为欧洲的中小企业的发展提供了强大的支持，无论是从技术转移还是资金支持，有效地为欧洲的中小企业和科研院所架起了合作的桥梁，从而提高了技术转化的效率，也为欧洲社会的经济发展作出了巨大的贡献。通过对 EEN 的研究分析，希望为我国的专利运营提供有益的借鉴。

参考文献：

［1］欧洲委员会. 2020 地平线计划：欧盟研究创新计划框架［J］. 山东高等教育，2015（1）：50－57.

［2］贺莹. 创新驿站营运研究——以欧洲企业服务网络（EEN）为例. 中国优秀硕士学位论文全文数据库，经济与管理科学辑，2014（7）：J152－847.

［3］严静，张友轩，王军. 服务中小企业的新模式——欧洲企业服务网络［J］. 科学观察，2011（4）：65－66.

共建"一带一路"背景下
国际合作策略探析

——以中亚地区为对象

刘　颖　高天柱①

┃摘要┃本文以中亚地区为对象，分析了中亚地区经济与知识产权发展现状、我国与中亚地区国家知识产权合作现状，提出了在中亚区域的知识产权合作建议：在建设丝绸之路经济带的背景下，应从全球视野和长远的角度出发，促进和引领区域内知识产权国际合作，增加价值认同与互信，依托现有合作平台，实现区域知识产权合作新局面，便利区域内知识产权服务，为我国企业走出去提供便利与保障，实现区域合作共赢，进而实现我国知识产权价值。

┃关键词┃一带一路　中亚　知识产权　专利

引　言

在经济全球化及区域经济一体化的经济格局下，知识产权区域合作已成为一种趋势，区域合作下的知识产权既能够促进区域经济的快速发展，又能够带动区域内产业结构的优化升级，而经济的发展又能促进知识产权制度的完善。促进和引领区域内专利的国际合作、实现专利领域的合作共赢，有利于实现我国知识产权价值。2013 年 9 月 7 日，习近平总书记在哈萨克斯坦纳扎尔巴耶夫大学发表演讲时提出了共同建设"丝绸之路经济带"（简称"一带一路"）的战略构想。目前，共建丝绸之路经济带已上升为我国国家战略。在该战略的指引下，我国已积极参与到丝绸之路经济带的建设中，并得到了经济带沿线 30 多个国家的积极响应

---

① 第二作者与第一作者对本文贡献相同。

与支持。思考在共建"丝绸之路经济带"背景下的国际合作策略，对助力"一带一路"建设以及建设世界一流审查机构都十分有意义。本文将以中亚地区为对象探讨在共建"丝绸之路经济带"战略背景下开展专利国际合作的应对策略。

一、中亚地区在"丝绸之路经济带"中的战略地位

（一）建设"丝绸之路经济带"的内涵与意义

丝绸之路经济带是以古丝绸之路为文化象征，以上海合作组织和欧亚经济共同体为主要合作平台，以立体综合交通运输网络为纽带，以沿线城市群和中心城市为支点，以跨国贸易投资自由化和生产要素优化配置为动力，以区域发展规划和发展战略为基础，以货币自由兑换和人民友好往来为保障，实现各国互利共赢和亚欧大陆经济一体化为目标的带状经济合作区。

丝绸之路经济带是顺应区域经济一体化潮流而提出的亚欧大陆带状经济合作构想，对于加强区域经济合作、促进世界经济发展、保障中国战略安全、推动中国经济重心西移、优化中国城市和人口布局具有重大意义。

（二）中亚地区在丝绸之路经济带中的战略地位

丝绸之路经济带将依托国际大通道，以沿线中心城市为支撑，以重点经贸产业园区为合作平台，共同打造新亚欧大陆桥、中蒙俄、中国—中亚—西亚、中国—中南半岛等国际经济合作走廊。丝绸之路经济带建设运行的初始阶段将主要涉及中国和中亚各国，未来将会逐步涵盖和辐射中东欧、西欧以及西亚、北非等更广泛的地域。无论从西出的两条陆上通道首先跨越的地区来看，还是从计划率先合作的区域来讲，中亚都是丝绸之路经济带建设的首要目标区。

作为当代国际产业竞争的关键性战略要素，知识产权在丝绸之路经济带中的深度融入，有利于促进区域创新要素有序流动、创新资源高效配置、创新成果有效运用，有利于构建形成以平衡有效的知识产权国际规则为重要内容的多边投资贸易规则，有利于促进我国与沿线国家深化产业技术合作，实现共同发展和共同繁荣。因此，加强与中亚地区的知识产权区域合作具有重要意义。

二、中亚地区经济发展、知识产权发展现状

（一）中亚地区经济发展现状

总体来说，中亚地区经济相对落后、区域发展不均衡、工业体系不健全。中

亚地区各国经济发展水平偏低,基础设施比较落后。哈萨克是中亚最大的经济体,在前独立国家联合体国家中居第二位,仅次于俄罗斯。根据世界银行的数据,2015 年,除了哈萨克斯坦和土库曼斯坦人均 GDP 分别达到 1.1 万美元和7534 美元外,吉尔吉斯斯坦、乌兹别克斯坦分别为 1197 美元、2130 美元,特别是塔吉克斯坦仅为 949 美元。

中亚地区能源资源非常丰富,主要以能源以及矿产、棉花等初级资源为主,不具有较为独立的工业生产技术和能力。这造成中亚国家过分依赖能源资源产业,产业结构单一。不过,中亚国家已经意识到这一问题,并逐渐采取政策措施调整产业机构。比如,按照《国家加速工业创新发展纲要》,哈萨克斯坦推行多项措施,通过技术创新及发展中小企业,促进非原料工业的增长,主要是推动化工及轻工等行业的发展,并提升农业及食品加工业。塔吉克斯坦制定发布了2014~2020 年国家知识产权发展战略,致力于促进创新,将本国建设成为国际竞争的平等伙伴,将本国的创新潜力融入区域以及国际创新。制订了短期、中期和长期目标,拟定了包括改进知识产权立法、建设知识产权领域基础设施、改进知识产权管理水平、发展知识产权教育体系等具体措施。

从地缘经济的角度看,中国与中亚经济结构的互补性、产业转移升级的梯度性、中国资本与中亚能源资源的对接性使得中亚经济走廊的发展具有长期稳定性和更广阔的西向开拓的空间。中国已成为哈萨克斯坦、土库曼斯坦的最大贸易伙伴,乌兹别克斯坦、吉尔吉斯斯坦的第二大贸易伙伴,塔吉克斯坦的第三大贸易伙伴。根据商务部数据,据不完全统计,截至 2014 年年底,中国对中亚五国直接投资存量为 100.9 亿美元,其中,哈萨克斯坦为 75.4 亿美元居首,之后分别是吉尔吉斯斯坦(9.8 亿美元)、塔吉克斯坦(7.3 亿美元)、土库曼斯坦(4.5亿美元)、乌兹别克斯坦(3.9 亿美元)。哈萨克斯坦已成为中国在丝绸之路经济带沿线国家中的第三大投资目的国,仅次于新加坡与俄罗斯。目前,中亚五国都在不同程度上将自身的经济发展战略与中国的丝绸之路经济带战略进行有效对接。

(二)中亚地区知识产权发展现状

中亚五国均为转型国家,经济主要依靠农牧业以及石油、天然气等能源产业,加工工业和轻工业相对落后。中亚各国知识产权制度起步较晚,在经过不断发展与改革后取得较大进步,但仍存在整体水平不高、国际影响力有限的现实境况;同时,各国也都面临国内企业创新能力不强、知识产权审查能力与服务水平不高、公众知识产权意识薄弱等共同挑战。根据世界知识产权组织的排名,哈萨克斯坦创新指数排名 82，吉尔吉斯斯坦排名 109，塔吉克斯坦排名 114，乌兹别克斯坦排名 122，而土库曼斯坦没有排名。

中亚五国都是 WIPO 成员国，吉尔吉斯斯坦早在 1998 年就加入了 WTO，其知识产权法律制度在中亚各国中最早与国际接轨；塔吉克斯坦于 2013 年加入了 WTO；作为中亚最大经济体的哈萨克斯坦也于 2015 年 7 月 28 日加入了 WTO；因此，上述三国的知识产权制度基本实现与国际接轨。乌兹别克斯坦和土库曼斯坦目前尚未加入 WTO，知识产权制度有待完善。在知识产权保护方面，目前，中亚地区盗版率仍较高，各国的知识产权执法力度普遍不高。

就机构设置方面，乌兹别克斯坦知识产权局和吉尔吉斯斯坦知识产权局都是政府直属部门，主管全国专利、商标与版权三项事务。哈萨克斯坦知识产权委员会隶属于该国司法部，土库曼斯坦国家知识产权局隶属于该国经济与发展部，都负责本国的专利、商标与版权事务。塔吉克斯坦专利与信息国家中心隶属于该国经济发展与贸易部，主管专利与商标事务。

在专利申请量方面，在中亚五国中，哈萨克斯坦专利申请量最多，之后是乌兹别克斯坦、吉尔吉斯斯坦、塔吉克斯坦，申请量最少的是土库曼斯坦。

表1　2010～2014 年中亚地区各国专利统计数据

国　　家	国外申请总量	国内申请总量	海外申请总量	国内申请量占比	申请量最多的领域	申请量次多的领域	有效专利量	PCT申请量
中　　国	1 227 837	3 760 562	178 496	75%	数字通讯	电机、设备、能源	1 196 497	126 814
哈萨克斯坦	2694	22 646	3064	89%	材料、冶金	发动机、泵、涡轮机	5184	205
吉尔吉斯斯坦	55	1554	354	97%	机械元件	热过程和装置	375	14
塔吉克斯坦	27	326	110	92%	医疗技术	中西药品	256	—
土库曼斯坦	0	2	25	100%	发动机、泵、涡轮机	医疗技术	—	1
乌兹别克斯坦	3429	6441	133	65%	环境技术	材料、冶金	1141	24

数据来源：世界知识产权组织网站。

三、我国与中亚地区的知识产权合作现状

在区域合作方面，中国同中亚五国中的哈萨克斯坦、乌兹别克斯坦、塔吉克斯坦、吉尔吉斯斯坦都是上海合作组织（上合组织）的重要成员国。上合组织的成立和发展为中国同中亚五国在政治、经济等各方面的合作提供了广阔的平台。在上合组织成员国总理第十一次会议上签署了《上海合作组织成员国海关关于加强知识产权保护合作备忘录》。

在双边合作方面，中亚五国中，我国与吉尔吉斯斯坦、塔吉克斯坦以及乌兹别克斯坦建立了双边合作关系，其中与吉尔吉斯斯坦同时签订了政府间和部门间知识产权合作协议，与乌兹别斯坦签订了政府间知识产权合作协定，与塔吉克斯坦签署了部门间合作谅解备忘录。合作内容涉及知识产权法律政策交流、数据交换及人员培训等。总体而言，我国与中亚各国知识产权合作尚处于初级阶段，合作的范围和深度均有待提升，未来发展空间巨大。

四、我国与中亚地区知识产权合作对策与建议

在当前我国实施"一带一路"建设经济发展战略，促进区域经济合作，实现内外共同发展的形势下，在谋求知识产权发展的过程中，立足于建设丝绸之路经济带这一国家战略，扩大知识产权交流合作，强化知识产权对外战略布局，加大对企业"走出去"的支持力度，加强我国与中亚五国的知识产权区域合作具有很重要的意义。

连接东亚与欧洲的欧亚腹地是建设丝绸之路经济带的重点区域，有些区域、领域对我国投资者而言还是未被开发的处女地。中亚地区经济结构不合理，技术创新能力不强，专利数量存在很大差距，属于知识产权制度仍待完善的地区。中亚国家普遍存在谋取经济转型与提高创新能力的需求，同时该地区涉及利益复杂，知识产权合作经验欠缺，在开展合作过程中既要积极主动又要注意妥善应对。在与该区域的知识产权合作中，可以将我国提高创新能力，提高知识产权创造、保护、管理、运用的能力与之分享，形成价值认同，扩大我国在该区域的影响力和引导力，形成区域知识产权合作新局面。

首先，在积极与中亚地区开展知识产权合作过程中，宣传知识产权合作的理念，共享经验，促进相互的理解与信任、促进合作。其次，积极开展学术、业务交流，增加对彼此专利审查、管理方面的了解，整合资源，充分发挥我国的主导

作用，密切产业间合作，提升服务水平，助力企业"走出去"。

总之，随着我国经济的发展、整体实力的提升，在知识产权国际合作中要顺势而为，在新时期新形势下，找准角色定位，对中亚区域，从全球视野和长远的角度出发，积极开展合作，增加价值认同与互信，依托现有合作平台，实现区域知识产权合作新局面，建设合作共赢的区域合作环境，便利区域内知识产权服务，为我国企业走出去提供便利与保障。

参考文献：

[1] 胡鞍钢，马伟，鄢一龙."丝绸之路经济带"：战略内涵、定位和实现路径 [J]. 新疆师范大学学报（哲学社会科学版），2014（2）：1-11.

[2] 白永秀，王颂吉. 丝绸之路经济带的纵深背景与地缘战略 [J]. 改革，2014（3）：64-73.

[3] 孙全亮，王雷. 一带一路沿线国家和地区专利分布格局解析 [J]. 中国专利与商标，2016（1）：13-23.

[4] 宗琦. 中国与中亚五国知识产权区域合作对策研究 [D]. 西北大学，2015.

[5] 孔令国，高天柱. 中国企业走向中亚地区的知识产权策略研究及建议 [J]. 中国发明与专利，2015（6）：113-115.

[6] 吴宏伟. 新丝路与中亚 [J]. 全国新书目，2016（2）：13.

技术发展中的破坏性创新

王振宇　潘圆圆[①]

┃摘要┃ 破坏性创新是一种新的对创新价值评估的理论，是一种具有巨大价值的创新。本文根据对几个领域技术发展进行分析，总结破坏性创新的特点，为进一步发现有价值的创新和预测技术发展趋势提供判断依据。

┃关键词┃ 破坏性创新　性能

引　言

随着技术创新在整个社会中越来越受到重视和推崇，我国很多企业都在自主创新方面投入了大量的人力和财力，随之带来的是我国专利申请量的突飞猛进，同时，出现了很多对创新本身进行研究的理论，创新有无分类，如何对创新进行评价，发现有价值的创新，以及如何预测技术发展方向，逐渐成为业内人士关注的焦点。

一、专利的价值

专利权的价值最终体现在市场价值上，通过创新，提升产品性能，并使产品在市场上获得最大的价值体现，是创新的目的，而通过创新获得市场价值的增量可以说是衡量专利价值最好的一个参考。在商品社会中，市场价值最高的创新包括以下两种：一种是开创一个全新市场，可称为开创性创新；一种是颠覆原有规则，掀翻了市场中占据统治地位的产品，可称为破坏性创新[1]。

---

① 第二作者与第一作者对本文贡献相同。

二、破坏性创新

众所周知，创新必然是围绕解决某一个技术问题而展开，通常伴随着产品性能的改善，这样创新出来的技术被称为"延续性技术"。因此，"延续性技术"在本质上属于渐进性技术，其围绕着主流的技术性能，也即市场上的主要客户所关心的性能，来逐步提高。例如，计算机的创新通常围绕着更快的处理速度，而相机的创新则通常围绕着更清晰的成像效果。

但有时，也会有一些另类的技术，其不仅不会提升产品的核心性能，反而会降低其核心性能，但是却意外地能在市场上获得巨大的成功。

以大家熟悉的计算机行业为例：1948 年，IBM 开发制造了基于电子管的计算机 SSEC。1952 年，IBM 公司的第一台用于科学计算的大型机 IBM701 问世，由此，IBM 公司主导了大型计算机市场，随后 IBM 公司一直致力于追求提高大型计算机的计算速度和存储容量，并在这两个方面进行了大量的创新，成为大型计算机市场上的占据优势地位的企业。

然而，在 1965 年，DEC 公司发布了小型机 PDP－8，虽然该产品在计算速度和存储容量等核心性能上均低于当时的大型机，但由于其价格低于大型机，满足了一些对上述核心性能要求不高的边缘客户。紧接着，又有通用数据公司、Prime 公司、王安电脑公司、惠普公司等公司进入这一市场，凭借着更低的价格、更方便的使用，小型机迅速抢占了一部分大型机的市场。

1981 年，IBM 公司推出了第一部桌上型计算机型号 PC，个人计算机出现在市场上。个人计算机 PC 由硬件系统和软件系统组成，是一种能独立运行，完成特定功能的计算设备。之后，苹果电脑公司、Commodore 公司、Tandy 公司等也分别推出了个人计算机产品。虽然个人计算机当时的计算速度和存储容量都明显低于同时代的大型机和小型机，但是，其价格明显降低，体积明显的减小，并且在使用便利性上也得到了非常大的提升。凭借上述优势，个人计算机不仅侵占了很大一部分小型机的市场，还由此开拓了全新的、更大的市场。

通过分析大型机、小型机、个人计算机的发展历史，可以发现，有这样一类新技术，它的出现，并没有提升当时占据市场优势地位企业所关注的核心性能，反而通过这些核心性能的降低，发挥出其他方面的优势，从而开拓新的市场。这类新技术通常由一些新的企业推出，而当时占据市场优势地位的企业仍局限在原有技术改进的思路中，在上述新技术上则处于明显的落后地位，例如，在大型机市场占据优势的 IBM 公司在小型机市场上优势不在。并且各公司通常难于摆脱该规律，即使某个公司颠覆了原有的巨头，其也很难避免在下一轮破坏性创新出现的时候被颠覆。通过开创小型机市场并在小型机市场中占据优势的 DEC 公司、通用数据公司、Prime 公司、王安公司在新的个人计算机市场上风光不再甚至退出历史舞台。这种使产品的性能低于主流市场的成熟产品，在其他的性能上得到改善，给市场带来与以往截然不同的价值主张，这样的技术将给这个行业占据优势地位的企业带来巨大的冲击，这样的技术被称为"破坏性技术"，产生破坏性技术的创新就是破坏性创新。

破坏性创新通过技术上的突破或者颠覆性的改变，虽然由此获得的产品在之前主流关注的性能上出现了倒退，但是由于其适应了新的需求并且开拓了全新的、更广大的市场，改变了市场的价值观，最终吞食或颠覆了市场格局，这就是破坏性创新的力量。

三、破坏性创新的特点

正如前文所说，破坏性创新是一种颠覆性的创新，能产生巨大的市场价值，因此，如何才能识别出破坏性创新将是一个非常有价值的课题。为了识别破坏性创新，本文首先总结破坏性创新的特点。在此，再对另一个典型的案例进行分析：硬盘技术的发展历程中有以下主要结构性创新，硬盘的直径从 14 英寸先后缩小到 8 英寸、5.25 英寸、3.5 英寸、2.5 英寸、1.8 英寸。和计算机发展过程相似的是，每次新技术的推出，其产品在核心性能存储容量上都没有进步反而有所倒退。与计算机的技术更替相似的是，每次新技术的创新都使体积变小，进而方便在更小的设备上使用。同样，随着每次技术的更新，占据市场主流地位的公司都有变化：14 英寸硬盘时代 IBM、Control Data 公司等占据市场主流地位；8 英寸硬盘时代舒加特联合公司、Micropolis 公司、Priam 公司和昆腾公司占据市场主流地位；5.25 英寸硬盘时代希捷公司、Micropolis 公司等占据市场主流地位；3.5 英寸硬盘时代康诺公司、昆腾公司、西部数据公司、希捷公司、迈拓公司等占据市场主流地位；2.5 英寸硬盘时代和 1.8 英寸硬盘时代发生了类似的变化。分析其原因，并非是占据市场主流地位的公司没有创新能力，而是其将创新的方向瞄准主流的客户需求——核心性能的改善，而忽视了会带来核心性能变差的创新方向，因为这不符合当时的主流客户的需求。

因此，可总结出破坏性创新具有以下两个特点：

特点一：使得当前本领域最关注的主流技术性能变差；

特点二：通常不是由本领域当前正占据市场主流地位的企业提出。

然而，光这两个特点还不够，通过进一步分析收音机的发展历史发现：20世纪 50 年代之前，收音机市场以真空管收音机为主，但是其价格昂贵，体积也较大，属于当时的昂贵物品。而日本索尼公司从美国电报电话公司购买了晶体管技术专利开发生产了便携式晶体管收音机，按照主流市场衡量收音机性能的主要指标，这些收音机的质量实在太差，保真度很低，抗干扰能力也差，但是其体积小便于携带，并且价格便宜了很多，迅速占领了市场，并将原先的企业淘汰出局。结合前述分析计算机、硬盘的技术发展，会发现破坏性创新具有第三个特点。

特点三：体积变小或者适应更广泛的应用需求。

通过对以上三个案例进行分析，还能发现，虽然破坏性创新推出之初，会导致主流技术性能变差，但是随着其技术的进一步延续性发展，其本身在主流技术性能方面也迅速跟上了潮流，进而也渐渐满足了主流客户的需求，反映在市场上就是破坏性创新技术的产品随着性能的改善逐步取代原有的产品。即可总结出第四个特点。

特点四：存在继续改进以至少达到主流需求的水平的发展潜力。

四、发现和预测破坏性创新

正如前面所分析的那样，破坏性创新在经济社会中具有巨大的价值，那么发现和预测破坏性创新就具有非常大的价值。而前文总结的破坏性创新的特点，将有助于我们去发现和预测破坏性创新。

（一）发现破坏性创新

发现破坏性创新，对于企业在技术研发方向上能进行正确的指向和准确的战略规划，能够发现未来发展的方向和潮流，向正确的方向冲刺。

（1）回到硬盘的技术发展上，前文所说的各种硬盘都属于机械硬盘，在目前的市场上占据主流地位，2007 年，Sandisk 公司发布了 1.8 英寸 32GB 固态硬盘，相比于机械硬盘，固态硬盘具有体积小、功耗低、快速读写的优点，但是在当前，其价格相对于机械硬盘要更高，甚至机械硬盘的主流厂商希捷曾公开表示由于成本问题，固态硬盘永远不可能替代机械硬盘。但是，近几年可以发现，随着技术的进步，固态硬盘的制造成本逐步降低，并且其存储的容量已经达到市场所需要的水平。

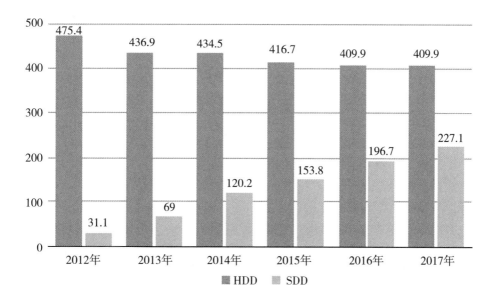

图 1　机械硬盘和固态硬盘销量对比及预测图＊

其符合前文所总结的破坏性创新的四个特点，其构成了对机械硬盘技术的破坏性创新。

固态硬盘在市场上的占比逐步提升，逐步侵蚀这机械硬盘的市场，因此可以说固态硬盘属于硬盘行业又一次破坏性创新。在固态硬盘的市场，三星、金士顿、Sandisk 等公司占据主流，而在机械硬盘市场占据统治地位的希捷可能再一次重演被"破坏"的历史。

（2）回到计算机的技术发展上，相对于传统的计算机（含个人台式电脑、笔记本电脑），平板电脑和智能手机在计算速度和存储容量上明显要差于 PC，体积更小，携带和使用非常方便，并且没有人怀疑其未来在存储空间和计算速度上的发展潜力，也符合破坏性创新的四个特点。

作为一种新的破坏性技术，虽然平板电脑和智能手机的处理速度慢于计算机，存储容量、显示性能等也明显差于计算机，但是其携带更方便、操作更简单、价格也更低，导致自 2011 年 PC 市场达到历史最高出货纪录 3.528 亿台之后，连续四年呈下滑趋势，同期平板电脑和智能手机的销量则强劲增长，而在PC 市场占据主流统治地位的联想、惠普、戴尔等公司也在平板电脑和智能手机

＊ 万南．硬盘 40 年出货量统计：HDD 该投降 SSD 了．驱动之间＞新闻中心＞电脑办公＞硬盘，www. news. mydrivers. com/1/450/450591. htm.

市场被苹果、三星、华为等掩盖了光芒。

（3）再看一个新的领域，电视技术中，传统的电视直播都是使用专业的视音频设备进行图像和声音的录制，通过无线或有线广电系统或网络宽带传送到电视终端上，主流的厂商一直在努力提高产品的核心性能参数，比如分辨率和刷新频率，从模拟到数字，从标清到高清、2K、4K，从 2D 到 3D，电视终端的观赏效果在不断的提升。然而，近年来，开始出现了手机直播技术，不仅在移动终端上能够收看视频节目，同时手机也变成了视音频采集设备，创造了一个手机直播的市场。

图 2　手机直播图片

从传统的核心性能来说，手机直播在图像成像质量、音效、刷新频率方面远差于当前的高清转播设备，但是其成本低到可以忽略不计，便于携带，不需要专业的团队，并且制作节目源简单方便，使得手机的摄像质量近年来得到飞速的提升，录制高清甚至 3D 视频都不存在技术上的难度，其也符合破坏性创新的特点。

手机直播技术作为一种新的破坏性创新，不仅开始侵占传统电视的市场，在节目制作市场上也在逐步发展，同时大大带动了手机直播网站的行业发展。

（二）预测创新发展方向

研究破坏性创新的特点，更重要的应用是预测未来的技术发展方向，继续针对前面部分提及的三个领域进行分析。

（1）固态硬盘代表着硬盘的破坏性创新达到终点了吗？显然不会，其必将为新的破坏性创新所替代或部分替代。那么，未来的硬盘将是什么样子的？根据硬盘的发展历史可以发现，硬盘的每一次破坏性创新的出现，都主要体现在体积的缩小，那么未来还有什么技术可以使信息存储的体积变得更小呢？在此，我们发现两个未来的方向：①量子存储技术，量子存储由于量子信息巨大的存储潜能，相比于当前的存储技术将有几何级数的提升；②即使量子存储技术，也是有体积的，而网络存储技术可以实现无体积的信息存储，并且这类技术已经出现，但由于受网络技术和通信技术的限制，还没有成为主流，相信随着网络技术和通信技术的进一步发展，网络存储技术将进一步发展，可能在未来使普通用户不再需要硬盘这样的传统设备。

（2）伴随着硬盘技术的发展，PC 市场还将会有新的破坏性创新出现，打破现有市场格局，这个领域每次的破坏性创新同样会向着体积小、便于使用的方向发展。现在的主机、显示器组成的 PC 将更多为一体机所替代，PC 上的存储计算功能也可能朝着云存储、云计算的方向发展。依托于云存储和云计算，未来的 PC 可能将只是用户使用的一个终端，通过一个超系统为多个终端提供更强大的存储和运算，而平板电脑、手机、VR 设备等终端设备都将能实现目前 PC 的功能。

（3）关于手机直播技术，目前来说，其在核心性能上还不足，所以只能实现低质量图像的直播，但是随着手机技术和通信技术的发展，其在核心性能上必然能够逐步提升，逐步满足视频直播/转播的技术需求，并且像智能手机逐步淘汰数码相机一样，该类产品在市场上的占有率会由低到高，进而逐步侵占数字摄像机原有的市场。

五、结　语

本文结合几个领域技术更替与市场态势变化的历史，从技术的角度分析了技术更替中的技术和市场因素，总结了破坏性创新的四个特点。同时，应用破坏性创新的特点预测硬盘、计算机、视频直播技术领域未来的技术发展趋势。

参考文献：

［1］［美］克莱顿．克里斯坦森．创新者的窘境［M］．胡建桥，译．北京：中信出版社，2014：25－55．

［2］万南．硬盘 40 年出货量统计：HDD 该投降 SSD 了．驱动之间＞新闻中心＞电脑办公＞硬盘，www.news.mydrivers.com/1/450/450591.htm．

从"非诚勿扰"案浅谈商标侵权

王晓飞　巩　瑜①

▌摘要▌最近"非诚勿扰"改名了的消息充斥了各大媒体网站。"非诚勿扰"案又一波三折，一审胜诉，二审败诉，在二审判决书送达生效时，某卫视被迫改名为"缘来非诚勿扰"，二审败诉后，华谊兄弟立即上演"围魏救赵"的历史情景，一纸诉状将金阿欢又告上法庭，目前北京市朝阳法院已经立案。一个商标侵权案为何如此多的风波，本文从多角度对本案涉及的法理进行研究，并以此案为鉴为国内各大企业的知识产权保护提出一些意见和建议。

▌关键词▌非诚勿扰　商标侵权　反向混淆　网络信息传播权

一、"非诚勿扰"商标侵权案案由

最近"非诚勿扰"改名了的消息充斥了各大媒体网站，某卫视的"非诚勿扰"商标侵权案一波三折，探究了很多法律视角，我们先来介绍一下本案的案由。

2008年，冯小刚执导的爱情电影"非诚勿扰"以3.25亿的票房成为年度最高票房纪录电影，电影名字"非诚勿扰"也相应地火了起来，之后温州小伙金阿欢以"非诚勿扰婚姻交友"名字开了一家交友服务公司，并注册了"非诚勿扰"商标。

2010年，某卫视制作的"非诚勿扰"节目开播，火遍大江南北，节目火了却给金阿欢本人的公司带来了一定的困扰，金阿欢本人介绍："很多有合作意向的商家都会问我是不是某卫视的'非诚勿扰'，很多人混淆了。"

2012年，金阿欢将某广播电视总台和珍爱网信息技术有限公司告上法庭，认为某卫视的"非诚勿扰"栏目商标侵权，要求"非诚勿扰"栏目立即停止

---

① 第二作者与第一作者对本文贡献相同。

使用"非诚勿扰"文字,金阿欢不要求索赔,只要求停止使用这四个字。一审金阿欢败诉,法院以"非诚勿扰"栏虽然与婚恋交友有关,但终究是电视节目,相关公众一般认为两者不存在特定的关系为由驳回了金阿欢的诉讼请求,金阿欢不服一审判决上诉。二审广东省深圳市中级人民法院作出判决,认定某省广播电视总台和珍爱网信息技术有限公司构成商标侵权,并判令其立即停止使用"非诚勿扰"名称,二审判决一经送到,立即生效,某卫视暂更名为"缘来非诚勿扰"。

2016 年伊始,金阿欢刚以"非诚勿扰"商标权利人的身份胜诉,此时华谊兄弟又上演"围魏救赵",诉金阿欢侵犯其网络信息传播权,请求法院判令被告立即停止侵权行为,将原告享有著作权的文字及美术作品从被告网站删除,并请求法院判被告赔偿 1 元钱作为侵权赔偿,2016 年 2 月 2 日,北京市朝阳区人民法院已正式立案,一波三折的过程透露着哪些法律视角呢?

二、从"非诚勿扰"商标侵权案的争议角度浅入法理研究

该"非诚勿扰"商标侵权案一波三折,一审,二审法院判决结果大相径庭,很多律师也对该审理结果颇为惊讶,是什么原因会出现这种状况呢?本文探究一下本案的法律视角。

(一) 电视节目是商标还是服务

电视节目是商标还是服务?对于不同类别服务是否构成相同或类似的服务?

首先,我们来看一下我国国家工商行政管理总局商标局出台的《类似商品与服务区分表》,《类似商品与服务区分表》第 41 类:教育,提供培训,娱乐,文体活动;第 45 类:社会服务,由他人提供的为满足个人需要的私人和社会服务,为保护财产和人身安全的服务,从上述这些与电视节目最相近的分类看,电视节目不是一项具体的商品或服务,没有对应的商标注册项目,纯粹的电视节目名称的使用不是商标性使用,仅是作为作品名称意义上的使用,不会与注册商标相冲突,那么,电视节目"非诚勿扰"是如何构成商标侵权的呢?既然电视节目名称与注册商标不会必然构成冲突,那么电视节目"非诚勿扰"的名称怎么会被判商标侵权呢?原因就在于:电视节目"非诚勿扰"已经不是一个单纯的电视娱乐节目名称,它成了一个服务商标,而之所以成为服务商标更重要的一点则源于本案另一被告珍爱网信息技术有限公司,也正是因该公司,原告将该案的管辖权选择在了远离节目播出方所在地的深圳。

从一审与二审法院的判决争议焦点看，一审法院认为，原告金阿欢的注册商标所对应的服务系"交友服务、婚姻介绍"，即《类似商品与服务区分表》第45类，而被告某卫视所制作和播放的"电视节目"为第41类，虽然某卫视的"非诚勿扰"从服务的目的、内容、方式、对象等方面综合考察，"非诚勿扰"栏目虽然与婚恋交友有关，但终究是电视节目，相关公众一般认为两者不存在特定联系，不容易造成混淆，因而两者属于不相类似的服务，被告不构成侵权。而二审法院认为，在判定"是否构成侵害商标权时，不能只考虑'非诚勿扰'在电视上播出的形式，更应当考虑该电视节目的内容和目的等因素，客观判定两者服务类别是否相同或者近似"，虽然某卫视的"非诚勿扰"表面上可以归到第41类"电视节目"类，但是该类更强调的是电视节目制作服务，两者构成类似服务，"非诚勿扰"节目与从事婚恋交友服务的珍爱网一起，通过电视节目宣传推广其公司经营的服务，一方面借助节目的影响力发展壮大了企业，另一方面也把"非诚勿扰"的电视节目从单纯的娱乐节目变成了带有一定商业服务性质的交友节目，进而使"非诚勿扰"的节目名称变成了带有一定商业服务性质的交友节目，进而落入第45类"非诚勿扰"注册商标专有权的范围，构成商标侵权。

可以看出，电视节目如果偏离了纯娱乐艺术的属性，融入了商业服务，具有了商业特征后，该电视节目使用的名称就构成了商业标志，这种跨界融合的知识产权也正是现在国内的弱势所在。

（二）通过"反向混淆"原则探究申请商标的延迟公开问题

商标的生命在于区分商品或服务的来源，"混淆理论"因而成为商标侵权的理论基础。本案与一般的商标侵权问题不同，传统的商标侵权一般为正向混淆，即错误地认为在后的商品或服务来源于先使用者的商品或服务，而"反向混淆"则是相反的情形，其通常发生的情景是在后使用者借助远远超出在先使用者的经济实力和市场地位，故意大量宣传或使用与在先使用者混淆性近似的商标，淹没在先商标的市场地位，在先使用者由此失去了其商标本身的商誉和价值，本案看上去与"反向混淆"的情景很相符，原告"非诚勿扰"注册商标已投入商业使用，而由于某卫视的强力宣传和市场推广，已在客观上淹没了原告商标的影响，使相关公众误以为其与某卫视有关，不可避免地压缩了法律预留给原告正常运营品牌的商业空间及机会，造成了"反向混淆"。在与该案有异曲同工的前几年的"蓝色风暴"案中，百事可乐的"蓝色风暴"的在后使用对蓝野酒业公司的"蓝色风暴"商标谋求市场声誉、拓展企业发展空间、塑造良好企业品牌的价值形成较大冲击与抑制。

基于"反向混淆"的法理，结合本案我们来分析一下我国的商标申请公开制度，在"非诚勿扰"商标侵权案中，原告金阿欢在 2009 年 2 月 16 日向国家工商总局商标局申请了"非诚勿扰"商标，直到 2010 年 9 月 7 日才获得商标注册证，核定服务范围为第 45 类，而某卫视的"非诚勿扰"在 2010 年元月开播，某卫视在使用前即使就该商标进行检索，客观上也无法得知在先的商标申请，因此其使用"非诚勿扰"作为栏目名称也为善意使用，"反向混淆"的本质是为了防止恶意进行弱肉强食情形的发生，而在后使用者完全处于无过错的主观状态则不会导致该情形的发生，因此某卫视的"非诚勿扰"属于善意状态排除"反向混淆"规则的使用，那么我国的商标申请制度的延迟公开问题也在一定程度上导致了本案的发生，对比分析一下国外的商标公开时间，美国商标申请的公开时间是申请日后 5 天公开，韩国是申请日 4 天公开，欧洲则几乎在申请日后没有延迟即公开，如果某卫视在使用该商标之前就检索到了金阿欢的注册商标，那么可能会相应地避免了本案的发生。

（三）给了版权费为何还被告倒

金阿欢刚以"非诚勿扰"商标权利人的身份胜诉，某卫视的"非诚勿扰"在开播 6 年后改名为"缘来非诚勿扰"，而此时华谊兄弟一纸诉状将金阿欢告上法庭，上演了一出"围魏救赵"的历史剧。其实，大家对"非诚勿扰"名字的熟悉来自于冯小刚的电影"非诚勿扰"，2008 年冯小刚指导，华谊兄弟出品的电影"非诚勿扰"在贺岁档大火，同时华谊兄弟就该"非诚勿扰"名字进行了注册，获得"非诚勿扰"的文字著作权，之后，金阿欢才就该"非诚勿扰"进行注册申请，而"非诚勿扰"节目开播前，某电视台已向华谊兄弟支付了版权费，其为拿到了版权许可的善意第三人，既然有了使用权，为何还是败诉？很多律师表示不解，而正是因为此时华谊兄弟并没有诉讼金阿欢侵犯自己的著作权。

二审某卫视败诉后，华谊兄弟立即告金阿欢侵犯自己的网络信息传播权，网络信息传播权是著作权中财产权的一种，著作财产权是指著作权人对作品的使用权、许可他人使用著作权并获得报酬的权利，与著作人身权共同从属于著作权，信息网络传播权是以有线或者无线的方式向公众提供作品，使公众可以在其个人选定的时间和地点获得作品的权利，[2] 著作权一经创作完成即可产生，其他人对使用该著作权受到一定程度的限制，除包含其法定的无须经过著作权人的许可也不需要支付费用的合理使用和无须经过著作权人的许可但需要支付费用的法定许可的若干法定情形，其他情况在使用著作权人获得的著作权时，均需经过著作权人许可并支付相应的费用。而华谊兄弟已经许可给某卫视使用该著作权，那么如果华谊兄弟能够胜诉，金阿欢的"非诚勿扰"商标被判定为非法，某卫视的商标侵权案也就不存在了，而金阿欢在其婚介所的商业网站中放置有华谊兄弟的在先申请"非诚勿扰"文字及美术作品，其实质构成了侵犯华谊兄弟的网络信息传播权，因此华谊兄弟的"围魏救赵"也自然会成功，这也自然对拿到了版权授权许可的善意第三人某卫视一个相对合理的法律保护。

三、从"非诚勿扰"商标侵权案得到的启示

（一）抢注知识产权申请的时间

大家都悉知，我国知识产权中的专利权、商标权、著作权都为先申请制，对于商标，《商标法》规定，两个或两个以上的商标注册申请人，在同一种商标或类似商品上，以相同或者相近的商标申请注册的，初步审定并公告申请在先的商标，同一天申请的，初步审定并公告使用在先的商标，驳回其他人的申请，不予公告。[1] 因此对于知名企业在投入大量商业资源进行市场化时，需要强化知识产权意识，提高知识产权管理能力，做到"商业未动，知识产权先行"。要在项目开始前进行知识产权的侵权风险评估，如果有侵权的风险，要通过收购商标、商标许可、申请宣告无效等方式，扫清前进路上的知识产权风险，否则就有可能落入知识产权侵权的"旋涡"，陷入被动境地。

（二）要更注重知识产权的质，而非量

知识产权的申请质量已经越来越体现出企业知识产权在侵权风险中的成败，因此现在的企业不仅要注意申请的数量，更要注册申请的质量，进行全方位的申请与布局，类似对一个专利申请可从方法、流程、设备、应用场景等多角度进行专利挖掘和布局一样，在商标权和著作权的申请中，也要重视多切入点、多角度申请，从而杜绝"花式申请"，注册商标的专有权范围是明确的，以核准注册的商标和核定使用的商品为限，或者在类似商品上使用与其注册商标相同或者近似商标为准，对于知名品牌更是应该注重全类别商标注册，能有效防止"傍名牌"现象的发生。

（三）要避免"反向混淆"理论

"反向混淆"通常是在后使用者借助远远超出在先使用者的经济实力和市场

地位，故意大量宣传或使用与在先使用者混淆性近似的商标，淹没在先商标的市场地位，在先使用者由此失去了其商标本身的商誉和价值，我国要注重这种现象的发生，避免大企业借其知名度淹没小企业，而忽视对注册商标专用权的权利人的保护，要真正发挥商标专用权的作用，使其更好地为权利人服务。

参考文献：

［1］中华人民共和国商标法.北京：中国法制出版社，2013年9月1日.

［2］中华人民共和国著作权法.北京：中国法制出版社，2010月3月1日.

从搜狗与百度专利侵权诉讼
看输入法在中国专利现状

孙国辉　苏　菲①

┃**摘要**┃搜狗诉"百度手机输入法"17项专利侵权案引起业内对输入法领域专利申请的关注。本文分析输入法领域中国专利申请的现状，比较搜狗、腾讯和百度在输入法领域的专利申请状态，列出搜狗、腾讯的重点授权专利。

┃**关键词**┃搜狗　输入法　专利分析

引　言

2015年，中国互联网产业有史以来最大规模的专利侵权诉讼在北京、上海打响。10月，搜狗公司向北京知识产权法院提起8项专利侵权诉讼请求，诉称百度旗下的"百度输入法"产品侵犯了由搜狗所享有的输入法技术相关的专利，要求赔偿总额高达人民币8千万元，主张遭到侵权的专利不仅涉及诸如超级词库、智能组词、云输入等核心输入功能，更涵盖了智能删除、候选展现等对用户输入行为有着重要影响的周边服务。[1]百度立即作出反应，于11月16日向国家知识产权局专利复审委员会提请了搜狗输入法8项相关专利无效的请求，并针对8起案件提交了管辖权异议申请和中止诉讼申请。前面8起案件还未定论，11月23日，搜狗再次向百度输入法"发难"，向北京知识产权法院和上海知识产权法院及上海市高级人民法院提起了9项专利侵权诉讼请求，这一次索赔金额升级到了1.8亿元，本次诉讼所涉专利除了属于输入法核心技术的互联网词库、智能组词等技术外，还包括了颜文字/图形输入、图片/表情输入、网址补全与导航等周边及个性化功能。[2]在对案件的审理持续关注

---

① 第二作者与第一作者对本文贡献相同。

58

的同时，不妨先分析下输入法领域中国专利申请现状以及作为当事人的搜狗、百度在该领域的专利申请状况。

一、输入法领域中国专利申请现状

本文选取中国专利检索系统文摘数据库 CNABS 作为检索库。采用关键词"输入法、input、method"进行检索，检索日为 2016 年 1 月 14 日，受专利申请公开滞后的制度影响，2014 年、2015 年的专利数据不全。

（一）输入法领域申请量按年代趋势分析

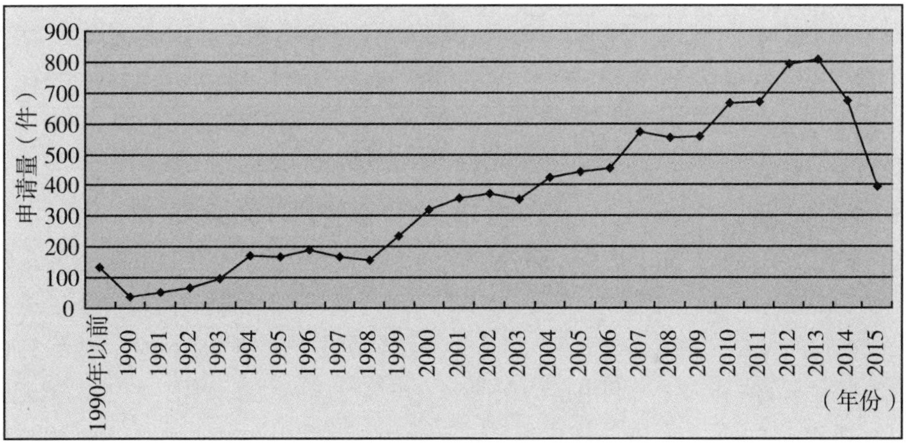

图 1　申请量按年代趋势分析

图 1 显示了在输入法领域我国专利申请量按年代趋势变化。在全国范围内，输入法领域的申请量一直是持续稳定的增长。这一点与其他领域不同，一般领域的申请都会经历缓慢发展期、快速增长期和大幅增长期。这是由输入法领域的特点决定。输入法市场一直以来都由几个固定产品所占有，加上其技术领域比较窄，可发展的方向不多，因此没有引来更多的申请人投入其中。但输入法是伴随交互式电子产品的产生而存在，作为交互式电子产品不可或缺的部分，又必定得到市场占有者的重视，因而就形成持续稳定增长的现状。

（二）主要申请人分析

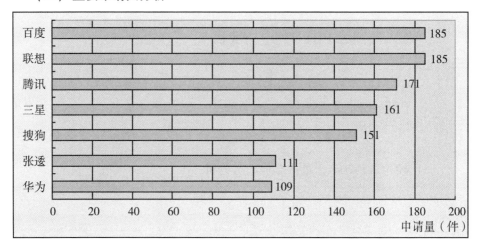

图2　主要申请人排名

通过对输入法领域专利数据的分析，总申请量超过100件的申请人包括百度、联想、腾讯、三星、搜狗、张透和华为。作为被诉方的百度，在申请量总数上以185件与联想并列第一。但是，2013年9月16日，腾讯宣布以4.48亿美金入股搜狗，双方资源整合再分配时，QQ拼音输入法并入搜狗。因此，搜狗实际上掌握着322件输入法专利申请。在搜狗公司第一次向北京知识产权法院提起8项专利侵权诉讼请求中，其中就有三件（ZL200610170641.7、ZL2006100636 20.5、ZL200710073274.3）属于申请人为腾讯的申请。

二、搜狗、腾讯和百度专利状态比较

（一）年度申请量比较

由图3可以看出，2013年以前，搜狗和腾讯在输入法领域申请趋势比较一致，都起步于2006年，到2010年申请量达到峰值，2011年所有回落，而后两年稳步上升。2013年后由于QQ拼音输入法并入搜狗，腾讯申请量急剧下降，但搜狗申请量又大幅提升。作为被诉方的百度，起步较晚，2010年才有输入法领域的第一件申请，但同年申请量就达18件之多。在2011年百度的申请量也稍有回落，2012年迎来最高峰43件，此后每年都在近40件。可见，虽然百度起步较晚，但其对市场占有的迫切是显而易见的。

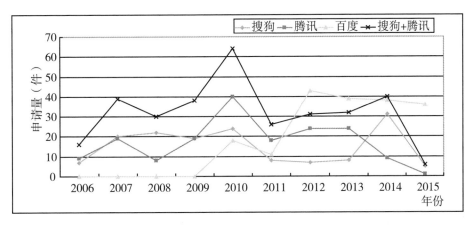

图 3　年度申请量比较

（二）授权量比较

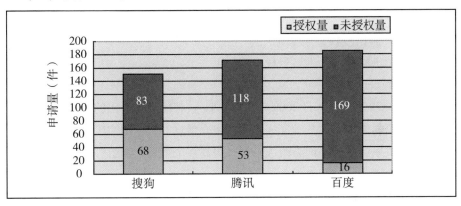

图 4　授权量比较

由图 4 可看出，搜狗在输入法领域的专利申请授权率高达 45%，目前已有 68 件授权。腾讯的授权率也达到 31%。相对来说，百度目前的授权率较低，不到 9%。这也与百度起步较晚有关，大量 2013 年以后的申请都还在在审状态。

（三）搜狗、腾讯授权重点专利

1. 搜狗、腾讯技术发展路线

搜狗、腾讯的输入法授权专利涉及多个方面，包括智能组词、云输入、混合语言输入、图片输入、候选词、词库生成、个性化词库、智能删除、智能纠错、

网址补全、自动翻译、即时通信相关、链接跳转、导航、网络信息发布等。图 5
列出其重点方面的技术路线。

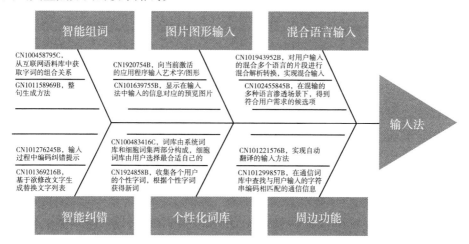

图 5　搜狗和腾讯输入法在重点方面的技术路线

2. 搜狗、腾讯授权重点专利

搜狗、腾讯的输入法重点授权专利如下。

（1）智能组词。

CN100458795C，公告日 2009 年 2 月 4 日：智能组词输入的方法，通过从预
置的互联网语料库中获取基础字词之间的组合信息，根据用户输入提取组合信息
中相应搭配关系的对应字词为候选字词，提高多个字词、词组、短语、短句或长
句的首选词命中率。

CN100472536C，公告日 2009 年 3 月 25 日：中文输入法简拼实现方法，在拼
音词典中找到与拼音串的每个音节首字母都相同的结点，以此结点为中心在拼音
词典中找出与拼音串的每个音节相匹配的全拼串；将匹配的全拼串对应的候选词
按照词频从大到小进行排序。

CN101158969B，公告日 2010 年 6 月 2 日：整句生成方法，在缓冲区存储当
前拼音输入的上下文，在词表中查询当前拼音输入的各候选词词频、各候选词与
上下文词组共现词频，计算当前拼音输入的每个候选词与上下文共现的条件概
率，并选择条件概率最大的候选词与上下文构成整句输出。

（2）混合语言输入。

CN101943952B（涉案专利），公告日 2014 年 7 月 9 日：对用户输入的混合
多个语言的片段进行混合解析转换，得到混合候选项，实现混合输入。

CN102455845B，公告日 2015 年 2 月 18 日：文字输入方法，能够在类似中英混输的多种语言渗透场景下，得到符合用户需求的候选项。

（3）图片图形输入。

CN101639755B，公告日 2011 年 7 月 13 日：根据用户输入信息与预览图片之间的对应关系，显示在输入法中输入的信息对应的预览图片，将用户选择的预览图片对应的上屏图片输入目标窗口。

CN1920754B（涉案专利），公告日 2010 年 6 月 23 日：调用操作系统接口函数，获取键盘消息编码，对应映射关系，匹配与键盘消息编码对应的艺术字样式，触发应用程序接口控制消息，向当前激活的应用程序输入艺术字/图形。

（4）云输入。

CN102999275B，公告日 2015 年 12 月 9 日：获取字词转换结果的方法，根据用户对候选字词的操作确定显示的候选字词未能匹配用户输入需求时，向服务器发送远程字词转换请求，更新候选字词的显示。

（5）候选词。

CN100535836C（涉案专利），公告日 2009 年 9 月 2 日：在中文输入法中恢复候选词顺序的方法，在词表的表头结点中设置标志位域，每一词条所对应的标志位相互独立，标志位的取值只影响对应候选词的排列顺序，在恢复候选词顺序时，只需将词条所对应的标志位设置为原始候选词顺序值。

CN101183281B，公告日 2011 年 4 月 13 日：输入法中候选词的相关词输入方法，建立相关词词库，在输入候选词后，搜索其相关词并显示，用户通过选择输入相应的相关词。

CN101071338B（涉案专利），公告日 2011 年 9 月 14 日：文字输入的方法，当接收到用户发出显示全部候选词的命令时，显示所有候选词，并能通过鼠标、键盘上的数字键以及方向键等进行候选词的快速选择。

CN102646022B，公告日 2014 年 7 月 9 日：在输入信息和/或输入环境特征与预设的激活条件匹配时，获取契合所述输入信息和所述输入环境特征的组合候选项。

（6）智能删除。

CN100472411C（涉案专利），公告日 2009 年 3 月 25 日：在文字输入过程中存在当前输入字符串时，触发一次删除命令就能够将当前输入的拼音串一次取消的方法，使得用户在进行文字输入时提高了速度。

（7）智能纠错。

CN101276245B，公告日 2010 年 7 月 7 日：输入过程中编码纠错的提示方法，根据用户输入的编码字符串转换得到的候选项中如果存在通过易混淆编码等同方式而得到的候选项，则提示编码纠错信息。

CN101369216B，公告日 2012 年 6 月 6 日：基于欲修改文字生成相应的替换文字列表，将替换文字替换欲修改的文字，可以实现快速、高效、便捷的文字输入和修改。

（8）词库的生成维护。

CN100405371C，公告日 2008 年 7 月 23 日：提取新词的方法，在互联网页面数据库中对符合预置规则的字符串的出现次数进行统计，如果出现次数大于或等于阈值，则将字符串作为新词输出。

CN1924858B（涉案专利），公告日 2010 年 5 月 12 日：新词获取方法，获取用户选择的字词，与现有字词比较，根据比较结果获取用户个性字词，收集各个用户的个性字词，根据个性字词获得新词。

CN1936893B，公告日 2010 年 5 月 12 日：输入法词频库的生成方法，对网页信息进行分词处理，对词条进行词频统计并保存形成互联网词频库。

CN101216854B，公告日 2010 年 7 月 14 日：词库维护方法，预先存储虚词库，统计输入的词频，用户词库中如果有与虚词库中的虚词相同的文字则删除，并对用户词库中的文字词频进行分析，对搭配词频达到特定要求的一个以上的文字进行合并。

CN101154226B，公告日 2011 年 2 月 16 日：在输入法词库中添加未登录词的方法，输入法程序可从用户输入的汉字序列中自动识别出其中的未登录词，将其添加到自身的词库中。

（9）个性化词库及其加载。

CN100483416C（涉案专利），公告日 2009 年 4 月 29 日：将现有技术中面向所有用户的标准输入法词库改进为由系统词库和细胞词集两部分构成，其中，系统词库仍面向所有用户，以通用词汇为主，而细胞词集部分则通过服务器端提供多个细胞词库，由用户选择最合适自己的，然后合并得到。

CN101398834B，公告日 2010 年 8 月 11 日：分别将多个用户的输入习惯信息（例如，输入字词及其词频等）分环境记录下来，并汇集至一数据处理设备中（例如，服务器），然后对这些信息进行优化处理，提供一具有分环境属性的输入法词库。

CN101420313B，公告日 2011 年 1 月 12 日：通过汇集多个用户的输入信息（包括输入内容和/或输入习惯），通过准确度较高的聚类策略完成对用户的类别识别，可以提高对输入法客户端用户群聚类的准确度，从而可以实现对用户个性化信息服务的提供。

CN101373468B，公告日 2012 年 5 月 30 日：通过多种手段检测用户当前的输入环境或者输入内容，以准确判断该用户的当前需求，然后从多个辅助词库中选择加载，从而非常好的满足了用户的动态需求。

CN101571758B，公告日 2012 年 12 月 12 日：根据应用指示选择与应用指示对应的输入法策略和/或词库，从选择的输入法策略和/或词库中调用与输入字符对应的字符信息，将调用的字符信息确定为输入的信息并执行输入。

CN101149757B，公告日 2010 年 12 月 8 日：能够根据输入场景对输入策略进行动态调整的技术，通过调用操作系统函数获得当前应用程序的场景类型，通过场景映射表的匹配后获取适合于该场景类型的词库或词频调整配置文件，动态地进行词库/词频等输入特性调整，以满足用户个性化的需求、提高输入效率、增强用户体验。

（10）周边功能——网址补全。

CN100585599C，公告日 2010 年 1 月 27 日：网络资源地址的输入方法，自动或手动的识别 URL 输入模式，在该模式下用户可以方便快捷的输入所需的网络资源地址，避免了通常输入过程必须的输入法切换步骤。

（11）周边功能——自动翻译。

CN101221576B，公告日 2010 年 8 月 18 日：可实现自动翻译的输入方法，如果当前输入的字符不在已记录语言库中，则在其他语言库中搜索。

（12）周边功能——自动搜索。

CN101231636B，公告日 2013 年 9 月 25 日：输入法系统根据搜索关键词生成搜索命令，并调用第三方应用程序，由应用程序将搜索命令发送至搜索引擎，输入法系统接收所述搜索引擎通过该应用程序返回的搜索结果，展现所述搜索结果。

CN101178737B，公告日 2014 年 11 月 5 日：以输入法平台作为关键字符相关信息链接的展现平台，通过改变输入法候选词窗口中或周边区域的关键词的展现形式，告知用户该关键词具有相关信息或展示小数据量的相关信息。

（13）周边功能——即时通信相关。

CN101291302B，公告日 2011 年 8 月 3 日：利用输入法进行即时通信的方法，接收触发消息，将输入法系统从普通文字输入状态转换为即时通信状态，根据第一输入信息确定即时通信对象，根据第二输入信息在词库中进行匹配查询得到候选项，根据第二选择信息确定候选项文字，将候选项文字通过即时通信技术发给即时通信对象。

CN101299857B（涉案专利），公告日 2012 年 9 月 5 日：输出通信信息的方法，在预置的通信词库中查找与用户输入的字符串编码相匹配的通信信息，显示相匹配的通信信息，并上屏输出用户选择的通信信息。

（14）周边功能——链接跳转。

CN102193789B，公告日 2015 年 5 月 13 日：通过在输入法界面中配置可跳转链接，使得用户仅通过简单的操作就可以完成链接的跳转，提高了用户的使用感受。

（15）周边功能——导航。

CN102314452B，公告日 2015 年 12 月 16 日：通过输入法平台进行导航的方法，当用户通过输入法平台进行字词输入时，通过判断是否出现预置的特征信息，判断出用户是否需要进行导航，当判断出用户需要进行导航时，根据用户当前的输入信息获取进行导航的查询词以及进行导航的类别信息，并获取类别下针对查询词的扩展的导航结果，将扩展的导航结果提供给用户。

（16）周边功能——网络信息发布。

CN102281309B，公告日 2015 年 11 月 25 日：输入法中打开网络信息发布窗口，通过网络信息发布窗口采集用户输入的网络信息，并将网络信息与登录信息发送给服务器进行发布。

三、输入法领域其他诉讼

输入法领域的专利侵权诉讼，搜狗诉百度并不是第一起案件。2007 年郑码输入法的发明人所在的公司北京中易电子公司诉微软 Window98、Window2000 等八个版本的操作系统软件涉嫌侵权。遭到起诉后，微软请求判定郑码输入法专利无效，但遭到专利复审委驳回。微软不服专利复审委的裁定，向北京市第一中级人民法院提起行政诉讼，要求撤销专利复审委的相关裁定，并重新进行审查决定。北京市第一中级人民法院经过审理，判决郑码专利符合《专利法》第 26 条第 4 款、第 22 条第 2 款、第 22 条第 3 款等规定，微软败诉。微软输入法被诉案，微软走的是常规专利大战路线，即被诉侵权后试图无效掉被侵权专利。在无效失败后，再赔偿或和解或购买。专利侵权案的判决需要时日，对于搜狗诉百度的专利大战结果，我们拭目以待。

四、结 语

搜狗诉"百度手机输入法"17 项专利侵权案,表明我国互联网产业正处在逐步趋于成熟并走向国际化的道路上,业界对自主知识产权的重视达到了前所未有的程度,保护和鼓励以专利竞争为代表的创新力竞争,已成为全行业的共识。输入法行业本是起于微末且门槛较低的一个技术领域,但却在电子产品的应用中必不可少,因此,受到各个企业的重视。随着搜索等互联网技术的融入,输入法也进入互联网时代。相对于百度等企业,搜狗和腾讯在输入法的互联网时代走在了前列,并积极打造了自己的专利池,涉及输入法的核心输入以及多方位的周边服务。后起之秀们如何跨越前者的专利壁垒,避免侵权风险,发展自己的技术和产品,是企业需要重视并亟待解决的问题。

参考文献:

[1] zol. com. cn 新闻中心. 搜狗起诉百度输入法 如获胜将获赔 8000 万 [2016 - 01 - 01]. http://news. zol. com. cn/547/5478756. html.

[2] 腾讯科技. 搜狗再起诉百度索赔 1. 8 亿元 百度反驳 [2016 - 01 - 01]. http://tech. qq. com/a/20151123/055758. htm.

从判例法看欧洲商业方法专利申请的保护发展

张　伯　李伟华

▎摘要▎除基本的欧洲专利公约以及实施细则之外，判例法通过不断充实的上诉案例的审理过程和结果，动态、微观地体现 EPO 对于审查标准的调整和变更，展现了 EPO 对涉及商业方法专利申请的保护发展的历程。本文通过对一些经典判例的分析，展现欧洲对于商业方法审查模式的发展过程。

▎关键词▎EPC　判例法　商业方法

引　言

从 1978 年受理第一件欧洲专利申请开始，为商业方法提供专利保护是违背欧洲专利制度原则的。随着电子商务和互联网技术在欧洲的迅速发展，为了保护本土产业利益，顺应世界范围的专利发展趋势，欧洲专利局（European Patent Office，以下简称 EPO）也开始逐渐转变态度。但是，商业方法申请授权过多而妨害欧洲国家网络经济的发展，EPO 制定了严格的审核标准。相比欧洲专利公约以及实施细则，判例法更加动态地展现了 EPO 对涉及商业方法专利申请的保护发展的历程。下面通过对一些经典判例的分析展现审查模式的发展。

一、欧洲专利公约（European Patent Convention，以下简称 EPC）

（一）EPC 第 52 条对专利客体的规定

（1）对于任何应用到技术领域中的新的、具有创造性的并且能在工业中应用的新发明，授予欧洲专利。

（2）下列各项尤其不应认为是第一款所称的发明：

（a）发现、科学理论和数学方法；

（b）美学创作；

（c）智力活动、进行比赛或游戏或经营业务的计划、规则和方法，以及计算机程序；

（d）信息的表达。

（3）第（2）款只有在欧洲专利申请或欧洲专利涉及该项规定所述的主题或活动的限度内（only to the extent to which a European patent application or European patent relates to such subject – matter or activities），才排除上述主题或活动取得专利的条件。

EPC 第 52 条第（2）款罗列了一系列明确排除在可专利之外的主题，如果方案属于执行智力活动、进行比赛、游戏或经营业务的计划、规则、方法以及计算机程序，则均不能取得专利。

（二）EPC 第 56 条对创造性的规定

如果考虑到现有技术，发明对于所属领域技术人员是非显而易见的，那么认为该申请具备创造性。如果现有技术包括 EPC 第 54 条第 3 款含义的文档，那么这些文档将不能被考虑用于决定是否本发明具备创造性。

EPC 第 56 条是 EPO 对普通专利申请的要求，然后 EPO 认为它们相对于其他普适性的条款来说，与商业方法相关专利申请的关系更加紧密，这也正反映了商业方法专利的特点及其特定的使用空间，使得其专利保护会面对许多困难。

（三）EPC 实施细则的相关规定

EPC 实施细则第 42 条第（1）款中的第（a）项和第（c）项要求：申请欧洲专利的发明必须属于某个技术领域，必须与解决技术问题有关；第 43 条第（1）款则要求申请文件中必须指明发明所具有的技术特征。

二、从判例法看欧洲对于涉及商业方法专利申请的保护发展

（一）T769/92 首件涉及商业方法专利申请的判例，涉及技术考量

1. 案件信息

申请号：86110223.4；申请日：1986 年 7 月 24 日；申请人：Sohei, Yamamoto,

et al。

发明名称：用于多种独立管理类型的计算机系统以及执行一种通用目的计算机管理系统的方法。

2. 涉及的权利要求

权利要求1：一种用于至少包含金融和存货管理的多类独立管理的计算机系统，系统包含：显示单元（4），输入单元（3），存储器单元（2），输出单元（4，5），以及一个数字处理单元，

其中所述显示单元在屏幕上以图像的形式显示转账传票，所述转账传票具有通用于金融和存货管理的数据格式，使得其中的数据至少关联于借记项目、信贷项目以及一个可以连续输入的款项代码项目，

其中所述存储器单元包含：

分类交易账簿文件，用于存储每一笔转账传票的数据；

主要项目文件，……

主要款项文件，……

分类交易账簿累计文件，……

存货文件，……

其中所述数字处理单元包含：

第一处理单元，用于使得显示单元显示所述转账传票以及依据所述转账传票自动显示通过所述输入单元输入的数据，并将所述数据存储于存储器单元的所述分类交易账簿文件中；

第二处理单元，依据通过输入单元输入的转账传票数据，自动更新对应于所述主要项目文件中的每个项目代码的数据，以及对应于所述主要款项文件中的每个款项代码的数据；

第三处理单元，用于将存储于所述分类交易账簿文件中对于金融管理操作来说是必要的那些数据转账到所述分类交易账簿累计文件进行存储，并用于将所述转账的数据与主要项目文件中的项目代码相关联；

第四处理单元，用于将存储于所述分类交易账簿文件中对于存货管理操作来说是必要的那些数据转账到所述存货文件并进行存储，并且将所述转账的数据与主要款项文件中的款项代码相关联；

第五处理单元，用于读取数据，响应于通过所述输入单元输入的输出命令，将对于一种特定类型的管理来说是必要的数据以对应于所述特定类型管理的预定格式从至少一个所述分类交易账簿文件、主要项目文件、主要款项文件、分类交易账簿累计文件以及存货文件通过所述输出单元进行输出。

3. 审查过程

本案于 1986 年 7 月提出申请，1992 年 3 月被 EPO 实审部门以不符合 EPC 第 52 条第（2）款的规定为理由驳回。同年 9 月申请人提出上诉，EPO 上诉委员会最终认定其具有可专利性。

上诉委员会引入"技术考量（technical consideration）"的概念，并认为"技术考量"带给发明一种技术特性（technical nature），通过技术特性隐含（imply）得到将要解决的技术问题。即"技术考量"会使得发明相对于现有技术作出技术贡献（technical contribution）。技术性（technicality）意味着未被排除在 EPC 第 52 条之外的发明的技术特性（technical nature），具体来说，与新颖性和创造性问题的审查是独立的。EPO 上诉委员会得出结论：Sohei 解决了一个技术问题，即，将两个类型独立的管理系统合并为一个系统进行管理的技术问题。虽然整个发明涉及一种商业管理方法，但是两种不同的管理涉及不同的目的以及不同的处理，被集成到一个系统中，不同类型的输入数据使用统一的通用输入，通过系统进行独立处理，或者某些输入数据还具有关联性处理，在实现本发明时需要进行"技术考量"，对现有的计算机技术作出了技术贡献，而非仅仅进行计算机的程序执行或者信息展示，因而可以授予专利。

由该案可以明确地看出，计算机技术发展水平还在刚刚兴起的阶段，将计算机具体应用到商业领域的过程中还被认为需要解决一些"技术上"的问题，将两个独立的管理系统合并成一个来使用也还被认为是一个新的技术，是申请人的技术贡献，并且，人们认为，这样的改进明显地改变了计算机的使用属性，使其使用效率显著提高。这就为这个时期的商业方法申请的可专利性打开了缺口，推动了商业方法申请的增加。其后的部分案例判决中也支持了"任何具备技术特征的发明皆可专利"的理论。

（二）T641/00 技术特征与非技术特征的审查方式

1. 案件信息

申请号：92907791.5；申请日：1992 年 4 月 8 日；申请人：COMVIK GSM AB。

发明名称：一种 SIM 卡被至少以两个被用户选择性激活的身份分配在移动电话系统中的方法。

2. 涉及的权利要求

权利要求 1：一种用于 GSM 数字移动电话系统的方法，其中订户单元（MS）被有订户身份模块（SIM）控制，其特征在于订户身份模块以至少两个身份被分配（IMSI 1，IMSI 2），信息被存储在一个系统的主数据库，所述至少两个身份是选择性地使用，其中只有一个身份（IMSI 1 或者 IMSI 2）可以同时被激活，用户使用订户单元（MS）选择性地从订户单元激活在所述数据库期望的身份，其中选择性的激活用于为服务和似有电话或不同用户间分配花费。

3. 问题—解决方案法

"问题—解决方案法"（problem and solution approach）规定：

（1）确定最接近的现有技术（the closest prior art）；

（2）确定请求保护的发明与最接近的现有技术对比后所得到的技术结果或者效果（technical results or effects）；

（3）确定本发明所解决的技术问题（technical problem）；

（4）判断对于技术人员来说，为了得到所请求保护的发明所得到的结果，通过最接近的现有技术是否有启示得到本发明的技术方案。

4. 审查过程

本案引用 D8 作为最接近的现有技术，D8 描述了 GSM 网络标准在 1990 年实施阶段的特征，特别是所述 SIM，它是移动站的一部分，存储所有订户相关信息项，包括个人移动站，其允许系统去识别，验证和定位订户在网络中的位置。移动站剩余部分是可被不同订户轮流操作的通用设备，每个用户使用其自己的 SIM。

权利要求 1 相对于 D8 的区别是分三组进行评述的，具体为：

（1）SIM 被分配至少两个身份；

（2）所述至少两个身份是可选择性的；

（3）可选择的激活用于分配服务和私人电话的费用，或者用于在不同用户间可选择的激活。

对于区别（1），GSM 领域专家知晓一个 SIM 具有不同 IMSI 是接受来自两个相同移动站的呼叫的常用技术手段。

区别（2）（3）根据特别配置分配费用不是系统的技术功能，其没有披露技术功能，没有对发明的技术特征产生贡献；从说明书中也可见，排除在服务和私有电话间分配花费或在不同用户间可选择性的分配费用的不便，重新确定这区别的贡献所解决的问题不是技术问题；可以肯定区别技术特征对创造性没有贡献，在 D8 基础上，权利要求不满足创造性的可专利需要［EPC 第 52 条第（1）款和 EPC 第 56 条］。

在具体的审查过程中，非技术特征不能支持创造性的存在，根据"问题—解决方案法"进行创造性的评价的案例从根本上说具有技术特征。因此，创造性的确立只能基于区别特征以及要求保护的发明相对于最接近的现有技术的区别特征所达到的效果。对于同时由技术特征和非技术特征构成且整体上具有技术性质的发明而言，在采用创造性的规定进行评价时，应当仅考虑那些作出技术贡献的特征，没有作出贡献的特征不能够支持创造性的存在。

在计算机领域的权利要求中，信息的存储和处理往往是分开进行记载和限定。如果从功能上将计算机执行的处理过程与相应的硬件装置之间分组可以更加清楚地看出各自对于整个方案的贡献以及技术性体现，从而可以清晰地判断是否对现有技术作出了贡献。

（三）T258/03 方法中技术特征与非技术特征的最新考量

1. 案件信息

申请号：97306722.6；申请日：1997 年 9 月 1 日；申请人：Hitachi，Ltd.。
发明名称：自动拍卖方法。

2. 涉及的权利要求

权利要求 1：一种在服务器计算机上执行的自动拍卖的方法，包括以下步骤：

（1）通过网络传输将被拍卖的产品信息给多个客户端计算机，每个客户端计算机属于一个投标者；

（2）通过网络从多个客户端计算机接收多个拍卖订单信息件，每件包括对于所购买产品的期望的价格和竞争态下的最高价格；

（3）对于不同的投标者，在服务器计算机上存储接收到的拍卖订单信息件；

（4）设置一拍卖价格；

（5）使用存储在服务器计算机中的拍卖订单信息件，确定是否有提出的期望价格等于或高于拍卖价格的投标者；

（6）如果在（5）的判断中没有投标者，降低投标价格，并且重复步骤（5）；

（7）如果在（5）的判断中存在多于一个投标者，使用存储在服务器计算机中的拍卖订单信息件，判断是否存在多于一个拍卖价格低于或等于其期望价格的投标者使得竞争态出现；

（8）如果竞争态出现，以一预定的值来增加拍卖价格；

（9）排除提出可接受价格低于增加后的拍卖价格的投标者，并且使用拍卖订单信息指定其他投标者；

（10）判断是否在步骤（9）指定的投标者中出现竞争态；

（11）重复步骤（8）、（9）、（10），并且当在步骤（10）中没有竞争态时，确定剩下的投标者为成功投标者；

（12）如果在步骤（7）中没有竞争态出现，确定剩下的投标者为成功投标者。

3. 审查过程

EPO 实审阶段最终是以根据 EPC 第 52 条第（2）款和第（3）款被排除在可专利性之外予以驳回。常见的技术术语"自动的""网络"是为了特定的商业目的来对非技术数据进行处理，其不具有足够的技术性，因此不符合客体的要求。

EPO 上诉委员认为：

（1）对于是否是发明的判断在新颖性、创造性和实用性之前，因此在判断是否是发明时不引入现有技术（包括公知常识）。如果一项发明包括技术特征和非技术特征，则认为其具有可专利性；对于技术特征不用考虑其对于现有技术的贡献，这是新颖性、创造性的考量。

具体到本案，由于存在"服务器计算机""网络""客户端计算机"等技术特征，则认为其属于客体。

（2）在创造性评价中，只考虑对技术性作出贡献的特征，不构成解决技术问题的技术方案的特征必须被忽略，在创造性评价中，与 EPC 第 52 条第（2）款意义上的非发明相关的特征（所谓的"非技术特征"）不能够支持创造性的存在。

上诉人认为本申请的解决方案克服了现有技术中投标人和服务器之间的延迟问题。如在现有对比文件中提出的拍卖被在线执行，延迟将影响拍卖的结果。该问题的解决方案包括修改已知的拍卖方法使得其自动执行，这样就不存在数据传输延迟的问题。

上诉委员会认为因为本案涉及的是拍卖规则，完全基于对于拍卖方法的调整。该商业方案的调整旨在绕过技术问题而非采用技术手段解决技术问题，因此本申请的方法步骤没有对技术性带来贡献。包含对商业模式（拍卖规则）的改进的方法步骤旨在绕过技术问题，而非通过技术手段解决技术问题，这样的方法步骤对要求保护的主题的技术特性没有作出贡献，仅仅是在存在投标人的情况下执行拍卖这一非技术活动的自动化，因而限于命令服务器电脑应用给定的条件并执行任何需要的计算，这是技术人员非常容易做到的常规编程。

三、总　结

从以上几个经典判例的分析可知，EPO 对于商业方法专利的态度也伴随技术的发展进行适应性的调整。

计算机技术发展初期，简单的两个独立计算机合并一体执行商业上应用的方案被认为明显地改变了计算机的使用属性，使其使用效率显著提高，同时通过T769/92引入"技术考量"的概念，并认为"技术考量"会使得发明相对于现有技术作出技术贡献。该判例的判决为这个时期的商业方法申请的可专利性打开了缺口，推动了商业方法申请数量的增加。

伴随计算机技术的逐步发展，开始对"技术贡献"和"技术效果"进行区分，"技术贡献"涉及与技术的状况相比较时权利主张的内容，而"技术效果"的要求则与公约规定的可专利性的发明主题的特点有关。有了技术效果，可以认为其进入了可授权客体的范围，而在"评估创造性进步"时考虑技术贡献则是适当的。如果发明所作出的改进实质上是经济性的，不能对创造性进步有所贡献，则发明因不具备创造性而被否决。另外，对于方法和产品权利要求的可专利性分别给出了不同的分析方式，仅包含经济概念和商业操作的方法同样不可专利，但含有商业方法的物理实体或具体产品可以获得专利。

在进行创造性考量时，"问题—解决方案法"的应用，一方面，是为了确保非技术特征不能够支持创造性；另一方面，在评价创造性时必须考虑发明的任何特征在技术上作出的实际贡献。因此，明确需要将规则的限制与其技术实施区分开。EPO在进行创造性评价时，只考虑对技术性作出贡献的特征，不构成解决技术问题的技术方案的发明特征必须被忽略，在创造性评价中，与EPC第52条第（2）款意义上的非发明相关的特征（所谓的"非技术特征"）不能够支持创造性的存在，因此在商业方法相关申请的审查中，逐步引入较多的公知常识分析，有些情况下还会使用对比文件作为参考。

到了计算机和网络技术高速发展的时期，是否为发明的判断更加简单、直接，即如果一项发明包括了技术特征，则认为其属于客体，对于技术特征不用考虑其对于现有技术的贡献，因为这是新颖性、创造性的考量。

参考文献：

［1］European Patent Convention（14th edition）［M］. European Patent Office，2010：107 – 112，360 – 362.

对美国 Enfish 案后
软件专利审查的一些思考

魏　峰

┃摘要┃软件相关的专利是否应获得专利保护一直是困扰业界的问题。随着电子商务、在线金融以及"互联网＋"的发展，计算机或网络实施的商业方法是否应当受到专利保护也成为各国讨论和争议的焦点。本文借鉴美国 Enfish 案后软件专利的审查，试图从专利法是一种鼓励创新和保护投资的经济学工具的角度去思考并分析这一问题。

┃关键词┃软件专利　商业方法　客体　专利法

软件相关的专利是否应获得专利保护一直是困扰业界的问题。随着电子商务、在线金融以及"互联网＋"的发展，计算机或网络实施的商业方法不断地创造出新的结合运用模式，其是否应当受到专利保护也成为各国讨论和争议的焦点，也使得专利申请中一些原本清晰的界限变得模糊，在实践中容易造成审查结论的不确定性。借鉴对比美国在该领域专利客体问题分析过程上的差异，对于国家知识产权局完善涉及软件/商业方法专利申请的客体判断标准有一定的借鉴意义。

一、Enfish 案前美国对可专利性的审查

美国专利法第 101 条（35 U. S. C. §101）规定："凡发明或发现任何新颖而适用的制法、机器、制造品、物质的组分，或其任何新颖而适用的改进者，可以按照本编所规定的条件和要求取得专利权。"美国联邦最高法院建立了自然法则（laws of nature）、自然现象（natural phenomena）与抽象概念（abstract ideas）为不可专利的认定原则，以避免作为创新建构基础的基本科学原理、概念或商业实

施方法受到专利垄断而阻碍创新活动。

最高法院 2014 年 Alice 案[1]判决中，裁定单纯将一般金融概念方法等抽象概念应用于涉及计算机的发明中，并不具有可专利性。该案判决说明一项发明标的是否具可专利性，是透过 Mayo 案[2]的两步分析架构来判定：

（1）确定权利要求是否涉及任何自然法则、自然现象或抽象概念；

（2）如果在权利要求中出现抽象概念，则确定是否权利要求中的任何要素或要素的组合，足以确保该权利要求合起来"显著超出"该抽象概念本身（an inventive concept sufficient to ensure that the patent in practice amounts to significantly more than a patent upon the ineligible concept itself），即在该权利要求中是否有其他限定显示该抽象概念属于可专利的申请。

最高法院 Alice 案判决，虽解决了美国专利法第 101 条可专利性的问题，然而也留下许多疑问，有待下级法院在诉讼个案中作出补充解释。2016 年 5 月 12 日，美国联邦巡回上诉法院于 Enfish LLC v. Microsoft Corporation 一案上诉判决中，裁定可能涉及抽象概念的两项计算机软件专利为有效。

二、Enfish 案概况

2012 年 8 月 27 日，设立于美国加州的 Enfish, LLC（以下简称 Enfish）以 2 项专利侵权为由，控告设于美国华盛顿州的微软（Microsoft Corporation）及其客户共五家公司所制造、使用、提供、贩卖、为贩卖要约或进口 NET Framework 软件及相关软件侵权，全案将由美国加州中区联邦地区法院负责审理调查。

本案涉及专利有 2 件，编号为：US6，151，604（改进信息储存及恢复系统的方法及设备）以及 US6，163，775（依据具有位置及包含地址区段属性的逻辑表配置的方法及设备），均与计算机软件技术有关。这两件专利保护的是一种应用于计算机数据库（database）的自我参照模型（self-referential model），简单地说，该模型能够将不同的但有关联性的表格数据进行整合，并形成一个单一的的表格，以此来提升数据库的效率。

一审地方法院同意微软关于简易判决的申请，判定两个涉案专利由于涉及抽象概念而不属于美国专利法第 101 条的可专利的主题，因此无效。地方法院应用 Mayo 测试，并认为：人类自古以来已经有利用表格化的方法来整理和存放数据的习惯，本专利的权利要求要求保护的内容属于使用表格来组织、存储和获取数据的抽象概念。另外，权利要求中的元素仅是利用公知的计算机硬件来运行一个常规的使用表格的方法，因此没有显著超出（significantly more）不可专利主题的发明概念。

二审合议庭部分推翻了地方法院的判决并发回，认定该专利并未涉及任何抽象概念。在 Mayo 案第一步骤分析未成立的情况下，合议庭并未继续讨论第二步骤。合议庭的重要观点包括：

联邦最高法院 Alice 案结果并未明确排除所有软件发明的可专利性，故下级法院也不应该这么认为。许多重要计算机技术发明的本质，为针对软件程序的改良成果，这些成果均不能被归纳为实体发明，而属于逻辑架构或处理方法，若以涉及抽象概念为由来一并排除，则将导致否定计算机技术领域中的所有发明成果。

鉴于联邦最高法院并未就什么叫"抽象概念"提出解释，地方法院在进行 Mayo 案第一步骤分析，在判断专利是否涉及任何自然法则、自然现象或抽象概念时，不应该仅针对权利要求中的语言和内容进行判断，因为很有可能权利要求中描述的语言太过抽象，而其方案的实施却和实体世界紧密相关。地方法院应该更多地参考说明书的内容，从整体上判断权利要求请求保护的方案的本质，是否属于抽象的概念。

联邦最高法院 Alice 案并没有说所有通过计算机来实现的软件技术，均属于抽象概念的范畴而需要进行 Mayo 案第二步测试。相反，软件技术也可以创造出不属于抽象概念的技术创新和改良，而不是仅有硬件才可以。CAFC 认为本案的软件技术对计算机的效能有改进作用，因此属于可专利主题。

如果专利发明的目的是提高计算机的效能，而其通过计算机实施并无不妥。若其仅是把众所周知的常规性活动和知识（例如一般商业惯例或者数学方程式）来通过一般的计算机硬件来实施，则其不属于可专利主题。因此，回到 Enfish 案，本案实质的争议点就在于：该专利属于将自参照模型技术应用在计算机数据库上来改善计算机的效能；还是将其归纳为使用计算机来实施的一种数据处理的抽象概念。对此，CAFC 认为该专利属于前者，因此不属于抽象概念，属于满足美国专利法第 101 条的可专利主题。

在该案中，CAFC 本案判决采取重视及保护软件发明的立场，强调计算机软件专利仍可获得专利。其要点包括：（1）最高法院 Alice 案判决并非意味着所有软件发明皆不具可专利性，或所有软件发明皆属于抽象概念；（2）若软件发明与计算机硬件结合之目的在于获得技术改良成果，则具可专利性；（3）若软件发明仅将一般计算机硬件与常规性活动知识结合，则不具可专利性。CAFC 特别说明，地区法院区法在进行 Mayo 案第一步骤分析上，不应单纯去检查请求项内容是否存在任何自然法则或抽象概念等，并造成误判，而应参考专利说明书，来判断整个发明是否确实为主张这些标的。

三、我国有关法律的规定

2008 年修改的《中华人民共和国专利法》[3]（以下简称《专利法》）第 2 条第 2 款对客体进行了规定：专利法所称的发明，是指对产品、方法或者其改进所提出的新的技术方案。

2010 年版的《专利审查指南》[4]（以下简称《审查指南》）对《专利法》第 2 条第 2 款的内容进行了解释，其中规定：技术方案是对要解决的技术问题所采取的利用了自然规律的技术手段的集合。技术手段通常是由技术特征来体现的。未采用技术手段解决技术问题，以获得符合自然规律的技术效果的方案，不属于《专利法》第 2 条第 2 款规定的客体。

《审查指南》第二部分第九章关于涉及计算机程序的发明专利申请审查的若干规定这一部分又有这样的规定：根据《专利法》第 2 条第 2 款的规定，专利法所称的发明是指对产品、方法或者其改进所提出的新的技术方案。涉及计算机程序的发明专利申请只有构成技术方案才是专利保护的客体。如果涉及计算机程序的发明专利申请的解决方案执行计算机程序的目的是解决技术问题，在计算机上运行计算机程序从而对外部或内部对象进行控制或处理所反映的是遵循自然规律的技术手段，并且由此获得符合自然规律的技术效果，则这种解决方案属于《专利法》第 2 条第 2 款所说的技术方案，属于专利保护的客体。如果涉及计算机程序的发明专利申请的解决方案执行计算机程序的目的不是解决技术问题，或者在计算机上运行计算机程序从而对外部或内部对象进行控制或处理所反映的不是利用自然规律的技术手段，或者获得的不是受自然规律约束的效果，则这种解决方案不属于《专利法》第 2 条第 2 款所说的技术方案，不属于专利保护的客体。

根据《审查指南》的规定，只要符合"执行计算机程序的目的是处理一种工业过程，执行计算机程序的目的是处理一种外部技术数据；执行计算机程序的目的是改善的计算机系统内部性能"就都属于专利法保护的客体。

四、对 Enfish 案的相关思考

借助 Enfish 案我们可以看出，CAFC 在 Enfish 案中采取了对软件专利相对正向的态度，更希望地区法院能够从技术的本质去公平地看待软件专利，如果该专

利确实带来了较大的、非显而易见的技术改良，则不应该滥用可专利性来打压其有效性。纵观美国的专利政策，从 1998 年开始以 CAFC 的 State Street Bank 判决为标志，美国对计算机软件和商业方法的保护逐年加强，同时美国的信息技术产业也得到了迅速发展。然而，仅过了十多年，信息技术产业领域过于扩张的专利政策带来了困扰美国专利制度的各种问题，尤其通过计算机实施的商业方法，甚至导致了经济危机的出现。近年美国联邦最高法院通过一系列判决，试图抑制专利制度的过于扩张并实现专利政策的调整，Alice 案判决正是在上述特殊背景下作出的。对利用计算机实施的发明，尤其是涉及商业方法的发明进行过度保护，难免会将一些本属于公共领域的基本概念、理论和业务方式等划归私人垄断，因而在判断此类发明的可专利性问题时必须非常谨慎。专利作为一种合法的垄断，其过度扩张必然会对竞争产生阻碍，反而无法实现专利制度促进科学技术发展的目的。而随着美国的经济增长放缓，Enfish 案又对严格的商业方法审查标准进行了修正。

借鉴美国信息产业领域专利政策的发展轨迹，我国对商业方法的保护也应当取决于我国相关产业的发展状况。在当前我国面临"互联网＋"和大众创业万众创新的新形式下，对有利于国家的经济增长，能够带来巨大的社会效益、提高交易效率、降低交易成本，且受到社会欢迎和认可的涉及商业方法的专利，如云计算、在线支付，是否应当考虑予以适当的保护。

具体到当前我国商业方法相关申请的审查来说，同样需要进行可专利性（客体）以及创造性的审查。借鉴欧美商业方法的保护现状，在我国现行的专利法和审查指南的框架下，我们需要结合我国经济发展需要和产业创新特点，更深入的思考此类申请对我国现阶段鼓励创新以及促进经济发展的作用，才能更好地做好相关申请审查工作，更好地服务于我国的创新和经济发展。

首先，由于出于改进交易效率、降低交易成本等方面的创新动力，涉及商业方法的专利不可避免地会包含商业上的概念（非技术特征），在审查时我们应当避免将同时包含"技术特征"和"非技术特征"的方案排除在保护客体之外。虽然我国在进行可专利性的审查时不同于美国需考虑"抽象概念"及其与其他元素的组合（Mayo 案），但可借鉴的是不应将涉及商业方法的发明排除出可专利主题的范围，而应首先考虑方案整体在技术上是否是有用的，即对于包含技术特征，解决了技术问题并实现技术效果的方案，即便包含"非技术特征"也应予以保护。

其次，对商业方法的审查和授权也需要更加谨慎地考虑其保护范围是否适当，尽可能地在审查阶段避免可能导致的风险。在相关申请进入可专利的范畴后，涉及商业方法的专利申请同样需要进行"以三性为主线"的审查。其中创造性的判断过程中，在于与最接近的现有技术对比后，区别特征中所往往包含的"非技术特征"，例如新的交易规则，此时如果将此类规则错误的认定为对现有技术的改进，则往往会导致具有风险的授权。因此在考虑涉及商业方法创造性时，首先需区分权利要求中哪些特征实际解决的是技术上的问题，排除商业规则的干扰。

最后，在判断商业方法相关申请是否具有创造性高度时，应避免过度"客观化"，在判断非显而易见性时，商业方法相关的申请在剥离"非技术特征"后，其结合启示，即是否具有突出的实质特点以及显著的进步容易被低估。例如，苹果的滑动解锁、在线支付方式等方案中，由于技术手段较为简单，容易导致创造性被低估，这时应从整体上判断是否具有结合启示以及取得有益的技术效果，例如，如果使用不同的手段提高了用户体验，则应谨慎考虑其是否具备创造性。

五、结论和启示

综上所述，结合 Enfish 案给我们的启示，我们的审查员在审查相关专利申请的时候，也应该从技术的本质去公平地看待相关申请，避免滥用客体条款，涉及软件/商业方法的专利申请同样需要进行"以三性为主线"的审查。同时，通过学习和借鉴美国的相关经验，有助于我们在实践中提升逻辑推理的严谨性，拓宽审查思路，帮助我们更加合理地把握我国专利法的相关原则，更好地为专利申请人及社会公众服务。

参考文献：

［1］ Alice Corporation Pty. Ltd. v CLS Bank International et al. （134 S. Ct. 2347，2355，2014）.

［2］ Mayo Collaborative Services. V. Prometheus Laboratories，Inc（132 S. Ct. 1289，1298，2012）.

［3］ 中华人民共和国专利法，2008.

［4］ 中华人民共和国国家知识产权局. 专利审查指南［M］. 北京：知识产权出版社，2010.

IPScore 在专利价值评估中的应用研究

杨庆丽 李 娜[①] 张 建[②] 覃冬梅[③]

▌摘要▌ 本文首先介绍了中国和欧洲专利价值评估的概况，在此基础上研究了欧洲专利局推出的专利价值评估分析软件 IPScore 的经济模型以及具体应用实例，从而为基于 IPScore 专利价值评估的进一步应用提供了帮助，并对其应用于我国的专利价值评估面临的挑战进行了展望，提出了应用建议。

▌关键词▌ 专利价值评估 中欧 IPScore 模型

引 言

随着专利申请量和专利授权量的逐年增加，以及专利转移过程的实际需要，专利价值的评估越来越多地受到关注。专利价值由于受到诸多因素例如法律、市场、技术等的影响，使得对其的评估难度较大。总的来说，现有专利价值评估方法一般可分为定性和定量两种类型，目前的评估根据其目的，或只进行定性，或只进行定量，或将两者结合起来共同使用。

一、中国和欧洲专利价值评估概况

对于定量方法，目前国际通用的或者具有国际标准的方法，例如成本法、市场法、收益法。就中国而言，目前是将其当作一般的资产来进行评估，也用到了这些一般的方法：中国资产评估协会在《专利资产评估指导意见》（中评协〔2008〕217 号）中推荐了上述成本法、收益法和市场法。其中，收益法是最为常见的一种方法；另外，对于定性分析，国家知识产权局专利管理司和中国技术交易所，在 2012 年共同编写和出版的《专利价值分析指标体系操作手册》中，

---

①②③ 第二作者至第四作者与第一作者对本文贡献相同。

82

将影响专利价值的诸多因素构建了一个较为完整的指标体系，针对各个因素进行专家打分，最后进行加权计算，并首次提出和使用了专利价值度来对专利价值进行估计。

对于欧洲而言，匈牙利知识产权局在 2011 年完成了"IP VALUATION PILOT PROJECT"计划，对其许多科研机构的技术进行评估，例如，对于实验药学研究所的（Institute of Experimental Medicine）显微镜系统的相关专利技术进行评估，其中采用了定性和定量相结合的方法；此外，英国知识产权局也在其网站上提供了专利价值评估服务。欧洲专利局在其 2015 年第三期的 Patent Information News 中的 Patent Valuation：Discovering the Real Value of Patents 一文中，也将专利价值评估方法进行了系统的归纳，其中也将专利价值评估分为定量（quantitative）和定性（qualitative）两大类，并进一步将其定量方法分为货币方法和非货币方法，货币方法包括了除了包括上面提及的成本法（cost – based）、市场法（market – based）、收益法（Income – based）之外，还提及了期权法；非货币方法包括专利指标法；定量方法中还包括了职责法（due diligence）法和级别/排序（rating/ranking）法；欧洲专利局还提供了对于企业的免费的一款非常有效和实用的工具——"IPScore"，其中构建了 40 个评估因子，可以对专利进行定量和定性的评估，并以图表报告等形式对结果进行展示。下文对 IPScore 进行重点介绍。

二、IPScore 经济模型研究

IPscore 的经济模型对专利技术的净现值、流动性和未来专利账户进行经济预测。它不仅将专利作为法律文件进行评估，还对用于选定商业领域的受专利保护的技术进行评估。该经济模型基于很多简单和普适的经济原理建立，因此使得它相对容易和快速地执行并形成从专利技术角度去衡量公司规模的总纲。该经济模型是特定 IPscore 评估因子（也即上文提及的 40 个问题）和涉及公司基础财务模型与专利技术所在商业领域的数据的产物。

对于一个公司来说，直接去定义专利技术的经济价值通常是很困难的。IPscore 经济模型的原理是基于这样一个事实，那就是，当把很多独立的相对容易回答的小问题放在一起时，解决一个大问题的目标就不远了。基于众多的评估因子，IPscore 的经济模型通过聚焦于专利技术如何潜在地改变着公司的现行经济结构来计算专利技术在公司内的经济影响。

图 1 显示了 IPscore 经济计算的基础。最大的矩形代表公司总财务，用公司现行账户表示，小一些的矩形定义了专利技术涉及的商业领域。IPscore 使用下

面三个参数计算相关商业领域预计发展的程度。第一，评估不使用专利技术的情况下商业领域内的财务下降值，这种专利技术的价值叫作防御值；第二，评估专利技术对相关商业领域的营业额增长上的可预测贡献，这个专利技术的价值叫作攻击值；第三，评估商业领域的普遍市场增长率。由此，专利技术应用商业领域的营业额的规模和发展被定义了出来。

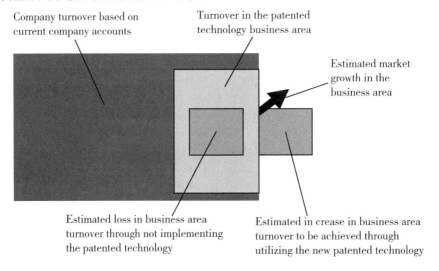

图1

IPscore 的经济预测要求做下面几件事情：（1）确定专利技术商业领域的营业额；（2）确定是否该营业额受公司执行和商业运作的专利技术影响，问题也即该专利技术是防御性的还是攻击性的，然后确定与需求相关的未来展望，从而量化为被评估的商业领域的市场增长率；（3）确定专利技术是否对现行成本等级产生了影响。IPscore 通过计算专利技术对未来公司账户的影响来计算专利技术的经济价值。首先确定净现值，然后建立专利技术的未来账户。两者均被给定10 年的期限。

IPscore 对于经济预测的计算基于公司的现行财务结构，该结构能够展示收入、直接成本和间接成本、累计折旧之间的关系。这些数据构成了经济预测的计算基础并被输入图2 的表格中。

对于上述数据的处理使用了下面的公式：

·特定商业领域的营业额＝公司账户中的营业额×公司所占行业份额
·现金成本＝直接成本＋固定成本（不计算累计折旧）
·净利润率＝利润/营业额

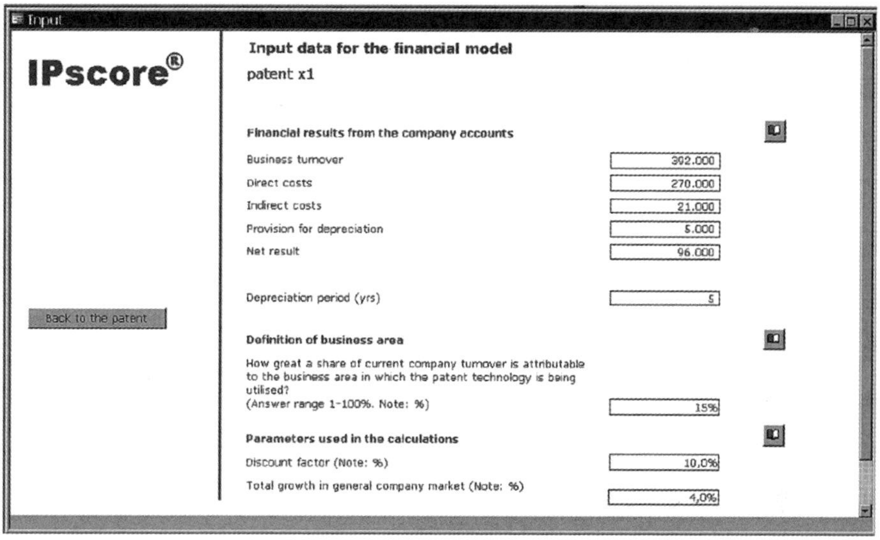

图 2

· 投资 = 计提折旧 × 折旧期限

· 投资集中程度 = 利润/投资

在 40 个问题中，表 1 列出的 8 个用于财务计算：

表 1

B5	该项专利技术在商用前需要多长时间？
C2	在该专利技术的商业领域中的市场增长率是多少？
C3	市场中该专利技术的平均寿命为多久？
C6	在商业领域中使用该项专利技术可以获得的潜在的额外营业额是多少？
D1	如果不使用这种专利技术，现有的经营区域能够保证在相关市场上的产出吗？
D2	未来必要的开发成本是多少？
D3	实施专利技术时，生产成本发生了什么变化？
D4	生产设备需要多少投资？

表 2 中的输入变量取值于图 2 中填入的数据：

85

表2

Input variable （Financial results）	Translation （Fin = Financial, Def = Definition, Deprec = Depreciation）
oek_Omsaetning	Fin_BusinessTurnover
oek_Direkte_omkostninger	Fin_Direct_costs
oek_Indirekte_omkostninger	Fin_Indirect_costs
oeK_Afskrivninger	Fin_ProvisionForDeprec
oeK_Afskrivningsperiode	Def_of_BusinessArea（%）
Bidrag_til_omsaetning	Fin_DeprecPeriod（yrs）
Oek_Kalkulationsrente	Fin_DiscountFactor（%）
Oek_Vaekst_oevrige_marked	Fin_TotalGrowthIn_General_CompanyMarket（%）

流动性（Liquidity）和净现值（NPV）的计算公式如下：

NPV = LiquidityY1 ／（1 + Fin_DiscountFactor）+ Liquidity Y2 ／（1 + Fin_DiscountFactor）2 + ... + Liquidity Y10 ／（1 + Fin_DiscountFactor）10）× Fin_BusinessTurnover ／ 100

Liquidity = Revenue – Costs – Investments + Regained_revenue + Efficiency + Investment Reduction（各参数由表1和表2中的数据计算得出）。

三、IPScore2.2 应用研究

IPScore2.0 是于 2002 年，丹麦专利局与哥本哈根商学院教授 Jan Mouritsen 合作研发的一款评估专利或技术项目价值的系统性工具。该软件反映被评估专利净现值的经济预测的形式进行定性和定量的评估。

IPScore 的输入数据包括：A 法律状态、B 技术因素、C 市场环境、D 财务指标、E 公司战略的五类数据，以及以计算专利技术经济价值的关键性的财务数据；输出和报告以各类图表及专利评估报告展示评估结果。

（一）输入数据

（1）从 A（法律状态）到 E（公司战略），总共 40 个问题，包括定性问卷问题和定量的财务、专利数据，每个问题具有 5 个不同分值的选项，依据预分析和评估的专利来完成所有问题，获得相应分数：

A——法律状态，关于法律方面的 A1～A8 共 8 个问题及得分；

B——技术因素，关于专利技术方面 B1～B9 共 9 个问题及得分；

C——市场条件，关于市场情况的 C1～C9 共 9 个问题及得分；

D——财务指标，关于财务数据的 D1～D6 共 6 个定量问题及得分；

E——公司战略，关于专利及公司战略方面的 E1～E8 共 8 个定性问题及得分。

（2）财务数据，涉及公司营业额、现金成本、折旧费、净利润率、贴现率以及市场增长率。

（二）输出数据

雷达图和策略图：定性分析专利，分别依据 A～D 部分、E 部分的输入数据生成雷达图和策略图。分别从法律状态、技术水平、市场条件、财务状况和公司战略描述待评估专利。

净现值、图表：对专利技术的经济预测、评估和定量分析，净现值，根据贴现因子计算出专利的净现值，通过改变输入的几个问题，例如 B5（B——技术因素的第 5 个问题）、C2 的评分以及财务数据，可以模拟出净现值的改变情况。图表中的专利账户、公司账户、流动性、净现值图，从公司的角度描述利润、现金流方面的情况。

风险、机会因素诊断报告，投资组合分析中的机会/风险矩阵：根据输入数据的 A～D 中的部分问题，分析专利的风险和机会；净现值/得分对比，根据输入部分 A～D 的得分，生成柱状图。

补充报告：根据用户的具体需求，选择其他主题的补充报告，例如竞争分析、成本因素、组织竞争能力、机会分析。

（三）报告

输出专利价值评估结果，包括组合报告和评估表。

组合报告：将输出部分的公司策略图、雷达图、公司账户、净现值、投资组合矩阵生成在一个报告中，可以加入注释。

评估表：将输入部分的 A～E 共 40 个问题、选项及得分生成在一个评估表中，可选择或不选择添加注释。

（四）应用举例

安装：通过登录欧洲专利局网站进行简单的 IPScore 注册，即可免费下载

IPScore 软件，软件有英、德、法三种语言版本。安装该软件时需要安装 Microsoft's Access 2007。

配置：设置语言为中文。

注册：注册一个或多个新的专利或工程以待后续进行评估，如 HUAWEI – patent1。

评估：以一家高新技术企业公司预分析和评估的专利为例，输入从 A——法律状态到 E——公司战略的共 40 个定性问卷问题和定量的财务、专利数据，以及财务数据。

定量分析：假设 8 个财务分析因子 B5 = 2 年、C2 = 5%、C3 = 4 年、C6 = 6%、D1 = 25%、D2 = 15%、D3 = 实施专利技术时，生产成本无变化、D4 = 100%；假设该公司财务数据：营业额 392 000 元、现金成本 270 000 元、直接成本 21 000 元、折旧费 5000 元、净利润 96 000 元、折旧年限 5 年、贴现率 10%、公司所占行业份额 15%、市场增长率 4%。则计算出待评估专利技术的净现值为 24 905 元。

定性分析：根据输入的 A ~ E 的其余评估因子，给出相应组合报告和评估表，以及公司策略图、雷达图、公司账户、净现值、投资组合矩阵图。

四、应用 IPScore 进行专利价值评估面临的问题和挑战

根据以上的介绍，我们对于专利价值评估以及 IPscore 有了一个更为清晰和全面的认识，IPscore 作为一款免费使用软件有着诸多的优点，例如易于操作，界面友好，但其也具有一些缺点，一方面，其需要的某些问题的答案或指标，例如涉及企业经济指标，是企业掌握的数据，对于个人专利或者全新的开创性专利的评估适应性较差；另一方面，由于其语言并不是采用中文，因此对其在我国专利价值评估的推广应用也造成了一定的影响。因此，可以针对上述软件进行改进，并可以参照我国的具体国情设计适合的指标研发自主的价值评估软件，以期实现自动的价值评估。

参考文献：

［1］专利价值分析指标体系操作手册［M］. 北京：知识产权出版社，2012.

［2］李红. 基于 IPScore 的专利价值评估研究［J］. 会计之友，2012.（17）.

［3］Patent Portfolio Management with IPscore 2.2，2012.2，European patent office.

当然许可制度下的专利技术的
推广、专利分析和运营

陈冬冰　郭　星①

▌摘要▌为促进专利技术的运用以及经济发展，我国专利法第四次修改草案中，引入专利当然许可制度。本文对当然许可制度的渊源进行分析，并基于他国的专利技术推广经验，提出专利技术推广和运营的相应措施，以更好地服务于专利技术的市场转化，促进经济的发展。

▌关键词▌当然许可　专利技术　推广　专利分析　专利运营

引　言

专利权是一种具有一定期限的独占权，然而，独占权意味着排他、垄断，为了促进科技进步和经济发展，将这种独占权限制在合理范围内是必要的，因而我国现行的专利制度中还具有一个重要的组成部分，那就是强制许可制度。强制许可制度的作用在于政府根据国家紧急状态或国家利益、对专利权的滥用、促进依存专利技术实施等情况，对专利人的专有权作出的处分，是专利权人被动的一种许可。然而，专利权人不可能全面了解市场对其专利权的需求状况，因而在这种信息不对称、不透明的情况下，市场上可能出现对其专利权未经许可的实施。由此可能引发一系列的专利诉讼。为解决专利许可供需信息不对称的问题，我国专利法第四次修改草案中，引入专利当然许可制度，降低专利许可的成本。本文旨在分析当然许可制度的渊源、当然许可制度的特点，提出当然许可制度下如何更好地提供专利分析服务、专利运营服务，以更好地促进专利技术的推广和转化。

---

① 第二作者与第一作者对本文贡献相同。

一、我国专利技术运用的现状分析

（一）我国专利申请和专利运用的状况

1. 专利申请量高

专利制度建立的目的在于通过保护专利权人对其发明创造的专有权，从而鼓励发明创造，推动发明创造的应用，激励创新，由此促进科学技术进步和经济社会发展。根据 WIPO 发表的 2015 年度《世界知识产权指标》报告所阐述的 2014 年全球知识产权活动的最新发展态势，中国在专利、商标、工业品外观设计的知识产权领域的申请量均位居世界第一，成为世界知识产权发展的主要推动力。我国 2015 年的发明专利申请量为 110.2 万件，同比增长 18.7%，连续 5 年位居世界首位。而同为专利大国的美国，2015 年专利申请数量却少有地迎来了授权专利数量的下降。2014 年全球所持有效专利共约 120 万件，美国占 24.7%，日本占 18.8%，中国占 11.7%。截至 2014 年年底，我国的每万人口发明专利拥有量已达到 4.9 件，比"十二五"规划纲要提出的目标提高了 1.6 件。我国有效发明专利中，国内有效量为 70.8 万件，占比接近 60%，在数量上比国外来华优势明显。

2. 专利运用程度低

虽然我国专利申请量位居世界第一，我国创新主体的创新能力逐步提高，然而，专利技术只有被运用才会产生价值。下面将从反应专利技术转化运用的指标来分析目前我国的专利技术运用的现状。

（1）专利平均维持年限。从反映有效发明专利转化运用程度的平均维持年限看，国内专利为 6.0 年，而国外来华专利为 9.4 年。从 35 个技术领域中维持 10 年以上的有效发明专利来看，国外在华专利拥有量是国内的 3.0 倍。[1] 从上述数据中可以看出，我国国内的发明专利转化运用程度与国外相比还有较大差距。

（2）发明专利实施率。根据《2015 年中国专利调查报告》，用于生产出产品并投放市场的专利占有效专利比率方面，总体比例为 42.9%，不同专利权人，该比例存在差别，企业较高，比例为 52.3%，但是科研单位和个人均在 20% 以上，不足 1/3。我国专利技术转让实施率的整体情况远低于国际水平。

（3）创业板上市公司专利运用状况。创业板是我国专门为自主创新企业提供的融资平台，在创业板市场上市的公司的显著特点是成长性和自主创新能力强。对创业板上市公司的专利运用情况进行分析，能够从一定程度上反应我国专利运用的状况。创业板上市公司中，共 12 家创业板上市公司开展了专利运用和无效诉讼，约占创业板上市公司总数的3%，而绝大多数公司的市场验证指标为零，说明创业板上市公司的专利运用能力较弱，专利资产属性在企业经营中尚未得到发挥，专利在提升企业竞争力的作用方面尚未充分显现。[2]

专利技术转化率低，有多种原因，例如，授权专利的数量多，但经得起市场考验的数量占比少；供需双方信息不对称；企业资金不足、交易成本高。

对专利技术，专利权人可以自己实施，也可以许可他人实施。近年来，我国专利实施许可合同备案数量不断增加，在一定程度上反应了我国专利技术推广应用的概貌。但是，根据每年备案的专利实施许可合同数量与每年专利申请净增量相比，这些数量尚不能满足充分发挥专利制度作用、促进经济发展的目标和需要。为促进我国的专利技术转化、降低专利许可的成本、提高信息透明度，我国专利法第四次修改草案中，引入专利当然许可制度。

二、当然许可制度的他国运用

当专利权人自身没有很好的融资渠道或者没有足够的市场经验、管理经验，许可他人实施专利技术是专利权人推广运用专利技术的一种主要方式。除了签订许可合同这种自愿许可方式之外，许多国家规定了在涉及公共利益、国家安全等情况下的强制许可。当然许可是有别于自愿许可和强制许可的一种许可制度。下面从他国对于专利许可制度的规定来分析当然许可制度对专利运用的促进作用。

（一）英国

当然许可（License of Right）最早出现于1919年修订的1907年《英国专利法》的第24条中。[3]其中规定了当然许可既可以是自愿登记（endorse），也可以是根据审查官的命令强制登记。如果是自愿登记，专利的维持费可以减半。如果是强制登记，任何人只要认为某个专利产品的生产还有市场空间，则无须申请强制许可，都可以通过"当然许可"来实施该专利。[4]强制登记的当然许可存在于1907年到1977年的《英国专利法》中，它属于对专利权滥用的一种救济措施，其主要目的是当一个专利的实施与公共利益相关时，由政府部门出面申请强制许可，在许多企业都希望强制实施该专利时，避免了一一申请强制许可带来的麻烦。自愿登记的当然许可为政府所鼓励，根据1977年《英国专利法》第46条的规定，专利权人在获得专利权之后，可以向英国知识产权局作出一个"当然许可"的登记。专利权人在作出该登记之后，其他任何人均可向专利权人要求获得一个普通的使用许可，专利权人不得拒绝，但需要向专利权人支付合理的使用费。使用费的数额由专利权人和使用人协商，如果专利权人和使用人协商不成，则使用费的标准由英国知识产权局进行裁决。除此之外，1977 年《英国专利法》还规定了当然许可的被许可人在受到权利侵害时，可要求专利权人提起诉讼阻止侵害，并规定了当然许可的取消（《英国专利法》第 47 条）：专利权人可在任何时候申请取消当然许可，条件是已支付相关各年的全额年费。如果已有当然许可的记录，取消当然许可需要得到所有当然许可被许可人的同意。[5]

（二）法国

1978 年法国发明专利法的立法者参考了包括英国在内的立法，引入当然许可制度。其规定：只要审查报告的内容不影响获得专利权，专利权人可要求全国工业产权局对他的专利权加注"当然许可证"，全国工业产权局将进行公布，任何人均有权成为许可证的领取人，但是要支付合理的报酬。如果专利权人与受让人之间就有关条件不能达成协议，则出人审法庭规定。受让人有权随时放弃许可证。其同时规定，作出加注"当然许可证"的专利，将降低未来的年费。到 1982 年 10 月 1 日为止，可减少 40% 的费用。这个制度的目的在于对专利权人的专利进行有效宣传，宣传其发明可供有偿使用。对于这一宣传，专利权人的专利得到了推广，信息更加透明，对于有市场价值的专利转化上起到了促进作用。

（三）德国

根据《德国专利法》（1980 年 12 月 16 日颁布，已经依据 2009 年 7 月 31 日颁布的修订法进行了修改）第 23 条的规定：专利申请人或者专利登记簿上记载的专利权人以书面声明的方式告知专利局，其愿意许可任何人通过支付合理的补偿费实施其专利的，在专利局收到该声明后，尚未缴纳的年费减少一半。该声明应当记载在专利登记簿并刊登在专利公报上。专利登记簿上记载已对专利权授予独占许可的，或者已向专利局申请登记独占许可的，不得接受上述声明。被许可人有义务在每个季度向专利权人详细通报其实施情况并支付补偿费。补偿费数额应当由专利部根据一方当事人的书面请求确定。专利权人未接到任何请求实施其专利的通知的，可以随时向专利局递交撤回许可的书面声明。

除上述国家外，泰国、巴西、印度等国家的专利制度中也引入了当然许可。虽然各国的当然许可制度在具体规定中各有不同，然而，与普通许可的自愿属性、强制许可的强制属性相比，其本质都可归属于一种相对的自愿许可。其目的都是提高专利信息的透明度，降低专利转化的成本，提高专利技术对市场经济的健康促进作用。

三、当然许可制度下的专利技术推广和运用

(一) 专利技术的网站推广

为促进当然许可制度的应用，英国专利商标局专门制作了当然许可专利 (Patents Endorsed Licence of Right) 数据库供公众进行检索。

该数据库可以按照当然许可开始日进行排序，也可以按照 IPC 分类号以及公开号排序（参见网站）。在详细信息中列出专利权人、IPC 分类号、申请日、授权专利名称。公众点击专利公开号，则链接到欧洲专利局的专利查找结果页面，公众可以浏览该专利的公开文本。公众点击专利申请号，则链接到英国专利商标局的专利详细信息，包括当然许可日、申请人/专利权人以及发明人的详细信息。

我国也可以效仿英国专利商标局的这种做法，建立已登记或备案当然许可专利权的数据库，对于已登记或备案的当然许可的专利权，依照技术领域（IPC）进行分类，将著录项目进行详细记录，另外，为了更直观、更快速地了解当然许可专利权，可以将该专利所要解决的技术问题、采取的技术手段、获得的技术效果也进行相应记载。方便公众按不同入口进行检索。

为更好地使得供需双方对接，数据库可以提供如下功能：

(1) 专利权人侧功能。供专利权人修改联系方式，也包括对数据库的检索、流览、下载功能。

(2) 公众侧功能。向公众提供查询、下载信息的功能。另外，也提供企业或个人对专利权许可需求的信息上传功能。

数据库能够进行关键词匹配，当企业或个人的专利权许可需求信息与专利权人的专利权信息产生匹配时，则向企业或个人传送信息匹配成功的信息，当企业或个人收到该信息时，提供确认匹配成功或匹配失败的按键，以使得数据库知晓其发送的信息是否为企业或个人真实需要的专利权信息。当数据库中的专利权产生许可交易时，将交易双方的信息进行及时备案。

(二) 促进专利交易

为促进专利交易的进行，KIPO 于 2009 年 7 月 20 日开始实行"技术需求调研项目"，通过挖掘和提供符合企业需求的专利技术、提供技术转化方面的咨询和财政支持，促进专利技术应用。KIPO 每年开展两次该项目，选派专利交易专家，帮助企业挑选所需的个性化专利技术以及提供专利转化方面的咨询服务，为企业的技术转化提供支持。这些个性化专利技术主要来自拥有 4 万条技术信息记录的网上专利交易市场（IP – Mart，网址 www.ipmart.or.kr）以及国内外的技术贸易

网络。此外，作为技术转化资金支持的组成部分，KIPO 将帮助企业从韩国发展银行和基博科技基金获得资金支持。[6]

基于当然许可数据库的技术信息，可以开发对中小型企业或个人发明人的技术转让的综合性咨询服务系统。通过调查中小型企业的专利需求，为其寻找与其业务相匹配的专利。并提供专利转化支持、专利价值评估、价格谈判、合同签订等方面的咨询。同时，对于缺乏资金的中小型企业，可以提供贷款担保、风险投资等服务。

（三）基于大数据的专利分析和专利运营

（1）专利分析。基于数据库中记录的专利权信息，可以对以下参数进行大数据分析：依据专利技术领域的领域分布或依据交易信息的技术领域活跃度分析、依据专利申请人所属国或所在地的地域分布分析、依据申请人登记的专利权数量的创新指数，依据交易价值的专利权价值分析等。

（2）专利技术推广和运营。依据专利权许可需求的信息可以获知哪些技术具有潜在的市场需求，从而依据这些市场需求，对数据库中处于未交易状态的专利权进行分析，以帮助这些未进行交易的专利权持有人寻找有意愿合作的企业，并提供对专利权人和企业之间的对接服务，促进专利技术的市场转化。对于数据库中已处于交易状态的专利权，也可以帮助其寻找更多的可合作企业，以拓展专利应用的市场，更好地促进其专利技术的市场转化。

另外，对专利交易价值较高的专利权或专利权本身的潜在价值较高者进行标注，专利交易价值或专利权的潜在价值较高者，意味着专利技术转化后的市场价值也较高，可以向投资者提供此类交易信息，并对专利价值以及市场价值进行评估，向投资者提供投资建议。

参考文献：

［1］专利统计简报［J］. 国家知识产权局发展规划司，2015（6）：1-6.

［2］专利统计简报［J］. 国家知识产权局规划发展司，2014（11）：7-8.

［3］Patent and Design Act［M］. 1907. §24（1）（a），（e）.

［4］张伟君. 规制知识产权滥用法律制度研究［M］. 北京：知识产权出版社，2008：286-287.

［5］文希凯. 当然许可制度与促进专利技术运用［J］. 专利法研究（2011），2012：231-232.

［6］何艳霞. KIPO 开展专利技术需求服务助企业实现技术创新［J］. 知识产权简讯，2009（34）.

从融合经济社会发展的角度研究
协议标准类创新的创造性审查

沈敏洁

┃摘要┃本文从移动互联网领域协议标准发展现状入手，首先分析了目前我国在全球通信领域标准制定中所处的地位，进一步分析了标准相关的专利尤其是标准必要专利对移动互联网企业的重要性，以专利申请为切入点深入分析了标准协议类创新在申请中的特点，之后以实际案例为基础给出了与标准协议类专利特点相适应的具体的审查建议，包括仔细对比找准区别特征、慎用公知常识和容易想到、明确协议相关专利的运用场景综合考虑技术效果、明确技术术语在标准中的定义等，从而让此类专利申请的创造性审查与经济社会发展能够有机融合。

┃关键词┃移动互联网　微创新　标准相关专利　标准必要专利　创造性

引　言

移动互联网在全球范围内能够迅速普及，离不开协议标准的统一，而涉及协议标准的专利无疑是未来行业竞争的关键。由于这类专利对企业发展至关重要，因此对该类专利的审查需要慎之又慎，对审查员的业务水平也有着更高的要求。因此，本文选取涉及协议标准的创新进行了研究，讨论了这类创新的申请特点，最后针对这些特点给出了相应的创造性审查建议。

一、协议标准类创新的发展现状

以通信技术标准和专利的发展来看，我国企业在近 10 年的发展可以用迅猛来形容。2G 时代，我国通信行业处于起步阶段，没有能力参与到当时的两大标准 GSM 标准和 CDMA 标准的制定中去，更不可能将自有专利技术纳入标准。3G

95

时代，中国通信企业研发实力有了较大的提高，与国际通信巨头的差距逐步缩小，有部分自主知识产权被纳入国际标准。对于目前火热的 4G 时代，中国移动自主研发的 TD－LTE 标准成为全球通行的 4G 标准之一，可谓在标准与专利方面取得了质的飞跃。这标志着中国在全球通信领域的标准制定中一定程度上取得了领导地位，并获得了一些话语权。2013 年 12 月，工信部对三大运营商中国移动、中国电信、中国联通同时发放 TD－LTE 的 4G 牌照，另一 4G 标准 FDD－LTE 的 4G 牌照将延后发放，与标准相关的专利尤其是标准必要专利成为目前通信企业竞争力的体现。

提到标准协议类相关专利，不可避免地要谈及的是标准必要专利。何谓标准必要专利，其指的是包含在国际标准、国家标准和行业标准中，在实施标准时必须要使用的专利。当标准化组织在制定某些标准时，部分标准草案由于技术上先进性或者商业上的考虑，在方案选择上难免会涉及专利或专利申请。当这样的标准草案成为正式标准后，实施该标准时必然要涉及其中含有的专利技术。

标准协议的确定往往是各方博弈的结果。首先，各方代表对其企业的新提案进行演讲或者对提案是否能够商用进行现场演示和商讨，与会代表通过若干轮的讨论对会议中的新提案进行修改、表决、通过，最终形成一系列协议标准。在这一过程中，企业往往会对其新业务和新方案提前申请对应的专利，如果在标准讨论中该提案成功纳入标准，并且相关专利申请也获得授权，则相关专利即为标准协议相关专利，尤其值得注意的是，该专利与标准严格对应是企业最希望看到的，尤其是对于标准必要专利。

二、协议标准类专利的申请特点

（一）对授权时间有特殊需求

技术标准以科学、技术和实践经验的综合成果为基础，必须反映当时该领域科技发展的水平，而专利是受法律保护的发明创造，也是具体的技术方案，在一定程度上反映了科技发展的水平，当标准与专利相结合的时候，往往意味着这一类专利对企业经济竞争起着至关重要的作用，但是为了避免技术标准相关的专利，尤其是标准必要专利权被滥用的情况，国家标准化管理委员会规定在我国国家标准中所规定的内容，在标准的前言中要求包括相关专利的说明。而为了保证合理的公共利益，多数标准化组织都规定在同等条件下优先采用不具有专利权的技术方案，因此企业通常并不会在提案提交之前的很长时间就将该提案提交专利申请，同时为了使得该标准相关的专利能够无限地接近标准本身，企业往往希望随着标准会议的议程进行或者在会议期间对提案进行修改的过程中，其相关的专利申请也获得修改的机会，即企业也不希望该项提案相匹配的专利在提案被确定写入标准之前就获得授权，但是，一旦确定提案被纳入标准，企业则希望对标申请能够尽快授权，成为标准必要专利。可见，标准类专利申请对审查周期有特殊的需求，企业希望该专利申请进入实审到获得授权的时间段与标准会议的进程相匹配。

（二）保护范围要严格覆盖标准

当今世界，技术创新扩散迅速，专利数量激增，专利诉讼频发，专利与标准的关系对企业、各国经济和全球贸易的影响日趋深刻，标准化和技术标准中的知识产权日益受到企业的追逐。"标准必要专利"是被纳入标准的专利，标准化组织在制定某些标准的时候，不可避免会把部分专利技术和正在申请专利的技术写入其中。标准必要专利和标准相关专利的价值相差很大，标准必要专利为实施该项标准必不可少的专利，而之所以称为标准，则代表了所有参与者均须接受该标准，所有接受该标准的人都绕不开与该标准严格对应的标准必要专利，若想实施该标准必须获得标准必要专利持有者的许可。因此，如果企业申请的专利内容处于其向标准化组织提交的提案中，他们迫切希望该专利能够与即将形成的标准严格匹配，在对其专利进行审查的过程中，如果修改后的权利要求与批准的标准内容不匹配，该专利的价值也将大打折扣，无法保障企业后期提供专利许可或谈判中的主动性，甚至使企业投入大量研发力量获得的专利授权毫无价值。

（三）改进较小但需付出的努力巨大

由于通信标准协议的制定是为了各方实际完成通信和服务所必须遵循的规则和约定，这种通信的规则就是通信标准化组织纳入的各大运营和设备商一致通过的标准。一般会先将复杂的通信网络体系进行分层，把通信网络协调问题进行分解，再分别处理，使复杂的问题简单化，以便系统的各个部分得以涉及和实现。由于技术标准体系的纷繁复杂，定义一套普通的通信方案的技术规范，往往由数十份不同层级、模块的方案组成，各种通信技术标准尤其是商业化的技术标准其本身也有演进和变化的过程，以著名的 2G 移动通信标准 GSM 而言，从 20 年前大规模商业化至今，GSM 标准的制定组织 ETSI 仍在对标准进行修订，前后经历了十余个版本，可见标准的制定是细化的、详尽的，涉及通信的方方面面，与其相匹配的许多专利通常也是针对某一个点和某一个技术细节作出的改进，其权利要求往往比较短小，改进点细微，但是由于系统的复杂性，其看似很小的改进，既要考虑到不增加现有通信体系的复杂度，又要考虑实施的难度，同时还要与现有的各种标准或接口兼容，微小的改进往往也凝聚着研发团队的巨大心血。

（四）运用场景和技术术语有精确而严格的限定

在标准协议类权利要求中出现的技术术语，标准中有精确而严格的规定，其对权利要求的解释决定着权利要求的保护范围，对涉标申请相关术语的解释应以相关标准规定为依据，此外协议标准都涉及明确的应用场景，不同应用场景的技术需求以及约束性条件可能存在巨大差异，例如在 TD - SCDMA 标准或者在 LTE 标准中均可能涉及波束赋形的技术标准，但由于场景的不同，其对技术方案中实施的技术要求和技术细节的限定有很大差异，因此对标准协议类专利的理解必须严格限定在其特有的应用场景下，认真分析技术效果和技术问题。

三、协议标准类专利的审查要点

（一）注重不同的网络架构，仔细对比找准区别特征

通信体系结构一般以分层的设计来实现，将通信功能分为若干个层次，每一个层次完成一部分功能，各个层次相互配合完成整个通信的功能，每一层与相邻的两层相互通信，利用下层提供的功能向高一层提供本层所能完成的服务，每一层又是相对独立的，各层通过自己合适的技术来实现，各层可以进行单独的开发和测试，只要接口关系不变就可以相对不受影响地开展本层的技术业务。随着通信系统的自身演进和变化，分层的设计也在不断地更新和改变，目前形成多种多样的网络架构模型和分层方式，而通信标准协议就是为了完成各种各样不同的通信和服务所要遵循的规则和约定。由于技术标准体系的纷繁复杂，定义一套普通的通信方案的技术规范，往往由数十份不同层级、模块的方案组成，这与该标准协议所处的具体网络构架有直接密切的联系，不同的网络构架由于分层和接口的不同和变化，其层级和模块的设计往往牵涉到细化的、详尽的改变点和改进点，与其匹配的标准协议以及相关的专利也是针对某一个点或某一个细节作出的，这样的专利往往依托于其所处的网络构架，需要考虑实施方案的可行性以及系统或运算的复杂程度，还需关注各种标准或接口之间的兼容，所以面对这样的专利我们在审查中必须关注其所属的特殊的网络构架，仔细寻找本申请与对比文件的区别特征，不能将不同网络构架中的技术点轻易地进行等同替代，也不能轻易地使用公知常识。

[案例1]

某申请涉及对既有的 GPRS 网络的控制面协议栈的 5 层结构进行改进。对比文件就是该申请的背景技术，有观点用该公开了 5 层结构的对比文件否定了权利要求的创造性。本文持不同观点，具体如下：

具体来说现有 GPRS 网络的控制面协议栈为：UE 和 BSS 之间为无线接口 Um，BSS 与 SGSN 之间为 Gb 接口。UE 的控制面协议栈自下而上分为 5 层：全球移动通信系统（GSM）无线频率（RF）层、媒介接入控制层（MAC）、无线链路控制（RLC）层、逻辑链路控制（LLC）层和 GPRS 移动性管理（GPRS Mobility Management，GMM）层/会话管理（Session Management，SM）层。SGSN 的控制面协议栈自下而上也分为 5 层，依次为：L1 bis 层、网络服务（Network Service，NS）层、基站子系统 GPRS 协议（Base SubSystem GPRS Protocol，BSSGP）层、LLC 层和 GMM/SM 层。其中，UE 和 SGSN 的上两层之间可以直接交互，BSS 仅负责转发；而下三层需要 BSS 进行中继。这样的结构面临的缺点为：（1）Gb 接口没有实现用户面和控制面的分离，用户面和控制面的协议栈在 Gb 接口是一样的；（2）在 SGSN 上需要实现众多功能，导致 SGSN 的处理复杂，Gb 接口的数据转发能力不强。后续数据业务大幅增长时 Gb 接口的转发能力将成为瓶颈。

该申请的改进点在基站子系统 BSS 和 GPRS 服务支持节点 SGSN 之间接口，增加所述接口的应用部分协议处理层，其将 SGSN 的 GPRS 移动性管理 GMM/会话管理 SM 协议层消息转发给 BSS，或将 BSS 的逻辑链路控制 LLC/子网相关的收敛协议 SNDCP 协议层消息转发给 SGSN。虽然只是在现有的 GPRS 层结构中增加一个新的协议层，但是其涉及对现有 5 层结构中所有层级的修改，信令交互地方式也会有所不同，这种改进并不是容易想到的，目前检索到的现有技术都无法给出解决这类技术问题的教导，这种改进看似简单，仅添加一个与第一层类似的层级，或者将原有层级分离成两个子层，但首先要发现前一版本中的不足，以及发现现有五层结构的缺点，还需要保证改动不对标准中的其他层产生大的变动，还要保证不过多地增加设备的复杂度等，属于小改动中的大思考，是这类微创新的特点。

（二）对标申请的价值重大，坚持拿证据说话，慎用公知常识和容易想到

标准必要专利和标准相关专利的价值相差很大，标准必要专利为实施该项标准必不可少的专利，而之所以称为标准，则代表了所有参与者均须接受该标准，那么所有接受该标准的人则绕不开与该标准严格对应的标准必要专利，若想实施该标准必须获得标准必要专利持有者的许可，而标准相关专利则仅是保护范围涉及标准协议相关内容的专利申请，其实施并不具有不可替代性，因此企业申请的专利内容处于其向标准化组织提交的提案中，他们迫切希望该专利能够与即将形成的标准严格匹配。为了实现鼓励创新、促进经济发展的目的，助力中国企业的创新环境，应该客观、公正地评价这个领域的创新，防止出现对标申请权利要求中发明点运用公知常识进行评述的情况，并且也要客观地使用公知常识的评述，使得申请人获得一个保护范围合适的授权权利要求。

[案例2]

某申请涉及标准协议类专利的信令改进，原始权利要求1、2、4写入3GPP - TSG - RAN WG1#80中，涉及比特、字段的修改、信令的功能等小的改进，但这种改进看似小，不但要发现前一版本中的不足，还需要保证改动不对标准其他部分产生大的变动，还要保证不过多增加设备的复杂度。该申请权利要求1、2、4与标准提案完美契合，审查意见认定的区别特征为本申请权利要求1的发明点，并将该区别特征用公知常识进行了评述，最终该案被驳回，目前正进入复审阶段。

具体而言，权利要求1"一种在中继系统中传输导频配置信息的方法，基站生成包括为 R - PDCCH 配置的导频配置信息的高层信令"，即高层信令携带为R - PDCCH 配置的导频配置信息。其要解决的技术问题是现有技术中，中继设备无法接收基站传输的 PDCCH，也无法由 PDCCH 中获得端口信息来解调中继的物理下行控制信道（R - PDCCH）等，基于此，本申请提出在高层信令中高层信令携带为 R - PDCCH 配置的位置配置信息，用于实现向中继节点（RN）传输导频配置信息，使中继节点可以根据导频配置信息接收导频并进行信道解调。

对比文件1中公开了高层信令携带为 R - PDCCH 配置的位置配置信息；申请人分别在答复第一次审查意见通知书和答复第二次审查意见通知书时将权利要求2、4合并进入权利要求1，对导频配置信息进行了进一步的限定，而审查意见在第三次审查意见通知书中坚持认为高层信令中携带 R - PDCCH 的导频配置信息被对比文件1公开，而携带导频配置信息或者是导频位置信息或者其他的导频相关信息均为本领域技术人员的惯用技术手段，最后驳回了本申请。

案件启示：虽然该申请看似权利要求较短，但其保护的技术方案较为细节，并且与标准完美契合，以目前的权利要求即使授权，很大可能也将成为非标准必要专利，即使欧洲和美国的同族获得了授权，在进行专利许可或商业谈判时，由于中国专利的驳回状态，导致整个专利系列对企业的意义并不大，已经失去了其应有的价值。所以企业在收到驳回之后坚持走复审程序，希望能够争取授权。因此，对于上述发明点的认定需要结合系统架构充分说理分析，避免简单臆断而造成不必要的驳回。

（三）重视协议改动的系统思维，明确协议相关专利的运用场景，综合考虑技术效果

对标申请涉及的权利要求，其运用的场景往往是有明确的限定，各种微场景的变换，直接影响了其在构架、接口等方面的设计，不同应用场景的技术需求以及约束性条件可能存在巨大差异，在审查中尤其应当重视场景的应用，权利要求中若存在应用场景的限定，或从相关文字中能隐含出应用场景的限定，应给予重视，认真分析应用场景的差异带来的技术问题、技术效果上的差异。结合应用场景确定区别特征所起的作用，将发明作为一个整体，合理考量发明人在发现技术问题以及解决技术问题上对现有技术的贡献。

［案例3］

某申请涉及对标准 TS 23.401 V8.2.0 第 5.10.3 版中关于 UE 发起 PDN 连接释放方法的改进，并且本申请权利要求 1 写入标准 TS 23.401 V8.2.0 第 5.10.4 版本中。本案的对比文件 1 是同系列标准中的上一版本 TS23.401 V8.1.0。

在老版本的标准中目前的移动通信系统中，当需要释放分组数据网 PDN Connection 连接时，通常由 UE 发起 PDN 连接的释放。但当用户在 HSS 中的签约数据发生改变时，特别是 UE 当前正在使用的 APN 被删除，而 UE 使用此 APN 时，依照目前的方法标准，UE 无法发起 PDN 连接释放过程，也即无法实现 PDN 连接的释放。因此，发明人想到在这种场景下，通过 HSS 来触发 PDN 连接的释放。

对比文件 1 公开了当用户从 3GPP 切换到非 3GPP 的情况下，可由 HSS 来触发 PDN 连接的释放。实审阶段审查员认为对比文件 1 表明了可由网络侧来触发 PDN 连接释放的技术启示。因此，当 HSS 的签约数据改变，导致 UE 无法主动发起 PDN 连接释放的情况下，所属领域技术人员可以想到将对比文件 1 中的 HSS 触发 PDN 连接释放的方法应用到该场景以解决 PDN 连接无法释放的问题。在第一次审查意见通知书评述了创造性后被驳回，此案进入复审过程中。复审请求人提交复审请求以及答复第一次复审通知书和第二次复审通知书时，从说明书中增加多处进一步的限定技术特征，且用了 9 页的意见陈述来说明本专利的微场景下技术问题与对比文件的不同，但目前此案仍然倾向于维持驳回。

深入分析案情后，本文持不同观点，首先由 3GPP 改变为非 3GPP 并不意味着用户在 HSS 中的签约数据改变，其次由于术语的理解问题 3GPP 改变为非

3GPP 也谈不上 APN 被删除的情况，而 HSS 中的签约数据改变和 APN 被删除，是本申请触发释放 PDN 要满足的两个条件，这两种完全不同的场景是否会使得本领域技术人员容易想到释放 PDN 方法的使用？另外，在本申请的背景技术中提到 APN 是 HSS 主动删除的，其实际上还在连接，并非本申请中是被删除的，此外还记载了"UE 从 3GPP 切换到非 3GPP 时 UE 可以使用现有技术发起对 PDN 的释放"，而本申请在"HSS 中的签约数据改变和 APN 被删除"时，UE 已经无法释放 PDN，因此才想到了采用权利要求 1 中的方案，可见权利要求 1 与对比文件 1 的两种场景既不能相当，也没有相关联，在对比文件 1 的场景之下 UE 可以通过现有技术释放 PDN，因此本领域技术人员也就无法想到此时 UE 无法释放 PDN 而要通过 MME 来释放 PDN 承载。两者解决的技术问题不同，权利要求 1 是在"HSS 中的签约数据改变和 APN 被删除"时由 UE 发起 MME 完成对 PDN 的释放，而对比文件 1 则是解决用户网络移动时需要删除网络中的相关信息的问题。

由于标准的特殊性，其标准相关专利对实施的场景有着非常细化的规定，不同应用场景的技术需求以及约束性条件可能存在巨大差异，对标准协议类专利的理解必须严格限定在其特有的应用场景下，应该认真分析在明确的细化的特殊场景下，该申请所能解决的技术问题以及能够获得的技术效果。

（四）明确技术术语在标准中的定义，站在本领域技术人员解释术语

权利要求中出现的技术术语，在标准中有精确而严格的规定，对对标申请相关术语的解释应以相关标准规定为依据。这需要首先通过自我学习以及相关案例的审查经验来丰富自己对对标专利的技术掌握情况，同时如果审查领域涉及标准相关专利较多，还需要定期地跟踪相关协议标准的基本动向，了解相关行业标准动态。

［案例 4］

参见案例 3，对于权利要求 1 中的"当用户在 HSS 中的签约数据发生改变时，特别是 UE 当前正在使用的 APN 被删除，而 UE 使用此 APN 时，UE 无法发起 PDN 连接释放"，有观点将此处的 APN 认为是接入点 AP 物理设备的名称，但在相关标准中 APN 被明确定义为是一个虚拟接入网对应的入口的标识。由于错误理解了技术术语在标准中的明确定义，导致说理中认为 UE 使用 APN 接入时 APN 被删除是通信领域最为常规的用户脱离 AP 网络的常规场景，其认为 UE 从 3GPP 切换到非 3GPP 时必然发生了接入点的变化，APN 就被删除了，因此错误地认定了对比文件 1 中 UE 从 3GPP 切换到非 3GPP 时的场景与本申请的 UE 当前正在使用的 APN 被删除的场景可以相当，但是实质上此处的 UE 当前正在使用的

APN 是标准中特有的用户使用的虚拟接入网对应的入口标识，由于 HSS 中的签约数据发生改变被删除，与网络切换导致的接入点的 APN 被删除完全不同。

四、总 结

本文首先分析了协议标准创新的发展现状，明确了中国通信企业的研发实力有了较大的提高，部分自主研发的专利技术被纳入国际标准，同时指出标准必要专利和标准相关专利在其发展过程中自身的特点，拥有这样的专利也是目前通信类企业竞争力的体现。本文进一步介绍了标准协议类创新申请的特点，从该类申请的特殊性出发，分析了企业对其研发付出、审查周期需求、专利技术性强、运用场景和技术术语要求严格等特点、着重强调了一些权利要求较短小的标准协议类专利往往凝聚着巨大的付出但却难于体现，针对上述特点，从案例出发，基于找准区别特征、坚持证据说话、慎用公知常识、把握不同运用场景以及明确技术术语在标准中的定义这几个角度，对目前针对协议标准专利的审查实践中应该注意的细节进行了梳理，并给出了相应的建议。

参考文献：

[1] 王鹏. 通过标准必要专利分析专利技术研究与布局 [J]. 2015 年移动通信网络创新研讨会论文集，2015：50 - 52.

[2] 韩伟，等. 标准必要专利持有人的市场地位认定 [J]. 电子知识产权，2014（3）：33 - 37.

从奇虎公司的申请
审视网页证据的合理使用

马　鑫　田　越[①]　刘　剑

▌**摘要**▌网页证据作为非专利文献的一种，在专利审查中广泛使用，尤其多用于评述发明点较小且细的权利要求方案，但由于网页证据本身可能存在的不稳定性而导致申请人对此类证据的认可度不高，从而给发明专利申请的审查过程以及与申请相关的利益责任人带来了巨大的困扰。本文以奇虎公司的实际案例为着眼点，从审查过程和最终走向来全面阐述网页证据作为现有技术证据时的合理使用方式以及有效性判断方法。

▌**关键词**▌网页证据　有效性　非专利　存档

引　言

随着互联网领域以及相关技术的快速发展，在发明专利申请审查领域，相对于专利文献而言，非专利文献的使用也相应的越来越多，包括期刊、杂志、硕博士论文、书籍、网页等多种形式，其中除了网页形式的非专利文献之外的其他非专利文献均以印刷版或者不可编辑的电子文档进行出版或公开，其内容的发布日与内容之间在时间上基本是完全同步的。相对而言，由于网页本身的特点，其上的内容在发布之后，是可以再次修改或编辑的，例如，百度百科、博客、论坛等网页形式的内容，其作者在发布日之后还可以对发布日发布的内容进行任意的改变，但是大部分情况下网页的发布日期却不会随着内容的改变而更新，也就是说，发布日期与实际更新后的内容在时间上是不同步的，因而网页公开与上述其他多种非专利文献公开的主要区别在于其自身可能存在的不稳定性因素，由此导

[①]　第二作者对本文的贡献等同于第一作者。

致对该网页所发布的内容在时间上的认定存在很大的困难，当在审查过程中采用该种类型的网页证据来进行权利要求方案的事实认定时，申请人难免对此证据的使用存在质疑，在审查过程中双方对此证据持有不同意见时，放弃使用该证据可能使得该专利申请被授权，影响公众的利益，坚持使用该证据，有可能损害了申请人的利益。因此，如何客观、准确地使用网页证据，对于有效维护公众和申请人的利益，起着至关重要的作用。

一、网页证据在审查过程中的使用

下面基于实际的案例，详细介绍网页证据在该案审查过程中的使用情况，以及其所带来的影响。

【案例1】

申请号：201210366388.8

申请人：北京奇虎科技有限公司和奇智软件（北京）有限公司

权利要求：1. 一种在浏览器中显示网页的方法，所述网页包括多个网页对象，所述网页对象至少包括媒体对象和要显示在所述媒体对象之上的目标网页对象，该方法包括步骤：

在网页对象在浏览器中显示的层叠顺序的方向上，在目标网页对象的下方添加窗口级别网页对象，且该窗口级别网页对象位于所述媒体对象的上方，以使得该网页在浏览器中显示时，该窗口级别网页对象遮挡住所述媒体对象而不遮挡所述目标网页对象。

案情介绍和分析：在第一次审查意见通知书中，审查员引用对比文件1（"Flash wmode＝window"时的遮挡问题"，匿名，http：//web. archive. org/web/20101121165014/http：//www. cnblogs. com/＿franky/archive/2010/11/19/1882055. html）来评述该权利要求的新颖性。其中，对比文件1为网页类证据，其已经公开了与该权利要求1相同的方案，以及该方案的具体实现方式，网页上的公开日为：2011年11月19日，其在本申请的申请日2012年9月27日之前，可见，该网页证据符合专利法意义上的现有技术的定义，其可以作为最接近的现有技术来评判本申请该权利要求的新颖性。在此次审查意见通知书中，采用该证据还评述了其余权利要求的新颖性或创造性。

申请人在对该次审查意见通知书的答复以及历次审查意见的答复中，均首先强调了由于对比文件1信息本身公开时间的可篡改性而导致的信息本身不可信性，以及其还不符合《专利审查指南》对于对比文件的规定，而后再基于该对比文件1与本申请权利要求方案本身进行新颖性、创造性的意见陈述。

其中，对于该网页证据，申请人的主要意见陈述包括：

（1）对比文件1属于网络证据，其是个人所注册的昵称为 Franky 的文章。该网站属于普通用户，用户可以随意注册域名后发表文章，以及更改文章的内容和时间，随意性比较大，而且不留任何痕迹，其发布的文章本身是否准确无从考证，其发布的信息本身难以确认，因此不能仅凭从网络上下载的文件及记载日期，证明其在该记载日期公开发表。

网站数据处理逻辑：从技术上分析来看，一般网站的基本结构包括三层：用于处理显示逻辑的显示层、用于处理业务逻辑的业务层和用于处理数据逻辑的数据层。其中，栏目管理员是指对于网站的某个具体栏目加以维护和管理的人员，其通常的权限在于上载以及删除该栏目的相关内容。系统管理员是指的对于整个网站加以维护和管理的人员，其具有对服务器上的数据任意修改的权限，又被称为"超级管理员"。

网站数据更改逻辑：一般而言，显示给网络使用者的网页内容由网站的栏目管理员或者系统管理员生成并且存储在数据层的数据库中。在应用服务器中，通过 JDBC 接口或者 JDBC – ODBC 桥的方式，业务层从数据库中提取该数据。然后，业务层对该数据进行数据加工以及数据处理。最后，通过显示层将该数据展现给网络使用者。网页数据的修改也是采用上述流程进行。

网站时间更改很方便：在网页数据的生成以及修改过程中，网站的栏目管理员或者系统管理员具有改动部分数据或全部数据的权利，其按照上述更改逻辑更改十分方便。特别是可以批量更改整个网站的所有文档的日期。

（2）基于《专利审查指南》第二部分第三章第2.3节记载"在实质审查程序中所引用的对比文件主要是公开出版物"，其中，出版物包括电子出版物，根据《出版管理条例》第10条及第16条，电子出版物应当由出版单位出版，即由具备法人资格的出版社出版，并由全部法人财产独立承担民事责任，而审查员提供的网页证据不符合规定，所以不属于电子出版物，存在极其严重的法律问题，不能作为评价本申请的对比文件。

案件分析：由以上意见陈述可知，申请人质疑的焦点主要集中在以下两点：信息本身公开时间的可篡改性，以及其不符合《专利审查指南》对于对比文件的规定。

首先，对于网页证据不符合《专利审查指南》对于对比文件规定的质疑，《专利审查指南》第二部分第三章第2.3和2.1.2.1节中，明确规定了：为判断发明或者实用新型是否具备新颖性或创造性等所引用的相关文件，包括专利文件和非专利文件，在实质审查程序中所引用的对比文件主要是公开出版物。出版物公开包括存在于互联网或其他在线数据库中的资料等。并且其还规定了出版物不受地理位置、语言或者获得方式的限制，也不受年代的限制，出版物的出版发行量多少、是否有人阅读过、申请人是否知道是无关紧要的。因此，根据专利审查指南中对于出版物公开的定义可知，本案中的对比文件1属于存在于互联网上的资料，其可以作为出版物公开来使用，即符合专利审查指南中对于对比文件的定义。在此基础上，仅需判断其公开日期是否符合现有技术的要求，以确定其相对于本申请作为现有技术的可用性。

从另一个角度来进一步阐述，对于申请人在意见陈述中所提出的相关规定，经查阅相关资料可知，电子出版物在新闻出版总署2008年2月21日颁布的《电子出版物出版管理规定》中，定义为：是以数字代码方式，将有知识性、思想性内容的信息编辑加工后存储在固定物理形态的磁、光、电等介质上，通过电子阅读、显示、播放设备读取使用的大众传播媒体，包括只读光盘（CD - ROM、DVD - ROM 等）、一次写入光盘（CD - R、DVD - R 等），可擦写光盘（CD - RW、DVD - RW 等）、软磁盘、硬磁盘、集成电路卡等，以及新闻出版总署认定的其他媒体形态。让更多的人方便查阅。

基于上述对电子出版物的定义可知，其是从电子出版物本身的出版内容、形式、目的等方面对其进行了界定，而电子出版物应当如何出版，并由谁来对此负责，则属于对该电子出版物如何进行管理的范畴，而不属于其是否公开的范畴，根据专利审查指南的上述相关规定，其更侧重于公开的事实，即存在于互联网或其他在线数据库中则认为是公开了，可见《专利审查指南》与《电子出版物出版管理规定》分别是从不同的方面来对出版物进行约束，两者之间并没有必然的联系，也就是说《电子出版物出版管理规定》中的相关规定并不适用于判断网页证据是否公开的事实认定上。

其次，对于信息本身公开时间的可篡改性的质疑，笔者认为，申请人意见陈述中所列举的例子只能说明网页的日期与内容存在不一致的可能性，并不能证明本案中所用的对比文件1即是不一致的情况，因而申请人需要提供对比文件1本身的修改记录以进行证明以提高其说服力。对于对比文件1本身的修改记录，经过笔者的研究和调查，在互联网领域中，存在多个存档网站，以用于定期的对互联网上的网页内容进行抓取并存档，例如：互联网档案馆 Internet Archive：http：//web. archive. org；中国 web 信息博物馆：http：//www. infomall. cn/等，可以说，这些存档网站的存在为网页证据公开日期的有效性确定提供了有力的依据，基于此种证据的存在，增加了申请人对于网页证据公开的信服，并减少了由此导致的事实认定争议和审查程序的延长，由此可见，该种存档网站的存在作为第三方具有一定的公信力，因此在案件的审查过程中，如果能够在相关存档网站上找到网页证据的存档和更新记录，那么将大大提高该网页证据的有效性和说服力。

图1显示了对于本案对比文件1的存档记录页。

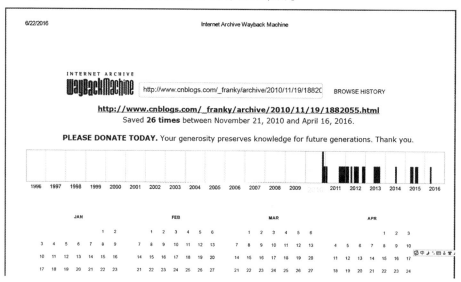

图1

图2显示了具体的抓取日期。

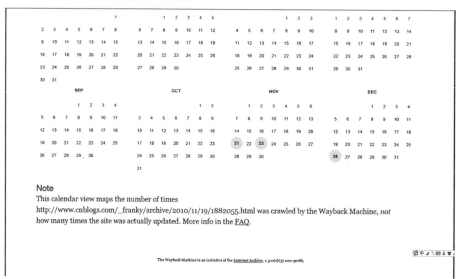

图2

图 3 显示了抓取日公开的版本。

图3

对于本案，审查员在前置意见中基于存档网站来证明对比文件1公开日期以及与本申请相关内容在时间上是同步的。笔者建议，如果在首次遇到申请人对对比文件可用性的各种质疑的情况下，即想到采用存档网站的相关存档记录以进行证明，也许可以在对网页证据的争议存在初期尽早解决，节省审查资源。

【案例2】

申请号：201210375927.4

申请人：北京奇虎科技有限公司和奇智软件（北京）有限公司

权利要求：1. 一种截图装置，包括：

截取器，配置成从计算机的显示图像中截取一截取图像，所述截取图像是所述显示图像的至少一部分；地址获取器，配置成将所述截取图像上传至图片服务器，并获取从所述图片服务器返回的与所述截取图像对应的服务器链接地址。

案情介绍和分析：本案采用对比文件1（"很好用图片外链助手"，匿名，http：//www. discuz. net/thread－2711466－1－1. html）来评述全部权利要求的新颖性、创造性。三通后驳回，申请人针对三次审查意见通知书的答复均未对申请文件进行修改，仅陈述了理由，其陈述的理由与案例1大致相似，审查员的相应答复主要为：专利审查指南规定，网络公开属于出版物公开的一种形式，因此可以作为现有技术的证据。网络内容是否可以作为证据，主要关注其真实性和公开性。对于真实性，要看是否是信誉度比较高的网站，例如只有管理员才有权限进行修改；信息来源是否可靠，例如公开的时间可以通过搜索引擎获得。对于公开性，取决于网页公开时间，主要看网页的发布时间或最新修改时间，还要看该内容是否属于现有技术意义上的公开。对比文件 1 来源于 discuz 论坛，是一家专业的 IT 技术网站，如申请人所述，其需要管理员权限才能进行修改，因此其可信度是比较高的。对比文件 1 是由审查员通过 Google 搜索引擎按照通常方式获取到的，并非来源于与申请人有利害关系的第三方公众的主动提供，不属于申请人所陈述的"与一方当事人或其代理人有利害关系的证人出具的证言"，因此其来源也是可靠的。

审查员的重点在于说理，未提供关于网页证据有效性的相关证明文件，审查员的说理方式虽然具有一定的高度，但如果能够提供相应的网页有效性证据来加以辅助，也不乏是一种加强说服力的更好的处理方式。笔者通过上述 Internet Archive 存档网站，也寻找到该对比文件 1 公开日附近的存档记录。

二、对审查过程中网页证据的合理使用的探讨

本文以奇虎公司的发明专利申请为切入点，重点基于案件审查中审查员、申请人对于所采用的网页证据可用性的争论焦点，以及对网页证据的各种质疑进行了详细的分析并提出了可行性的相关建议，基于以上两个案例的分析，我们可以得到一些启示。

（一）针对发明点小且细的发明专利申请不能忽视对网页证据的使用

目前专利申请领域中，基本上各个大的公司都已经形成了各自完善的专利申请机制，并具有相对确定的专利申请方向，这些公司在专利申请文件的撰写方面也都有各自独特的风格，比如，奇虎公司，其申请中发明点属于细微改进且紧随互联网快速发展技术的方案偏多，并且这些细微的改进多涉及编程实现过程中具体采用的某种程序实现方式的改进以及其所带来的产业上的影响等，由于互联网技术更新迅速的特点，有些技术还没来得及申请专利，便已经过时了，并且程序员多在技术论坛和个人博客等网页上进行相关技术的讨论和交流，虽然有些技术在本领域中已经被广泛使用，但在专利文献中却并不常见，因而需要重视对网页证据的检索和使用，以更好地保护公众的利益。此外，奇虎公司的发明专利申请还有一个特点，会基于说明书中的一个基础方案提出多个系列申请，这些系列申

请的说明书基本相同，仅在撰写权利要求时对方案中的某个具体技术手段进行微小的调整或者一些表达方式的改变，所以针对这种类型的专利申请，更应当重视对网页证据的使用，不能因为该网页证据本身可能存在的不稳定性而忽略，导致相关系列的专利申请被不合理授权，从而在某个特定的领域对公众利益带来损害。

（二）准确把握对网页证据的合理、有效使用

在使用网页证据时，当多个技术论坛、博客或通常的网页上均存在相关技术时，首选领域中具有权威性的技术论坛上的证据来使用，其次最好能在存档网站上找到该网页证据的存档版本以及存档时对该网页的抓取日期，以便于在申请人对证据有争议时，可以第一时间将存档的网页发给申请人，以尽可能地节省后续流程，提高审查效率。虽然存档网站对于网页的抓取并不是实时进行且也不是每个网页都进行抓取，选择较权威的技术论坛或较大的网站上的网页，其被抓取的可能性相对越大。另外，如果不能从存档网站上获取相应的证据页面，也应当尽量从多个其他途径搜集那个时间段的现有技术，以客观判断这些技术的开始日期，当所引用的网页证据与本领域这些技术的整体公开日期存在明显不符时，应慎重考虑该证据的继续使用。

（三）拓展更多途径以支持网页证据的有效性

由于新网页、图片、视频和音频在网络世界出现和消失的速度极快，因此保存网络档案极其不易。至今为止互联网上的内容已经成功地保存了多少，经过调查，搜集并将网上的所有信息存档是不可能的。通过采取收集样本在线地址进行统计分析，从开放式目录项目（DMOZ）、Delicious 的最近的书签列表、网址缩短服务商 Bitly，以及从搜索引擎谷歌、Bing 和雅虎抽取了 1000 个网络地址，然后使用 Memento 工具进行查看，Memento 工具是互联网存档资源如 Internet Archive，Archive－It，The National Archives 等合集。最后，计算被存档地址的比例，被存档的次数以及存档的深度。调查结果相差比较大，Internet Archive 存档的比例和深度最高，DMOZ 和 Delicious 是人工审核站点，存档相对保存较好，达到 90%。搜索引擎是自动抓取信息存档，存档率比较差，Bitly 的情况则最差，大约只有 1/3 的地址被存档。搜索引擎同样将它们搜索到的页面进行快照存档，但基本都是一个多月前发表的了。其他的存档多涉及某个专业领域的，比如 The National Archives 是英国政府的官方存档机构。因而还需要开拓更多像 Internet Archive 一样具有权威性并且存档深度高的网站，以提供更多有效证据，便利审

查流程。

三、结　语

　　本文以奇虎公司的两个典型案例为着眼点，重点分析了在发明专利审查过程中对于特定的申请应当重视使用网页证据，以及如何获取网页证据以尽量减少由于该网页证据本身可能存在的不稳定性所带来的对于审查流程的影响，以及由此可能导致的公众利益或者申请人利益的不正当损害，因而在使用网页证据时应站在一定的高度，全面的衡量，以尽可能使专利的授权或驳回趋于客观，保持利益的相对平衡。

参考文献：

　　[1] 国家知识产权局. 专利审查指南 ［M］. 北京：知识产权出版社，2010：130 – 132.

向 USPTO 借鉴建设世界一流
专利审查机构的经验

苏　文　王晓燕①

▌摘要▌ 对专利审查机构来说，如何在提高专利审查质量的同时缩短审查周期，实现审查质量与效率并重是建设世界一流专利审查机构面临的重要问题。将我局建设成世界一流审查机构，不光要有制度上的保障，还需要每一个专利从业者以及审查员不断地向优秀看齐，不断地学习、思考、摸索、参考、借鉴，积跬步成千里。本文通过分析美国专利商标局在提高审查效率、质量和服务方面的做法，为我局的审查工作提供参考借鉴，以期缩短与世界一流审查机构的差距，早日建成世界一流审查机构。

引　言

世界知识产权组织公布的 2015 年度《世界知识产权指标》报告显示，我国发明专利申请量已经连续 4 年位居世界第一。目前，我国虽然已经成为知识产权大国，但"大而不强，多而不优"的矛盾仍然比较突出，迫切需要实现由大到强的转变。在"数量布局、质量取胜"的新理念的指引下，国家明确提出加快建设世界一流的专利审查机构的要求。

在这个建设发展过程中，自我摸索、学习借鉴、经验参考多管齐下，才是"聪明之举"。美国专利商标局（United States Patent and Trademark Office，以下简称 USPTO）是世界五大知识产权局中的专利强局，笔者从一名专利审查员的职业视角出发思考和分析 USPTO 在提高审查效率和审查质量方面所采取的诸项措施，希望能够为我国国家知识产权局加快建设世界一流的专利审查机构提供

---

① 第二作者对校的贡献等同于第一作者。

参考。

一、审查效率——高效与专业并举

（一）借助自动化工具提高工作效率

USPTO 对专利审查周期实现了自动化监控，规定必须按照专利申请提交的先后顺序对新申请进行审查，对于回案要根据通知书发出的顺序和申请人答复的顺序进行审查。审查员的工作系统能够直接显示案件与审限的关系，以红黄绿信号灯的方式显示各种待处理案件的紧急程度。[1]

我国专利审查员的工作系统没有案件超期提示，只能指定专人定期从审查系统提取全体审查员的案件日期信息，发送审限监控邮件来监控，这种监控方式不仅费时费力，而且审查员容易遗漏重要的审限案件。此外，我国发明专利申请自申请之日起 18 个月公开后进入实质审查程序，通过提案系统采用随机提案的方式进入实质审查员工作系统。由于这样的提案方式不是严格按申请日进行排序的，因此有的发明专利申请进入等待提案状态几年后还未进入实质审查员手中，拖延了审查时间。借鉴 USPTO 的做法，如果国家知识产权局的提案系统能够改为按申请日顺序提案，并且将案件周期监控功能集成在审查员工作系统中，不但可以有效提高审查效率，还利于综合统计和掌握各种时间处理周期，当然也有利于发现、分析和解决各种"滞后"问题。

从申请人角度看，这种机制也更能体现出专利法的公平和透明，与我国专利法"先申请制"的精神也相契合。

（二）合理利用专业检索团队及检索工具

USPTO 的审查员检索分为两种，一种是自己检索，另一种是将检索请求提交给科技信息中心 STIC 检索，审查员只需在 STIC 提供的检索结果中选择适当的文献即可。[1]这样检索工作即变得相对"简单"，审查员可以从纷繁的检索工作中解放出来，集中精力专注于对案件的分析以及审查意见通知书的撰写。

再回过头来看我们，一件发明专利申请的审查过程包括理解发明、检索和撰写通知书，而通过关键词、分类号等进行常规检索的时间通常要占据整个审查时间的 40%。因此，提高检索效率是缩短审查周期、提高审查效率的重要保证。借鉴 USPTO 的做法，国家知识产权局可将检索工作交由更加专业的检索团队或智能的自动检索系统完成，例如，业界领先的语义检索系统集成到审查员的工作系统中，将大大提高审查员的审查效率。

2014 年起国内市场上智能语义检索系统如雨后春笋般涌现出来，因竞争激烈，其改良更新升级速度非常快，如 patentics 和智慧芽等语义检索系统的准确率和效率都非常高。目前，专利局审协北京中心已经将 patentics 系统作为专利审查员的检索系统之一，如果能进一步推广到全局及各地分中心，通过积极整合不同类型的工具资源，必然可以更大发挥人才和工具互补的优势。

（三）建立科学的审查程序加快审查进度

程序和制度流程是"效率"和"结果"的最重要保障，USPTO 的审查程序强调即使申请存在保护客体问题、公开不充分问题、实用性等问题，也要进行全面审查，对现有技术进行检索，并对新颖性创造性进行评价。表面看来这样做似乎有些"不节约"审查资源，但其实不然。以每个案件整体的审查工作量看：当申请人克服保护客体等问题后，如果仍然存在新颖性、创造性问题，则第二次审查意见通知书就可以成为最后的拒绝通知书。[1]

我国专利审查指南规定，一件专利申请如果存在保护客体、实用性、公开不充分等问题，则不必往下进行检索。[2] 当然也不会给出新颖性和创造性的审查意见。但实际遇到这类情况时，很少有申请人会就此放弃后续程序，往往还会继续针对审查意见，进一步对申请作出修改再次提交，当申请人的答复克服上述问题后，审查员势必要对申请的新颖性和创造性继续审查。

如果借鉴 USPTO 的做法，并在我国的审查程序中予以认可，那么审查员可以在指出上述问题的同时，给出申请的假设修改方案的新颖性和创造性的意见，从而为申请人在后续修改申请文件和答复时提供更多参考信息，使其能更全面审慎地分析授权前景以及能够获得的专利价值，进而清楚地决定其下一步该如何操作和决策。简而言之，审查员应充分发挥其经验和专业优势，引导整个审查过程以尽量少的"回合"解决尽量多的问题。这样做是否会加快审查进度缩短审查时间，也许案件数量少时效果并不会明显，但综合全局每年近百万量级的发明专利申请量，相信从申请到结案整体上的时间缩减效应是不可忽视的。

二、审查质量

提高审查员的业务能力和申请人的撰写水平是提升审查质量的两大保障，两者也并非彼此孤立，而是互相补充和促进的，尤其是前者"提高审查员的业务能力"对申请人的撰写水平往往具有主动的引导和促进作用。在这一问题上，USPTO 分别采用以下两种具体措施，很值得分析借鉴。

（一）指导申请人答复——发挥审查员专业化引导优势，体现普法宣传价值

USPTO 的专利审查程序手册 MPEP 是其审查标准的主要部分和直接依据，不仅规定了审查员如何进行审查，还规定了申请人可以如何克服审查员的拒绝意见。[1]

我国《专利审查指南》中主要规定的是审查员如何审查，并未规定申请人应该如何答复，但这其实是一个双方面的互动过程。申请的审查意见通知书中提及的专利法术语对于未经专业培训的公众来说还是比较晦涩难懂的，如果申请人聘请了专业的专利代理人，代理人能很容易地理解审查意见通知书中那些隐藏在法律术语背后的真正含义，但对个人申请人来说，可能在面对审查意见通知书时不知道如何处理。笔者经常遇到个人申请人不能对审查意见通知书进行有针对性的答复，所答非所指。站在申请人的角度看，本来有授权前景的申请，要么授权了但没有得到最优的适宜的保护范围，要么在答复专利审查意见的环节花费了不必要的时间，更有甚者错失或放弃授权。

长远看，这种状况一是打击了申请人发明创造的积极性和热情，二也不利于大环境下我国知识产权制度的建立和知识产权文化意识的建立。笔者认为，专利审查员这一职业的价值应该不仅局限于"审查"工作本身，其背后还应该承担对公众和社会普法宣传的作用和附加值。

鉴于此，如果在《专利审查指南》中加入一些面向申请人的指导操作流程，促进审查员与申请人的相互理解、相互配合，让申请人在遇到问题时也可以有指导、有依据、有参考，而不是盲目或想当然地凭借自己的理解和感觉行事，申请人的答复效率应该会提高不少。

在此基础上，还可对公众开放审查员内部使用的专利申请辅助系统、专利审查标准一致性做法，使得申请人和公众能从国家知识产权局获得更多有价值的信息，把握审查要求，准确理解专利审查意见通知书中法条的实际含义，从而提交出高质量的申请文件以及进行高质量的答复，进而提高审查质量和授权专利的稳定性。这样做不但很好地维护了申请人的利益，也极大地体现了"专利审查员"这一职业的价值！

（二）提高审查员实践能力——双管齐下一手抓法律一手抓技术

专利审查的工作是在法律制度和体系的保障和框架下，保护并鼓励发明创

新，进而为社会整体的技术进步和科学发展带来促进作用。专利审查员其职务虽"小"，但这一工作背后所承担的社会价值却非常重要。审查员的业务水平和实践能力，某种意义上体现着一个国家或地区的知识产权制度发展水平和完善化程度。因此，不断地学习、实践和提升已成为这个职业的要求！

审查员的实践能力一方面来源于日常的工作积累，一方面来源于不断学习交流和培训。这一点上，USPTO 的做法有值得借鉴的地方。

USPTO 大力加强专利审查员培训，确保审查员掌握法律和技术领域的最新发展，仅 2014 年财年 USPTO 围绕重大问题对广大审查员进行了一系列培训：包括岗位培训、联合分类体系、知识产权重要案例研究等，通过在审查员职业生涯内提供有效培训，进一步加强审查员的专利审查基础能力、对细微法律问题的把握以及审查员与申请人之间的交流与合作。此外，USPTO 还启动了专利质量强化项目，围绕优化诉讼审批服务、用户服务、质量评价，增加审查员的可用资源，并对五局（英国、欧洲、日本、韩国、中国专利局）和世界其他各局的最佳实践进行对比。[3]

最难能可贵的是，每季度通过调查问卷了解申请人对审查员工作质量的意见，为客户提供一种向专利局提出关键的培训需求的机制，这也是向广大公众及申请人提供一种管道让其对"审查员"提出培训要求。USPTO 对调查结果会定期分析，跟踪并制定改进措施。[1]这种客观、实用的培训态度和不流于形式的做法，也正是我们应该借鉴的。审查员的学习和培训说到底还是为了更好地服务于大众创新这一个根本目的。

国家知识产权局目前已经为审查员提供了较完善的培训体系，也为公众提供了反馈意见的通道，根据外部反馈意见对审查员开展培训。但在此基础上，还可进一步借鉴 USPTO 的做法，定期收集申请人的意见，让申请人向审查员"留作业""提要求"，从而更有针对性地加强人才队伍建设。此外，还可以从审查实践出发，开通交流平台，使审查员与申请人面对面交流，使审查员能够及时了解"技术发展现状""产业应用现状"，提高审查员全方位的业务实践能力，从而使审查员能够为申请人在专利申请、产业专利布局方面提供帮助。

审查工作不是闭门造车，审查员对创新的理解和对技术进步的把握，尤其是对创造性的把握，更是应该建立在产业应用的基础上。在日常的审查工作中做到不断接受法律和技术的学习培训、重视并加大与申请人的沟通交流这两点，相信对国家知识产权局的审查能力的提升将是大有裨益的。

三、结　语

中国的专利法、审查制度以及申请文件的撰写水平、申请人对专利价值的理解，都与美国存在一定差异，USPTO 的审查制度和方法例如"全面审查制度"是否适合我国国情还需要进一步的验证和探索。以上分析仅是尝试"发现问题、抛出问题"，因为制度、流程以及操作指南的建立，应该是一个科学审慎的过程，希望本文可以为我国建设"世界高级专利审查机构"提供一点参考。

参考文献：

［1］侯海蕙. 致力于高质快速审查的 USPTO——USPTO 工作印象［J］. 学术研究，2012：59，99，145－154，176－178.

［2］中华人民共和国国家知识产权局. 专利审查指南［M］. 北京：知识产权出版社，2010：216.

［3］人民网，美国专利商标局简介［EB/OL］［2015－05－15］. http：//ip/people. com. cn/n/2015/0515/c396228－27007762. html.

我国环保型知识产权发展战略的思考

武 瑛

┃摘要┃环保问题是国际社会关注的新一轮热点和焦点问题。环保社会的发展依赖知识产权，实现知识产权持续、健康发展尤为重要。从知识产权产生到产业化的全过程进行有效保障，有利于建设研发与市场协调配合的知识产权运行机制，促进环保型知识产权的可持续发展。

┃关键词┃知识产权 战略 环保 产业化

引 言

环境问题不仅制约经济发展，而且影响社会稳定。世界各国的竞争已从传统的经济等领域延伸到环境领域，环境问题成为国际社会关注的热点和博弈的新焦点。2009 年世界知识产权日的主题即为"提倡绿色创新"，强调知识产权对推进研发绿色技术和环保产品的重要作用。

人与自然需要和谐生存，在人类不兼顾环境保护而盲目追求创新经济发展的情况下，必然会遭到自然环境给予人类的严重惩罚。我国 7 大水系 1/5 水质为劣 V 类，每年因经济发展所带来的环境污染代价已接近 1 万亿元。长时间大范围雾霾天气影响了国土面积的 1/4，受影响人口达 6 亿。2011 年，全国环境污染治理投资总额为 6026.2 亿元，占当年 GDP 的 1.27%。要解决环境问题只能依靠创新，能否制定适合本国国情和实现可持续发展的知识产权发展战略，对国家未来的经济命脉起着主导作用。

一、我国面临的环保问题

(一) 环境污染严重

煤烟型污染和机动车尾气排放是我国两大主要污染源。我国是世界第一大煤炭消费国，第一大二氧化硫排放国，大气中二氧化碳和烟尘排放量很高，是世界上大气污染最严重的国家和世界上第三大酸雨区。我国二氧化硫排放量的 90%、烟尘排放量的 70%、二氧化碳排放量的 70% 都来自燃煤。机动车尾气排放已成为我国大中城市空气污染的最主要来源，机动车尾气排放对城市污染占到大气污染物排放总量 50% 以上，部分甚至超过了 70%。近年来，在很多大中城市频发灰霾、酸雨和光化学烟雾等污染天气问题，都与机动车排放的氮氧化物（NOx）、颗粒物（PM）等污染物直接相关。

（二）环保技术落后

我国环保技术起步较晚，虽然近些年专利申请量迅速上升，但真正的核心专利技术较少，大部分仍为发达国家的跨国公司所有。同时，环保技术缺乏明确的研发导向，相关企业、大学和科研机构缺乏沟通交流，导致知识产权分散零乱、参差不齐，存在重复交叉现象，研发成本和研发力量浪费严重。另外，环保型知识产权与产业优势相脱节，研发规模普遍较小，很难与产业相结合，投入市场运作。

2008 年，我国可再生能源利用量约为 2.5 亿吨标准煤，仅占一次能源消费总量的 9% 左右，远远落后于印度、巴西等发展中国家。随着我国知识产权的发展和环保政策的出台，发达国家都更加重视在中国申请专利保护。我国环保知识产权的发展面临着很大的挑战。

二、环保社会的发展依赖知识产权

从人类长远发展的观点看，知识产权和环保是相互促进、相互制约的。李克强总理曾指出"知识产权是人类对发明创造从自发到自觉的认识升华"，"保护知识产权就是保护创新，用好知识产权就能激励创新"。改革开放以来，知识产权制度为我国快速融入国际市场和推动经济发展发挥了重要作用。知识产权是对发明创造的管理和制度保障，最终目的是造福人类，促进整个人类社会的持续发展和进步。环保社会的发展依赖知识产权。

知识产权的发展不应是盲目的，应与人类赖以生存的环境相适应。在创新创造导致人类赖以生存的环境受到威胁时，必须转变思路，重新调整创新发展战略，实现知识产权和环保的协同发展。国外发达国家在 20 世纪已先后经历了这一发展阶段，各国分别通过调整知识产权战略和相关法律法规逐渐走出了困境。[1]随着全球经济的发展，人类的环保意识也在逐步提高，对市场供应提出了更高的目标和要求。面对当前经济全球化的新趋向和国内环保问题日益严峻的新形势，我国知识产权制度同样需要作战略性调整。

三、环保型知识产权发展战略的思考

知识产权的总体目标是运用科技创新服务于大众产业，服务于整个社会。要控制知识产权的发展方向，就要从知识产权的产生和运用抓起。立法是实现知识产权沿着节能、环保型方向发展的根本保证，国家政策是导向。将环保性明确为专利授权的先决条件，并为具有研发和生产实践的环保专利开放快速审查通道，鼓励利用环保技术服务产业需求，并提供相应的优惠政策和保障，可以有效提高我国环保技术质量，并加速环保产业链的形成和发展。只有逐渐形成节能、环保的可持续知识产权发展运行体制，才能在未来的国际竞争中争取到更多的机会和生存空间。

（一）立法保障

专利法是专利行政部门进行专利审查的法律依据。《专利法》第 1 条确立了立法目的："为了保护专利权人的合法权益，鼓励发明创造，推动发明创造的应用，提高创新能力，促进科学技术进步和经济社会发展，制定本法。"《专利法》第 5 条、第 22 条虽然不同程度地涉及了环境保护，但在审查实践中，很难具体操作，发挥其环保权威和法律效力。

如果在专利法第 22 条中加入"环保性"要求，根据我国国情进一步明确细化评价机制，并为具有研发和生产实践的环保专利开放快速审查通道，就可以从源头限制浪费和污染严重的非环保型专利，激励节能环保专利。对环保性标准的审查，关键在于如何界定环保性。根据世界可持续发展工商理事会（World Business Council for Sustainable Development，WBCSD）关于生态效益的界定，环保性应包括七个方面：减少产品和服务的材料消耗、减少产品和服务的能量消耗、减少有毒物的排放、增加材料的再循环利用、尽可能使用可再生的能源、增加产品的耐用性、增强产品的服务强度。[14] 可结合我国的资源和环境特点，给出合理的界定范围。在申请人提出专利申请时，要说明此项申请与绿色或环保技术相关，对于该项发明如何有利环保作出详细解释，[7] 并说明该发明的实践效果。

我国 2015 年出台的环境保护法对环保知识产权的发展运营给予了有力促进和保障。其第 1 条明确规定，"为保护和改善环境，防治污染和其他公害，保障公众健康，推进生态文明建设，促进经济社会可持续发展，制定本法"。在全球经济竞争日趋激烈的大环境下，调整知识产权发展战略，实现知识产权与环境保护的互动与融合，对我国随时应对各种经济挑战将有重要的促进作用。

（二）将环保技术与国家产业技术政策相衔接

将环保技术与产业接轨，鼓励节能环保专利快速投入生产实践，可有效促进环保技术的改进和提高。研发并不是创新驱动力，市场需求才是驱动力。"真正的经济与社会发展驱动力，在于'产业'这一载体或附着体"[2]。近年来，我国国内专利申请量翻倍增长，国内专利授权量占绝对优势，但真正能实现产业化的比例很有限。环保产业凝聚高科技技术，是当今世界各国在新一轮经济和科技发展中抢占的制高点。只有将环保技术融入国家产业技术政策，逐步建立、健全环保产业政策，促进社会可持续发展，才是国家发展的强大动力。发达国家给出了很好的示范，其核心在于将知识产权战略与环保产业发展战略高度整合，将研发和生产高度融合，形成企业内以及企业同研究机构之间的良性互动机制，通过实时调整，实现技术和产业的有效衔接。

我国可以借鉴发达国家的成功经验，结合我国的国情优势，发展优势环保产业。据中国气象局公布的我国首次风能资源详查和评价结果：陆上离地面 50 米高度达到 3 级以上风能资源的潜在开发量约 23.8 亿千瓦，主要分布在西北部地区，5～25 米水深以内近海区域、海平面以上 50 米高度可装机容量约 2 亿千瓦，表明我国风能资源很丰富。目前，海风发电在国际上仍是一个重要研究方向。另外，我国幅员辽阔，太阳能、生物质能和海洋能储量巨大，核能具有能量密集、成本低廉、温室气体排放少等优点，发展核能发电、太阳能发电、生物质能利用和海洋能发电等可再生能源技术，规模化开发新能源，对优化我国能源结构、促进能源可持续发展具有重要意义。

（三）增强政府激励政策

加强环保研发基地的投资和建设，并逐渐规范化、市场化，将为我国环保技术快速融入国际市场起到有效的促进作用。无论是国际还是国内，知识产权保护的一个普遍的显著特征是始终与国际贸易和经济全球化相伴随。[17]环保问题是国际问题，环保知识产权必须与国际接轨。我国是政府主导型国家，应充分发挥政府职能，结合本国国情，加大在重点环保领域的项目和资金投入力度，促进核心环保技术的发展，以及相关产业的标准化、国际化、市场化。

四、结　语

实施知识产权战略是我国为推动经济、文化与社会发展而作出的重大政策抉择，其实施的成功与否将决定 21 世纪中国社会发展的最终走向。环保知识产权战略，是破解我国经济社会发展面临环境约束的必然选择。采用立法、产业政策、激励政策等相结合的配套运行机制，是实现环保知识产权持续健康发展的有效途径，对我国迎接经济全球化挑战，将有重要的促进作用。

参考文献：

[1] 邵培章. 实施创新驱动发展战略的专利制度回应 [J]. 知识产权，2014（3）：85 – 89.

[2] 张颢瀚，樊士德. 新兴产业的兴起与全球经济新周期的到来——简论世界面临的全球战略任务 [J]. 学术月刊，2012（8）：69 – 77.

[3] 国家知识产权局专利文献部. 韩国特许厅公布 2015 年工作日程 [J]. 国外知识产权资讯，2015（4）：1 – 4.

[4] http：//paper. people. com. cn/rmrb/html/2014 – 12/17/nw. D110000renmrb_20141217_ 3 – 01. htm.

[5] 国务院发展研究中心课题组. 电动汽车：我国汽车产业升级与跨越的突破口 [J]. 发展研究，2009（4）：4 – 8.

[6] 周梦君. 从新能源战略看欧盟能源结构的调整与优化 [J]. 电力与能源，2013（1）：4 – 7，17.

[7] 程晓枫，唐素琴. 发达国家绿色技术专利申请加快审查制度的比较和启示 [J]. 科技与法律，2012（3）：18 – 22.

[8] 马诚超，张绍良. 低碳能源国际发展现状与趋势分析 [J]. 赤峰学院学报（自然科学版），2012（6）：102 – 104.

[9] 田力普. 深入实施知识产权战略，有效支撑创新驱动发展 [J]. 科技与法律，2013（3）：72 – 74.

[10] 莫守忠，等. 发达国家运用知识产权助推战略性新兴产业发展对我国的启示. 湖南财政经济学院学报，2012（136）：5 – 13.

[11] 徐亚文，等. 论知识产权法的环境保护义务 [J]. 中国地质大学学报（社会科学版），2012（3）：40 – 44.

[12] 冯晓青. 企业技术创新与实施知识产权战略的法律运行机制研究（下）

[J]．政法论丛，2011（5）：63－71．

[13] 刘嘉，等．美国环保产业政策分析及经验借鉴 [J]．环境工程技术学报，2011（1）：87－92．

[14] 万志前，等．知识产权制度生态化重构初探 [J]．法学评论，2010（1）：44－51．

[15] 孙颖，等．战略性新兴产业的知识产权作用机制研究 [J]．科技管理研究，2013（5）：141－145．

[16] 赵行姝．以环境保护创造社会财富：美国发展环保产业的经验 [J]．中国金融，2006（19）：23－24．

[17] 孔祥俊．积极打造我国知识产权司法保护的"升级版" [J]．知识产权，2014（2）：3－16．

[18] 人民日报评论员．突出创新驱动——五论贯彻落实中央经济工作会议精神 [N]．人民日报，2014－12－17．

专利密集型产业培育模式探究

韩 旭

▌摘要▌ 本文通过梳理我国专利密集型产业的培育现状，分析存在的不足和问题，从产业经济学的角度，按照产业生命周期理论探究专利密集型产业的发展路径。在此基础上，归纳专利密集型产业市场、保障和服务等方面的培育要素，分析各培育要素促进培育对象按照上述发展路径演进的作用方式，得到专利密集型产业的培育模式。

▌关键词▌ 专利密集型产业 专密产业 培育模式 产业生命周期 产业经济学

《国务院关于新形势下加快知识产权建设的若干意见》（国发〔2015〕71号）中提出培育知识产权密集型产业的要求。2016年全国知识产权局局长会议上，申长雨局长强调要积极探索知识产权密集型产业发展有效路径。知识产权密集型产业，尤其是专利密集型产业对于国民经济发展的影响比重越来越大，主要体现在GDP贡献和增加就业方面。美国2010年知识产权密集型产业对GDP贡献额为34.8%，其中专利密集型产业对GDP的贡献占5.3%，提供714.3万个就业岗位。[1]欧盟2008～2010年知识产权密集型产业为欧盟整个经济活动贡献了近39%的份额，其中专利密集型产业对GDP的贡献占13.9%、就业贡献占10.3%。[2]我国2007～2011年高专利密集度产业增加值占GDP的25.1%，平均每年创造就业机会占全部城镇年平均就业人员比重的25.6%。[3]因此，加快培育专利密集性产业是适应我国经济发展新常态，顺应世界产业和科技发展方向，关系我国经济社会全局和长远发展的重大决策，如何培育适合我国的专利密集型产业则成为摆在我们面前的重大问题。

一、我国专利密集产业培育现状

目前，我国上海、江苏、广东、广西、山东、河南等多个省、市、自治区纷纷出台知识产权密集型产业发展的培育政策，从以下两个方面开展相关培育工作。

（一）区域知识产权密集型产业的情况研究

上海市由知识产权局会同市经济和信息化委员会等部门开展知识产权密集型产业研究，对知识产权密集型产业的专利状况进行统计分析，制定上海市知识产权密集型产业目录。

江苏省知识产权局 2015 年承担省政府下达的课题——《知识产权密集型产业统计指标体系及实施方案研究》，确定了知识产权密集型产业统计监控指标（专利、商标、版权），整理了省内专利密集型产业目录及其经济贡献度，对专利密集型产业设计企业进行界定和分级。

河南省知识产权局制定知识产权密集型产业目录和促进知识产权密集型产业发展的政策和机制，尤其从知识产权全产业链视角，重点研究知识产权密集型产业的内涵、关键产业要素之间的关系、产业生态演进过程及研究机制，以及知识产权密集型产业的评价指标体系，包括知识产权密集度评价、竞争优势评价、产业贡献度评价等。

（二）对专利密集型企业的政策引导、信息支持和专利保护

广东省围绕加快创新驱动发展的全省中心任务，培育建设知识产权密集型产业集聚区，组织翻译出版欧盟知识产权密集型产业研究报告，推动专利密集型产业知识产权快速维权体系建设，推进产业知识产权联盟发展。陕西省加强产业知识产权发展战略管理，加大产业知识产权保护工作，推进产业知识产权分析咨询工作，开展知识产权密集型产业培训工作。

上海市支持知识产权密集型产品推广、密集型企业培育、密集型产业专利布局、密集型产业专利导航、密集型产业公共服务平台建设等。江苏省建立健全知识产权密集型产业发展统计制度，加强发展监测分析，定期发布发展报告，引导知识产权密集型产业发展壮大。山东省结合实际积极开展山东省专利密集型产业专利导航分类，突出特色，加快全省战略性新兴产业与知识产权密集型产业的有机结合。

广西壮族自治区培育重点包括培育专利密集型企业，提高企业发明专利产出，建设专利密集型产业园区，推动专利转化及产业化，发展高价值专利产品，加强专利信息分析应用示范，推进产业专利联盟建设，强化产业专利人才工作。河南省结合知识产权强省建设总体部署，围绕专利、商标、版权和现代农业四大

板块开展，提高知识产权对河南省经济发展的贡献度。

虽然我国各地方从区域经济、政策扶持、服务保护等方面对专利密集型产业育进行积极探索，但未从产业经济学的角度，深入研究产业的发展路径及培育模式，缺少对专利密集型产业培育的基础理论研究。

二、专利密集型产业的发展路径

（一）专利密集型产业发展路径的基本规律

每个产业都要经历一个由成长到衰退的演变过程，即从产业出现到完全退出，社会经济活动一般经历初创阶段、成长阶段、成熟阶段和衰退阶段四个阶段，这就是产业生命周期理论。专利密集型产业的成长演变过程客观上也遵循这一规律，但其在发展核心动因和表征指标存在的特殊性，赋予其特殊的发展路径。具体而言，专利密集型产业的特定发展核心动因是技术创新，特定表征指标是产业内平均从业人员的专利拥有量，技术和专利两大因素相互作用推动专利密集型产业发展，形成特有的产业生命周期规律。

图1所示为专利密集型产业的技术生命周期与专利战略进程、产业生命周期和市场经济效益变化的关系。

技术有所突破后进入萌芽期，这一时期涌现的多为关键技术，沉淀下来形成基础专利。开始基础专利布局，专利数量增多，建立起技术优势并推动技术进步。这些基础专利逐渐聚集开始形成初步的技术标准，产业主体会依据初步的技术标准生产产品雏形并投放市场，即产业开始形成。

随着需求的不断扩大，需要围绕关键技术在功能和应用层面都开始不断实现技术进步和富化，这些技术逐渐形成核心专利和外围专利，专利数量快速增长，完善专利布局。同时，刺激更多的产业主体进入到产业中来，产业主体投入大批量生产的资源要素进行规模化生产，或者通过并购方式扩大生产规模，以适应不断扩大的市场需求，拉动整个产业快速成长。这期间产业主体为占据长期竞争优势，最终完成技术标准化。

随着技术逐渐成熟，促使产业快速扩张，与产业关联性较强的产业也获得迅速发展，产业链得到延伸。然而，专利申请以外围专利为主，且增长趋势放缓。为应对竞争和推进产业发展，在行业内市场主体和产业链各市场主体间结成相互协作、资源整合的产业联盟。相应地，各市场主体之间实现专利的交叉许可或者相互优惠使用彼此的专利技术，共同对外发布联合许可声明，形成以专利为纽带的联盟，专利申请量增长趋势放缓。

随着新技术的出现，市场焦点发生转变，研发资金转向投入新技术，技术逐步被市场淘汰，产业开始衰退，产业化利润还得以一定程度的保持。专利布局接近尾声，专利数量下降，但处于专利垄断地位的产业主体和联盟对落后者会通过专利诉讼战获取超额利润。产业的生命周期往往衰而不亡，会随技术进步后重新焕发青春，进入下一发展周期。

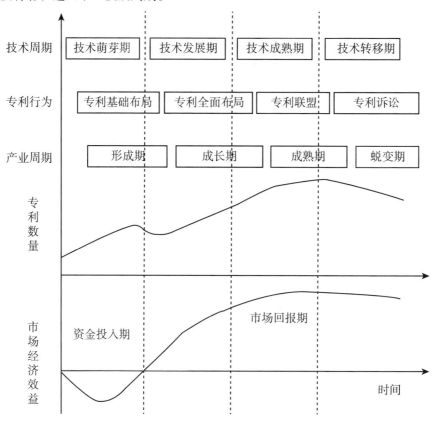

图1 专利密集型产业的发展路径

（二）专利密集型产业发展路径的主要特点

从专利密集型产业的发展路径可以看出，技术生命周期各环节开始阶段早于专利布局发展，专利布局发展早于产业生命周期。这体现出，创新是产业发展的核心动力，专利是技术向产业转化的重要纽带。对我国产业而言，尤其要注意采用"产品未动，专利先行"的策略，即专利布局先于产业发展，以构筑专利防御/进攻优势地位，确保产业生长顺利进行。

技术产业化的过程也是企业将专利作为产权具体化的过程，专利具体化的方式不断升级，具体化的收入不断扩大。专利布局的核心专利阶段和外围专利阶段，专利权主要通过专利商品化实现而进入专利联盟阶段和专利诉讼战阶段，逐渐通过专利转让、专利许可、专利质押、诉讼赔偿等方式，获得超额利润和利润补偿。

三、专利密集型产业的培育模式

（一）专利密集型产业的培育要素

专利密集型产业培育系统是各种影响其发展的要素集合，根据要素在培育中的作用，分为市场要素、保障要素和服务要素。

从产业经济学的角度，市场为产业发展提供的培育要素包括需求要素和供给要素。一方面，新产品的研发和创新以及产业的培育，必须切合社会需要，包括公共需求还有私人需求，且不受地域限制，有可能来自国内，也有可能来自国际；另一方面，产业的培育和发展必须要有相关的投入，包括技术、人才、资金、信息、设备、零部件和原材料。必要的资源投入和有效满足需求构成专利密集型产业培育的基本条件，可通过有效的市场获得和获知。

专利密集型产业形成和成长过程中需要的各类资源得到有效供给，各种服务能良好的提供，新产品研发和产业成长顺利推进，必须由政府实施保障性干预，让整个系统顺畅运转，最核心的是要有良好的制度、政策和文化保障。有效的制度、政策和文化环境，可以促进各种资源和服务高效输送，鼓励和带动更多企业参与其中，加速专利密集型产业的形成和发展。反之，可能会阻碍新兴产业的形成和成长。

专利密集型产业的培育、资源的供给和服务的提供，需要多种类型组织加以实现。为了使专利密集型产业的成长更加快速和高效，在此过程中各种资源的获得和利用更加便捷、低价和优质，需要高校提供专业人才，科研院所提供基础知识支持和技术指导，需要各类服务机构提供技术咨询、管理咨询、金融支持、培训教育等多种类的服务。

（二）专利密集型产业的培育框架

专利密集型产业的培育模式是培育要素促使培育对象沿专利密集型产业发展

路径发展的作用方式集合。图 2 所示为专利密集型产业培育模式框架。专利密集型产业的各培育要素按照产业周期构成培育框架，以产业主体作为培育对象，政府提供的政策、制度、机制性保障，服务机构针对产业主体和政府提供的相应服务，以及金融、高校、科研机构提供的资金、人才、知识、研发资源，产业周期各阶段产业主体在技术和专利方面按照发展路径不断提升演进。

在产业发展起步之前，政府要针对产业的技术创新选择作出科技决策，服务机构基于专利分析为政府针对科技决策提供咨询服务，并为产业就选定技术提供相应的技术规划导航。在产业初创期，服务机构主要为产业主体针对技术突破得到的多项关键技术提供专利挖掘和基础专利布局分析服务。在产业成长期，服务机构主要为产业主体引进专利、专利融资提供相应的专利价值评估，以及为技术深入进步提供核心专利布局服务。在产业成熟期，服务机构主要为产业主体开专利许可、转让、并购提供运营服务和分析服务，为构建专利联盟提供专利评估分析。在产业蜕变期，服务机构主要为产业主体进行专利战提供专利跟踪检测和专利诉讼服务。

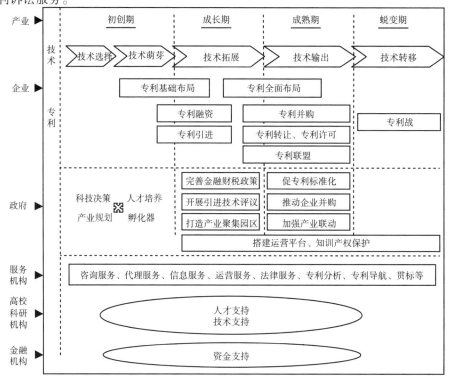

图 2　专利密集型产业的培育框架

（三）专利密集型产业的培育特点

产业培育以产业集群发展为主要推动方式。产业集群是现代产业发展的重要特征和方向，在新兴产业经济和区域发展中占有重要地位。面对集群内密集的知识与人员流动，活跃的创业与兼并收购，通过规划和建设新型产业的工业园区，实现新兴产业在地理、资金、人力等方面的空间集中，形成产业集群，已成为世界很多国家和地区应对金融危机、实现经济转型、扶持新兴产业发展的普遍做法。

培育模式的重心始终围绕产业创新进行，而产业的创新模式随着产业发展阶段的不同而有所改变，由包围创新，向集成创新、原始创新为主过渡，最终采用商业模式创新是引领阶段产业创新的主要形式。在现代市场模式条件下，制造业、现代服务业的加速融合，商业模式创新与企业技术创新同等重要。技术创新和商业模式创新结合将产业推向高级阶段，成为新经济的显著特点。

四、结束语

我国加大力度培育专利密集型产业，各地专利密集型产业发展迅速。与国际水平相比，在专利密集度、专利对产业竞争力促进作用、培育模式的科学性方面仍然存在明显差距。本文认为产业经济学研究的专利密集型产业发展路径和培育模式，有利于政府、市场和服务等培育要素按照发展规律协同作用，加快培育专利密集型产业，促进产业主体创新能力提高，产业地位不断提升。

参考文献：

[1] 美国专利商标局（2012）. 知识产权与美国经济：聚焦产业（Intellectual Property and the U. S. Economy：Industries in Focus），2013 年 3 月。

[2] 欧洲专利局，欧盟内部市场协调局. 知识产权密集型产业对欧盟经济及就业的贡献 [M]. 尹怡然，译，北京：知识产权出版社，2014.

[3] 李凤新，刘磊，倪苹. 中国产业专利密集度统计报告 [J]. 科学观察，2014（1）.

[4] 苏东水. 产业经济学（第四版）[M]. 北京：高等教育出版社，2015.

[5] 贺化. 专利导航产业和经济发展实务 [M]. 北京：知识产权出版社，2013.

[6] 周胜生，高可，饶刚，孙国瑞，王卫锋. 专利运营之道 [M]. 北京：知识产权出版社，2016.

浅析高校专利运营

郭　星　陈冬冰① 徐国祥

▎摘要▎专利是科技成果当中最为核心的部分，因此高校科技成果转化率和专利转化率有着密切的关系，加快推进高校专利转化工作有着重要的现实意义。本文基于我国高校专利运营现状，对高校专利运营方式提出几点建议。

▎关键词▎高校　专利运营　产学研

引　言

十八大报告提出要实施创新驱动发展战略，科技创新是提高社会生产力和综合国力的战略支撑。自党的十六大以来，国家就制定实施了科技、教育、人才三项中长期发展规划纲要，科技和教育投入大幅增加，重要科学前沿和战略必争领域取得了一批重大创新成果。如，"十一五"期间，国家三大主体科技计划（"973"计划、国家科技支撑计划、"863"计划）项目在实施过程中共申请专利9.1万件，其中发明专利为7.3万件，占80.5%。

在国家创新体系中，高校是非常重要的组成部分，高校的专利申请量、授权量以及转化实施能力，不仅是高校衡量自身发展水平的标准，更重要的是它对推动地区产学研合作、拉动地区经济增长具有极其重要的意义。专利转化为生产力是高校支撑创新型国家建设的重要着力点，但是长期以来，我国高校专利转化不畅，而跨国专利经营公司进入我国就能迅速形成专利产业。提升高校专利转化行为的有效性，已经成为当前确保我国产业实现优势创造与可持续发展的重点。[1]

---

① 第二作者对本文的贡献等同第一作者。

一、专利运营

专利运营是 20 世纪 90 年代以来兴起的一项新的商业业务，是指为获得经济收益或者保持市场竞争优势，运营专利制度提供的专利保护手段及专利信息，谋求获取最佳经济效益的总体性谋划。广义上包括从专利挖掘到收取许可费或其他收益的整个过程，狭义上仅指运用专利获权后的后期收益环节。[2]

专利制度能够发挥功效的基本原因在于其内在的激励机制，该激励机制要求专利制度必须为权利人提供一定的途径使其获取收益，从而实现专利制度所要求的"为天才之火加上利益之油"这一制度目标，而专利运营就是权利人获取收益的途径之一。专利运营将技术转化为现实生产力，将知识优势转化为竞争优势和经济优势，是实现专利产权效益的重要途径，也是提升专利价值的重要方法。

二、国内高校专利运营现状

根据《2015 年中国专利调查数据报告》显示，只有 9.1% 的高校会"成立专门的孵化器公司，选择有良好市场前景的专利进行产业化推广"，而高达67.7% 的高校存在"具有市场前景的专利处于闲置状态"等问题，遇到过"单位专利被外部公司低价收购"情形的高校占比为 8.6%，在"员工离开本单位后将技术出售或应用"方面，高校占比为 2.1%。[3] 由此可见，国内高校专利的转化率较低，大量有价值的专利未被充分利用。

我国高校专利转化率低主要是由以下几点原因造成的：

（1）专利申请的目的。目前，国内很多高校的科研工作者将专利授权看作一个最终成果，只注重专利申请、授权的数量，并不关心其获得的专利权利的利用和开发。70% 以上的高校认为申请专利是为了完成规定的科研指标或项目要求，也有很大一部分申请专利是为了评聘职称，专利获得授权后就不再关心专利转化的问题。

（2）专利的质量。很多高校科研项目偏重理论研究，也有很多专利的权利要求中的技术特征过多，以此申请的专利虽然比较容易获得授权，但是与市场结合不是很紧密，后续进行专利转化非常困难。

（3）专利权的归属。高校教职工或学生利用学校的各种资源进行发明创造属于职务发明，申请专利时，职务发明的专利权属于高校，因此，专利获得授权后，研发人员没有太多动力对专利进行转化，而高校自身的专利管理通常属于行政管理，不具备进行专利运营的能力。

三、国外高校专利运营模式

目前，国外高校的科技成果转化率较高，这主要是由于其专利制度建立较早，在法律保障、制度建设等方面发展得比较完善，能够实现专利技术转化的良性循环，因而也积聚了一定的专利运营经验。现主要介绍国外高校的两种专利运营模式。

（1）技术许可办公室（Office of Technology Licensing，以下简称 OTL）是美国斯坦福大学创办的技术转移机构运行模式之一，也是目前运行最为成功的一种模式，即校方出面申请发明专利，再把专利许可给企业界。OTL 在工作过程中由指定专人负责审查并了解市场潜力，在充分掌握大量信息的基础上独立决定是否申请专利，进而制定授权策略，征集感兴趣的公司，进行专利的许可。[4]

（2）研究基金会是一种非营利性的独立法人组织，最早在美国威斯康星大学建立，随后也在多国的大学专利运营中得以实施，以韩国为例，20 世纪 70 年代开始，韩国经济迅速崛起，并重视高校科技成果的转化，其中的"产学研合作基金会（Industry – University Cooperation Foundation）"是最具有代表性的高校专利运营模式。基金会具有独立法人身份，可以独立申请和运营知识产权，高校可以以基金会的名义获取知识产权以及相关回报。[5]

四、国内高校专利运营方式探讨

针对我国高校专利转化率低的现象以及制约因素的分析，对于加强国内高校专利运营和提高专利转化率提出以下思路。

（1）加强产学研协同创新。只有将专利与市场紧密结合，才能获得专利转化的成功。产学研协同创新对专利成果的转化具有积极作用。因此，引导企业与高校进行深入合作，通过建立知识产权利益分享为基础的产学研协同创新机制将高校与市场紧密结合，实现科技成果转化。产学研教育中的产、学、研三者具有统一性和平等性，每一项因素与其他之间相互依赖，既存在功能和作用的双向性，又相互依存缺一不可。因此，引导企业与高校进行深入合作，通过建立知识产权利益分享为基础的产学研协同创新机制将高校与市场紧密结合，实现科技成果转化。[6]

（2）设立专利运营机构。以目前高校的定位来看，自行进行专利运营并不能有效地实现专利的市场价值，专业的专利运营机构能够促进高校专利的转化。运营机构为企业和高校提供专利运营的服务平台，根据企业提供的产品和技术研发方向，建立企业需求数据库；根据高校提供的其擅长的技术开发领域，建立高校数据库。通过运营机构推荐或者企业与高校、科研机构之间自行就产品和技术开发达成合作，同时，运营机构为该技术开发项目进行前期知识产权风险分析，对于高风险项目进行风险规避设计，对于无风险或低风险项目，高校按照企业需求进行定制技术开发。技术开发完成后，通过运营机构对完成的技术开发项目进行知识产权确权，提供知识产权运营服务。在产学研协同创新过程中离不开专利运营服务机构开展科技成果咨询、评估、经纪、推介、交易等有助于成果转移和产业化的服务工作。因此，在产学研协同创新体系中发挥专利运营机构的纽带作用，要提高专利运营机构提供科技成果转让、许可和产业化方面的服务水平和服务能力。[7]

（3）提供法律保障。法律体系是支撑专利制度以及专利运营的重要方面，无论是美国的专利许可办公室，还是韩国的产学研合作基金会，都离不开健全的法律保障体系。我国有必要制定单独的"产学研合作促进法"，通过法律制度把科技创新主题的各种资源整合在一起，才能进一步加快科技成果的商品化进程。[8]另外，针对高校专利由于职务发明而带来的低转化率问题，我国自2010年开始着手制定《职务发明条例》，并于2012年和2014年公开征求对《职务发明条例草案（送审稿）》的意见，目的在于完善我国的职务发明制度，能够以立法的形式对我国职务发明的界定、权利的归属、职务发明人的报酬等问题提供法律依据，从而促进专利技术的转化。[5]

（4）加强人才队伍建设。高校可以采用人才招募和人才培养两种方式。对于人才招募，由于专利运营工作内容同时涉及技术、法律、外语、金融、投资等领域，在招募人才时需选择同时具备上述能力的复合型人才，提供有竞争力的薪资待遇和良好的发展平台。其人才类型包括专利的分析、转让、许可、防御和诉讼等方面人才，形成专利运营团队。对于人才培养，培训遵循"影响有影响力的人"的原则，通过对专家的再培训，发挥其带动效应。此外，人才培养机制要根据高校的专利运营目的、专利战略规划以及培养需求等要素，有层次、分阶段地确定培训目标，以保障人才培养的"因材施教"[9]。

（5）完善专利运营市场。产业与市场密不可分，任何一个产业的发展都需依附于一定的市场来发展，在专利运营的大部分过程中，一个公开的、健全的发明交易市场发挥着重要作用。因此，为了更好地进行专利转让、许可和使用，提高专利转化率，必须构建功能齐全的专利运营市场，完善专利运营服务平台，从而引导和支持专利中介服务机构的发展。[10]在市场培育方面：首先，要以市场需求为导向，避免在发明和购买专利时的盲目性，通过为创新主体提供专利导航和预警服务，有选择的发明和收集专利；其次，通过政府建立专项资金或者为专利提供质押和担保，或者建立风险投资企业，进行市场融资，保证专利运营的顺利运转，从而构建立体式的政府创投和市场融资体系；最后，充分发挥行业组织和知识产权服务机构的作用，承担起对组织内部成员的知识产权服务支撑和平台功能。此外，通过知识产权服务机构，为高校和企业的专利运用提供专业化的咨询、分析、成果保护、专利调查、专利战略制定等服务，为推动企业技术创新增值、核心竞争能力和市场竞争力的增强提供专业化的保障。[9]

五、结　语

高校知识产权转化有其特殊性，提高高校专利运营效率，既需要从国家层面的政策开始调整，也要从运营机制上进行完善，同时，在今后的科研工作中，高校学者需要开展有针对性的研究，提高专利质量，对有价值的专利进行维持或转让，真正做到产学研一体化。

参考文献：

[1] 唐恒，朱伟伟 . 高校专利运营模式的构建：基于客户价值的视角 [J].研究与发展管理，2013，25（1）：88 - 93.

[2] 马天旗 . 专利分析：方法、图表解读与情报挖掘 [M]. 北京：知识产出版社，2016：299 - 302.

[3] 国家知识产权局网站 . 2015 年中国专利调查数据报告，2016：23 - 24.

[4] 王谋勇 . 美国大学技术许可办公室高效运行的关键因素分析及对我国的政策启示 [J]. 科技进步与对策，2010，27（12）：35 - 40.

[5] 金武，包宁疆 . 高校专利运营的探索和思考 [J]. 中国发明与专利，2015（12）：108 - 111.

[6] 徐东东 . 高职院校产学研协同创新发展现状及对策 [J]. 中国高校科技，2015（4）：76 - 77.

[7] 徐慧 . 产学研协同创新促进国家科技计划专利成果转化 [J]. 中国高校科技，2014（12）：24 - 25.

［8］谭新民，梁田. 以高校、科研机构结合企业进行专利运营的模式探讨［J］. 中国发明与专利，2016（2）：25 – 26.

［9］赵天. 我国专利运营之浅见［J］. 新西部，2015（18）：54.

［10］刘红光，孙惠娟，刘桂锋，孙华平. 国外专利运营模式的实证研究［J］. 图书情报研究，2014，7（2）：39 – 49.

专利分析在专利数据库中的实施设计

杨 栋 徐 晓 成慧明 张建强 严 薇 田 晶 赵 洋

▌摘要▌作者根据在单位数据库建设中的实践，分析了专利分析数据库的功能特点。包括专利类型、国别、省市、申请人、关键词等特征提取，专利相关性计算，基于专利集合的统计、分组与聚类。最后给出了专利数据库的应用示例——专利攻防。

▌关键词▌专利数据库 专利分析 语义分析 专利相关性 专利攻防

一、专利数据库

专利数据库是在传统的关系型数据库基础上实现的。专利数据库至少包括专利数据表、分类号数据表等多张数据表。

专利ID	申请日	申请号	优先权日	优先权号	申请人	申请人地址	分类号	摘要	权利要求书	说明书

分类专利ID	分类号	含义	父分类号ID

图1 专利数据表示例

专利数据库除了基本的"增删改查"功能之外，还要能够进行统计分析：一是专利特征提取，例如图2所示的年份、国别、省市、关键词等；二是专利相似度计算，以及基于相似度的统计、分组、聚类，例如图3所示的基于两两相关度计算两个专利集合的相似度。[1]

图2 单个专利属性的提取

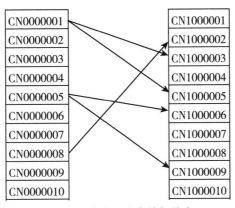

图3　两个专利集合的相关度

本文第二部分包括：单个专利特征的提取，例如专利类型、国别、省市、申请人、关键词。第三部分包括：基于分类号和文本的专利相似度计算。第四部分包括：专利集合操作、专利分组和聚类。第五部分给出了专利数据库的应用示例——专利攻防。

二、专利特征提取

专利数据库中包含的信息需要进一步加工，例如从专利公开号中提取国别，属于对于专利原始数据的特征提取。

专利原始数据包括权利要求书、说明书等文本数据，附图等图像数据，申请人、发明人、地址等联系数据，申请号、公开号等符号数据。其中符号数据等一般具有规整的格式，便于进行特征提取，例如申请时间、公开时间、专利类型、申请国、省市等。使用编程语言自带的字符串函数，可以从字符串的固定位置抽取到专利特征。而对于文本特征，则需要关键词提取、语义分析等工具进行特征提取。

（一）专利类型
根据公开号可以获得专利类型信息——发明、实用信息或外观专利。

表1　利用公开号获取专利类型

专利类型	公开号示例
发明	CN1XXXXXXXX
实用新型	CN2XXXXXXXX
外观	CN3XXXXXXXX

专利公开号是一个字符串，使用字符串函数截取前三个字符，即"CN1""CN2"或"CN3"，分别对应发明、实用新型和外观，即可获得专利类型。

（二）专利国别

根据公开号可以获取两位字母表示的国别特征，例如 CN 表示中国申请，EP 表示欧洲申请。

优先权号中的国别特征被称为申请的首次申请国。该特征反映了专利技术的来源国。

（三）省市分析

从 S 系统的 CPRSABS 数据库中，可以获得存储了申请人地址的 AA 字段、存储了省份代码的 CCODE 字段，以及存储了省份名称的 CNAME 字段。例如 CCODE 字段中 11 代表北京市，CNAME 字段中包含"北京"即表示申请人来自北京。

对于 AA 字段存储的地址信息，处理的情况要复杂一些。根据中文地址的书写习惯，开头的大约 10 个字符内应该包含省和市的名称，例如"广东省广州市天河区 X""新疆维吾尔自治区 XX"。

预先制作一个省份名称列表。利用字符串处理函数，从 AA 字段中截取前 10 个字符，再从中搜索预存的省份名称，即可获得本申请对应的省份。实际处理中存在地址跳过省份直接写市的情况，例如"广州市天河区 XXXX"，这种情况常见于省会城市或省内重要城市，因此需要预存一些重要城市与省的对应关系。同理可以获取省下的县市等地名。

（四）申请人

申请人的完整名称往往包含很多不必要的信息，例如申请人名称中包含"华为"的可能包括"华为技术有限公司""深圳华为通信技术有限公司"等等。而在专利信息统计时，往往将两者都看作"华为"公司。因此，需要从申请人的完整名称中，抽取出最能代表申请人的字符（类似 Patentics 的 ANN 字段，即将申请人的不同名称都映射到同一个标准化的名称）。

将申请人的完整名称看作字符串，预先制作一个包含"技术""有限公司"等后缀的字符串列表，制作一个包含"深圳"等地名、"省、市、县、区"等地名标志的字符串列表，将申请人的完整名称与上述列表进行比对，去除"地域""公司类型"之后就可以得到标准化名称。由于公司名称的复杂性，最终得到的申请人名称可能存在误差，需要人工复核。

（五）关键词提取

就像一篇论文会有"关键词"特征一样，一篇专利也可以有"关键词"特征。利用计算机自动提取关键词的基本思想就是：统计关键词出现的频率（TF，term frequency），并去除那些经常出现的常用词，以获取这篇文章独有的关键词特征。常用的关键词模型如 TF－IDF 模型等。

为了进行关键词提取，常用的预处理操作包括文本分词、停用词过滤等。通过预定义的阈值可以控制关键词提取的数量，并按照关键词的重要程度进行排序。关键词提取的结果往往需要文本向量化，才可以规整为计算机进行比较和计算的特征，参见下文中语义相似度的计算。

三、专利相似度计算

计算两个专利的相关性，即计算两个专利的各种属性之间的相关性。而能够表征专利的实际含义的属性，只有分类号和文本（包括名称、摘要、权利要求书、说明书）。

（一）分类号相关性

分类号是一种树形结构，最高级包含 A～H 一共八个部，分别表示 A 部——人类生活必需（农、轻、医）、B 部——作业、运输、C 部——化学、冶金、D 部——纺织、造纸、E 部——固定建筑物（建筑、采矿）、F 部——机械工程、G 部——物理、H 部——电学。

在最高级八个部之间，很难衡量跨越两个部的分类号的相似性。但在各个部内部，特别是大组以下，属于同一个分类号分支的两个分类号，比不属于同一个分类号分支的两个分类号，更具有相关性。

分类号相似度一般用相似与否的布尔变量表示。要想获取实数表示的相似度，可使用下一节语义相关性的计算。

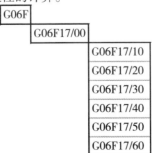

图4 分类号树形结构

（二）语义相关性

在提取了关键词之后，通过统一的词典和语义模型将专利文本表示为一个向量，从而在一个统一的向量空间中，用一个点表示该专利文本。而相应地，两个文本之间的相似度可以用两个点在向量空间中的距离表示。

基本步骤包括：

（1）分词：将中文语句分割为包含一个或多个汉字的中文词；

（2）过滤：将不感兴趣的词过滤掉，不参与后续的处理步骤；例如将专利名称中的"一种""方法"过滤掉；

（3）提取关键词：从包含若干篇分词文本的语料库中，抽取具有代表性的词；

（4）文本向量化：根据所有文本建立统一的词典和文本模型。根据文本中关键词的分布，或者文本模型中主题的分布，将文本转换为向量；

（5）计算相关度：计算向量空间中两个向量之间的距离，得到文本之间的相关度。

其中，文本向量化即建立文本模型，常见的模型例如 LSI 模型、LDA 模型、word2vec 模型。文本向量化也是语义相关性的关键步骤。

值得注意的是，计算机并没有从实质上理解待分析的文本，计算机只是计算了两个事物是否相似。上述方法中计算机根据大规模训练语料库，将待测试文本转换为相对于训练语料库的向量表示。例如，预先给定训练文本 01~10，将测试文本 A 转换为相对于整个训练语料库的向量 [0.8, 0.5, 0.4, 0, 0]，将测试文本 B 转换为相对于整个训练语料库的向量 [0.5, 0.9, 0, 0.2, 0]，就可以根据两个向量得出测试文本 A 和测试文本 B 之间的相关度（距离）为：0.45。

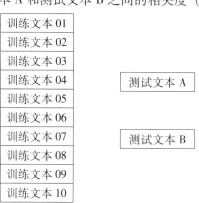

图5 语义相关性的计算示例

上述相关度仅针对训练文本 01 ~ 10 有效，如果更改了训练文本库，向量和相关度都会相应的变化。因此，在进行语义相关性计算之前，维护一个稳定的、全面的训练语料库是第一步重要工作。

对于专利数据库来说，最有效的训练文本库是涵盖了专利各领域术语的文本，例如各领域术语词典、涵盖各领域的专利公开文本库、专利分类号的名称和含义库等。

四、基于专利集合的分析

常见的专利集合分析方法，除了一般集合的操作如并交补之外，还应当包括排序、分布统计（直方图）、专利集合相似度计算等。

（一）专利集合的获取

专利分析的对象是从专利数据库中抽取的一个专利集合。例如，针对"华为公司"的专利分析，是"申请人"字段是"华为公司"的专利构成的专利集合。

专利集合可以从专利数据库的全部专利中检索获得，也可以从外部导入专利号列表，或者从外部批量导入专利全文。从其他专利数据库导出的专利列表，以 XLS 或者其他文件格式存储。注意导出时应尽量多地包含申请号、公开号等能够唯一确定专利的信息。

（二）专利集合的排序与统计

专利集合的统计功能一般是对各个字段的排序和分布统计。例如，申请年份列表可以使用直方图（Histogram）函数获得每年的申请数量。

在直方图的基础上可以求累加直方图（Cumulative Histogram），例如，过去 N 年的申请数量，或者，从第一年累加到当年的申请数量。

专利分析还经常使用下列年份指标[1]：

技术生长率 = 当年发明/过去 5 年发明。

当获得了发明、实用新型、外观的年申请量数据之后，可以计算：

技术成熟系数 = 当年发明/（当年发明 + 实用新型）；

技术衰老系数 = （当年发明 + 实用新型）/（当年发明 + 实用新型 + 外观）。

专利分析还经常使用下列申请人指标：

技术集中度 = 前 N 位申请人占比总和；

技术侧重度 = 某领域某申请人专利申请量／某申请人申请总量。

（三）专利集合分组与聚类

专利分组可以以各种专利属性作为依据，专利分组之后得到的仍然是一个个专利集合，因此专利数据库应支持集合的嵌套。

专利分组可以按照分类号作为依据，以对技术领域进行分组。技术领域的提取一般需要先进行关键词提取。

如图 6 所示，对于第一列的专利集合，根据"关键词 C"可以将专利集合分为：包含"关键词 C"的集合，以及不包含"关键词 C"的集合。

又如，根据多个关键词，如"关键词 B"和"关键词 D"，可以将专利集合划分为多个子集合。

CN0000001	关键词 A	关键词 B	关键词 C		关键词 E
CN0000002	关键词 A			关键词 D	关键词 E
CN0000003		关键词 B	关键词 C		
CN0000004	关键词 A	关键词 B	关键词 C		
CN0000004			关键词 C	关键词 D	关键词 E

图 6　基于关键词的专利分组

在提取关键词的基础上，利用语义模型可以将文本向量化，如图 7 所示。在此基础上，可以使用常见的聚类算法（如 K – MEANS 等）对专利进行聚类。聚类的结果仍然是多个专利分组，也应该支持上述专利分组方法的操作。

CN0000001	0.8	0.5	0.4	0	0
CN0000002	0.5	0.9	0	0.2	0
CN0000003	0	0.3	0.5	0	0.2
CN0000004	0.3	0.5	0	0	0.5
CN0000005	0	0	0.6	0.5	0.3

图 7　基于特征向量的专利聚类

五、专利攻防

专利分析的高级功能，也是建立在对于基本的专利特征提取、统计、集合操作的基础上的。下面参照 Patentics[2]，示例了一个基础版的专利分析系统。

首先计算两两专利之间的相关度。如图 8 所示，对图 3 中的两组专利进行两两相关性计算，只保留相关性大于预定阈值的专利。例如，如果左边集合的专利 1 与右边集合的专利 3 和 5 的相关性大于预定阈值，则左边集合保留专利 1，右边集合保留专利 3 和 5。

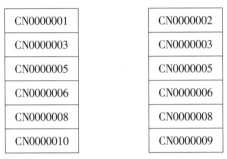

图8　两个专利集合的专利攻防

然后，以申请日为条件进行分组，根据申请日领先于和落后于对方集合中相应专利进行区分。例如，左边集合的专利 1 与右边集合的专利 3 和 5 相关，但左边专利 1 的申请日领先于右边专利 3 和 5，则将左边专利 1 划入左边领先集合（白背景），将右边专利 3 和 5 划入右边落后集合（灰背景）。以此类推，将左右两个集合划分左领先、左落后、右领先、右落后四个子集合。

假设左边专利集合为用户公司的专利，右边专利集合为全国专利，则通过分析用户公司领先的专利，可以得到用户公司的竞争优势；分析全国专利的领先专利，可以得到用户公司的竞争劣势。

Patentics 的专利攻防系统还考虑了领先和落后有重合的情形，对此需要更进一步的集合操作，在此不再赘述。

六、专利数据库的设计难点

总之，在专利数据库中的实施专利分析，数据库的设计和编程不难，其难点在于用户体验、语义分析和高级功能的设计。

（1）很多商业数据库提供了很好的交互体验，但传统的 S 系统等数据库又提供了 w、d、s 等非常实用的操作符，数据库的设计需要兼顾体验和功能。让用户少一些被迫记忆、少一些不必要的鼠标键盘操作，对于数据库体验的提升是巨大的。而这些需要经验丰富的用户参与需求制定、提供使用建议，并不是编程人员可以闭门造车的。

（2）语义分析主要是对文本的分次、关键词提取和相关度计算。语义模型的效果有赖于全面有效的训练语料库的建设，以及领域词典的构建和模型参数的优化。建议在专利数据库项目之外，单独实施语义分析项目并对专利数据库项目提供成熟、可靠的语义模型。

（3）专利分析的高级功能是对基础功能的组合使用。例如，专利攻防是对集合操作的组合。如何根据实际需要设计好高级功能，非常考验设计师的分析经验和对数学模型的熟悉程度。另外，高级功能也对用户图形界面的设计提出了更高要求。

参考文献：

［1］专利分析——方法、图表解读与情报挖掘［M］. 北京：知识产权出版社，2015：009 – 079.

［2］裘钢. 专利攻防分析［J］. Patentics 智能语义微信公众号.

ABB 高压断路器专利技术分析

方 蕾 李 炜① 徐国祥

┃**摘要**┃高压断路器成为近些年企业研发的热点，并进行了大量的专利布局。ABB 是全球电力行业领先企业，在高压开关方面的研究处于世界前列。本文针对高压断路器这一热门技术分支，对 ABB 的专利技术进行归纳和分析，说明 ABB 高压断路器的核心专利技术在不同技术聚类上的技术演变，并对未来高压断路器研究工作进行展望。

┃**关键词**┃高压断路器 ABB 专利分析

引 言

断路器是电力系统中最重要的开关电器设备之一，主要用于线路的接通分断和对系统中各种故障进行保护，在供电和配电系统中起着开断和闭合正常线路或故障线路的作用，是智能电气产业链中重要的零部件之一。随着智能电网的发展，特别是电力系统开断容量的需求及分布式电源技术的发展，传统的断路器无法满足日益增加的开断容量或快速智能保护的需求。而且在输电领域，为适应新的能源格局，柔性直流输电技术成为未来的发展趋势。[1-2]因此，高压断路器成为近些年企业研发的热点，并进行了大量的专利布局。

ABB 是全球电力行业领先企业，在高压开关方面的研究处于世界前列，ABB 的研发重点和研发趋势也可以一定程度上反应行业热点。ABB 在高压断路器领域有非常完善的专利布局，具有领先的专利控制力。因此，本文针对高压断路器这一热门技术分支，从 2000 年作为时间起点，对 ABB 的专利技术进行归纳和分析。本文的数据来源为中国专利文摘数据库（CNABS）和德文特数据专利库（DWPI），采用了关键词与 IPC 分类号相结合的方式对断路器进行检索，共检索

---

① 第二作者对本文的贡献等同第一作者。

到相关专利文献 8387 篇。

一、ABB 高压断路器专利布局

（一）全球高压断路器专利布局

对于断路器的分类，依据电压等级的不同可以划分出四个二级分支：低压断路器、中压断路器、高压断路器、超/特高压断路器。

图 1 表示各个二级分支比重，通过对"断路器"二级分支的分析得出，低压断路器、中压断路器、高压断路器、超/特高压断路器技术分布的比重分别为 14.5%、14.8%、68.6%、2.1%。其中，高压断路器比重显著，原因主要包括以下两点：（1）智能电网、智能电气、分布式发电等技术的发展带动了高压断路器的研发需求，并形成庞大的市场，因此高压断路器成为近些年企业研发的热点，并进行了大量的专利布局。（2）低压断路器、中压断路器的研发较早，但专利布局并不完善，近年来更多企业注重专利布局，而研发重心又转向了高电压等级的断路器，因此在数量上高压断路器分支具有绝对优势。由此可见，高压断路器在断路器领域具有重要的地位。

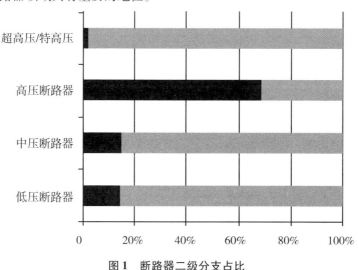

图 1　断路器二级分支占比

（二）ABB 断路器专利布局

生产断路器的龙头企业包括 ABB、西门子、施耐德，图 2 表示这三家公司在断路器领域的专利布局情况。其中，对于超特高压断路器，ABB、西门子、施耐德的比重均较小，可见上述公司对于超特高压断路器的研发比重较小。

对于西门子，其技术分布主要集中于高压断路器和低压断路器，所占比重分别为 44% 和 42.8%，两者水平相当，而中压断路器的比重只有 13.2%，说明西门子的研发更加侧重于高压断路器和低压断路器。对于施耐德，所占比重最大的分支为中压断路器，具有 46.3% 的占比，而高压断路器和低压断路器的比重相当，分别具有 27.1% 和 26.6%。

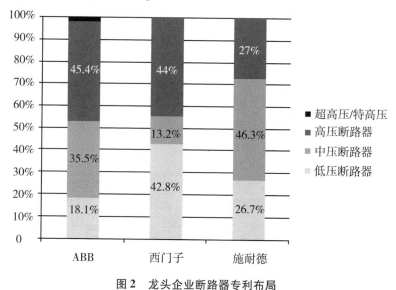

图 2　龙头企业断路器专利布局

通过对 ABB 断路器技术的专利检索和分析，可以得到 ABB 在断路器领域的专利布局情况。如图 2 所示，对于 ABB 而言，专利从低压到高压均具有较完整的专利布局，三方面均有相当的比重，其在低、中、高压均具有较领先的核心技术和先进的生产工艺，技术链条比较完整，技术覆盖面比较全面。但 ABB 研发更加侧重于高压断路器和中压断路器，所占比重分别为 45.5% 和 35.5%，而低压断路器的比重只有 18.9%，说明 ABB 的研发更加侧重于中高电压等级，这其中比例最高的是高压断路器。

二、ABB 高压断路器专利技术分析

高压断路器主要可以分为两大类型：机械式高压断路器和混合式高压断路器。机械式高压断路器主要指 SF6 高压断路器或真空断路器。混合式高压断路器则主要由机械式高压断路器之间通过串并联构成，或电力电子开关与机械式高压

断路器之间通过串并联构成。图 3 为 ABB 高压断路器的核心专利技术在不同技术聚类上的技术演变。

（一）机械式高压断路器

ABB 在机械式高压断路器领域的核心专利主要分布在四个技术聚类：致动装置、灭弧装置、冷却结构和触点结构。断路器通常包括致动器，随着确定的故障情形而对断路器的运动机构进行干涉，从而使得运动机构自动脱扣并使得触头断开。当保护设备和断开零部件容置在同一壳体内的情况下，会导致较大的尺寸，并且具有与释放运动机构连接的专用机构，结构复杂。断路器开关过程中形成的开关电弧可能爆炸式释放大量的热电弧气体，这对灭弧室在机械和电气方面要求很高。高电压系统会产生大量热量，这就需要可靠的冷却系统，能够安全地进行冷却又不会造成过高的功率损失。而在高压断路器中，触点结构对电流承载性和接触特性都具有重要的影响。

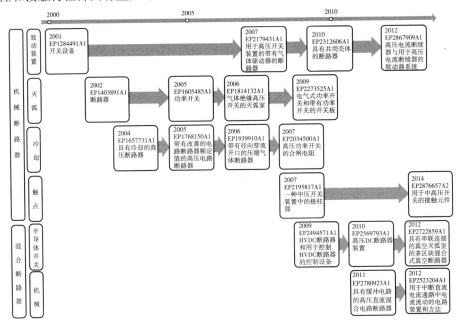

图 3 ABB 高压断路器技术演变

ABB 始终重视对断路器致动装置的研究。ABB 于 2001 年申请的专利 EP1284491A1 中，公开了一种高压断路器，包括第一转换杆连接的传动装置和与传动装置和传动杆连接的第二转换杆，第一转换杆和第二转换杆的具体参数决定了断路器的安装空间，这样能够减小断路器的体积，并使得断路器更加牢靠。当时断路器的操作机构多是以气动机构、液压机构及弹簧操动为主，针对这些操动机构结构复杂、可靠性差等缺点，EP2179431A1 又提出了活塞/气缸装置在由活塞分离的两个气缸分区的每一个气缸分区中设有多个爆炸雷管，用于在气缸中产生有限次的连接和断连操作，提高了操作的安全性。进一步，ABB 在 2010 年提出 EP2312606A1，其中的高压断路器插件以及磁性致动器和所有其他传输部件置于由绝缘材料制成的共用壳体中，因此，不需要设置分离的壳体，使得部件数量大大减少并且明显缩短了装配时间。在最新的专利 EP2867909A1 中，提出一种高压断路器的致动器系统，其阻尼系统的减震块被定位在沿着传动链路的平移运动方向，位于断路器的传动链路的较远侧，从而在断路器打开时，传动链路的背朝可动触头的第二端与减震块碰撞，减小了接触行程、提高了通断速度。可见，ABB 对断路器致动装置技术侧重于对致动机构性能的进一步提升，以提高致动机构的可靠性、降低断路器成本、减小断路器体积。

ABB 也比较重视对断路器灭弧装置的研究。2002 年申请的专利 EP1403891A1 中，提出在断路器空心触头和排气容积之间至少设置一个中间容积，以避免来自排气容积的太高的反压力作用到电弧区并对灭弧过程产生不利影响。为了保证来自电弧室的热气最佳地流出，相对于相同尺寸的灭弧室来说其通断容量更高，2005 年提出的 EP1605485A1 中，将电弧室与排气装置连接，用于冷却在断开时产生的热气。但由于开关过程中通过形成的开关电弧释放大量的热电弧气体，这对灭弧室在机械和电气方面要求很高，因此设置在灭弧室内的所有部件，如开关件、绝缘喷嘴和开关件操作的压缩装置在多次断开之后仍要经受得住电弧形成时释放的较大的力，EP1814132A1 对此提出进一步改进，其配合精度良好，连接的部件在维修工作时容易更换。2009 年申请的 EP2273525A1 中公开了断路器壳体具有与电弧室极的数量相对应室，电弧室极布置在室中，由覆盖端面的圆顶状盖板来封闭，使得在各个室之间的气体可以连通，这样节约了空间和位置，也节约了绝缘气体。可见，ABB 对断路器灭弧装置的研究侧重于对灭弧室结构的改进以进一步减小断路器体积、降低使用成本。

2004～2007 年，ABB 对高压断路器中的冷却装置进行了专利布局。EP1657731A1 提供至少一个热管以便耗散来自内导体的热能，解决断路器利用风扇吸收来自内导体的热损失，冷却系统还需要定期维护以便确保风扇正常的问题。EP1768150A1 提供一种高压电路断路器中冷却骤熄气体的方法，其可改善骤熄气体的冷却，增大电路断路器额定值。EP1939910A1 提供了一种压缩气体断路器，具有不可关闭的穿流开口，其使得鼓风容积可以与低压室之间进行气体交换，结构紧凑、可靠性高，抑制鼓风容积中的气体压力上升。EP2034500A1 具有多个电阻元件和多个冷却元件，其中冷却元件相互串联，即使在较高电网电压时也允许多次开关。近年来，ABB 在高压断路器中的冷却装置方面已经很少申请专利，说明其技术研究方向已经转移。

在触点结构上，ABB 也具有专利布局。EP2195817A1 在可移动触头的区域中或在驱动杆的铰接点中设有通风开口，通风开口穿过绝缘体的壁、绝缘体与电连接件之间的边界区域，同时还设有钻孔，减少极柱部的热量，从而产生更高的额定载流能力。在最新的专利申请中，EP2876657A2 公开了传导元件被装载有弹簧的销锁定到其操作位置，以容许传导元件的主体围绕销的中心轴线旋转移动受限。对于触点结构，ABB 侧重于设计更加合理的结构而实现更高的容量以及精简体积，但对于触点结构的改进进行专利布局较少，可见该方面并不是 ABB 高压断路器研发的重点。

（二）混合式高压断路器

在高压领域，SF6 断路器占据主导地位，但由于 SF6 的全球温室效应潜力值（GWP）高达 23900，1997 年《京都议定书》建议限制 SF6 气体的使用，为了防止全球变暖，需要尽可能地减少 SF6 气体的使用量。基于 SF6 灭弧室和真空灭弧室串并联构成的混合式断路器利用真空断路器和 SF6 断路器各自的技术特点与优势完成超高压大容量开断，并最大限度地减少 SF6 气体的使用。基于电力电子器件的混合式断路器是一种集合了机械式断路器与固态断路器的优点、克服了两者缺点之后的理想断路器，综合了机械开关良好的静态特性与固态开关良好的动态性能，具有通态损耗小、开断时间短、无关断死区、寿命长、工作可靠性高、无须专用冷却设备等优点。

对于基于电力电子器件的混合式断路器，EP2494571A1 公开了一种高压直流断路器，包括串联连接的独立的高压直流断路器分段的高压直流断路器，在高压直流断路器跳闸时高压直流断路器分段数量取决于跳闸发生所响应的操作事件。相应地，为了进一步降低功耗，EP2569793A1 公开的高压直流断路器装置包括电流限制装置和串联连接的机械断路器，该段具有至少一个关断型半导体器件和与其并联的放电器。EP2722859A1 公开了一种多区块混合式真空断路器，包括至少两个带有半导体元件和真空灭弧室的区块，所述真空灭弧室包括用于容置一对电触头的真空开关腔，电触头包括固定电触头和轴向可动电触头，所述轴向可动电触头能够平移以用于开关目的，提高了电流中断性能、减少了中断后击穿概率。

对于基于机械断路器的混合式断路器，EP2780923A1 公开的混合型断路器包括主断路器、切断开关、辅助断路器以及缓冲电路，解决了非零电流流经切断开关而阻碍切断操作的问题。但通过引入谐振电路来实现零电流，将谐振电路并联连接到开关元件之后，在振荡的反向电流达到足以补偿穿过开关元件的电弧电流的幅度之前，必须经过一定时间，也即零电流的时间，为了减小直流电流通路中生成零电流的时间，EP2523204A1 公开了其高压直流断路器在直流电流通路中串联连接的至少两个开关元件，谐振电路并联与该串联电路，并通过电容的合理配置，实现小于 10ms 的中断时间。

近年来，ABB 对混合型高压断路器进行了大量的专利布局，混合型高压断路器已经成为 ABB 对断路器研发的一个重要分支。而在这一部分专利布局中，高压直流断路器占据了绝对的数量，这与电力系统的发展趋势也是吻合的：高压直流电网是解决可再生能源大规模接入的重要途径，而高压直流断路器是直流电网发展的瓶颈。

三、结 论

对于龙头企业的新技术、新产品的动态追踪有助于把握行业研发重点和研发方向，有助于技术人员掌握重点技术分支的研发趋势和热门技术手段。本文归纳和探讨了 ABB 公司自 2000 年以来的专利技术布局和时间布局，结合 ABB 的研发趋势、近年来的全球电力系统发展情况以及电力系统未来发展趋势，本文对未来高压断路器研究工作的展望总结如下：

（1）高压断路器的致动机构在一段时间内仍然会是研发的热点，技术会侧重于对致动机构性能的进一步提升，以提高致动机构的可靠性、降低断路器成本、减小断路器体积。而由于传统的高压断路器致动机构故障率高、稳定性差、机械结构复杂，为电力系统的安全运行带来很大的安全隐患，配电机致动机构的断路器也是必然的研发趋势。

（2）混合式高压断路器发展较晚，在未来也将是领域研发重点。对于 SF6灭弧室和真空灭弧室串并联构成的混合式断路器，其最优控制策略及调控措施仍有待进一步研究。对于基于电力电子器件的混合式断路器，一方面，需要研究机械开关电弧熄灭机理及转移支路参数对它的影响，寻求适用于混合断路器的机械开关参数；另一方面，混合断路器的快速操动机构及短路故障快速开断策略需要进一步的研究。

参考文献：

[1] 张弛．高压直流断路器及其关键技术［D］杭州：浙江大学，2014.

[2] 程显．混合断路器相关理论与实验研究［D］大连：大连理工大学，2012.

我国电石业产能过剩的专利数据分析

胡 妮

▌摘要▌ 为了对《中国制造 2025》推动的十大重点产业在未来可能出现产能过剩问题实现专利预警,考虑到我国目前已有不少产业出现了产能过剩的现象,本文以电石产业为例,通过电石产业中专利与经济耦合的一些指标方面的专利特征进行分析,包括专利申请量与产能过剩的关联、产业新进入者、技术生长率、专利运用活跃度、专利资源与经济资源的耦合等方面进行分析,旨在通过专利分析对该产业产能过剩进行监控和预警,并给予相应的建议。

▌关键词▌ 专利分析 产能过剩 电石

引 言

国务院印发的《中国制造 2025》是我国实施制造强国战略的第一个十年行动纲领,为了对《中国制造 2025》推动的十大重点产业在未来可能出现产能过剩问题实现专利预警,考虑到我国目前已有不少产业出现了产能过剩的现象,本文选择了传统产业中的电石产业,对其进行详细的专利分析,希望通过从专利角度分析已存在产能过剩问题的电石产业,研究对产能过剩进行预警的可能性。

一、我国电石产业发展概况

电石,化学名称为碳化钙,是有机合成化学工业的基本原料,利用电石为原料可以合成一系列的有机化合物,为工业、农业、医药提供原料。我国是世界上最大的电石生产国和消费国,进入 21 世纪,电石产业进入产能快速增长时期,但产量增速低于产能增速,电石产能过剩是值得关注的问题。2014 年 4 月 11 日,北京召开的石化产业发展大会上发布的《石化行业产能过剩预警报告》中指出:2007 年之前,我国电石市场供需基本平衡:2005 ~ 2007 年市场供应明显不足,产能利用率水平达到近 10 年的高点；2008 年之后，电石产能扩增速度超过需求增速；2011～2013 年产能年均增长率高达 26%，供需矛盾进一步扩大，产能过剩凸显；2013 年，平均开工负荷仅 60.7%，大量企业限产停产。

基于上述概况，本文试图从专利视角对我国电石业的产能过剩情况进行分析，以期从创新角度找到产能过剩的具体原因，并给出化解产能过剩的相应建议。

二、电石产业的专利特征分析

产能过剩，是一个市场供求态势分析的概念，它以"供需平衡"状态为参照，表明供给能力严重超过实际需求。供给快速增长、需求增速缓慢，则容易发生产能过剩。可能发生过剩的产业的特征指标体系通常包括单一资源类型指标和多资源耦合指标。单一资源类型指标包括专利、经济、政策三方面。其中，专利指标包括创新活力低、创新主体结构性差异、创新能力低。经济指标包括出口和进口，例如出口受阻，被反倾销调查易造成国内过剩，以及阻止国外产品进口，保护国内消费市场。政策指标包括供给型政策工具和环境型政策工具，例如财政支持，以及战略规划等。多资源耦合指标包括专利与经济指标结合、专利与人口结合、专利与科研/经济资源结合。其中，专利与经济指标结合包括产业链位置、规模不匹配、增长不匹配。专利与人口结合指标包括产业万人专利拥有量低、产业从业人员中研发人员比例低。专利与科研/经济资源结合指标包括创新投入不匹配、创新产出不匹配等。产能过剩的计算，是将市场生产能力和市场需求能力相比较，计算出的数值超过某数值，就有产能过剩的危险；或者，计算产能利用率，将计算数值和某个经验值相比较，如果低于经验值区间，就有产能过剩的风险。

本文通过 PATENTICS 和 INCOPAT 系统选取国内授权专利和国内申请，以电石产业制造为检索对象，兼顾查全率和查准率的基础上得到分析数据，对专利文献统计结果进行解读和分析。重点选取专利与经济耦合指标进行分析，特别是针对专利申请量与产能过剩的关联、产业新进入者、技术生长率、专利运用活跃度、专利资源与经济资源的耦合进行分析。由于专利申请文件除了要求提前公开的以外，从申请到公开通常需要 18 个月，考虑到专利申请数据统计的完全性以及数据库更新速度不同造成的偏差，本文将文献公开的截止日定为 2015 年 8 月 31 日。

（一）专利申请量与产能过剩的关联分析

为了从专利视角对电石产业产能过剩进行分析，本文需要首先对电石产业发生产能过剩的时间段的专利特点进行研究，探索产能发生过剩的时间点和时间段，在专利数据上有无特异性和/或规律性。

表1 电石产业产量和产能比较

年份	2005	2006	2007	2008	2009
产量（万吨）	895	1150	1475.9	1360.8	1503.3
产能（万吨）	1400	1800	2240	2150	2400
年份	2010	2011	2012	2013	2014
产量（万吨）	1464.7	1737.6	2000	2234.2	2600
产能（万吨）	2400	2500	3230	3790	4183

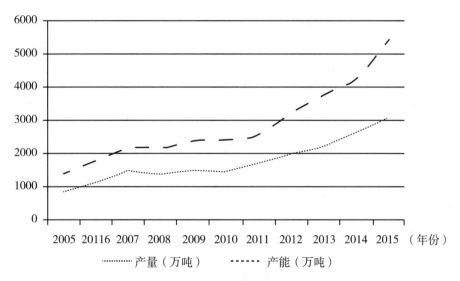

图1 电石产业产量和产能趋势

电石产业产量和产能状况如表1所示。2007年之前，我国电石市场供需基本平衡；2005～2007年，市场供应明显不足，产能利用率水平达到近10年的高点；2008年之后，电石产能扩增速度超过需求增速；2011～2013年，产能年均增长率高达26%。图1为近20年中国电石产能和产量的变化趋势。从图1中可以看出：2009年开始，中国电石产能开始持续增长，在2013～2014年达到顶峰。

专利热点与审查实务研究

2013 年产量和产能之间的差距愈加明显，产能过剩的矛盾更加突出。尤其是"十二五"以来，各地为大型氯碱装置配套建设的电石项目大量上马，2011 ~ 2013 年产能年均增长率持续增高，供需矛盾进一步扩大，产能过剩凸显。

图 2　在国内/国外申请人申请量

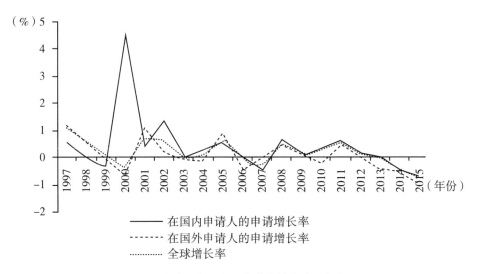

图 3　全球、在国内外申请人的申请增长率

本文分析的样本针对在华申请，包括在国内申请人的申请量和在国外申请人的申请量。近 20 年来，国内电石产业专利总申请量呈现持续增长态势，从 2011 年开始急剧增长，2012 年达到顶峰。此后，从 2013 年开始，专利申请量开始下

158

降，2014 年下降幅度较大。如图 2 所示，在国外申请人的申请量发展平稳，1995 ~
2001 年，在国外申请人申请量均大于在国内申请人申请量，从 2002 年开始，在
国内申请人的申请量开始领先于在国外申请人的申请量，并从 2009 年开始增长，
2011 年呈现急剧增长的态势，2013 年达到顶峰，随后开始下降。

从增长率整体来看，如图 3 所示，在国内申请人的申请增长率、在国外申请
人的申请增长率、全球申请增长率总体上基本一致。其中，在国内申请人的申请
增长率在 2000 年达到高值，是由于 2000 年前在国内申请人的申请量特别少，每
年零星几件，2000 年开始开始增长，较前一年增长率尤显突出。2011 年是"十
二五"开始的第一年，很可能由于政策的原因，在国内申请人的申请量也较
2010 年增长了将近一倍。

根据上述数据可知，电石产能过剩主要体现在 2011 ~ 2013 年增长率持续增
高，主要是受到"十二五"政策影响。2011 ~ 2013 年，在国内申请人的申请量
也达到峰值，增长率在 2011 年也出现波峰，这也说明了，在电石产业发生产能
过剩的 2011 ~ 2013 年，不仅产能过剩，同时也为本行业带来了相应的专利申请
量。因此，在电石产业中，根据专利申请量的增长变化情况，可以在很大程度上
预测该产业的产能增长趋势，从而对产能的变化进行监控分析。

（二）产业新进入者分析

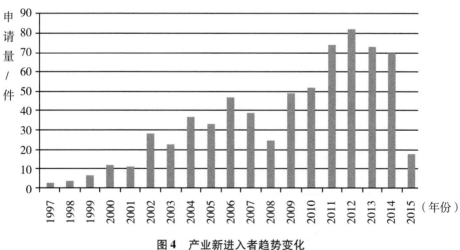

图 4　产业新进入者趋势变化

产业新进入者的多少，是行业供给需求的一个反映。虽然产业新进入者不一
定都会申请专利，但是某一产业专利申请人的数量变化在一定程度上可以用来判

断产业热度。如图 4 所示，电石产业新进入者的变化趋势在 2008 年小幅下滑，2009 年之后又开始持续增长，也是在 2011～2013 年达到顶峰，这和在国内申请人的申请量趋势是一致的。2013～2014 年开始下滑，这也一定程度上反映了电石产业的产能过剩已经开始影响到创新主体的进入，电石产业产能过剩的2011～2013 年，新进入者源源不断，在意识到产能过剩之后，新进入者也开始缓慢下降，影响到创新者的热情和积极性，这也从一个侧面反映出产业产能过剩的现象。

（三）技术生长率分析

技术生长率，体现该产业技术成熟系数，本文给出技术生长率的定义，即当年在国内专利申请量和前五年在国内专利申请量之比。技术生长率逐年增大，表明该技术处在生长期，技术生长率逐年减小，则表明该技术处于成熟期。本文通过计算电石产业技术生长率，可以了解该产业在各个时期的技术发展情况，可在一定程度上推测该产业未来技术发展方向。一个产业处于技术成熟期的情况下，如果没有重大基础专利的出现，市场需求不会明显扩大，而此时如果专利申请量或者新进入者增多，则很可能造成产能过剩的问题。

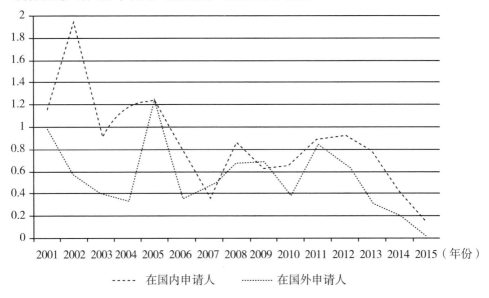

图5　电石产业技术生长率变化趋势

如图 5 所示，2005 年以来，就电石产业而言，在国内外申请人的专利申请中，技术生长率呈阶段性增长或下降的整体趋势基本一致，一定程度上体现了该产业在发展过程中经历的技术停滞和发展阶段。就在国内申请人的专利申请技术生长率而言，2005～2007 年，技术生长率持续下降，表明该阶段电石技术已经处于成熟阶段初期，技术突破甚微。2007～2011 年，技术生长率呈现持续上升的态势，表明该阶段电石技术有新的突破，处于技术发展阶段。2011～2014 年，技术生长率又持续缓慢下降，再次进入平稳成熟阶段。

电石产业技术发展的成熟阶段包括 2005～2007 年、2011～2014 年。结合电石产业新进入者的变化趋势，2005 年新进入者开始增长，2007 年才呈现下滑，2011～2014 年新进入者迅猛增长，居高不下。从上述两个成熟阶段的特点来看，尤其是 2011～2014 年平稳成熟阶段，在市场需求没有扩大的情况下，产业新进入者数量仍然保持增长，导致供给不断增长，从而可得出电石产业在 2011 年开始存在产能过剩的可能。事实证明，2011～2013 年在电石产业发生了产能严重过剩。因此，结合产业技术生长率的变化和产业新进入者变化趋势，可以推断该产业存在潜在的产能过剩风险。

（四）专利运用活跃度分析

产业专利运用活跃度，是指某一产业中发生专利诉讼、专利质押、专利转让、专利许可、专利复审和无效宣告活动的程度。截至 2015 年 8 月，我国电石产业的专利运用活跃度与全国平均水平的比较情况如表 2 所示。

表 2　电石产业产量和产能比较

专利运用类型	电石产业每万件运用量	全国每万件运用量
专利诉讼	0	6
专利质押	1	16
专利转让	0	375
专利许可	18	95
专利复审	18	34
无效宣告	0	17

从表 2 可以看出，电石产业专利运用活跃度明显低于全国水平，每万件专利的诉讼量、质押量、转让量、复审量、无效量等均明显低于全国平均水平。说明电石产业创新主体专利运用意识不强，行业专利运用活跃度低。

（五）专利资源与经济资源耦合分析

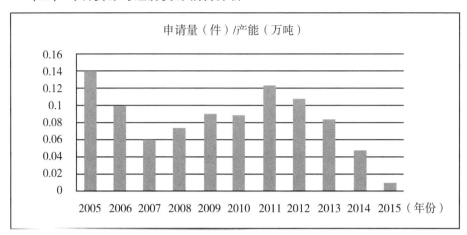

图 6　专利申请量与产能耦合分析

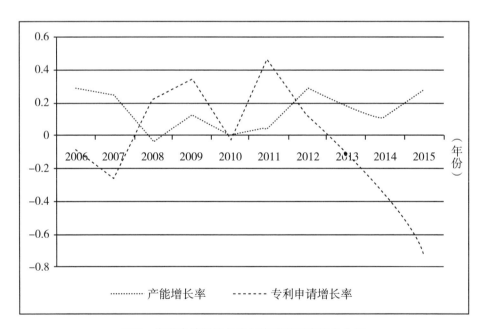

图 7　专利申请量增长率与产能增长率耦合分析

本文重点研究近十年来专利申请量与产能耦合的关系。通过对专利申请量与产能进行耦合分析，了解专利储备的情况，可判断产业发展是否处于合理的轨迹。从图6可以看出，2007～2011年，每万吨产能的专利产出量缓慢上升，2011年后，每万吨产能的专利产出量逐年下降，在产能不断增长的基础上，专利规模不足以支撑对应产能。

如图7所示，近十年来，电石产业产能增长率自2008年之后，小幅波动上涨，在2011年突然增长迅速，2013年后开始下降。再来看专利申请增长率，2009年和2011年出现两个波峰，尤其值得注意的是，2011年后专利申请增长率急速下降。产能增长速度与专利申请量速度在2011年前基本同步，在2011年后，产能增长率继续加大，而专利申请量增长率大幅下降，表明产能增长速度快于专利申请量增长速度，在没有相应技术的支撑下，产能扩大速度高企，存在潜在的产能过剩风险。而实际情况，电石产业发生产能过剩也是在2011～2013年开始。从专利申请量增长率与电石产业产能增长率的耦合分析，能够预警出该产业可能存在产能过剩。

三、电石产业应对产能过剩的建议

基于上述分析可知，我国面临着电石产业的产能过剩问题，本文基于电石产业本身的特点，从专利申请的角度来对其进行解析，具体从专利申请量和产能之间的关系、产业新进入者的分析、技术生长率、专利运用活跃度、专利资源和经济资源耦合等方面进行探讨，专利的状况一定程度上能够提示在电石产业在某个阶段可能存在产能过剩的风险。此时，应该引起高度重视，采取相应的措施避免产能过剩。[1]

首先，应当准确预测电石产业需求，拓宽电石产业的应用领域，降低对单一市场的依赖，避免风险。其次，当发现产能过剩的潜在危险时，应当积极调研市场需求情况，淘汰落后产能，为电石产业的发展提供技术支撑，发展新型技术，才可能扩大市场需求。最后，在政策方面，政策制定者和行业协会、领域专家应密切配合，对该产业进行综合评估，政策制定者应结合专利数据、经济数据、市场数据进行综合分析制定合理的政策，给企业以合理的导向，避免盲目扩张导致产能过剩。

四、总 结

综上，通过对电石产业的专利性数据和经济数据的耦合分析，可以看出，我国电石产业发生产能过剩初期，专利数据也发出了相应的信号，从专利分析的角度能提示可能出现产能过剩的风险，得到了有效的验证，有助于对该产业进行监控和预警。最后，面临电石产业产能过剩的问题，给出了初步的建议。

参考文献：

［1］刘晔. 焦炭行业产能过剩的特征、原因及对策分析［J］. 生产力研究，2009（3）：127 - 128，154.

国内半导体存储器专利分析

李 元 滕 牧[①]

┃摘要┃ 本文从申请趋势、申请人排名、重点申请人等多个角度，对国内半导体存储器专利发展情况进行分析。对国内重点申请人，尤其是国内高校科研机构和设计制造企业的专利布局特点进行分析、对比，并提出国内高校科研机构和设计制造企业可以利用各自优势进行深入合作的建议。

┃关键词┃ 专利分析　半导体存储器　申请趋势　重点申请人

半导体存储器是一种以半导体电路作为存储媒体的存储器，其主要包括：动态随机存取存储器（DRAM）、静态随机存取存储器（SRAM）、闪存（FLASH）、相变随机存取存储器（PCRAM）、阻变随机存取存储器（RRAM）、磁随机存取存储器（MRAM）、铁电随机存取存储器（FeRAM）、一次可编程存储器（OTP）[1]。当前，随着手机、平板电脑、笔记本电脑等电子设备的发展，许多厂商都将研究的重点放在了半导体存储器上，使得半导体存储器在大容量、低功耗以及安全性等方面取得了长足的进步。中国作为全球重要的电子设备市场，成为国内外重要半导体存储器厂商争夺的目标。

据 IC Insights 数据，尽管全球经济面临挑战，但 2015 年半导体存储器市场总额仍然达到 835 亿美元。随着 3D NAND 闪存、无电容 DRAM、垂直晶体管等半导体技术的发展，包括东芝、三星、海力士在内的国外厂商正逐年加大半导体存储器方面的投入。在国内方面，由国家集成电路产业投资基金股份有限公司等多家单位共同出资建设的国家存储器基地已经在武汉开工，投资总额达到 240 亿美元，前期主要建设 3D NAND 闪存厂。因此，半导体存储器领域的竞争可谓愈演愈烈。

---

① 第二作者对本文的贡献等同于第一作者。

一、国内半导体存储器专利申请情况

在 CNABS 数据库中，从 2000 年 1 月 1 日至 2016 年 6 月 30 日共检索到 21 489件半导体存储器专利申请。图 1 所示为国内半导体存储器专利申请趋势。从申请量上看，2000～2007 年呈快速增长，年申请量由 200 多件增长至 1700 多件。2008～2010 年，受全球经济影响，年申请量有所下滑，但仍然维持在 1500 件以上。2011 年以后，年申请量基本呈现缓慢增长的态势，并在 2013 年达到顶峰。由于 2015 年、2016 年的申请仍有部分尚未公开，因此该阶段的数据为不完全统计。

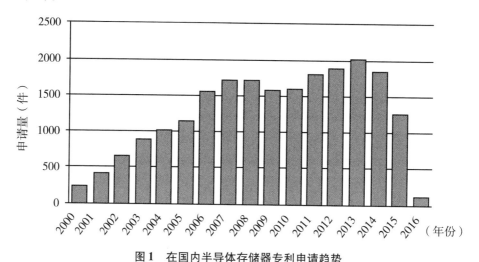

图 1　在国内半导体存储器专利申请趋势

对国内、国外申请人在中国的半导体存储器专利申请进行统计、分析，得到的申请人排名如图 2 所示。从申请量上看，处于第一阵营的三星、海力士遥遥领先，分别达到了 1200 多件和 1000 多件。而处于第二阵营的旺宏、松下、东芝等与第一阵营的三星、海力士差距明显。从国家或地区角度看，国外申请人占据优势地位，其中处于第一阵营的三星和海力士均来自韩国，松下和东芝来自日本，桑迪士克、英特尔和美光来自美国，英飞凌来自欧洲。来自中国大陆的有中科院和上海华虹宏力，来自中国台湾地区的有旺宏和台积电。

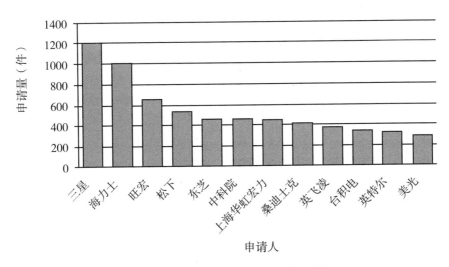

图 2　在中国进行申请的重点申请人排名

进一步对来自中国大陆的申请人进行统计、排名，具体如图 3 所示。从申请量上看，处于第一阵营的中科院、上海华虹宏力遥遥领先，分别超过了 400 件。而处于第二阵营的北京兆易创新、中芯国际、华为等与第一阵营的中科院、上海华虹宏力差距明显。此外，从图 3 还可以看出，中科院、复旦大学、清华大学和北京大学均属于高校科研机构，而上海华虹宏力、北京兆易创新、中芯国际和华为均属于设计制造企业。由此可见，高校科研机构和设计制造企业各占据半壁江山。

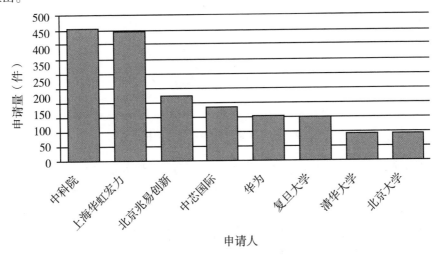

图 3　来自中国大陆的重点申请人排名

二、国内重点申请人分析

基于以上分析可知，来自国内的重点申请人主要包括高校科研机构和设计制造企业，通过从中选择最具代表性的申请人作为分析和研究对象，即可以大致了解半导体存储器领域国内申请人的现状。为此，本文选择中科院和上海华虹宏力这两家最具代表性的申请人作为分析和研究的对象。

（一）中国科学院

中国科学院（以下简称中科院）下设多个分院、科研院所和大学。就半导体存储器领域而言，中科院有多个科研院所提出专利申请，主要有中科院微电子研究所和中科院上海微系统与信息技术研究所。

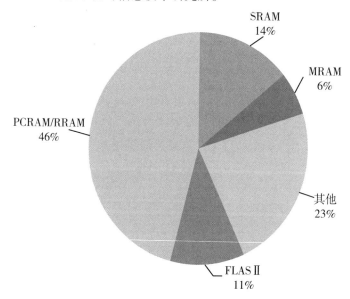

图4　中科院半导体存储器专利申请技术分布

图4所示为中科院在半导体存储器专利申请的技术分布情况。中科院在半导体存储器领域的研究重点在 PCRAM 和 RRAM，两者都是利用存储材料的电阻特性存储数据，共占其半导体存储器专利申请数量的46%，其次为 SRAM、FLASH 和 MRAM，分别占据14%、11%和6%。由此可见，中科院的研究重点并没有放在目前占据主流产品位置的 FLASH、DRAM、SRAM 上，而是放在了被认为最有可能取代这些主流产品而成为未来存储器主流产品的 PCRAM 和 RRAM 上，因此

专利申请具有超前性。值得注意的是，中科院上海微系统与信息技术研究所从2003 年开始启动了 PCRAM 创新项目，在相变材料、单元结构、制造工艺等方面有较为深入的研究，同时发表了大量论文、著作，并申请了相关专利。[2]

（二）上海华虹宏力半导体制造有限公司

上海华虹宏力半导体制造有限公司（以下简称上海华虹宏力）是由原上海华虹半导体有限公司和原上海宏力半导体制造公司于 2011 年合并组建而成，是国内知名集成电路设计、制造公司。

图 5 所示为上海华虹宏力在半导体存储器专利申请的技术分布情况。上海华虹宏力在半导体存储器领域的研究重点在 FLASH，占其半导体存储器专利申请数量的 75%，其次为存储器测试、SRAM 和 OTP，分别占据 10%、6% 和 3%。由此可见，上海华虹宏力的研究重点放在 FLASH 上。通过进一步分析可以发现，上海华虹宏力的大部分 FLASH 专利申请都是围绕该公司于 2004 年提出的申请号为 CN200410017413.7 的双位闪存单元结构提出的，其中每个该双位闪存单元具有两个位单元，且两个位单元共享控制栅。其在后续专利申请中，提出了一系列针对该单元结构、制造工艺的改进，以及基于该单元结构的操作方法和外围电路。目前，上海华虹宏力在双位闪存单元方面已经拥有比较完善的专利布局。

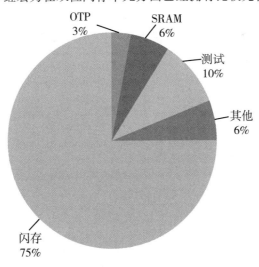

图 5　上海华虹宏力半导体存储器专利申请技术分布对比分析

通过以上对中科院和上海华虹宏力的分析可以发现，两者在研究重点和专利布局上有很大区别：

第一，中科院的布局重点在 PCRAM 和 RRAM 上，尤其是 PCRAM，而其他类型存储器也有一定数据量的专利申请；而上海华虹宏力的布局集中在 FLASH 上，而其他类型存储器的申请量非常少。

第二，中科院的研究重点集中在存储单元的新材料、新结构，注重研究成果的超前性；而上海华虹宏力的研究重点集中在 FLASH 的操作方法和外围电路上，注重工业生产的可行性和可靠性。

通过进一步分析国内其他重点申请人可以发现，国内高校科研机构和设计制造企业均存在相似情形，造成这一现象的主要原因在于：国内高校科研机构更注重理论前沿的研究，相对于已经成熟的 FLASH，PCRAM 和 RRAM 更容易有新的发现，尤其是存储单元的新材料、新结构方面；而国内设计制造企业需要面临来自市场的生存压力，因此更倾向基于成熟的技术进行进一步研究。

三、总　结

基于以上分析可以看出，国内半导体存储器专利申请趋势由原来的快速增长过渡到相对平稳的增长态势。此外，以美日韩为主的国外申请人在专利申请数量上处于优势地位，而国内申请人在申请数量上存在较大差距。最后，通过对中科院和上海华虹宏力这两家最具代表性的国内申请人进行分析和对比，发现国内高校科研机构和设计制造企业的各自优势，并且存在很强的互补性。

参考文献：

［1］Ashok K. Sharma. 先进半导体存储器：结构、设计与应用［M］. 北京：电子工业出版社，2005：1 - 5.

［2］宋志棠. 相变存储器［M］. 北京：科学出版社，2010：22 - 45.

钠硫电池专利申请状况分析

见　姬　周文娟[①]　韩建华　张瑞雪

┃**摘要**┃钠硫电池是一种性能优良的二次电池，近年来在日本、北美、欧洲等地发展迅速，我国则处于起步阶段。本文对钠硫电池技术在国内外的专利申请情况从多个角度进行了统计分析，并结合分析结果提出了几点建议，以期为企业和高校科研院所在钠硫电池领域的进一步研发和投入提供参考。

┃**关键词**┃钠硫电池　专利申请　专利分析

引　言

目前使用的各种储能技术中，钠硫电池以其优越的性能逐渐引起各国研发人员的重视。钠硫电池是一种特性优良的二次电池，具有能量密度高，无自放电现象，运行寿命长、便于现场安装与维护以及与外界环境友好等诸多优点，近年来在日本、北美、欧洲的电力系统中的应用得到迅速发展。[1][2]本文对钠硫电池相关的国内外专利进行分析，分别从专利申请的年代分布、国家分布、主要申请人和关键技术分布方面，对钠硫电池在全世界以及中国的专利申请状况进行了总结，以期能够对国内钠硫电池行业的发展，尤其在专利领域的发展提供参考和依据。

一、数据来源

本研究的数据主要来源为欧洲专利局数据库（EPODOC），采用了关键词与IPC分类号相结合的方式对钠硫电池进行检索，共检索到相关专利申请1716篇，数据截至2013年12月31日，包括发明和实用新型专利申请。

---

① 第二作者对本文的贡献等同于第一作者。

二、钠硫电池在国内外的专利申请状况

对钠硫电池的专利申请从年代、地域、主要申请人、技术领域四个方面进行了统计分析。

（一）专利申请的年代分布

图 1 为国内外 1907 ~ 2013 年有关钠硫电池的专利申请量分布图，图 2 为国内截至 2013 年的钠硫电池专利年申请量分布图。

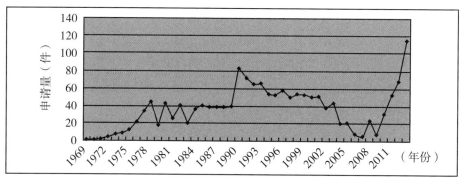

图 1　国内外钠硫电池专利申请年代分布

从图 1 中国内外钠硫电池的专利申请量逐年变化可以看出，钠硫电池在初期前十年专利申请量较少，之后的二十年处于平缓期，20 世纪 90 年代申请量迅速增加，并在 2005 ~ 2011 年有所减缓，这与钠硫电池技术的发展趋势相一致，钠硫电池在 1967 年首次被申请，并于 1968 年首次公开，其作为新型化学电源家族中的一个新成员出现后，在世界上许多国家受到极大的重视和发展，在将其作为电动汽车用的动力电池取得不少令人鼓舞的成果后，由于体积及安全的局限性，在 20 世纪 80 年代末和 90 年代初开始，国外重点发展钠硫电池作为固定场合下（如电站储能）应用，并由此发明了钠硫电池储能系统，使得该技术趋于成熟，并在世界范围内得到应用。2011 年之后申请量迅速增加，这主要归因于国内申请的快速增长。由图 2 可看出，中国在 2008 年之前鲜有钠硫电池领域的专利申请，2008 年之后申请量逐渐增多，2010 ~ 2013 年申请量由个位数迅速增加至 82 件，可以说逐年呈指数增长。从图 2 可以看出，钠硫电池出从出现到技术相对成熟，国内申请人并没有参与其中，反而是在钠硫电池发展接近 40 年，技术相对成熟后，国内申请人才进行专利申请，一方面说明国内申请人对于一项新的发明缺乏技术敏感性，对于某一领域出现的创新没有引起足够的重视；另一方面说明

国内申请人主动创新的意识不够强烈，习惯于对现有技术做细枝末节的改进，缺乏独立进取的科研能力与精神。

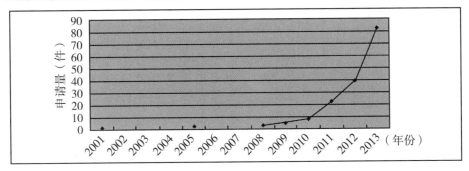

图2　国内钠硫电池专利申请年代分布

（二）专利申请的国家/地区分布

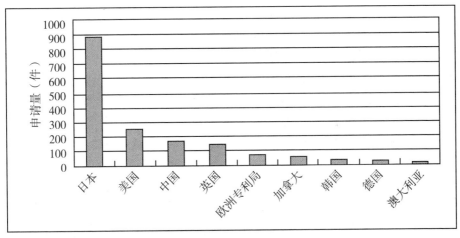

图3　钠硫电池专利申请的国家分布

图3为钠硫电池专利申请的主要国家分布情况，从图4中可看出，日本在钠硫电池领域处于垄断地位，虽然钠硫电池的首个专利申请由美国福特公司申请公布，然而在其后的技术更新中，日本后来居上，其在钠硫电池领域的专利申请远远超过了其他国家，并占据了钠硫电池领域的一半之重。我国的专利申请量在世界范围内排在日本与美国之后，位居第三；然而，即使相对于专利申请量较少的其他国家，例如英国、德国，由于我国在钠硫电池领域的研究起步相对较晚，在钠硫电池的关键核心技术上并不占优势，要想在钠硫电池专利领域占有一席之地还需要付出更多的努力。

（三）主要专利申请人分布

图 4 是钠硫电池领域主要申请人分布情况，从图 4 可以看出，走在钠硫电池应用与研究前列的是日本 NGK 公司，其次是日立、东京电力公司，另外，英国的氯无声电力公司（CHLORIDE SILENT POWER LTD）、美国的通用电气公司（GEN ELECTRIC）以及瑞士的勃朗·勃威力股份公司（BROWN BOVERI & CIE）是本领域中的佼佼者，我国钠硫电池的研究主要来自上海硅酸盐研究所与上海电力公司的合作。

从国外的发展来看，20 世纪 80 年代中期，NGK 公司开始与日本东京电力公司合作开发储能钠硫电池，1992 年第一个钠硫电池储能系统开始在日本示范运行，2002 年 NGK 公司开始了钠硫电池的商业化生产和供应，目前成功地应用于城市电网的储能中，有 200 余座 500 kW 以上功率的钠硫电池储能电站，在日本等国家投入商业化示范运行，电站的能量效率达到 80% 以上。除较大规模在日本应用外，还已经推广到美国、加拿大、欧洲、西亚等国家和地区。

从国内发展来看，我国钠硫电池的研究以中国科学院上海硅酸盐研究所为代表，曾研制成功 6kW 钠硫电池电动汽车。2006 年 8 月开始，上海硅酸盐所和上海电力公司合作，联合开发储能应用的钠硫电池。目前电池的比能量达到 150W·h/kg，电池前 200 次循环的退化率为 0.003%/次，这一数据与国外先进水平持平，单体电池整体水平已接近 NGK 公司的水平。2011 年 10 月，上海电气集团、上海电力公司和上海硅酸盐研究所正式成立"钠硫电池产业化公司"，联合投资 4 亿人民币，建造钠硫电池生产线，预计 2015 年前钠硫电池的年产能达到 50MW，成为世界上第二大钠硫电池生产企业。[3]

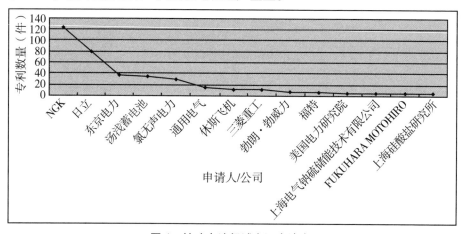

图 4 钠硫电池领域主要申请人

（四）主要技术领域的专利分布

图5对钠硫电池关键技术的专利申请进行了统计，其中主要包括硫电极集流体、陶瓷管、密封、注钠工艺、电池模块的集成控制及其他六个方面，从图中可以看出，对于钠硫电池的研究热点主要集中在陶瓷管、硫电极集流体的改进上。其中，对于陶瓷管的专利申请几乎占了整个钠硫电池技术的1/3，这与钠硫电池的结构特征有关。首先，为了确保钠电极电阻在整个电池内阻的分布中占据较小地位，一个很重要的方面就是解决钠极在放电时的供钠问题，也就是必须维持钠极中金属钠在电池整个充放电期间始终与β－三氧化铝陶瓷管内表面全部接触润湿，由此如何改善其接触性以获得性能优良的钠芯成为钠芯电池领域的研究重点之一；其次，在钠硫电池使用中，硫极容器的腐蚀是引起电池退化、影响电池寿命的因素之一，也是钠硫电池目前面临的技术难题之一，电池硫极中的反应物熔融多硫化钠具高度腐蚀性，它与金属容器反应形成松散的金属硫化物，影响电池的物理及化学性能，造成电池退化，因此，对硫极容器的改进也是钠硫电池领域的研究重点之一[4]；最后，在将钠硫电池进行集成化以形成供电能源后，如何对电池系统进行控制管理，以保障其能安全运行成为近年来的研究热点之一。

我国对上述几个方面的关键技术均有所研究和建树，然而在专利申请领域，以钠硫电池领域主要申请人上海电气钠硫储能技术有限公司为例，其大部分申请专利均是与电池模块的安全运行、电池密封等技术相关，而未涉及该领域的关键技术陶瓷管、硫电极的改进，由此能够看出，我国企业在技术创新方面存在趋利避害的特点，更趋向于对投入少、收效快的领域进行研究，而对于实际投入量大、研究进展缓慢的核心关键技术并未予以足够的重视，这使得我国企业在钠硫电池核心技术领域相对处于弱势。

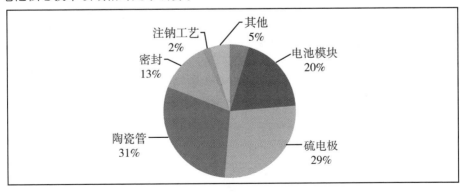

图5　钠硫电池主要技术分布

三、对我国钠硫电池技术发展的建议

目前，日本的 NGK 公司掌握着钠硫电池的原始专利核心技术，在世界范围内，日本企业的专利申请量最高，在世界上排名前四位的全部为日本企业，可以说，日本企业已经在一定程度上建立了钠硫电池领域的垄断，国内虽然也具有一定规模的专利申请量，但在核心技术上并不占优势，面对国外公司的专利壁垒，国内企业如何在竞争激烈的市场中拥有一席之地，制定合理的研发和专利策略是非常重要的。通过对钠硫电池技术的国内外专利申请的统计分析，笔者给出如下两个方面的建议：

（1）钠硫电池中核心技术陶瓷管、硫电极集流体仍然存在改进的空间，在从事钠硫电池研究时可适当加大对电极材料改性的关注，例如如何改善钠极材料的接触性以及硫极材料的抗腐蚀性能等。

（2）对于企业来说，加强与高校和研究所的合作，在把握钠硫电池关键核心技术的同时，可以进一步对非核心技术，例如钠硫电池的密封、注钠工艺、电池模块的集成控制等方面予以改进。

参考文献：

[1] 温兆银，俞国勤，顾中华，等 . 中国钠硫电池技术的发展与现状概述 [J]. 供用电，2010，27（6）：25 – 28.

[2] K. C. Divya, Jacob Østergaard. Battery Energy Storage Technology for Power Systems-An Overview. Electric Power Systems Research，2009，79：511 – 520.

[3] 胡英瑛，温兆银，芮琨，吴相伟 . 钠电池的研究与开发现状 [J]. 储能科学与技术，2013，2：81 – 90.

[4] 邱广玮，刘平，曾乐才，等 . 钠硫电池发展现状 [J]. 材料导报 A：综述篇，2011，25：34 – 37.

从专利分析的角度
看 GaN 自支撑衬底的保护方式

陈冬冰　张　跃[①]

┃摘要┃ 本文通过围绕 GaN 自支撑衬底的专利技术进行分析，得出 GaN 自支撑衬底产品权利要求的表征方式，结合 GaN 自支撑衬底的应用领域，从专利保护的角度给出合理的 GaN 自支撑衬底产品的保护方式，为创新主体申请 GaN 自支撑衬底产品技术方案相关专利提供依据。

┃关键词┃ GaN　自支撑衬底　晶体学　电学　光学　热力学　产品权利要求

引　言

GaN 材料由于其具有较大的禁带宽度以及优越的理化特性而在光电子件、大功率器件和高频微波器件中得到了广泛的应用。采用 GaN 材料作为光电子器件或电子器件的衬底，直接在其上生长外延层而得到的具有较好的晶格匹配度以及均匀的热膨胀特性，提高了器件的性能。但是，由于 GaN 材料的高熔点、高蒸汽压，很难采用常规技术制备出大尺寸 GaN 块状晶体，因此，如何生长出高质量的 GaN 衬底是全球半导体研究的热点和难点。而通过对 GaN 自支撑衬底的专利技术分析可知，GaN 衬底产品的保护是一个薄弱区域。本文通过对 GaN 衬底产品权利要求的专利申请进行分析，得出 GaN 衬底产品权利要求的表征方式，结合 GaN 的应用领域，从专利保护的角度得出合理的 GaN 衬底产品的表征方式，为创新主体申请 GaN 衬底产品技术方案的相关专利提供依据。

---

① 第二作者对本文的贡献等同于第一作者。

177

一、GaN 自支撑衬底的技术分布

GaN 自支撑衬底的制造技术由来已久，1932 年 Johnson 等人将 NH_3 通过热的液态 Ga，第一次合成 GaN 多晶，1968 年 Maruska 和 Tietjen 用 HVPE 法在蓝宝石衬底上生长出 GaN 外延层。[1] 之后，人们又发展出了外延成核缓冲技术，以及 GaN 单晶制造技术。例如 HVPE 生长技术，即在蓝宝石生长衬底或其他材料的生长衬底上，快速生长出 GaN 厚膜（厚度大于 300 微米）。[2]

对 GaN 自支撑衬底技术进行检索，得到全球范围内相关专利文献 3012 项（展开同族后10 598件），其历年申请量如图 1 所示。可以看到，1972 年出现了首次申请，但在 1996 年前全球每年申请量不足 100 项，1989～2007 年申请量保持了平稳的上升，2007～2013 年的申请量较高。自 2013 年起，围绕 GaN 自支撑衬底的技术基本在其应用的具体产品所涉及的下游制造领域上，因此，图 1 所示的 GaN 自支撑衬底的技术申请量逐年回落。

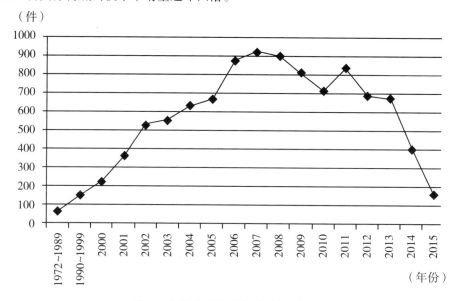

图 1　GaN 衬底技术全球历年申请量

由于 N_2 在 Ga 中的溶解度很低，为解决这一问题，现有技术中存在 N_2 溶剂法、助溶剂法、氨热法、提拉法等来制备 GaN 体单晶。然而，这些技术存在的问题是很难制备较大尺寸的 GaN 块状晶体。现有技术较多地采用氢化物气相外延（HVPE）技术生长厚膜 GaN 自支撑衬底，即在蓝宝石生长衬底上或其他材料的生长衬底上，快速生长出 GaN 厚膜（厚度大于 300 微米）。[2]然后，采用剥离技术将生长衬底剥离掉，得到 GaN 衬底。围绕 GaN 自支撑衬底技术的专利申请的技术主题主要分布以下四个方面：（1）制造工艺，占比为 62%；（2）应用领域，占比为 20%；（3）产品表征，占比为 11%；（4）制造设备，占比为 7%。

专利申请量占比越大，代表着该技术领域吸引着更多的竞争主体，相关研发投入产出越大。从分布态势中可以看到，制造工艺是最为突出的，达到 62%，这是由于 GaN 自支撑衬底的晶体质量与制造技术密不可分，制造工艺决定了 GaN 单晶的生长过程，决定了晶体的质量、尺寸，因此，在专利申请中，制造方法是一个尤为重要的领域。应用领域的申请量占比超过 20%，是仅次于制造工艺领域的第二大领域，即应用领域也是企业十分关注的领域，这是由于 GaN 自支撑衬底涉及的应用领域产品消耗量大，并且营业利润较高，例如发光二极管、激光器领域等。这些技术领域发展基础雄厚，技术方向较为明确，市场前景广阔。产品表征和制造设备领域的申请量分别达到 11% 和 7%，这是由于衬底的制造设备相对固定，与制造设备有关的技术改进空间较少，因而制造设备领域的申请量较小，而产品的性能参数取决于制造方法，因此，这两个领域中申请量相对较少。然而，从该技术分布可以得出，制造方法和应用领域的技术较为密集，而制造方法与产品的质量密不可分，从专利保护的实践来看，方法权利要求的侵权取证相对产品而言难度更大，所以产品权利要求的申请是一个颇为重要的保护方式且目前的申请量壁垒较小。因此，对产品权利要求的表征类型进行分析有助于给创新主体提供更好的专利保护策略。

二、GaN 自支撑衬底产品权利要求的主要表征方式

对全球 GaN 自支撑衬底的表征方式进行统计分析可知，GaN 衬底的主要表征方式有：晶体学表征、电学表征、热/力学表征、光学表征这四种表征方式。由图 2 可以看出，在四种表征方式中，晶体学表征的占比最高。这是由于位错密度、直径的大小这两类参数是影响 GaN 衬底的性能以及应用领域的重要参数，而这两类参数均属于晶体学表征的范畴，因而统计分析结果表明，晶体学表征是 GaN 衬底产品表征方式的主要形式，占比达到 65%。其次为电学表征。因为 GaN 衬底应用领域最为广泛的是 LED、LD 以及其他电力电子器件，因此，电学特征是第二大表达方式，占比为 16%。另外，其应用的下游产品对衬底的散热性能也有越来越高的要求，因此，热/力学的分布也占据一席之地，占比为 9%。最后为光学特征的表征方式，占比为 7%。

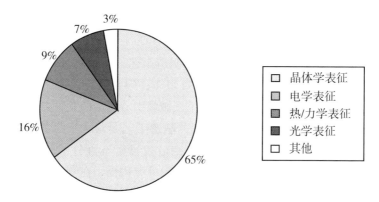

图2　全球 GaN 衬底产品表征类型

（一）晶体学表征

如前所述，GaN 衬底的主要性能取决于 GaN 晶体的生长质量，因此，首先对晶体学表征这一重要表征方式进行进一步分析，获取晶体学表征的主要参数。按照表征参数的类型，可以归类为五个方面的表征类型：（1）晶格晶面相关；（2）位错缺陷相关；（3）大尺寸；（4）杂质浓度；（5）表面粗糙度。这五类参数的占比如图 3 所示。

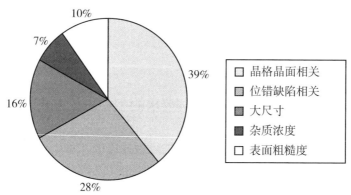

图3　晶体学表征种类

晶格晶面相关以及位错缺陷相关的参数，基本上决定了 GaN 衬底的晶体学性能。例如，LED 的制造中，GaN 衬底的晶体学性能对 LED 的出光效率有着至关重要的影响。因此，GaN 衬底的产品权利要求中，以这两种表征类型居多。可以看出，在上图中呈现出了晶格晶面相关、位错缺陷相关的表征类型占晶体学表征的大部分（两者共占 67%）。即这两类参数是统计意义上较为重要的参数。对晶格晶面以及位错缺陷相关参数进行进一步深入分析，得到它们的各种参数占比，如图 4 所示。

晶格晶面相关的具体类型有：

（1）主表面倾角，例如可以在权利要求中限定主生长面的选择，具有在 a 轴方向上相对于 m 面具有某个偏角的面作为主生长面；（2）晶面晶向；（3）晶体结构，例如纤锌矿或闪锌矿类的晶体结构；（4）FWHM；（5）晶界；（6）位错传播晶面。

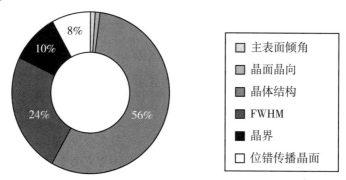

图 4　晶格晶面相关细分类

参见图 5，位错缺陷相关的具体类型有：（1）位错密度；（2）积层缺陷密度；（3）缺陷区及其与生长区的关系；（4）缺陷面积比例。

（二）电学表征

除了 LED 领域，GaN 自支撑衬底广泛应用于 LD、微波功率器件以及探测器等领域，衬底的电学特性是影响这些器件的重要参数，因此，对电学表征进行进一步分析，得到产品权利要求中电学表征相关的具体类型及其占比，如图 6 所示。

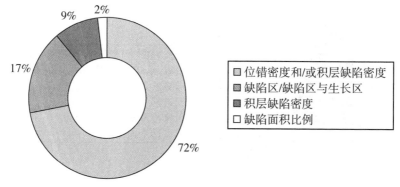

图 5　位错缺陷相关细分类

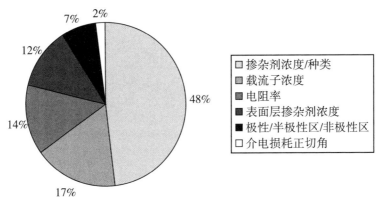

图 6　电学表征种类

对于半导体材料，改变其电学特性的主要手段为向半导体材料中掺杂不同种类、不同浓度的掺杂剂，因此，电学表征中最重要的参数为掺杂剂种类及其浓度，它也决定了排在后面两位的载流子浓度和电阻率这两个参数。另外，极性、非极性或半极性区和介质损耗正切角也是提高器件性能的重要参数。

（三）　热/力学与光学表征

随着电子装置集成度的提高，对电子装置的散热性能的要求越来越高，GaN衬底作为发热量较高的半导体器件的基板，其散热性能可直接影响器件的特性，因此，热/力学表征是近几年 GaN 衬底产品权利要求中出现的参数类型。光电子器件中，GaN 衬底的光学特性也是影响器件的重要参数，例如衬底侧出光时的发光峰值等参数。热/力学表征的具体类型及占比如图 7 所示，光学表征的具体类型及占比如图 8 所示。

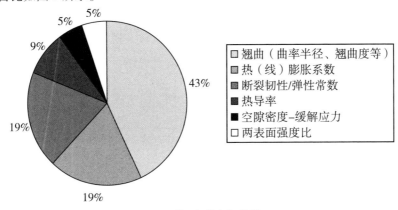

图 7　热/力学表征种类

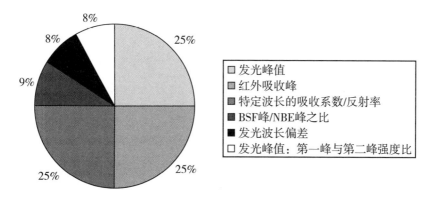

图 8   光学表征种类

三、GaN 自支撑衬底的合理保护方式

围绕 GaN 自支撑衬底技术的专利申请的技术主题,产品的表征在申请量中仅占据 11%,众多申请集中在制造方法的保护上。然而,专利侵权取证实践中,方法侵权取证难度要高于产品的侵权取证难度,因此,产品的保护是创新主体在专利申请中不可忽略的一部分,至少应当与制造方法要求同时保护。

(一) 同一类型多参数保护

在 GaN 衬底技术中,晶体学表征是最重要的表征方式,例如晶格晶面或位错缺陷,这是影响 GaN 晶体最重要的参数,然而,众所周知,在这两个参数上基于现有技术获得重大创新是非常困难的,因此,这种同一类型单一参数的表征方式容易落入现有技术的范围中,使得专利申请不容易获得专利权的保护。因此,创新主体可以考虑在产品权利要求中,引入同一类型的多参数进行保护,将作为主要发明点的参数类型写入独立权利要求中,次要发明点的其他参数类型写入不同从属权利要求中,形成递进式的保护。即便独立权利要求的参数类型以及数值范围落入现有技术中,还可以将从属权利要求的次要发明点的参数类型补入独立权利要求中,对 GaN 衬底产品形成立体保护。例如,晶体学表征中,可以包含位错缺陷相关的参数、位错传播晶面、主表面倾角等关联度较强的多个参数。

(二) 多种类型联合保护

在全球 GaN 衬底产品的表征方式中,按照申请年代的统计规律,自 2000 年后，在一个权利要求中出现两种类型的表征方式的申请数量逐减增多，这是由于在 GaN 衬底的应用中，单一的表征类型可能不能够满足 GaN 性能的要求，例如，应用在光学领域，其光学表征和晶体学表征显得同样重要。因此，创新主体可以考虑联合类型的表征、联合参数的表征，以提高授权率，拓展应用领域。例如，在微波功率器件领域，晶体学、电学联合表征则更能体现器件的性能。

（三）引用制造工艺的保护

如前所述，GaN 晶体质量与其制造工艺密不可分，当本文所列举的四种类型的参数均难以表征 GaN 衬底的性能时，将产品权利要求撰写为引用制造工艺的方法权利要求，是最简单有效的方式。当然，如果所制造出的 GaN 衬底具有特定类型的参数时，也可以在引用制造工艺的方法权利要求的同时，加入参数的限定，以更清楚地表征本发明获得的 GaN 衬底的质量。当方法权利要求具有授权前景时，引用该方法的产品权利要求也必然具有授权前景，这种撰写方式同样可以提高授权率。

四、总　结

本文从专利分析的角度对 GaN 自支撑衬底技术进行专利申请的领域分类，得出 GaN 衬底的产品保护是 GaN 技术的薄弱区域，从而对 GaN 衬底产品的表征方式进行细分类，再结合具体的应用领域，给出 GaN 衬底产品的合理保护方式。为创新主体的 GaN 自支撑衬底的产品保护方式提供合理的建议。

参考文献：

[1] 徐永宽. GaN 体单晶生长技术研究现状 [J]. 半导体技术，2007，32（2）：101 – 105.

[2] 黄华. 自支撑 GaN 衬底的研究 [D]. 长春理工大学，2008.

LED 电源和驱动电路专利申请情况分析

沈敏洁

┃摘要┃本文对 LED 电源和驱动电路在中国的专利申请情况进行了分析，研究了历年申请量趋势，各国和地区申请分布，申请人排名以及重要申请人的申请情况，并且对 LED 电源和驱动电路发展趋势的两个方面"恒压恒流控制电子电路"和"LED 驱动电路的智能控制"进行了专利技术发展的阐述，通过图表、对比以及技术挖掘等手段进行分析，期望能为国内企业和研究机构的专利布局提供一定的帮助。

┃关键词┃LED　驱动　电源　专利

一、前　言

作为目前全球最受瞩目的新一代光源，LED 具有亮度高、低能耗、寿命长、启动快、功率小、无频闪、不易产生视觉疲劳、可回收等优点，是 21 世纪最有发展前景的绿色光源。我国 LED 产业起步于 20 世纪 70 年代，经过 30 多年的发展，中国 LED 产业已初步形成了包括 LED 外延片的生产、LED 芯片的制备、LED 芯片的封装以及 LED 产品应用在内的较为完整的产业链。而其中 LED 电源和驱动电路是影响 LED 光源可靠性和适应性的一个重要组成部分。以下将对 LED 的电源和驱动电路的相关申请状况进行分析。

二、专利申请趋势分析

（一）在国内历年申请量

本文在 CNABS 数据库中，通过 LED 电源和驱动电路相关分类号、名称以及关键词进行检索，得到相应的统计数据。数据表明，截至 2014 年 5 月 1 日，LED 电源和驱动电路在国内专利申请量累计达到 11 938 件。如图 1 所示，2001 年之

专利热点与审查实务研究

前，每年的专利申请量非常少，2001 年开始，专利申请呈现快速增长的趋势，特别是 2009～2013 年数量达到了千位以上。由于 2013 年的申请有一部分尚未公开，因此图 1 中还不能反映 2013 年真实的专利申请量。从目前的趋势来看，该领域的申请量尚未出现峰值，表明这一领域技术正处在高速持续发展之中。由于这几年国内节能环保概念的升温，LED 电源和驱动电路相关申请的申请速度大幅度的增长，跟国内政策的驱动也很有关系。

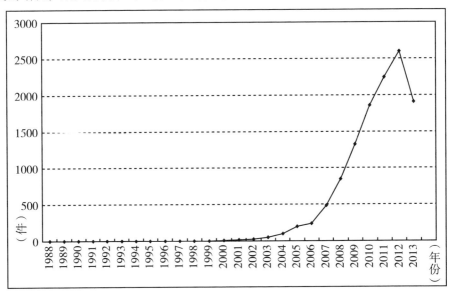

图 1　各年申请量趋势

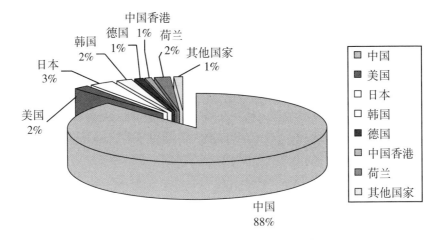

图 2　专利申请量各国和地区所占比例

186

由图 2 的统计数据表明，目前 LED 电源和驱动电路相关申请大部分为中国申请人，为 10 480 件，占 88%，而其他国家和地区的申请量所占份额都差不多。由此可知，中国在 LED 电源和驱动电路相关申请方面已经占据了绝对的优势，其他主要国家和地区的申请量则相对比较稳定，这里值得一提的是，荷兰的申请量占据了一席之地，主要还是因为皇家飞利浦电子股份有限公司在 LED 照明方面处于世界领先地位的原因。

（二）重要国家和地区历年申请分析

图 3 为中国、美国、日本、韩国、德国、荷兰等国家和地区申请人历年申请的分布图。

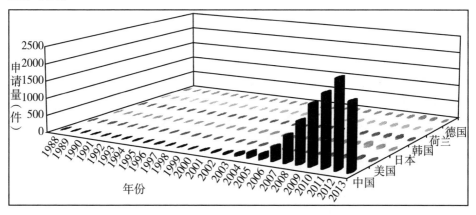

图 3　重要国家和地区历年申请对比

1988～1999 年，零星地出现了几篇中国申请人的申请，而在 1999 年之前，美国等其他国家和地区在中国几乎都没有相关申请。从 2000 年开始，其他国家和地区的申请开始陆续出现，一直到 2004 年申请量都是缓慢增长。从 2005 年起，美国等其他国家和地区的申请量开始有所增加，并且保持了一个平稳的态势，而中国申请人的申请则出现了爆炸式的增长，从百位数迅速地上升到千位数，这种增长表明，随着中国的发展，节能环保的理念越来越深入人心，而 LED 作为新一代的绿色能源，逐渐吸引了国人的目光，相关的申请因而诞生。

（三）申请人分析

1. 申请人排名分析

图 4 为 LED 电源和驱动电路领域申请量排名前 10 位的申请人。其中排名第

一的为海洋王照明科技股份有限公司，该公司成立于 1995 年，是一家自主研发、生产和销售各种专业照明设备、承揽各类照明工程项目的国家级高新技术企业，迄今为止共申请了 200 余项申请，表明其在自主知识产权方面具有很强的保护意识，并且具有较强的创新能力。而紧随其后的是皇家飞利浦电子股份有限公司，其申请的数量为 147 件，作为老牌跨国公司，其在 LED 电源和驱动电路等多个领域一直都处于领先的地位。值得注意的是，排名第四的英飞特电子（杭州）有限公司，该公司成立于 2006 年，是一家致力于高效、高可靠性 LED 驱动器的研发、生产、销售和技术服务的国家级高新技术企业，是全球领先的 LED 驱动器供应商，虽然成立时间比较短，但是申请量排名第四显示出了其在知识产权保护方面具有很强的实力。此外，从前 10 位的排名来看，中国的企业在前 10 名中占据了半壁江山，表明中国企业的创新和研发能力正在逐渐加强，并且有后来居上的势头。

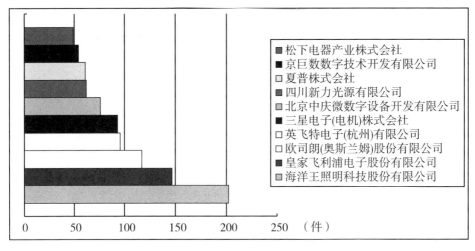

图 4　前 10 名申请人的专利申请量

2. 重要申请人分析

下面对重要申请人（图 4 排名前四的申请人）的申请情况做一个初步的比较，如图 5 所示，其中海洋王照明科技股份有限公司和英飞特电子（杭州）有限公司同样是 2008 年开始才有申请，可见两家企业虽在知识产权保护方面的起步比较晚，但是特别是海洋王照明科技股份有限公司的申请数量增加却很迅速，并于 2011 年达到了一个峰值。反观皇家飞利浦电子股份有限公司和欧司朗（奥斯兰姆）股份有限公司，两者提交申请的时间比较早，特别是皇家飞利浦电子股份有限公司，2002 年就向中国申请了一件发明申请 02819551.5，而欧司朗

（奥斯兰姆）股份有限公司最早的申请出现在2005年，也比上述两家国内企业最早的申请早了3年。此外，纵观皇家飞利浦电子股份有限公司，其每年都有一定的相关申请，并且一直都保持着一定的数量，显示出在照明领域强劲的实力。

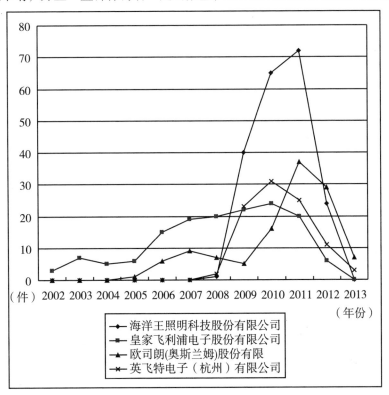

图5 重要申请人专利申请分布对比

值得一提的是，英飞特电子（杭州）有限公司在四家企业中的申请很有特色，其很大一部分申请都是关于多路 LED 控制方面，如申请号为 "200910225966. 4" "200910221355. 2" "201010117067. 5" "201010156449. 9" "201010257483. 5" 等，对多路 LED 的恒流、均流、调光等做了很多改进，由此也表明该公司一定时期内的研究和发展方向。

（四）专利技术分析

通过对检索的专利技术进行分析，可以得出，LED 电源和驱动电路发展的趋势主要是如下两个方面：一是恒压恒流控制电子电路，将每路 LED 的输入电流控制在最佳电流值；二是 LED 驱动电路的智能控制（比如调光等），当 LED 因为各种因素而导致电流改变时，能够控制其电流稳定在期望的电流值。下面将结合具体的专利申请介绍一下该领域的技术发展情况。

1. 恒压恒流控制相关专利技术

在 2001 年，由"皇家菲利浦电子有限公司"提交了一篇申请号为"01800162.9"的申请，其涉及一种用于 LED 发光模块的供电组件，致力于解决控制光强而维持经过模块的额定电流不变的问题，通过设置一个与 LED 发光模块相连接的电源单元和一个能够用脉冲串频率对 LED 发光模块的电源进行开启和关断开关以便控制 LED 发光模块平均光输出的脉冲串控制单元，它用脉冲串频率对电源进行开启和关断开关，这是使用 PWM 调光来进行恒流控制的最早申请，属于恒流调光的基础专利，并且在欧洲、美国、日本、韩国等国家和地区都存在同族申请，并获得了多项专利权。

在此基础上，围绕着 PWM 调光恒流控制开始出现了各种各样的电路和控制方法，并且诞生了大量的申请，其中中国申请人的申请量占了绝大部分，并且也不乏亮点申请，例如海洋王照明科技股份有限公司于 2009 年申请的"一种 LED 恒流驱动电路"，申请号为"200910106078.0"，其通过设置恒流芯片和主控电路来调节 LED 负载上的恒流值，可以提供精度高的恒定电流且恒流值简单可调，提高了电路的可靠性。

2. 智能控制方面相关专利技术

在 LED 的智能控制方面，对流经或施加到 LED 的电流和/或电压的检测、功率变换电路前后的电流、电压和/或相角的检测等方式，通过反馈信号来对恒流输出电流进行调整，从而得到理想或期望的电流值。基于上述各个方面，出现了各式各样的相关申请。下面分别就几家重要申请人比较典型的申请进行一下介绍。

在相角检测方面，例如英飞特电子（杭州）有限公司于 2009 年申请的"适用于可控硅调光的 LED 驱动电路"，申请号为"200910100298.2"，其设计了一种相角检测电路，通过将相角检测电路的输出控制信号输出给电流控制电路，从而实现 LED 的恒流控制和亮度调节。

功率变换电路前后的电流/电压方面，例如皇家飞利浦电子股份有限公司于 2008 年提出的申请"用于向 LED 阵列提供可变功率的驱动器"，申请号为"200810149743.X"，其具有的控制单元响应于调光参考信号与反馈信号之间的比较而确定输出电流，调光参考信号代表当交流电的相位角由调光器进行切削时交流电的相位调制信息，反馈信号代表输出电流的平均值，从而得到期望的电流值。

通过后反馈的方式来实现电流控制方面，比较有代表性的是欧司朗（奥斯兰姆）股份有限公司于 2011 年申请的"可调光 LED 驱动器及其控制方法"，申请号为"201110117382.2"，其涉及一种适合与调光器共同工作的可调光 LED 驱动器，通过所述微控制器模块对反馈回来的降压式 PFC 模块的输出电压的第一采样电压进行分析，判断是否符合设定的基准值，以及将对从采样电阻获得第二采样电压与参考电压进行比较，从而实现输出恒流控制，同时通过所述微控制器模块对所述调光模块和降压式 DC/DC 模块进行控制，以实现调光。

三、结　论

通过对 LED 电源和驱动电路的专利申请分析可以看出，相对于欧美日等发达国家而言，中国的起步比较晚，但是从 2008 年以来，中国申请人的申请占有了绝对的优势，并且呈现了多层次的发展。另外，随着中国对节能环保的重视，越来越多的企业致力于 LED 行业的发展，并且涌现出了一批优秀的龙头企业。从技术方面来看，虽然早期的技术并不占优势，但是随着 2008 年以后申请量的大幅度增加，相关的改进层出不穷，已经呈现独占该领域的态势。

综上所述，本文对 LED 电源和驱动电路相关的中国专利申请情况进行了统计与分析，通过对申请量、申请人、技术发展等关键问题进行研究，得到了与其相关的研究结论。希望通过本文的研究成果，能够对业内同行起到参考和借鉴作用。

参考文献：

[1] 蒋天堂. LED 的特性及驱动电源的发展趋势 [J]. 照明工程学报，2011，22（3）：58 – 60.

[2] 杨铁军. 专利分析实务手册 [M]. 北京：知识产权出版社，2012.

日韩企业关于纯电动汽车电池
散热管理的专利技术

李发喜　付花荣　刘永欣　焦永涵　成慧明　周小沫

▌**摘要**▌本文对日韩企业在纯电动汽车的电池管理领域的专利技术进行了技术分解，详细地分析了丰田、LG、本田、三星、现代、日产等日韩企业的技术特点和研究方向。

▌**关键词**▌电池散热　专利技术　日韩企业

引　言

近几年来，纯电动汽车在全球的销量突飞猛进。2012 年、2013 年、2014 年、2015 年，全球纯电动汽车的销量分别为 12 万辆、20 万辆、32 万辆和 55 万辆，纯电动汽车正迎来其飞速发展的黄金时代。电池散热管理是纯电动汽车的关键技术。日本和韩国企业在电池散热管理领域的技术处于领先地位，主要专利申请人包括丰田、本田、日产、LG、三星、现代。对日韩企业相关专利进行专利分析有着重要的意义。

一、日韩企业的专利申请趋势

图 1 显示了日韩企业在电池散热管理领域的专利申请量趋势图，由图 1 可以看出，在 1995 年之前，日韩企业在纯电动汽车的电池散热管理领域的技术研发和专利申请处于起步阶段，1995 ~ 1999 年逐渐增长，从 2003 年开始进入蓬勃时期，在 2009 年之后进入爆发式增长，随后几年专利申请量有所回落，回落的原因与纯电动汽车的电池散热技术的逐渐发展成熟有关，同时也反映出近几年日韩

企业在电池散热管理领域没有进一步的技术突破和创新。

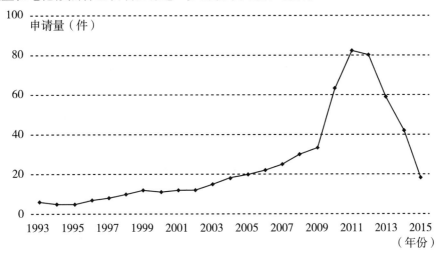

图 1 日韩企业的专利申请趋势

二、日韩企业的专利申请量对比

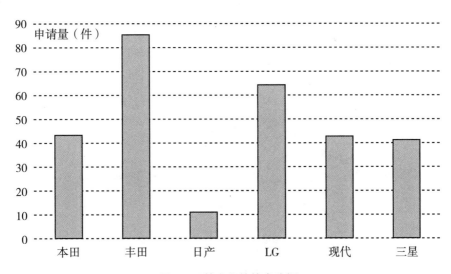

图 2 日韩企业的技术分解

图 2 是日韩企业的专利申请人对比，可以看出，丰田在纯电动汽车电池散热管理领域的专利申请量遥遥领先，其次是 LG，本田、现代和三星的申请量相当，日产最少。丰田是老牌汽车制造企业，其在汽车制造包括电动汽车制造领域都保持领先地位。三星虽然在锂离子电池制造技术上比较优秀，但是其在将锂电池结合到电动汽车的使用和控制上要落后与丰田。LG 无论是在锂离子电池制造技术还是锂离子电池在电动汽车上的应用技术都站在行业的前列，具有很强的技术竞争力。

三、日韩企业在电池散热领域的专利技术分解

　　日韩企业在电池散热领域的技术分解如图 3 所示，电池散热管理主要集中在冷却部件的改进、冷却系统的设计、冷却流道的设计上，其次是冷却控制方法和冷却装置与车辆之间的配置，以及对冷却介质的处理。日韩企业通过对上述技术手段的改进，从而不断提高电池的散热效率，减少能耗，提高空间利用率。本文后面将对日韩企业在上述技术手段方面的具体的实施方式进行详细说明。

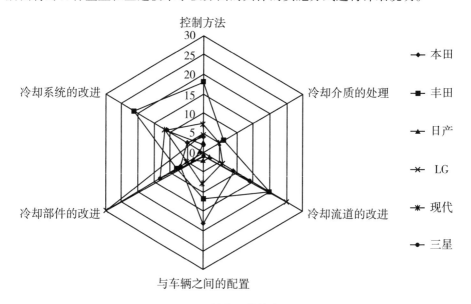

图 3　日韩企业的技术分解

四、日韩企业在电池散热领域的技术特点分析

（一）丰田的技术分析

丰田在电池散热领域的研究遍及各个技术分支，并且各个技术分支的专利申请量均比较靠前，在冷却流道的改进上：在集电板21上形成冷却流道2A，如图4所示；在电池端子部形成冷却流道来冷却端子部，进而对电池进行冷却；上述技术的特点在于直接与电极体导热连接，而非冷却电池壳体，从而提高冷却效率。与其他申请人相比，丰田还对冷却液进行了较多的研究，其通过对冷却液进行搅动或使冷却液形成层流，从而使冷却液温度保持稳定。丰田除了考虑简化结构和提高冷却效率的需求外，还同时考虑到降低冷却系统产生的噪声对乘客造成的不适感，通过设置吸声部或基于噪声检测以控制冷却系统来实现上述目的。丰田是老牌的汽车制造企业，其在电池的散热方面还较多地研究了电池模块、冷却装置和车辆本体之间的配置关系，以简化结构，充分利用空间，提高冷却效率和提高舒适度。

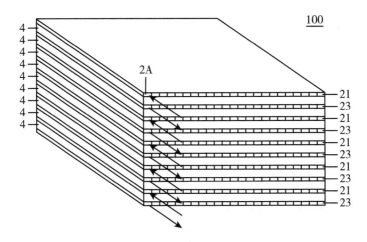

图4　集电板上形成冷却流道的结构

（二）LG 的技术分析

LG 在电池散热方面的研究主要集中在冷却部件的改进以及冷却介质流道的改进上，LG 在冷却部件的结构设计上主要是将流通冷却介质的冷却管设置在冷却板上，将导热部件与冷却板接触，从而进行电池冷却；在热传导方面，LG 主

要采用使导热片与电极端子、电极组件直接接触的方式。为了加强导热接触，使用弹性加压件对导热片进行加压接触。在冷却介质流道的设计上，LG 的技术偏向于利用电池单元之间的间隙形成冷却介质流道，并在冷却介质流道的端部采用倾角结构。另外，LG 也在流道的位置上做了一些改进，在电池中间的贯穿孔 40 中设置冷却介质流道，如图 5 所示，用于对电池中部的冷却。LG 还通过热沉来吸收电池产生的热量进行散热。

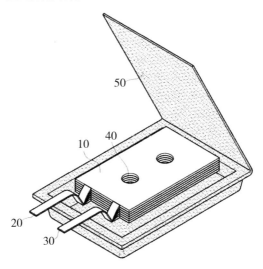

图 5　LG 公司对冷却流道的改进

（三）本田的技术分析

本田也是老牌汽车制造企业，其在电池散热方面的研究主要集中在电池模块、冷却装置和车辆本体之间的配置关系，以简化结构、提高空间利用率、降低成本、提高冷却效率，例如采用行驶风对电池进行冷却。在解决冷却系统产生的噪声问题上，本田除了采用设置吸声部的手段之外，还采用了设置隔音部的手段。另外，本田还考虑到了冷却时可能产生的结露水对电池造成的危害（例如使电池模块于冷却板之间产生接地），在电池模块的冷却面 14a 和冷却板 12 之间设置具有竖立侧边的盘状绝缘片 22，以承接结露水，如图 6 所示。

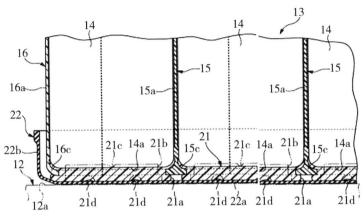

图6　防止冷却结露水危害的结构

（四）现代的技术分析

现代在电池散热方面也涉及各个技术分支，在冷却液处理上包括对冷却液的过滤处理和除气泡处理，现代在冷却系统设计上是将电池10浸在外壳100中充填的冷却剂中，两者直接接触，如图7所示。现代还将热管技术应用到电池的散热中。现代在冷却控制上通过阀来控制空气流动路径的选择，通过流动路径的可选择性从而实现电池模块的良好冷却。

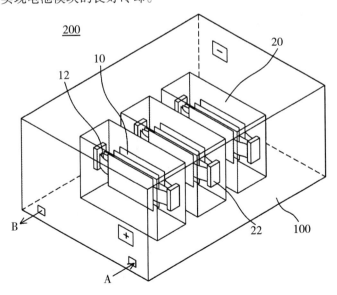

图7　电池直接浸在冷却剂中的结构

（五）三星和日产的技术分析

三星在电池散热方面的研究主要在于冷却介质流道的改进以及冷却系统的改进。在流道的设计上，三星侧重于通过在流道中设置凸起、隔离件或引导件使冷却剂流形成湍流，例如在单元电池外壳 12 的内表面上具有在冷却剂流中产生湍流的突出物 20，如图 8 所示，提高冷却效果。在冷却系统的改进上，三星采用多冷却介质循环路径进行冷却；另外，使管道构件包括冷却剂通道和用于排放来自单元电池的气体的排放通道，由单元电池产生的气体可得到有效的排放，同时单元电池也得到冷却，而模块尺寸不会成问题地增大。

日产在电池散热方面的专利申请不多，主要采用车辆的空调系统对电池进行冷却。

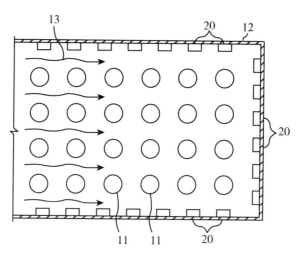

图 8　电池直接浸在冷却剂中的结构

（六）日韩企业在电池散热领域的各个技术分支上的典型实现方式

日韩企业在各个技术分支上的典型实现方式如表 1 所示，其给出了日韩企业在电池散热管理上的主要技术手段以及对应的典型专利。国内本行业的技术人也可以通过参考如下相关的典型专利，从而获取技术启示和灵感，进一步与国内电池散热管理技术相结合，实现国内电池散热管理技术的突破和飞升。

表1 日韩企业在电池散热领域的各个技术分支上的典型实现方式

申请人	控制方法	冷却介质的处理	冷却流道的改进	与车辆之间的配置	冷却部件的改进	冷却系统的改进
本田	使用冷映射图进行电池的放电控制，CN102658780B	—	流道内设置隔音部，CN101670775B	采用行驶风对电池进行冷却，CN100361838C	设置吸引件，CN102725164B	在电池模块的冷却面和冷却板之间设置盘状绝缘片承接凝结水，CN103165955B
丰田	基于噪声检测以控制冷却系统，CN10310780C	对冷却液进行搅拌,CN101542825B; 使冷却液形成层流,CN101647148B	集电板上形成流道,CN101438454B; 端子部形成流流道,CN101490896B	电池组、冷却装置和座椅的位置布置，CN101090838B	冷却部件中介质入口和出口布置，CN101490841B	用蒸汽气压缩式致冷循环来冷却发热源,CN103547467A
日产	基于热交换余量来控制制冷剂的流动，CN103153660B	—		—	将电池安装在核心框架由C字状剖面包围的面上，风扇向C字状剖面包围的区域吹起，CN103843222A	车辆的空调系统对电池进行冷却，CN103153660B

申请人	控制方法	冷却介质的处理	冷却流道的改进	与车辆之间的配置	冷却部件的改进	冷却系统的改进
LG	设置流量控制板，CN101960663B	—	在流道的端部采用倾角结构，CN101322281B 在电池中间设置穿孔的贯穿流道，CN103748728A	电池外壳上的排气管与车辆的内部空间连接，CN101267961B	冷却管设置在冷却板上，CN102171884A 导热片与电极端子直接接触，CN103125046A	使用热沉散热，CN102356504B
现代	基于车内温度与电池温度的比较结果，控制风扇，CN103112331A	对冷却液过滤除气泡和除气泡处理，CN102974170A，CN103811782A	通过阀来控制空气流动路径的选择，CN104675583A	—	热管散热，CN104716399A	将电池浸在冷却剂中，CN104282964A
三星	利用两个板上孔的重叠面积大小来调节流量，CN100449861C	—	在流道中设置凸起、隔离部件或导件使冷却剂形成端流，CN1848519A，CN100454657C	使与机动车辆的行驶方向相反地流动的行驶气流与向到的余热对流，CN104159769A	使冷却剂以自然的方式流动非强迫的方式驱动而不使用驱动器，CN102270776B	多冷却介质循环路径进行冷却，CN102969544A

五、结束语

日韩企业是纯电动汽车电池散热领域的领头羊，通过对日韩企业在纯电动汽车的电池散热管理领域的专利技术进行分析研究，有助于国内企业了解本行业的技术研究方向，国内企业可以在日韩企业技术的基础上进行进一步的研究和创新，或根据需要与相关日韩企业进行技术合作。

从目前的日韩企业的纯电动汽车电池散热技术来看，其在电池散热部件和散热系统整体的结构上研究比较充分，相关专利布局较多，而在冷却介质（冷却液或冷却气体）方面的研究相对较少。国内企业的技术人员可以在冷却介质的材料，对冷却介质的控制管理等方面进一步研究是否能提高冷却介质从电池进行吸热的吸热效率，是否能增大冷却介质向外界传热的散热效率。另外，新型的制冷方式如半导体制冷、热管技术仍有提高的空间，需要国内技术人员进一步开发创新。

参考文献：

［1］朱晖，等. 电动汽车电池组热管理系统的研究［J］. 实验室研究与探索，2011（6）.

［2］吴泽民，等. 纯电动汽车电池组热管理系统设计［J］. 汽车电器，2013（1）.

二次电池及其关键材料
市场分析与展望

周文娟　见　姬[①]　韩建华　张瑞雪　王　亮

┃摘要┃本文对 1990～2012 年的世界二次电池和锂离子电池市场动态进行了分析，认为锂离子电池仍将长期占据二次电池市场的主导地位，而日本在锂电行业的领导地位短期内仍将持续，锂离子电池的未来发展目标将集中在高性能和低成本之间。通过上述分析介绍，为本行业的技术发展提供参考。

┃关键词┃二次电池　锂离子电池　市场　负极

引　言

自从 1800 年意大利科学家伏打发明了世界第一个电池——伏打电池以来，经过两个世纪的发展，电池已经发展成为多系列、多品种的国民经济必需品，被广泛引用于各个领域。电池大发明和生产，促进了大量便携式仪器设备的出现，大大提高了人类活动范围和工作效率。电池的应用主要集中在移动电源和便携式电源中，在 20 世纪 80 年代以前，由于传统的铅酸蓄电池和镍镉蓄电池（NiCD）比较笨重，原电池一直是便携式电源的主要选择，随着电子信息的发展，各种便携式电池设备迫切要求减轻电源重量，缩小电源体积，并且能够大电流工作。在 20 世纪 80 年代，出现了较高比能量并能大电流工作的小型镍金属氢化物蓄电池（NiMH），90 年代又出现了更高比能量的锂离子蓄电池（LIB）及有实用前景的聚合物电解质膜燃料电池（PEM），这些新型绿色小型蓄电池的出现，使现代化便携式电子信息产品电源的重量和体积明显减小，输出功率明显提高，大大促进了这些产品日新月异的发展，同时，也改变了世界二次电池的市场格局。[2-6]

[①]　第二作者对本文的贡献等同于第一作者。

一、二次电池及锂离子电池市场动态

（一）1990 ~ 2012 年二次电池市场变化

目前，世界小型二次电池主要包括镍镉电池、镍氢电池和锂离子电池，其中，锂离子蓄电池以其重量轻、容量高、工作电压高、使用寿命长且无污染等优点，在二次电池市场增长迅速。

图 1 是 1990 ~ 2010 年世界电池市场格局，1990 ~ 2010 年，电池市场规模扩大了近 6 倍，然而，1990 年还是一家独大的镍镉电池，到 2010 年的产量没有扩大，反而下降了，1995 ~ 2012 年，其以年产能 - 2%、年产值 - 6% 呈现出负增长的局势，只是传统的电动工具领域和非常规用户仍在使用。镍氢电池在 2000 年和 2010 年的产量基本成持平的基础上略有增长，1995 ~ 2012 年其增长率为年产能 4%、年产值 7%。电池市场扩大的部分基本被锂离子电池占据，锂离子电池的市场占有份额相对大幅度增加，年产能和年产值的增长率分别达到了 25% 和 14%，到 2010 年，其规模已达到整个市场规模的近 70% 左右，这主要归功于其应用领域——手机、便携式电脑、个人数字装置（PDA）、摄像机等领域的迅速发展。随着锂离子电池逐渐进入电动车领域，可以预见，伴随电动车的广泛应用，锂离子电池的市场规模将继续扩大。

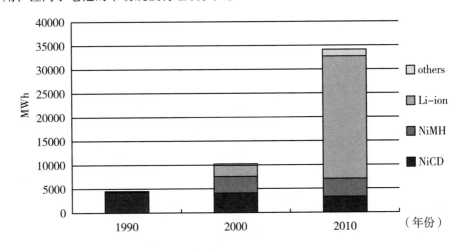

图 1　1990 ~ 2010 年镍镉、镍氢、锂电和其他二次电池市场变化趋势

（二）二次电池市场分布

世界二次电池市场主要集中在亚洲的中、日、韩三个国家，其中，20 世纪 90 年代，日本一直居于主导地位，2000 年达到最高峰，市场份额达到 80% 以上，此后开始下滑，韩国、中国迎头赶上。虽然总体具有三国齐头并进的趋势，但中国与日韩两国仍有一定的差距，而韩国后来居上，在三星 SDI 的带领下已在 2012 年锂离子电池市场赶超日本。

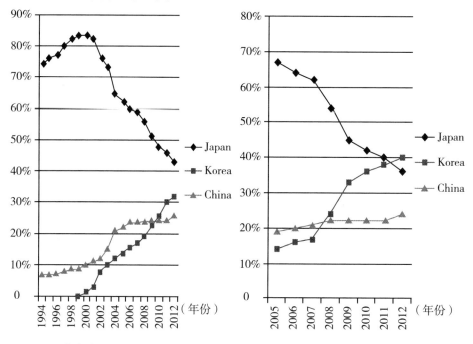

图 2　二次电池市场主要亚洲国家分布　图 3　锂电池市场主要亚洲国家分布

如图 4 所示，日本和韩国分别都有两家强劲的企业，日本的松下在锂电行业居于领导地位，这主要得益于其对三洋的收购。根据数据显示，三洋—松下 2011 年之前的产能一直保持在第一位，但随着锂电池行业竞争加剧和需求降低，以及售价下降和受日元强势影响，其锂离子电池销售受阻，至 2012 年，以 9.2 亿单元屈居第二，占市场的 21%，呈现下滑的趋势。其市场份额丧失部分，都被韩国企业填充，三星 SDI 和 LG 分别以 10.7 亿、7.6 亿单元位列第一和第三，总计占世界市场的 41%，而位居第四的索尼和三洋—松下一起共占比 30%，由此，打破了日本一统天下的局面。预计随着松下的连续亏损，三洋—松下的锂电份额也将持续下降。而作为三星电子的子公司，三星 SDI 的电力电池业务受惠于三星电子在全球电子消费市场的发展，强劲的集团内部需求，加上三星向来重视对研发的投入，使得三星 SDI 发展相比其他锂电生产商更具备后发优势，很快发展成为全球最大的生产商。中国的力神、中国新能源、比克和比亚迪分别以 2.6亿、2.3 亿、1.95 亿、1.6 亿单元进入前十，这四家企业在 2001～2012 年虽然也有一定的增长，但是增长速度缓慢，2001 年和韩国的三星、LG 还在同一起跑线上，但到 2012 年已被远远的抛在后面。中国的四家企业都是纯电池生产商，只有比亚迪在之后将重心转入汽车行业，而日、韩两个国家的四家企业各自在手机、便携式电脑、家电、摄像机领域占有较大的市场份额，这些领域又是锂离子电池的主要消耗地，因而四家企业的锂离子电池借由手机、便携式电脑、家电、摄像机的飞速发展而快速增长。

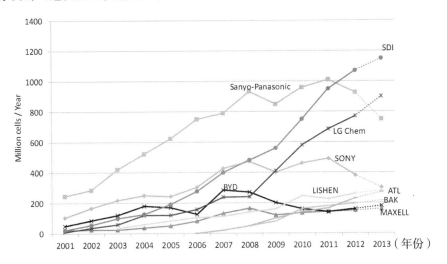

图 4　2001～2012 年锂离子电池主要制造商年产能（yearly production）分析

不仅在数量上有差距，在技术方面，中国的企业与日韩两国也有一定的差距。这种差距直接体现在锂离子电池的成本结构上。锂离子电池的生产成本结构如图 4 所示，以比亚迪和力神为例，与日韩两国的企业相比，其成本结构中，原材料仍占了主要的地位，分别达到了 62% 和 68%，比亚迪虽然在原材料成本上略低，然而，其劳动力成本占了近 18%，原材料和劳动力合计达 80%，而日韩两国企业的原材料占比均在 50% 以下，原材料和劳动力占比均在 60% 以下，差距由此可见一斑。

随着锂电行业竞争加剧，价格竞争已不可避免。近年来，虽然锂离子电池的销售量逐年增加，但锂电生产商的生产量也逐年增加，其中松下、三星 SDI 和

LG 的增加量最为明显，市场仍然呈现出供大于求的局面，竞争激烈。自 2005 ~ 2012 年，无论是圆柱型锂电、聚合物锂电还是凝胶聚合物和液体叠片（Laminate）锂电，价格总体都是下降的。这意味着，要增强竞争力，就必须降低生产成本，尤其是中国企业，原材料成本和劳动力成本首当其冲，技术上的更新迫在眉睫。

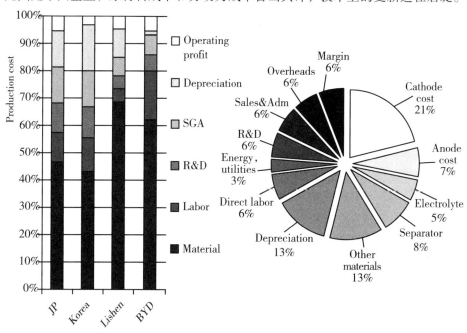

图 5 2012 年日本、中国和韩国锂离子电池的成本结构

（柱状图中图条和右侧图标由下至上次序相同、一一对应）

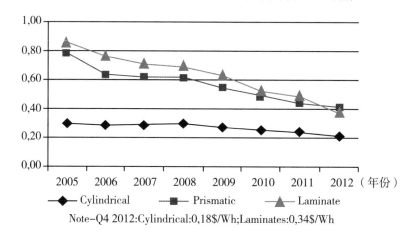

Note-Q4 2012:Cylindrical:0,18$/Wh;Laminates:0,34$/Wh

图 6 LIB 平均价格（ $/Wh）逐年变化趋势

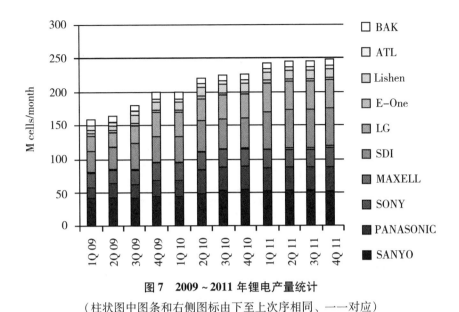

图7　2009～2011年锂电产量统计
（柱状图中图条和右侧图标由下至上次序相同、一一对应）

（三）锂离子电池负极材料市场动态

锂电行业竞争激烈，要求锂离子电池具有高性能、低价格。负极材料是决定锂离子电池的关键因素之一。目前，锂电市场主要有碳材料、钛酸锂、氮化物、硅基材料、锡基材料、合金材料等负极材料[7]，其中容量以硅基材料最为突出，硅的理论储锂容量高达4200mAh/g，但综合性能仍然以碳材料胜出，碳材料也是目前应用得最为广泛的锂离子电池负极材料。从2006～2012年负极材料市场来看，负极材料总量随锂电的增长而急速增长，其中，无定形碳、介观相材料（Meso－Phase）、硅基或锡基类材料的量每年变化不大，负极材料的增长部分主要被人工石墨和天然石墨占据，而高电位材料钛酸锂在2012年也出现在负极材料市场。

已经产业化的碳材料包括石墨化材料和无定形碳材料，如天然石墨、改性石墨、石墨化中间相碳微球、软碳和一些硬碳等。硬碳虽然具有400mAh/g的比容量，但其成本较高，达到30＄/kg，而石墨材料仅为15＄/kg左右，因而碳材料中又以人工石墨和天然石墨的市场份额最大，且从2006年至2012年逐年增长，天然石墨的比例和增长速度最快。虽然相对于其他材料，石墨的体积比容量较小，在375mAh/g左右，但是其低电压、低成本、高安全性的优势占了主导地位，导致其在锂电池阳极材料中的市场占比逐年增长。2012年天然石墨和人工石墨总计占负极材料市场份额已达89%，占了绝对主导的地位，硅材料或锡基材料占1%，此

207

类材料主要应用于高容量电池中；钛酸锂占1%，其余均为碳材料。

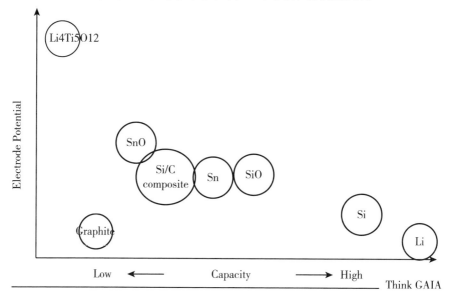

图8　负极材料容量——电压分布

（来源于 Sanyo，March，2011）

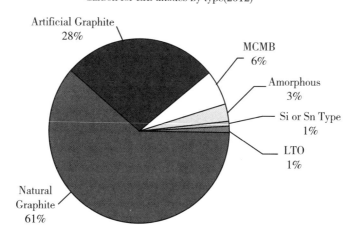

图9　2012 年锂离子电池负极材料市场分析

　　根据 2012 年各制造商/供应商的数据显示，各厂商也都集中在天然石墨和人工石墨上，只有索尼（SONY）、力神和比亚迪还采用少量中间相碳微球 MCMB 或无定形碳。三星、松下、LG、比亚迪、力神、A123 都以天然石墨为主，其余厂商大部分是天然石墨和人工石墨平分秋色。

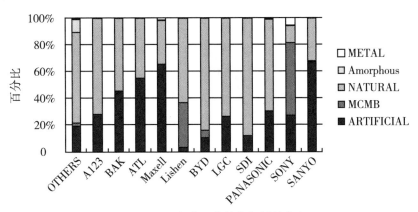

图10　2012年生厂商的负极材料分布

负极材料供应商市场日本企业占领导地位。深圳贝瑞特（BTR）向三星、LG、力神、中国新能源、比克等多家电池制造商供货，以35%份额成了天然石墨最大供应商，三星SDI是其主要客户，近4500吨的天然石墨用量均购自贝瑞特，占整个公司天然石墨用量的60%以上。力神、中国新能源的所有天然石墨也都购自贝瑞特。虽然如此，整个天然石墨供应商市场，仍然是日本企业占主要地位，日立化学（Hitachi Chemical）17%、日本碳化公司（Nippon Carbon）15%、三菱化学（Mitsubishi Chemical）7%、中央电气工业株式会社（Chuo Denki Kogyo）1%，合计达40%。而在人工石墨市场，日本供应商更是占了绝对主导地位，仅日立化学就以高达68%位居第一，其主要向日本、韩国的生产商供应天然石墨，集中在三洋—松下、三星和LG公司，其他人工石墨供应商也多是日本企业。没有好的原材料就没有好的电池，日本控制了原材料市场，中韩的电池生产仍然受制于日本。

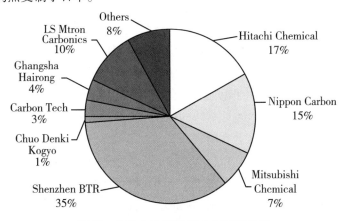

图11　2012年天然石墨市场份额分析

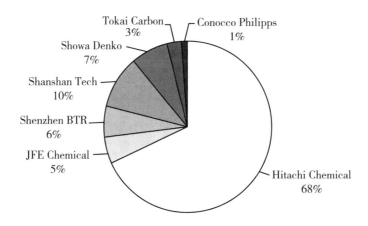

图12　2012年人工石墨市场份额分析

二、结论与展望

世界小型二次电池市场主要包括了镍镉、镍氢和锂离子电池，2000年之后，锂离子电池快速发展，占领了70%以上的市场份额。其生产商和供应商主要集中在中、日、韩三国，日本是传统强国，韩国后来居上，呈反超趋势，中国企业增速缓慢，原材料和劳动力成本占了锂离子电池生产成本的70%以上，在技术上与日韩存在较大差距。日本在锂电行业的领导地位在短时间内仍将持续，以负极材料为例，目前主要采用的人工石墨和天然石墨，大部分都由日本企业生产供应，尤其是在人工石墨市场，2012年仅日立化学一家就占了68%的市场份额。

随着应用领域的多样化和竞争的日益激烈，锂离子电池也将呈现出多样化发展，聚合物锂电、水锂电、柔性锂电越来越受重视，终将凭借自身的特点在市场占有一席之地。随着锂离子电池在储能电池、电动自行车、电动汽车领域的应用，相信锂离子电池在二次电池市场的份额将继续扩大，在燃料电池成功应用之前，仍将长期占据二次电池市场主导地位。随着国家"十二五"规划，将电动汽车市场规模化启动，锂离子电池可能会呈现爆炸式的增长。但锂电要保持长期发展，其研究热点仍需在电池原材料的低成本与电池的高性能之间并行，以满足应用要求。就二次市场地区分布而言，日本、韩国仍然将占据主要份额，日本在锂电行业的领导地位在短时间内仍将持续，中国企业急需在技术上的提升。

高容量、高倍率、高循环性将成为未来锂离子电池的主要追求目标，中国企业应增大研发投入，在寻找新材料的同时，提高传统电池材料的性能，减小原料进口的依赖度，增强国际竞争力。

参考文献:

［1］王希文. 我国电池行业发展战略研究［D］. 天津大学硕士学位论文.
2003.

［2］毕道冶. 21 世纪电池技术展望［J］. 电池工业, 2002, 7 (3, 4):
205 – 210.

［3］孙春文. 锂离子电池的研究进展［J］. 现代化工, 1999, 19 (6):
12 – 14.

［4］唐致远, 管道安, 张娜, 等. 锂离子动力电池的安全性研究进展［J］.
化工进展, 2005, 24 (10): 1098 – 1102.

［5］李雷, 杨春, 谢晓峰. 我国储能产业发展现状、机遇与挑战［J］. 化工
进展, 2011, 30: 748 – 754.

［6］杨紫光, 叶芳, 郭航, 等. 航天电源技术研究进展［J］. 化工进展,
2012, 31 (6): 1231 – 1237.

［7］魏巍, 王久林, 杨军, 等. 锂离子电池锡基负极材料的研究进展［J］.
化工进展, 2010, 29 (1): 80 – 87.

石墨烯在锂离子电池领域应用的研究进展

刘永欣　曹　鹏　郭翠霞　成慧明　严　薇　胡明军

▍摘要▍本文介绍了石墨烯发展历史、石墨烯的结构、性质以及特点，并重点介绍了石墨烯在锂离子电池领域的应用，最后进行了展望。

▍关键词▍石墨烯　锂离子电池　正极　负极　添加剂

一、前　言

自从 2004 年，英国曼彻斯特大学物理和天文学系的 Geim 和 Novoselov 首次制备出稳定的石墨烯后，石墨烯便以其优异的性能和独特的二维结构成为材料领域的研究热点。我国是目前石墨烯研究和应用开发最为活跃的国家之一。数据显示，在所有国家中，我国申请的石墨烯专利数量最多，已超过 2200 项，占全世界的 1/3。在 2013 年工信部发布的《新材料产业"十二五"发展规划》中，其着重强调的前沿新材料中就包含石墨烯。而纵观国际，于 2014 年，石墨烯的"诞生地"英国，就在曼彻斯特大学成立石墨烯工程创新中心，意在加速石墨烯的应用研究和开发，维持英国在石墨烯及其他二维材料方面的世界领先地位。不仅如此，英国还涌现了众多致力于石墨烯生产和应用的公司，比如英国著名的体育用品海德公司早就推出了添加石墨烯的网球拍，诺瓦克·德约科维奇等众多网球明星都在使用这款球拍。而美国在 2014 年，国家自然科学基金以及美国空军科研办公室先后分别投入 1800 万美元、1000 万美元展开对石墨烯及相关的二维材料的基础研究。[1-2]

本文是在对专利文献和期刊文献进行检索和阅读的基础上，对石墨烯的性质、制备方法以及在锂离子电池领域中的应用进行一些讨论分析和总结归纳，并作出展望。

二、石墨烯的结构及性能

（一）石墨烯的结构

石墨烯又称单层石墨或二维石墨，其理想结构是被剥离的单原子层石墨，它的基本结构是 sp2 杂化碳原子形成的类六元环苯单元，其理论厚度仅为 0.35nm，是目前所发现的最薄的二维材料。作为石墨材料的基本单元，它极大地丰富了碳材料家族，例如，石墨烯能够翘曲形成零维的富勒烯，卷曲形成一维的碳纳米管以及堆叠形成三维的石墨。[3]

（二）石墨烯的物理性质及电学性能

石墨烯具有特殊的单原子层结构和新奇的物理性质，不仅具有优异的电学性能，还具有以下特性：超高的强度，高达 130 GPa，是钢的 100 多倍；突出的导热性能，热导率高达 5000J/（m·K·s），是金刚石的 3 倍多；其载流子迁移率达 $1.5 \times 10^4 cm^2$/（V·s），是锑化铟材料的 2 倍，是商用硅片的 10 倍，在特定条件下，其载流子迁移率甚至可高达 $2.5 \times 10^5 cm^2$/（V·s）；比表面积理论计算值高达 2630m^2/g；此外，石墨烯还具有完美的量子隧道效应、室温铁磁性、永不消失的电导率等一系列性质，因而备受关注。[4]

三、石墨烯在电池领域的应用

石墨烯独特的结构和优异的物理性质使其有着美好的应用前景，尤其在锂离子电池领域，下面分几个方面进行介绍。

（一）石墨烯及复合材料用作锂离子电池负极的研究

负极材料作为储锂的主体，在充放电过程中要实现锂离子的嵌入与脱出，是锂离子电池的重要组成部分。碳基材料一直是常用的负极材料，但是作为新成员的石墨烯，不仅能在片层双面储存锂离子而且其表面的皱褶也能作为额外的储锂空间。有研究学者[5]曾用石墨烯以及分别掺杂 C60 和碳纳米管的石墨烯作为锂离子电池负极材料，其比容量可以分别达到 540mAh/g、784mAh/g 和 730mAh/g。天津大学[6]在其专利申请中公开了一种石墨烯为负极材料的锂离子电池，由于石墨烯微观结构具备"薄层"（石墨片层数较小，1～10 层）和"小尺度"（石墨烯层的尺度较小）的特点，且其兼具石墨材料的优点和硬炭材料的特点，同时具有较大的储锂容量和功率特性，是一种非常理想的高功率电池负极材料。

然而，仅使用石墨烯作为电池负极材料时存在一些问题，比如在制备和电化学反应过程中，由于石墨烯片之间具有较强的范德华力，因此极易堆积的片层结构，使得锂离子脱嵌困难，而在循环过程中，这种堆积趋向致密，最终使得锂离子无法脱出，出现死锂，导致电池容量衰减。因此，纯石墨烯直接作为电池负极材料并不是很理想。[7] 解决上述问题的关键在于改进石墨烯制备过程中的形貌，防止片层堆积或是对其进行分子修饰，为单片之间的团聚设置阻力或是与其他材料进行复合，利用其优异的机械性能，减少其他电极材料的体积变化，同时利用优异的导电性能，提高复合材料整体的导电性。

一些金属、半导体金属（又称半金属）及其化合物也是常用的电池负极材料，通常都具有远高于石墨的理论比容量，如常用的硅单质，其理论比容量高达 4200mAh/g，但是在重复的锂离子脱嵌锂过程中，这类高容量的材料往往存在严重的体积变化效应，制备的电极的循环稳定性差，因此可以利用石墨烯改性这类材料，利用上述材料和石墨烯之间的协同作用，使得制备的复合材料能改善这两种材料单独使用时的缺点，极大地提高材料的比容量和循环性能，进而提高材料的电化学性能。因此，将石墨烯与其他金属、半金属或其化合物复合以制备具有一定形态的复合材料，是近年来石墨烯应用于锂离子电池负极的研究热点。

北京科技大学[8] 在其专利申请中公开了一种石墨烯/二氧化钛锂离子电池负极材料及制备方法，采用石墨烯与二氧化钛复合既可以提高二氧化钛的电子电导率，也可以提高石墨烯的循环稳定性，发挥两者各自的优势。采用原位复合的方法制备的石墨烯/二氧化钛复合材料，是一种性能良好的锂离子电池负极材料，电化学测试表明上述复合材料以 50mAh/g 的电流密度充放电，首次放电容量可达 350mAh/g，50 次循环后的容量还有 280mAh/g。

有研究学者[9] 采用喷雾干燥法制备出呈现浴花形状的硅—石墨烯复合材料，其微观结构图显示石墨烯形成了三维立体导电网络，其内部空腔将硅粉包裹进而形成复合颗粒。该复合颗粒作为负极不仅容量高而且具有较好的循环性能，在 200mAh/g 电流密度下，30 次循环后的可逆容量仍可保持在 1502mAh/g。

Lee 等[10] 通过首先制备氧化石墨烯—硅纳米颗粒的复合材料，再通过 H$_2$ 还原氧化石墨烯得到石墨烯—硅纳米颗粒复合材料，其与单独的硅纳米颗粒相比，材料的循环稳定性显著提高，200 次循环后可逆比容量仍高于 1500 mAh/g。

南京工业大学[11] 在其专利申请中公开了一种动力锂离子电池负极材料，其制备方法是先通过改性的 Hummer 法制备氧化石墨；然后，制备表面缺陷的氧化石墨烯，最后制备硅—石墨烯薄膜。通过结合硅活性材料的纳米化和复合化工艺，利用具有高导电、机械性能优越的石墨烯作为复合物，在有效的解决硅材料在电池循环过程中的体积变化的同时，并提出在石墨烯表面引入纳米级孔洞，构建硅—石墨烯的三维网络结构，促进了锂离子在锂离子电池循环过程中的在三维方向上的迁移和扩散，大幅度提升了负极材料的电池容量。

加利福尼亚锂电池研究小组 CalBattery 与美国阿贡国家实验室更在 2012 年，联合推出了硅—石墨烯复合阳极材料，电池负极比容量为 1250 mAh/g，其中的电池结构采用了先进的阴极材料和电解液，电池比能量达到 525 Wh/kg。[12]

有研究报道了通过 $SnCl_2 \cdot 2H_2O$ 和氧化石墨烯共沉淀法得到 SnO_2/石墨烯复合材料，研究表明 SnO_2 在石墨烯夹层中没有发生团聚，电化学测试表明，50 次循环后其容量保持率为 98%。[13]

清华大学深圳研究生院[14]在其专利申请中公开了一种石墨烯宏观体/氧化锡复合锂离子电池负极材料，负极材料是由三维多孔石墨烯宏观体及在三维多孔石墨烯宏观体的孔道中定向生长的纳米级二氧化锡构成，其容量可以达到 500 ~ 2000mAh/g，库伦效率为 80% ~ 99.5%；其中，三维多孔石墨烯宏观体与二氧化锡的质量比为 1：0.1 ~ 20。其保持了石墨烯的导电性好的特点，有利于电荷的转移与传输，形成了一种微观和宏观的导电网络结构；同时，三维多孔石墨烯宏观体具有大的比表面积，丰富的孔隙，有利于锂离子的传输。

施毅等[15]研究小组利用热剥离石墨烯作为载体分别负载 Fe_2O_3、NiO、MnO 以及 SnS_2 制备负极材料。其中，通过溶剂热法制备石墨烯—SnS_2 纳米复合材料，微观结构图显示，SnS_2 粒子在石墨烯层间均匀分散，复合材料由于石墨烯的加入具有相对于纯 SnS_2 显著提高的导电性和对 SnS_2 的体积限制作用，也表明了石墨烯纳米片和 SnS_2 之间存在着协同作用。

何明中等[16]采用改进的 Hummers 方法制备了高氧化程度的氧化石墨，经超声剥离得到氧化石墨烯，以铁盐作为前驱体在氧化石墨烯基底表面生长二维的 FeO（OH）颗粒，再在水热条件下进行自组装，将氧化石墨烯还原为石墨烯，FeO（OH）转化为 Fe_2O_3，得到三维的石墨烯—Fe_2O_3 复合材料。当作为锂离子电池负极材料进行电化学测试时，上述复合材料表现出了更高的可逆比容量和良好的循环稳定性，证明石墨稀的加入及其稳定的三维框架结构均有助于提高电化学性能。

（二）石墨烯用作锂离子电池正极材料的研究

正极材料通常具有锂离子且需要存在适合锂离子脱嵌的空间结构，也是锂离子电池的重要组成部分。钴酸锂、锰酸锂、磷酸铁锂和镍钴锰酸锂三元材料是常规的正极材料，但是此类材料存在初始容量较低、容量衰减快及高温性能差等问题，如 $LiFePO_4$ 虽然具有高比容量 170mAh/g，但其电导率低仅为 $10^{-9}S/cm^2$，锂离子扩散能力仅为 $10^{-14} \sim 10^{-16} cm^2/s$。石墨烯二维高比表面积的特殊结构以及其优异的电子传输能力，能有效改善正极材料的导电性能，提高锂离子的扩散传输能力。

Zhao 等[17]利用锂锰氧化物和石墨烯自组装，形成 $LiMn_2O_4$/石墨烯纳米复合物。电化学测试表明，在 0.2 C 时首次放电比容量可达 146 mAh/g，第 80 次循环的容量衰减率仅为 0.19 %。复合材料具有很好的稳定性。

有学者[18]通过微波辅助水热法合成出结晶性好的纳米尺度 $LiMn_2O_4$，与氧化还原法制得的石墨烯进行复合，测试表明，复合材料高倍率 50 C 和 100 C 放电比容量分别为 117 mAh/g 和 101 mAh/g；1C 和 10C 循环 100 次，容量保持率分别为 90% 和 96%。这种方法既保证了电极材料高的活性表面积又保持了高倍率性能。事实上，用石墨烯对自组装进行改性，制备工序相对复杂，反应时间相对较长，而微波辅助水热法对石墨烯含量的要求较高，增加了成本，不利于产业化。

Rao 等[19]报道了微乳液法制备层状三元正极材料 $LiNi_{1/3}Co_{1/3}Nn_{1/3}O_2$，再通过球磨制备 $LiNi_{1/3}Co_{1/3}Nn_{1/3}O_2$石墨烯复合物。研究表明，石墨烯超强的电子导电性，减少了电极活性材料与电解质之间的界面电阻，有利于锂传导；同时，石墨烯片层包覆在电极材料表面，保持了充放电过程中电极材料的结构稳定。

（三）石墨烯用作锂离子电池导电添加剂的研究

电池领域中，常用的导电添加剂多为碳材料，如炭黑、乙炔黑。然而，由于导电剂本身的化学惰性，其不能提供嵌脱锂容量，因此其添加量过高，会影响电池比能量与比功率。且炭黑、乙炔黑等碳基导电剂因为与活性材料粒子是点对点的接触方式，这样势必引起热阻抗增大，给电池安全带来隐患。因此，为了能够建立高效的导电网络，对导电剂的添加量要求往往较高。本领域技术人员希望在提高整体电极的导电能力的同时尽可能地降低导电剂的添加量。[20]

北京化工大学[21]在其专利申请中采用氧化石墨快速热膨胀法制备石墨烯锂离子电池导电材料，结果表明这种导电材料由于具有高的纵横比和导电率，因此利于缩短锂离子的迁移路程和提高电解液的浸润性，保证电极活性物质具有较高的利用率和良好的循环稳定性。

中国科学院过程工程研究所[22]在专利中公开了种锂离子电池石墨烯－Li（$Ni_xCo_yMn_z$）O_2复合电极材料的制备方法，与传统单一的Li（$Ni_xCo_yMn_z$）O_2三元电极材料相比，石墨烯的加入替代了原有的导电剂，提高了材料的导电性，并且对三元材料的结构起到了支撑作用，从而改善了三元材料的倍率性能和循环稳定性能。

有学者[23]研究了石墨烯纳米片及导电炭黑作为导电添加剂对磷酸铁锂正极材料的电化学性能影响。研究表明，以石墨烯纳米片为导电添加剂时，电极性能在石墨烯纳米片含量为2wt%时就能达到最佳，其导电能力远高于含有20wt% 导电炭黑的电极。SEM 图象显示石墨烯纳米片独特的二维层状结构可以提供大量的结合表面积，实现与电极材料的面对点的接触，只需极少的添加量就可达到极高的导电效率。而且其面对点的接触方式，也使得其与活性颗粒紧密接触，可缓冲在充放电过程中的电极材料的体积变化，从而提高电极的循环稳定性与使用寿命。

易义武等[24]也研究了石墨烯添加到人工石墨中，替代传统乙炔黑作为导电添加剂的性能。相比于乙炔黑，石墨烯能提供连续的导电网络，在循环充放电过程中不会因活性物质的体积变化而逐渐丧失导电接触，因而能有效提高材料的循环性能和高倍率性能。

株式会社半导体能源研究所[25]在其申请的专利中公开了使用包含1～100 个石墨烯片的网状石墨烯代替以往使用的导电助剂及黏合剂，这种网状石墨烯是通过在混合氧化石墨烯和活性物质粒子之后，在真空或还原气氛中对该混合物进行加热得到的，由于其特殊的二维的展宽及三维结构，这种石墨烯更容易与活性物质粒子或其他导电助剂接触，由此提高导电性和活性物质粒子之间的结合性。

由以上研究可知，在使用石墨烯作为锂离子电池导电添加剂时，一方面，应该注意所用材料的导电性能，这将从根本上影响所制备电极电化学性能的发挥；另一方面，也应尽可能提高材料的分散能力，从而构筑更为完善的导电网络。值得注意的是，由于石墨烯制备成本的制约，目前还不能够完全取代商用的导电炭黑等廉价导电添加剂。今后的研究也应更关注于使用少量的石墨烯部分替代低成本的导电材料，通过尽可能发挥新旧两类导电材料的协同作用，在提高电极性能的同时，尽可能降低电池的生产成本。

四、结论与展望

综上所述，自从石墨烯被首次制备出来后，石墨烯的研究目前已经取得了重要的进展。石墨烯通过构筑能量储运网络和发挥电子传递及界面反应调节等作用在锂系二次电池中展示出巨大的应用潜力。但就目前而言，利用石墨烯提升锂系二次电池各项性能的研究还处于起步阶段。对于石墨烯自身而言，首先，不同制备方法获得的石墨烯在物化性质上存在着较大差异，要真正实现高质量石墨烯的低成本商业化生产仍需进一步研究；其次，石墨烯在电极材料的应用中也存在问题，如作为锂离子电池负极材料，其充放电曲线没有显著的电压平台。此外，石墨烯在电极材料中究竟处于何种状态以及其他材料在其中的分散效果也对其发挥实际作用有着重要影响，目前的研究仍要集中于如何实现对石墨烯的精细化控制。

总之，石墨烯材料具有优异的储能性质，在锂离子电池领域上表现出了良好的应用前景。尽管目前研究尚待深入，但是经过系统的研究，相信石墨烯的应用范围将更加广阔。

参考文献：

［1］沙建超，等. 基于专利的中美石墨烯技术创新比较研究［J］. 全球科技经济瞭望，2014.

［2］Granphene：An Analysis of Worldwide Patent Filings Relating to Graphene，UK IPO，2012.

［3］胡耀娟，等. 石墨烯的制备、功能化及在化学中的应用［J］. 物理化学学报，2010.

［4］袁小亚. 石墨烯的制备研究进展［J］. 无机材料学报，2011.

［5］李健，等. 碳纳米管与石墨烯在储能电池中的应用［J］. 化学进展，2014.

［6］天津大学. 石墨烯为负极材料的锂离子电池［P］. 中国专利，CN101572327 A，2009.

［7］匡达. 石墨烯复合材料的研究进展［J］. 无机材料学报，2013.

［8］北京科技大学. 一种石墨烯/二氧化钛锂离子电池负极材料及制备方法［P］. 中国专利，CN101937985A，2011.

［9］周冠蔚，等. 石墨烯及其复合材料在锂离子电池中的应用［J］. 化学进展，2012.

［10］J. K. Lee，et al，Silicon Nanoparticles-graphene Paper Composites for Li ion Battery Anodes［J］Chem. Commun，2010.

［11］南京工业大学. 一种动力锂离子电池负极材料的制备方法［P］. 中国专利，CN103022445 A，2013.

[12] 郭鹏. 石墨烯的制备、组装及应用研究 [D]. 北京：北京化工大学，2010.

[13] Paek S M, et al, Enhanced Cyclic Performance and Lithium Storage Capacity of SnO$_2$/graphene Nanoporous Electrodes with Three-dimensionally Delaminated Flexible Structure [J] Nano Lett, 2009.

[14] 清华大学深圳研究生院. 石墨烯宏观体/氧化锡复合锂离子电池负极材料及其工艺 [P]. 中国专利，CN102244250A，2011.

[15] 高春雪. 石墨烯在锂离子电池负极中的应用研究 [D]. 北京：北京交通大学，2014.

[16] 张明. 石墨烯及碳纤维基复合材料的合成及储锂性能研究 [D]. 长沙：湖南大学，2014.

[17] Zhao X, et al, Recent Progress on Anostructured 4 V Cathode Materials for Li-ion Batteries for Mobile Electronics [J] Mater Today, 2013.

[18] Bak, et al, Spinel LiMn$_2$O$_4$/Reduced Graphene Oxide Hybrid for High Rate Lithium ion Batteries [J] J Mat er Chem, 2011.

[19] Rao, et al, LiNi$_{1/3}$Co$_{1/3}$Mn$_{1/3}$O$_2$ – graphene Composite as A Promising Cathode for Lithium-ion Batteries [J] ACS Appl. Mater. Interfaces, 2011.

[20] 杜坤. 锂离子电池碳纳米导电剂的研究 [D]. 重庆：重庆大学，2012.

[21] 北京化工大学. 一种锂离子电池导电材料及其制备方法和用途 [P]. 中国专利，CN101728535A，2010.

[22] 中国科学院过程工程研究所. 一种锂离子电池石墨烯 – Li（Ni$_x$Co$_y$Mn$_z$）O$_2$复合电极材料及其制备方法 [P]. 中国专利，CN102891311A，2013.

[23] OH Y, et al, Review Paper：Nanoscale Interface Control for High-performance Li-Ion batteries [J] Electron Mater Lett, 2012.

[24] 易义武，等. PBT用多层石墨烯/碳纳米管复合导电剂的制备 [J]. 新型炭材料，2013.

[25] 株式会社半导体能源研究所. 电极的制造方法 [P]. 中国专利，CN103582968A，2012.

锰氧化物电阻存储器的
电脉冲诱发变阻效应研究进展

黄丽娜　　罗晓雅

▍摘要▍ 电阻存储器是基于在稀土掺杂锰氧化物材料中发现的电脉冲诱发变阻效应而发展起来的一种新型非挥发半导体存储器。本文以锰氧化物作为存储材料，系统综述了当前锰氧化物电阻存储器的电脉冲诱发变阻（Echo Path Impulse Response，以下简称 EPIR）效应的研究进展，对 EPIR 效应的变阻行为及其影响因素进行了介绍，进一步拓展了对这种物理效应的认识，并对基于 EPIR 效应的电阻存储器的应用优势及实用化所面临的挑战进行了展望。

▍关键词▍ 电阻存储器　RRAM　锰氧化物　电脉冲诱发变阻　EPIR

一、研究背景

近十几年来，稀土掺杂锰氧化物因其在外场下独特的电、磁与结构相变特性而成为凝聚态物理研究的重要领域。这些特殊性质具有丰富的物理内涵，涉及强关联和多体系统、电磁输运、能带结构、纳米表征等一系列凝聚态物理基本问题。尽管研究者对锰氧化物 $R_{1-x}A_xMnO_3$ 体系的特性及其作用机制进行了长时间的探索，但仍有许多深层次的问题有待解决，如高温与低温输运的详细机制、庞磁电阻（Colossal Magneto Resistance，以下简称 CMR）效应的定量分析、相分离与 CMR 效应的直接相关性等。这些问题对目前有关锰氧化物的认识提出了更大挑战。

钙钛矿结构稀土掺杂锰氧化物是本征的强关联电子体系，电荷、晶格、自旋和轨道自由度的相互耦合使其呈现出空间的不均匀性（相分离）和绝缘体—金属转变等奇异的性质。在相分离图像下，锰氧化物材料内部共存各相的基态能量相差无几，电场、磁场、应力等外界因素的微小变化都可能破坏材料中局部的相平衡，从而对其宏观的电、磁特性产生相当大的影响。考虑到锰氧化物 CMR 效应的实用化受到低温、高磁场、转换温区窄等诸多限制，研究者陆续采用电场[1-3]、应力[4-5]、X 射线辐射[6]、光载流子注入[7]等各种手段调控锰氧化物材料的电、磁性质，试图寻找更为优越的新特性。1997 年，A. Asamitsu 等报道了在 $Pr_{0.7}Ca_{0.3}MnO_3$ 单晶中电场导致低温下的电荷有序绝缘态（COI）转变为铁磁金属态（FM），且样品电阻值随偏置电压的增大显著减小。[1]温度为 20K 时，700V 电压作用使得 $Pr_{0.7}Ca_{0.3}MnO_3$ 电阻值较之 10V 时降低 5 个数量级，且电阻—电压关系曲线存在明显的回滞；随后，Joe Sakai 等在 $Au/Pr_{0.5}Ca_{0.5}MnO_3/YBa_2Cu_3O_{7-z}$ 结构中也发现了类似的变阻效应。[2-3]值得注意的是，上述各种低温下电场导致的变阻效应均不可逆，且无记忆特性，撤去电场后阻值将恢复初始状态，从而限制了这类场致变阻效应的应用。

突破性的工作出现在 2000 年，A. Beck 等首次采用电脉冲激励在以掺 Cr 的 $SrZrO_3$ 为绝缘介质的金属—绝缘体—金属（MIM）三明治结构中发现了具有记忆特性的变阻效应，工作温度为室温。[8]与此同时，美国 Houston 大学的 Liu 等在以 $Pr_{0.7}Ca_{0.3}MnO_3$ 为功能层材料的单/双层薄膜结构中发现了更低脉冲电压作用下的变阻效应，称之为电脉冲诱发变阻（Electric-Pulse-Induced Resistance，以下简称 EPIR）效应。[9]在 5V/100ns 电压脉冲作用下，室温下的 $Pr_{0.7}Ca_{0.3}MnO_3$ 电阻变化率高达 1700%。该效应具有记忆特性，且可以实现可逆变阻，具有明显的应用优势。之后，有关 EPIR 效应的研究成果接踵而至。室温零磁场下电脉冲诱发变阻效应的发现为锰氧化物材料场致变阻效应的实用化研究提供了契机。

二、锰氧化物的 EPIR 效应

EPIR 效应是以稀土掺杂锰氧化物薄膜作为基础记忆材料，在室温零磁场状态下采用低能量电脉冲激励即可实现变阻的一种新型物理效应，其具体表现为室温下材料电阻随电场极性反转而高低转变，变阻示意图如图 1 所示。在金属—氧化物—金属三明治结构薄膜电阻的两端施加电压 V，当所加电压高于某一阈值时，氧化物薄膜的电阻值随外加信号的极性反转而变化，即正电压信号使材料电阻值减小，达到一个低电阻状态（Low Resistance State，LRS）；反之，当负电压信号通过时，材料的电阻值增大为高电阻状态（High Resistance State，HRS）。随着外加信号的极性反转，电阻可以在高、低两种阻态之间来回变化。撤除电压后高低阻态均能保持，具有非挥发存储特性。电阻变化率定义为：EPIR $= \Delta R/R_L =$

（$R_H - R_L$）/R_L（以百分比表示），其中 R_H 和 R_L 分别是电场作用下电阻变化时的高阻值和低阻值。

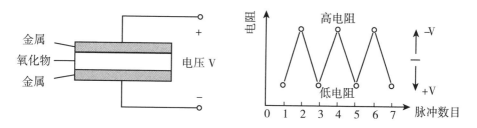

图1　（a）EPIR 效应测试结构示意　（b）电阻随电压脉冲的极性反转而变化

较之 CMR 效应以及应力、X 射线、光载流子注入等其他外场导致的变阻效应，EPIR 效应的显著特征在于：（1）工作环境为室温零磁场，无须 CMR 效应的低温高磁场，为锰氧化物材料体系的实用化研究提供了新思路；（2）可逆变阻：功能层材料的高低阻态可被循环调制。在相同幅度的电场作用下，高低电阻值与电阻变化率基本保持不变，变阻性能稳定；（3）记忆特性：撤除电场后的阻值记忆特性有望应用于新型非挥发存储器的研制；（4）高电阻变化率：有利于高低阻态的读取和器件灵敏度的提高。由于上述明显的应用优势，研究者纷纷从新材料、新原理、新结构出发，对 EPIR 效应的变阻行为及其影响因素进行了初步探索性地研究，以期获得更优的变阻特性。具体内容分述如下。

（一）开关特性

EPIR 开关特性是指，功能层材料在高于某一阈值电压（阈值电压通常表示 EPIR 电阻变化率为 10% 时所对应的外加电压）作用下才能实现可逆变阻的特性。R. Dong 等对 Ag/$La_{0.7}Ca_{0.3}MnO_3$/Pt 结构的开关特性测试结果如图2所示。[10] 脉冲电压大于 4V 时，单向负脉冲作用使得 $La_{0.7}Ca_{0.3}MnO_3$ 原始薄膜样品的电阻迅速增大，即该结构的阈值电压为 4V，具有良好的开关特性。若将样品置于温度为 1073K 的氧气炉中退火 10 小时，则结构的阈值电压增大，且 $La_{0.7}Ca_{0.3}MnO_3$ 薄膜的初始电阻值减小。由此可见，EPIR 开关特性与功能层薄膜的制备工艺紧密相关。分析指出，锰氧化物薄膜的氧含量和晶粒尺寸对其电学特性有很大影响。[11-12] 经后退火处理之后，$La_{0.7}Ca_{0.3}MnO_3$ 薄膜中的氧空位减少，且晶粒在高温作用下逐渐长大，晶界减少，从而使得薄膜的初始电阻值降低。对于后退火处理导致 EPIR 阈值电压增大的现象，其物理机制仍有待进一步研究。

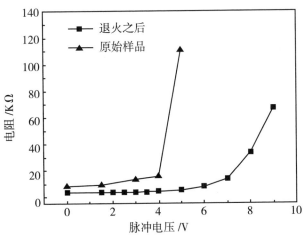

图2 Ag/La$_{0.7}$Ca$_{0.3}$MnO$_3$/Pt 结构经氧气退火前后的

开关特性曲线[10]，脉冲宽度为100ns

（二）疲劳特性

EPIR 疲劳特性是指，功能层材料高低电阻在多循环脉冲激励作用下的衰减特性。图3（a）是 Liu 等关于 Ag/Pr$_{0.7}$Ca$_{0.3}$MnO$_3$/YBa$_2$Cu$_3$O$_{7-z}$ 三明治结构薄膜电阻的疲劳特性测试结果。[13] 在 ±12V/80ns 脉冲循环作用下，Pr$_{0.7}$Ca$_{0.3}$MnO$_3$ 薄膜的电阻变化率逐渐下降。脉冲数目大于 105 之后，变阻率基本保持在 60%。Doohi Choi 等对 Pt/SrTiO$_3$/Pt 结构的疲劳特性测试结果如图3（b）所示。[14] 在 105 非对称脉冲（ +6V/50ns 与 -3.6V/300μs）循环作用下，多晶 SrTiO$_3$ 薄膜的高低电阻能够基本保持，表现出良好的耐疲劳特性。

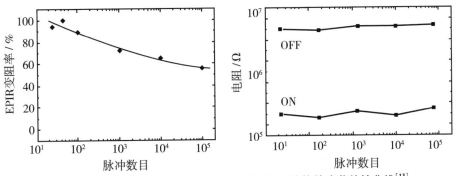

图3 （a）Ag/ Pr$_{0.7}$Ca$_{0.3}$MnO$_3$/YBa$_2$Cu$_3$O$_{7-z}$ 结构的疲劳特性曲线[13]

（b）Pt/SrTiO$_3$/Pt 结构的疲劳特性曲线[14]，

OFF 与 ON 分别表示脉冲激励作用下的高低阻态

此外，研究者还对 EPIR 疲劳特性的各种影响因素进行摸索，如脉冲激励方式与脉冲参数的选择、功能层薄膜的退火工艺研究、多层膜结构优化以及缓冲层的使用等，均取得了有意义的成果。[10, 15]

（三）保持特性

EPIR 保持特性是指，撤除电场之后功能层材料高低电阻随时间的保持特性。图 4（a）是 Pt/SrTiO$_3$/Pt 结构在 125℃时的保持特性曲线。[14]可以看出，经历高温之后，高低电阻仍保持稳定，表现出良好的保持特性。相比之下，低阻态的保持特性优于高阻态，这可能源于高低阻态不同的物理形成机制。[15 - 16]

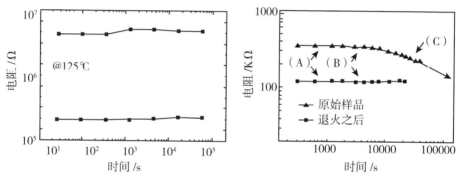

图4 **（a）125℃时 Pt/SrTiO$_3$/Pt 结构高低阻态的保持特性曲线**[14]
（b）Ag/La$_{0.7}$Ca$_{0.3}$MnO$_3$/Pt 结构高电阻经退火前后的保持特性曲线[10]。
A 为弛豫期，B 为稳定期，C 为老化期

图 4（b）给出了 Ag/La$_{0.7}$Ca$_{0.3}$MnO$_3$/Pt 结构经高温氧气退火前后的保持特性测试结果。[10]退火工艺条件同图 2 所述。施加 -7V/100ns 电压脉冲使该结构电阻达到高阻态。撤除脉冲源之后，经高温氧气退火的 La$_{0.7}$Ca$_{0.3}$MnO$_3$ 薄膜电阻的保持特性较好，而 La$_{0.7}$Ca$_{0.3}$MnO$_3$ 原始薄膜样品的高阻值随时间推移缓慢下降，大致可分为三个阶段：（1）弛豫期。撤除脉冲源后，电阻在短时间内仍缓慢增加。研究表明，增大脉冲电压幅值和脉冲数目，可延长弛豫时间；（2）稳定期。电阻在较长时间内保持稳定。经高温氧气退火的 LCMO 薄膜的稳定期很长，表现出良好的保持特性；（3）老化期。脉冲源撤除较长时间之后，电阻趋于减小。由上述分析可见，深入探索 EPIR 效应高低阻态的不同物理来源、有效控制锰氧化物薄膜材料的制备工艺均是改善 EPIR 保持特性的有效途径。

（四）多值存储特性

多值存储特性是 EPIR 效应的典型特征之一。所谓多值存储，即材料电阻可以被不同幅值（须高于阈值）的电脉冲灵活调制，获得具有记忆特性的不同阻态。每一阻态分别与一个特定的非挥发存储状态相对应，从而实现单个存储单元的多值（并非只是"0""1"两值）存储。该特性可望应用于新一代非挥发多值存储器的研制。

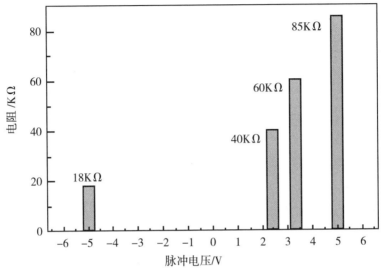

图5　SRO/BST/Pt 结构的多值存储特性曲线，[17]
电压脉冲宽度为 0.2s

典型的多值存储特性测试结果如图 5 所示，[17]该结构以 $SrTiO_3$（001）为衬底，$SrRuO_3$（SRO）与 Pt 分别为三明治结构的上下电极，$Ba_{0.7}Sr_{0.3}TiO_3$（BST）为外延生长的功能层。在三个不同幅值的正向电压脉冲（分别为 2.4V、3.3V、5V）作用下，BST 薄膜对应出现三个不同阻值的高电阻状态（分别为 40KΩ、60KΩ、85KΩ），而固定幅值为 5V 的负向电压脉冲使其转化为相同的低电阻状态（≈18KΩ）。撤除脉冲之后，四个不同的电阻态均能保持恒定，具有良好的非挥发存储特性。

另外，A. Beck、S. Q. Liu、Doohi Choi 等也分别对钙钛矿结构氧化物 EPIR 效应的多值存储特性进行了研究。[8, 13 - 14]结果表明，通过改进脉冲激励方式（脉冲幅值、宽度、数目及初始化方式的选择）与优化薄膜电阻结构，可获得更多的分离阻态和更优的多值存储特性。

三、结　语

近年来，基于新材料、新原理与新结构的 EPIR 效应的研究已经取得了可喜的进展。由于 EPIR 效应具有传统场致变阻效应无法比拟的优势，如室温零磁场的工作环境、低脉冲能量作用下的高电阻变化率、激励源撤除之后的阻值记忆特性等，研究者采用理论与实验并行的研究思路，在深入探索 EPIR 效应物理机制的同时，也尝试将其应用于多种电子元器件的研制，最核心的应用方向即为电阻存储器（Resistance Random Access Memory，以下简称 RRAM）。EPIR 效应型 RRAM 以可逆变阻材料为存储介质，采用电脉冲进行写入或擦除操作，利用功能层薄膜电阻随脉冲电场极性反转而变化的特性实现信息存储。就目前国内外的研究进展来看，RRAM 因其潜在的应用优势，如读写速度快、写入电压低、结构简单、单元面积小、可靠性高，已受到广泛关注。

由于 EPIR 效应的物理机理与变阻性能研究还不够成熟，诸如 RRAM 等的实用化方案仍面临着许多挑战，这些挑战一方面来自 RRAM 器件研究本身，涉及存储材料体系及其硅基兼容性制备工艺的研究、存储材料的变阻行为及纳米表征、单元结构与工艺的改进、存储性能（可逆变阻的重复性和可靠性）的优化等问题；另一方面来自 EPIR 效应的非挥发存储机理的研究。目前，已有多种理论模型对 EPIR 效应的部分物理现象进行了定性解释，但尚无统一的理论能够解释所有与该效应相关的实验事实，从而制约了 RRAM 器件的深入研究。可以预计，随着 EPIR 效应的应用研究的不断深入，RRAM 从理论研究到器件开发都将取得突破性进展。

参考文献:

[1] Asamitsu A, Tomioka Y, Kuwahara H, et al. Current switching of resistive states in magnetoresistive manganites [J]. Nature, 1997, 388: 50 - 52.

[2] Joe S, Atsushi K, Syozo I. Switching effect perpendicular to the plane of $Pr_{0.5}Ca_{0.5}MnO_{3-y}$ thin films [J]. J. Appl. Phys., 2001, 90 (3): 1410 - 1413.

[3] Joe S, Yoshiyuki Y, Hidenobu H, et al. Magnetic phase and transport property of $Pr_{1-x}Ca_xMnO_3$ thin films [J]. J. Appl. Phys., 2004, 95 (11): 7094 - 7096.

[4] Joonghoe D, Kim Y N, Hwang Y S, et al. Strain-induced magnetic stripe domains in $La_{0.7}Sr_{0.3}MnO_3$ thin films [J]. Appl. Phys. Lett., 2003, 82 (9): 1434 - 1436.

[5] Ziese M, Semmelhack H C, Han K H. Strain-induced orbital ordering in thin $La_{0.7}Ca_{0.3}MnO_3$ films on $SrTiO_3$ [J]. Phys. Rev. B, 2003, 68: 134 - 134.

[6] Kiryukhin V, Casa D, Hill J P, et al. An X-ray-induced insulator-metal transition in a magnetoresistive manganite [J]. Nature, 1997, 386: 813 - 815.

［7］ Fiebig M, Miyaho K, Tomioka Y, et al. Reflection spectroscopy on the photoinduced local metallic phase of $Pr_{0.7}Ca_{0.3}MnO_3$ ［J］. Appl. Phys. Lett. , 1999, 74 (16): 2310 – 2312.

［8］ Beck A, Bednorz J G, Gerber C, et al. Reproducible switching effect in thin oxide films for memory applications ［J］. Appl. Phys. Lett. , 2000, 77 (1): 139 – 141.

［9］ Liu S Q, Wu N J, Ignatiev A. Electric-pulse-induced reversible resistance change effect in magnetoresistive films ［J］. Appl. Phys. Lett. , 2000, 76 (19): 2749 – 2751.

［10］ Dong R, Wang Q, Chen L, et al. Fatigue behavior of the electric pulse induced reversible resistance change effect in $Ag-La_{0.7}Ca_{0.3}MnO_3-Pt$ sandwich ［J］. Appl. Phys. A: Mater. Sci. Proc. , 2004, DOI: 10.1007/s00339 – 004 – 2993 – 3.

［11］ Mahesh R, Mahendiran R, Raychaudhuri A K, et al. Effect of particle size on the giant magnetoresistance of $La_{0.7}Ca_{0.3}MnO_3$ ［J］. Appl. Phys. Lett. , 1996, 68: 2291.

［12］ Dabrowski B, Klamut P W, Bukowski Z, et al. Effective oxygen content and properties of $La_{0.74}Ca_{0.26}MnO_{3+\alpha}$ as a function of synthesis conditions ［J］. J. Solid State Chem. , 1999, 144: 461 – 466.

［13］ Liu S Q, Wu N J, Ignatiev A. A new concept for non-volatile memory: the electric-pulse induced resistive change effect in colossal magnetoresistive thin films ［J］. Proc. Non-Volatile Memory Technology Symposium, 2001.

［14］ Choi D, Lee D, Sim H, et al. Reversible resistive switching of $SrTiO_x$ thin films for nonvolatile memory applications ［J］. Appl. Phys. Lett. , 2006, 88: 082904.

［15］ Chen X, Wu N J, Ignatiev A. Buffer-enhanced electrical-pulse-induced-resistive memory effect in thin film perovskites ［J］. http: //arxiv. org/ftp/cond-mat/papers/0510/0510060. pdf.

［16］ Chen T L, Li X M, Dong R, et al. Field-induced resistance-switching of $La_{0.7}Ca_{0.3}MnO_{3-\delta}$ films epitaxially grown on Ir/MgO buffered Si (001) substrates ［J］. Thin Solid Films, 2005, 488: 98 – 102.

［17］ Oligschlaeger R, Waser R, Meyer R, et al. Resistive switching and data reliability of epitaxial (Ba, Sr) TiO_3 thin films ［J］. Appl. Phys. Lett. , 2006, 88: 042901.

SOFC 连接体材料的研究

韩建华　李　英①　见　姬　周文娟

▍摘要▍ 固体氧化物燃料电池（solid state oxide fuel cells，SOFC）的连接体（interconnect）是构建 SOFC 电池组或电池堆的关键部件，主要包括铬酸镧和合金材料。本文在对专利文献和期刊文献进行大量检索和阅读的基础上，就 SOFC 连接体的材料性质和研究进展进行一些讨论分析和总结归纳。

▍关键词▍ 固体氧化物燃料电池　连接体　铬酸镧　合金

一、前　言

固体氧化物燃料电池是一种燃料气和氧化剂气通过离子导电的氧化物发生电化学结合而产生电能的全固态能量转化装置。由于其具有能源清洁，氮、硫氧化物排放量低，燃料利用率高，电池寿命长，不适用贵金属，安装方便，发电灵活等特点，而广泛应用于大规模电站、航天国防、船舶潜艇、电动汽车，以及便携式电源等诸多领域。单个 SOFC 电池的功率非常有限，通常需要通过连接体或连接件来将单电池串联或并联组成电池组或电池堆来获取大功率 SOFC 电池系统。电解质、阴极、阳极和连接体都是 SOFC 电池组的关键部件之一。其中连接体主要将电池堆中相邻电池的阴极和阳极电连接，并作为集流体和间隔件，收集电流、阻隔燃料和空气、有序分配气流，使得电化学反应顺利进行。对 SOFC 连接体材料的要求主要包括：稳定性、电子导电性、兼容性、气密性和导热性。[1] 依据连接体材料的属性可分为铬酸镧体系连接体、合金连接体和其他连接体。本文是在对专利文献和期刊文献进行大量检索和阅读的基础上，就 SOFC 连接体的材料性质进行一些讨论分析和总结归纳，并作出展望。

---

①　第二作者与第一作者对本文的贡献相同。

二、连接体材料

（一）铬酸镧体系连接体

早期发展的高温 SOFC（1000℃以上）广泛使用的材料为铬酸镧（$LaCrO_3$），它属于钙钛矿型复合氧化物，熔点 2510℃，高温热膨胀系数 9.2×10^{-6} K^{-1}，热导率为 0.04 $W \cdot cm^{-1} \cdot K^{-1}$，室温下为正交晶体，在 240～280℃时由正交结构向菱形结构转变，菱形结构在 1000℃以下是一种稳定的结构，在 1650℃转变为立方结构。$LaCrO_3$ 中的 La 位元素很容易被二价碱土金属离子如 Fe^{2+}、Ni^{2+}、Co^{2+} 等取代，导致晶体中形成氧空位或使 Cr 原子发生变价，从而提高材料的导电性能[2]。常用的制备方法包括：柠檬酸法、溶胶凝胶法、共沉淀法、喷雾热解、甘氨酸硝酸盐法[3]、微波烧结[4] 等。

为了克服铬酸镧高温烧结性能差的缺点，而发挥其导电性能高的优点，研究者们可以想到通过改性铬酸镧系材料应用到中低温 SOFC 中。例如，由厚度 10～20μm 的 $La_xSr_{1-x}TiO_3$ 和厚度 10～20μm 的 $La_{0.8}Sr_{0.2}MnO_3$ 组成的铬掺杂钛酸锶层和锰酸锶镧层复合陶瓷连接体，[5] 可以改善阳极支撑管式 SOFC 和连接体的烧结性能。通过调整元素组成以形成非化学计量的钙钛矿结构会显著影响体系的烧结性能。例如，Ca 取代 $LaCrO_3$ 体系材料，在 Cr 不足的条件下，1300℃烧结后，陶瓷的相对密度可以达到 94%[6]；Cr 位缺 0.03～0.09 时，1400℃烧结后，陶瓷的相对密度可以达到 97%[7]。用 Ca 和 Sr 同时取代 La 位，也能够提高陶瓷的烧结性能。[8] Zn、Cu、Co、Ti、Ni 等过渡金属元素部分取代 Cr 位可以导致晶体中形成氧空位，改善铬酸镧的致密性。[9] 以少量的 SDC、YDC、GDC 等[10] 为第二相加入 $LaCrO_3$，可大大降低其烧结温度。1400℃下烧结，其相对密度可达 98% 左右。元素的掺杂，液相共烧结和新合成技术的发展使得铬酸镧在中低温 SOFC 中的应用前景变得十分光明。

（二）合金连接体

金属合金具有更好的机械性能、更高的电导率，便于加工成型。但是，其不利方面是容易被氧化，造成连接体脱落和电池电阻增加。为了获得良好的抗腐蚀和抗氧化特性，合金材料中需要加入一定量的 Cr，Al，Si 元素[11]，根据目前的研究，学术上倾向将连接体用合金体系归为三大类：Ni 基合金、Cr 基合金和 Fe 基合金[12]。与 Cr 基、Fe 基合金相比，Ni 基合金具有更高的耐热温度（可高达

1200℃）和耐高温强度，Ni－Cr 系合金发生氧化后的产物都具有显著降低氧扩散速度的作用，形成良好的抗氧化保护层，但是由于合金中含有一定量的 Cr，也就存在着 Cr 的挥发性问题。[13]钢铁研究总院[14]发明了一种抗阴极 Cr 毒化的中温 SOFC 连接体用 Ni 基合金，合金中加入了 Mo，解决了上述问题。Cr 基合金具有良好的耐高温腐蚀、抗氧化特性，TEC 与 YSZ 的匹配性好，表面形成的 Cr_2O_3 氧化层电子导电率高等优点，但温度高于 700℃时，Cr 的扩散速度显著增大，从而使氧化层增长率加快，电阻增大。研究表明掺杂稀土 Y，La，Ce 或 Zr 可以限制氧化层的生长速度[15]，从而提高氧化层与合金基体的结合强度。Fe 基合金因资源丰富，具有良好的延展性，易于加工，制造成本低等优点，广泛应用于中温平板式 SOFC 连接体材料。常用的 Fe 基合金包括 Cr 含量11% ~30% 的铁素体不锈钢，SUS430，ZGM232，Fe－Cr－Mo，Fe－16Cr[16]等。研究表明添加一些金属元素（如 W、Mo、Nb）能有效降低铁素体不锈钢的热膨胀系数，例如采用 SUS430 材料作为金属连接体，通过溶胶凝胶法在 SUS430 表面涂敷具有尖晶石结构的 $MnCo_2O_4$ 保护膜层，750℃下具有良好的阴极相容性和抗氧化性。[17]此外，采用电镀、化学镀、真空等离子喷涂、蒸汽沉积、溅射沉积等手段在铁素体 SUS 表面涂覆奥氏体相稳定剂，可以将铁素体体立方（BCC）相转变为表面面心立方（FCC）相[18]，这样通过 FCC 相的 Cr 扩散速率降低，Cr 氧化物层的厚度生长被最小化限制。

合金表面涂层作为一种表面改性材料沉积于连接体上，能够有效防止合金的高温腐蚀以及抑制铬氧化物的生长速率，对于 SOFC 运行寿命的延长具有重要的作用，已经成为科学研究和商业化应用的热点研究之一。根据涂层的晶体结构和性质，合金涂层可以分为含氮涂层、活性元素氧化物 REO 涂层、钙钛矿涂层和尖晶石涂层。典型的氮涂层包括 CrN/AlN[19]、Cr－Al－O－N、TiAlN[20]和 SmCoN 等，其主要用真空沉积法获得，氮化物涂层能够获得较低的界面电阻，有效防止 Cr 挥发。实验证明 REO 涂层中添加少量活性稀土元素（如 Y，La，Ce，Hf）能够显著降低合金的高温氧化速度并改善氧化层与金属基体之间的结合力，因此 REO 涂层被广泛研究。可以通过凝胶溶胶、MOCVD 等方法获得 REO 涂层。金光熙等[21]研究了800℃下稀土添加对铁素体性能的影响，发现添加 Y 和 La 可以大幅度地提高电导率，而添加 Ce 对电导率的影响不大。Horita 等[22]制作了一种表面改性的 Fe－Cr 合金，合金的外层依次生长了 Al_2O_3 层、富 Si 层、富 Cr 层和 Mn、Fe、La 掺杂层，这种结构可以有效减缓氧化物生长的速度。钙钛矿涂层主要是由铬酸镧在 Cr 位上掺杂 Mn、Ni、Co、Al、Fe、Mg 等元素的方式来降低烧结温度，成为目前研究最为广泛的关注点之一。例如，华斌等[23]通过溶胶凝胶提拉法在 SUS430 表面施加了 $LaCoO_3$ 涂层，与为施加涂层的合金相比，氧化速率常数降低了 1~2 个数量级。尖晶石涂层具有良好的导电性、热膨胀匹配性和吸收 Cr 的特性而被研究者所亲睐，一般采用溶胶凝胶、喷涂等方法来获得。例如在 SUS430 表面喷涂（Mn，Co）$_3O_4$，在 Crofer22APU 合金表面涂覆（Mn，Co，Fe）$_3O_4$ 的优化工艺[24]都可以抗氧化，抗 Cr 挥发。采用溶胶凝胶工艺在 SUS430 表面形成的 $MnCo_2O_4$ 涂层，中温电导率比 $MnCr_2O_4$ 涂层高约 2 个数量级[25]。除了材料本身的晶体结构外，涂层材料的选择还要考虑材料的电子电导率、与合金的匹配膨胀系数、界面电阻[26]等方面的要求，从而选用最优的涂层以获得最佳性能的 SOFC 连接体。

（三）其他材料

铬酸镧体系连接材料烧结性能和导电性能的劣势，以及金属合金铬化物挥发毒化阴极的问题都限制了 SOFC 连接材料的发展。一类研究对象是铬酸稀土材料，Liu 等[27]用 Pr 元素取代 La 元素，合成了 $Pr_{1-x}Ca_xCrO_3$ 材料，发现其导电性能优于 $La_{1-x}Ca_xCrO_3$ 材料；另外一个实例是 $Nd_{1-x}Ca_xCrO_3$ 材料也具有良好的导电性和匹配的 TEC[28]。还有一类研究对象是新材料的开发，中科院金属所[29]提供了一种三元层状陶瓷钛硅碳材料（Ti_3SiC_2），其 TEC 为 $9.1 \pm 0.5 \times 10^{-6}\ K^{-1}$，与 YSZ 电解质的 TEC $10.5 \times 10^{-6}\ K^{-1}$ 非常接近，并且能够解决金属合金连接体在 SOFC 上应用的 Cr 挥发问题；Tietz 等人[30]采用超导材料 $Bi_2Sr_2CaCu_2O_{(8+x)}$ 和 $Bi_2Sr_2CuO_{(6+x)}$ 作为阴极和金属连接体的过渡层，实质上仍旧充当了连接体的角色。上述物质都为 SOFC 连接体材料的研究提供了一种新的思路。

三、结 论

基于目前对 SOFC 连接体的材料性质和连接体在 SOFC 中的结构布置方面的研究，我们可以发现，中低温燃料电池连接体合金材料仍然是可预见的未来内能够实现商用化的研究热点和趋势，特别是对连接体合金防止产生阴极 Cr 中毒的材料的构建以及新材料的开发都是研究者的探索方向。而对铬酸镧系连接体材料的研究也不应当被忽视，其在航天国防领域的特定环境下仍然具有特殊用途，对铬酸镧系材料的掺杂、改性和材料复合仍然可以作为研究者的关注重点。

参考文献：

［1］Ding Yanzhi（丁岩芝）. Synthesis and Fabrication Study of Composite

Interconnect materials for Intermediate Temperature Solid Oxide Fuel Cells [D]. Hefei: USTC UNIV SCIENCE TECH CN (中国科学技术大学), 2011.

[2] Yi Baolian. Fuel Cells——Principle · Technology · Application (燃料电池——原理·技术·应用) [M]. Beijing: Chemical Industry Press, 2003: 483 – 492.

[3] Gil-Yong Lee, Rak-Hyun Song, Jong-Hee Kim, Dong-Hyun Peck, Tak-Hyoung Lim, Yong-Gun Shul, Dong-Ryul Shin. Properties of Cu, Ni, and V doped-LaCrO 3 interconnect materials prepared by Pechini, ultrasonic spray pyrolysis and glycine nitrate processes for SOFC [J]. Journal of Electroceramics, 2006, 17 (2 – 4): 723 – 727.

[4] Malghe Y S, Dharwadkar S R. LaCrO3 powder from lanthanum trisoxalatochromate (III) (LTCR) precursor-Microwave aided synthesis and thermal characterization [J]. Journal of Thermal Analysis and Calorimetry, 2008, 91 (3): 915 – 918.

[5] CHINESE ACAD SCI SHANGHAI CERAMICS INST (中国科学院上海硅酸盐研究所). Compound ceramic connector for tubular solid oxide fuel cell battery pile: CN, 102299354A. 2011 – 12 – 28.

[6] N Sakai, Minh N Q. CERAMIC FUEL-CELLS [J]. Journal of the American Ceramic Society, 1993, 76 (3): 563 – 588.

[7] Wang S, Liu M, Dong Y, Xie K, Liu X, Meng G. Influence of Cr deficiency on sintering character and properties of SOFC interconnect material La0. 7Ca0. 3Cr1 – xO3 – delta [J]. Materials Research Bulletin, 2008, 43 (10): 2607 – 2616.

[8] Homma K, Nakamura F, Ohba N, Mitsui A, Hashimoto T. Improvement of sintering property of $LaCrO_3$ system by simultaneous substitution of Ca and Sr [J]. Journal of the Ceramic Society of Japan, 2007, 115 (1337): 81 – 84.

[9] a) Yoon K J, Stevenson J W, Marina O A. High performance ceramic interconnect material for solid oxide fuel cells (SOFCs): Ca-and transition metal-doped yttrium chromite [J]. Journal of Power Sources, 2011, 196 (20): 8531 – 8538. ; b) Liu M, Zhao L, Dong D, Wang S, Di wu J, Liu X, Meng G. High sintering ability and electrical conductivity of Zn doped La (Ca) CrO_3 based interconnect ceramics for SOFCs [J]. Journal of Power Sources, 2008, 177 (2): 451 – 456.

[10] Zhou X, Deng F, Zhu M, Meng G, Liu X. High performance composite interconnect $La_{0.7}Ca_{0.3}CrO_3$/20 mol% $ReO_{1.5}$ doped CeO_2 (Re = Sm, Gd, Y) for solid oxide fuel cells [J]. Journal of Power Sources, 2007, 164 (1): 293 – 299.

[11] Horita T, Yamaji K, Yokokawa H, Toji A, Uehara T, Ogasawara K, Kameda H, Matsuzaki Y, Yamashita S. Effects of Si and Al concentrations in Fe-Cr alloy on the

formation of oxide scales in H（2）－H（2）O［J］. International Journal of Hydrogen Energy. 2008，33（21）：6308－6315.

［12］Fu Changjing（付长璟），Zhang Naiqing（张乃庆），Sun Kening（孙克宁），Zhou Derui（周德瑞）Progress of metallic interconnect materials used for SOFC［J］. Material Science and Technology，2005，13（2）：123－126.

［13］Gindorf C，Singheiser L，Hilpert K. Chromium vaporisation from Fe，Cr base alloys used as interconnect in fuel cells［J］. Steel Research，2001，72（11－12）：528－533.

［14］CENTRAL IRON STEEL RES INST（钢铁研究总院）& Huazhong UNIV SCI AND TECH（华中科技大学）. Ni-Mo-Cr alloy for metal connecting body of cathode Cr poison resisting intermediate-temperate solid oxide fuel battery：CN，101519740A 2009－09－02.

［15］Chen X，Han M，Wang Z，Jiang X. Cr-based alloy used as interconnect in solid oxide fuel cells［J］. Rare Metal Materials and Engineering，2007，36：642－644.

［16］Brylewski T，Nanko M，Maruyama T，Przybylski K. Application of Fe－16Cr ferritic alloy to interconnector for a solid oxide fuel cell［J］. Solid State Ionics，2001，143（2）：131－150.

［17］Wang Xiaochun（王晓春），Metal connecting coating $MnCo_2O_4$ film by sol-gel process and performance study［D］DaLian：Dalian Maritime University，2013.

［18］GENERAL ELECTRIC CO. Fuel cell interconnect structures，and related devices and processes：CN，101609875A 2009－11－23.

［19］Smith R J，Tripp C，Knospe A，Ramana C V，Kayani A，Gorokhovsky V，Shuffhanandan V，Gelles D S. Using CrAlN multilayer coatings to improve oxidation resistance of steel interconnects for solid oxide fuel cell stacks［J］. Journal of Materials Engineering and Performance，2004，13（3）：295－302.

［20］Liu X，Johnson C，Li C，Xu J，Cross C. Developing TiAlN coatings for intermediate temperature solid oxide fuel cell interconnect applications［J］. International Journal of Hydrogen Energy，2008，33（1）：189－196.

［21］Jin Guangxi（金光熙），Yang Ying（杨莹），Zhao Guoming（赵国明），Wang Linan（王丽南），Qiao Lijie（乔利杰）Effect of Rare Earths on Electrical Conductivity and Oxidation Resistance of Ferritic Fe－22Cr Alloys［J］. Journal of The Chinese Rare Earth Society，2008，26（4）：469－475.

［22］Horita T，Xiong Y，Yamaji K，Sakai N，Yokokawa H. Evaluation of Fe-Cr alloys as interconnects for reduced operation temperature SOFCs [J]. Journal of the Electrochemical Society, 2003, 150 (3): A243 – A248.

[23] Hua Bin (华斌), Zhang Jianfu (张建福), Lu Fengshuang (卢凤双), Kong Yonghong (孔永红), Pu Jian (蒲健), Li Jian (李箭) Effect of LaCoO_3 Coating On The Intermediate Temperature Oxidation Behavior Of SUS 430 Metallic Interconnect [J]. ACTA METALLURGICA SINICA (金属学报), 2009, 45 (5): 605 – 609.

[24] Trebbels R, Markus T, Singheiser L. Investigation of Chromium Vaporization from Interconnector Steels with Spinel Coatings [J]. Journal of the Electrochemical Society, 2010, 157 (4): B490 – B495.

[25] Hua Bin (华斌), Kong Yonghong (孔永红), Lu Fengshuang (卢凤双), Zhang Jianfu (张建福), Pu Jian (蒲健), Li Jian (李箭). MnCo2O4 electro-property and its' modification to the metal interconnect SUS430 [J]. Chinese Science Bulletin, 2010, 55: 1055 – 1062.

[26] Zhu W Z, Deevi S C. Opportunity of metallic interconnects for solid oxide fuel cells: a status on contact resistance [J]. Materials Research Bulletin, 2003, 38 (6): 957 – 972.

[27] Liu X M, Su W H, Lu Z. Study on synthesis of Pr1 – xCaxCrO_3 and their electrical properties [J]. Materials Chemistry and Physics, 2003, 82 (2): 327 – 330.

[28] Shen Y, Liu M, He T, Jiang S P. Preparation, Electrical Conductivity, and Thermal Expansion Behavior of Dense Nd1 – xCaxCrO_3 Solid Solutions [J]. Journal of the American Ceramic Society, 2009, 92 (10): 2259 – 2264.

[29] INST METAL RES CHINESE ACAD SC (中国科学院金属研究). Solid oxide fuel cell connector material used in fuel cell: CN, 102117907A 2011 – 07 – 06.

[30] Tietz F, Raj I A, Jungen W, Stover D. High-temperature superconductor materials for contact layers in solid oxide fuel cells: I. Sintering behavior and physical properties at operating temperatures [J]. Acta Materialia, 2001, 49 (5): 803 – 810.

微电网并网系统低电压穿越策略综述

李 炜 方 蕾① 刘 昊

┃**摘要**┃本文针对微电网并网过程中所出现的电网稳定问题，对国内外电网故障时风电或光伏等微网结构中的分布式电源的低压穿越策略的研究成果进行了梳理与总结。首先分析了目前我们国内外对低电压穿越能力的要求，然后分别阐述了外加辅助硬件设备和逆变器控制两大策略具体实现低电压穿越的各种方式以及发展情况；并对两大类穿越策略以及各种实现方式的优缺点进行了分析和总结，研究结果表明，上述两类低电压穿越策略可以按实际情况单独或配合使用，这样能更经济有效地实现微网并网系统的低电压穿越。

┃**关键词**┃微网 低电压穿越 综述

引 言

在智能电网的不断发展过程中，配电网从被动式向主动式进行了转变，推出了一种新的电网结构和技术——微电网[1]，如图 1a 所示，微电网是一组集各种分布式电源、负荷、储能系统和控制装置等多重元素所构成的系统单元，是一个能够实现自我控制、保护和管理的自治系统，既可以与外部大电网并网运行，也可以孤立运行。在正常情况下，微电网并网运行，由大电网提供刚性的电压和频率支撑，微电网内部的分布式电源，工作在电压源或电流源模式，在能量管理系统或本地控制单元的控制下，调整各自功率输出。随着大量分布式电源接入电网，受恶劣气候或大负荷突然启动的影响，致使该负荷所连接的电网母线电压发生跌落，如图 1b 所示，一般情况下，电网出现故障并网逆变器立即脱网，并不考虑故障的持续时间和严重程度，这样能最大程度地保护并网逆变器的安全，但是在分布式电源发电占有较大比重时，采取立即脱网的方式则会增加整个系统的

---

① 第二作者与第一作者对本文的贡献相同。

专利热点与审查实务研究

恢复难度，甚至可能加剧故障，致使系统其他分布式电源的并网逆变器系统全部脱网，从而导致整个电网的崩溃，因此对于分布式电源必须采取有效的低电压穿越控制措施，以维护电网稳定。[2]

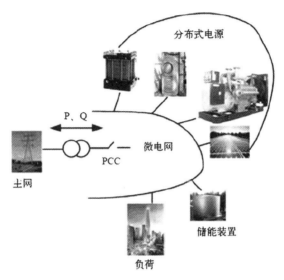

图 1a　微电网并网系统基本结构

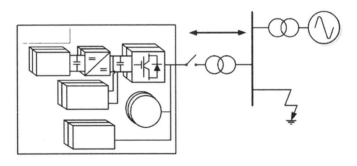

图 1b　主网故障下微电网单线示意

目前，微电网并网系统低电压穿越策略的研究已经取得了不少研究成果。本研究主要对微网并网系统低电压穿越策略各方面取得的主要技术成果进行梳理和综述。

一、低电压穿越要求

低电压穿越技术（low voltage ride through，LVRT）最早是在风力发电系统中

236

提出来的，相对于整个微网并网系统的各个分部式电源而言，是指其并网点电压跌落的时候，分布式电源设备能够保持并网，甚至向电网提供一定的无功功率，支持电网恢复，直至电网恢复正常，从而"穿越"这个低电压时间（区域）。随着分布式电源装机比例的快速增加，电网对于并网分布式电源的低电压穿越能力有了更高的要求。分布式电源必须能够在外部电网故障，特别是电网电压骤降故障时不间断并网运行。低电压穿越能力被认为是分布式电源并网设备设计制造技术上的最大挑战之一，直接关系到分布式电源的大规模应用。

在微网并网过程中，当电网系统电压出现跌落时，分布式发电设备需要符合低电压穿越要求，如果线电压在限制曲线内，发电设备必须保持并网帮助电力系统提高电压，为了满足低电压穿越需求，发电设备需要向电网注入一定量的无功功率，下图中图 2a 为英国、丹麦以及 E. ON 的电网标准对低电压穿越的限制曲线[3]，图 2b 则是我国国家标准《风电场接入电力系统技术规定》中对并网运行的风电机组的低电压穿越能力进行的详细规定，例如我国对于风电机组的低电压穿越能力的具体要求为：

（1）风电场必须具有在电压跌至 20% 额定电压时能够维持并网运行 625ms 的低电压穿越能力；

（2）风电场电压在发生跌落后 3s 内能够恢复到额定电压的 90% 时，风电场必须保持并网运行；

（3）风电场升压变高压侧电压不低于额定电压的 90% 时，风电场必须不间断并网运行。

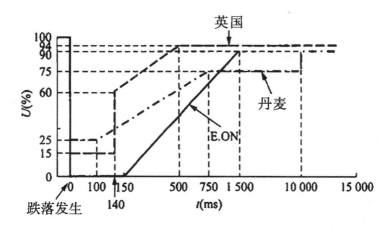

图 2a　各国电网标准对低电压穿越的限制曲线

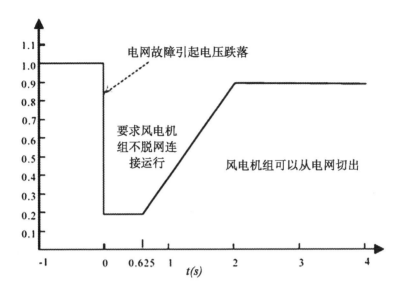

图 2b　我国对于风电机组的低电压穿越能力要求

二、低电压穿越技术方案

目前，微电网并网系统实现低电压穿越主要通过以下途径：其一，通过控制策略在算法上进行改进；其二，通过外加辅助硬件设备；其三，根据上述各自的特点和实现方式，通过控制算法和辅助硬件相结合的形式来完成低电压穿越功能，以下分别进行分析。

（一）基于控制算法实现的 LVRT 方案

在微网并网过程中，当电网系统发生故障，为保证微网系统的分布式电源不脱网，实现低电压穿越，以不增加硬件成本、系统投入为前提，在额定并网控制算法的基础上，通过在控制策略上进行相应的调整，最常见的就是对电网电压跌落时出现的不正常分量进行补偿或通过反馈等进行调节。

文献 4 提供了一种基于直接功率控制的控制策略实现低电压穿越的方案，直接功率控制（direct power control，DPC）是根据系统瞬时功率与指令功率相比较，如图 3 所示，图中计算出 PWM 变换器各参数后，按照各自分区的定义进行离散化，继而得到变换器工作状态所处的四维空间位置，最后根据电网电压旋转坐标系下的相角，通过查表决定 PWM 变换器应该输出的电压矢量，从而实现系统瞬时功率对指令功率的追踪，此方法具有结构简单、动态性能好的优点。针对电压跌落时的控制需求，采用了复开关表 DPC，可避免查开关表计算过程中的周期误差产生谐波，提升了这类控制系统的 LVRT 能力。

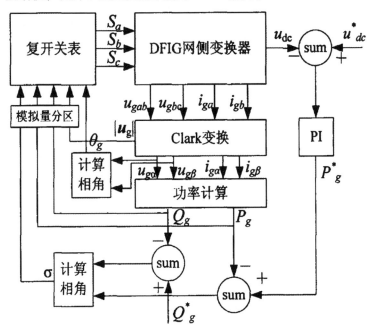

图3　复开关表 DPC 系统原理

文献 5 和文献 6 提供了一种电网电压骤降故障下风电机组的建模和控制方法，其针对传统控制模式下定子磁链和定子电压定向的矢量控制，均假设电网电压理想，即频率和电压恒定，不考虑对定子磁化电流的动态控制过程以及解耦电路的细节导致瞬态下的控制响应不佳，上述控制模型在电网正常运行条件下能提供良好的动静态性能，但是在电网电压扰动时，其控制性能将变差。由此建立了计及定子励磁电流动态过程的同步旋转坐标系下 DIFG 的精确模型，如图 4 所示，通过定子电压定向矢量控制改进的方案框图，通过该控制策略，对电网电压骤降有着明显的动态响应，但是受制于定子电阻和转子侧变流器可施加的转子电压，补偿程度有限，该策略仅适用于并网点电压对称跌落程度较轻的情况。

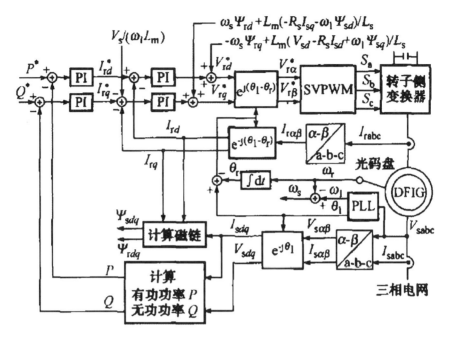

图 4　定子电压定向矢量控制方案框

　　文献 7 和文献 8 提供了一种基于模型电流预测控制从而实现低电压穿越的控制策略，主要是根据并网点电压的跌落情况对电流进行控制，逆变器可按照无功电流的指令进行无功功率的输出。为限制电流增大，采用限幅控制，基于模型电流预测法的 LVRT 控制框图如图 5 所示，实线为正常运行模式下的控制，虚线为故障下的控制。

　　该模型电流预测控制技术是基于功率开关器件有限个开关状态即开通和关断两种状态，并且系统的模型可以预测在不同开关状态下有限个控制变量的行为。基于模型电流预测的控制策略可以通过构造一个价值函数，建立逆变器的模型及其所有可能的开关状态，建立负荷的预测模型。在电网电压跌落时光伏电站能够按照电流指令，快速地向电网提供一定的无功功率，为电网提供电压支撑。但是，由于风力发电场、光伏电站等分布式电源本身的容量有限，因此所能提供的无功功率也是有限的。但总体来说，在电网扰动和故障期间，分布式电源的无功输出特性对电网电压能够起一定程度的支撑作用，提高电力系统状态稳定性。[7]

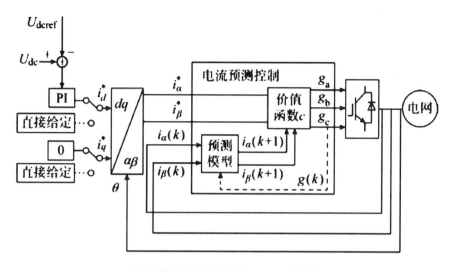

图5 模型电流预测法的 LVRT 控制框

（二）通过外加辅助硬件设备实现低电压穿越

1. 典型的 Crowbar 电路

目前，Crowbar 保护电路的应用分类主要包括转子侧 Crowbar 保护电路和直流侧 Crowbar 保护电路。[9]转子侧典型的 Crowbar 电路主要包括以下三种，如图6所示，混合型 Crowbar 电路、IGBT 型 Crowbar 电路、旁路电阻型 Crowbar 电路；典型的直流侧 Crowbar 保护电路，如图7所示，主要包括直流侧 Crowbar，带 BUCK 的 Crowbar 电路，带 UPS 的 Crowbar 电路；Crowbar 保护电路的实质是通过开关元件连接泄放电阻接入并网系统，当电网故障时，故障电流流过 Crowbar 以消耗能量，对于 Crowbar 保护电路的选择，关键在于选取合适的泄放电阻和合理的投切时间。

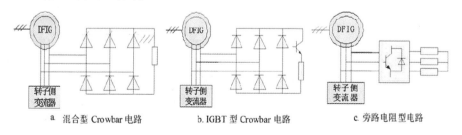

a. 混合型 Crowbar 电路   b. IGBT 型 Crowbar 电路   c. 旁路电阻型电路

图6 转子侧 Crowbar 保护电路

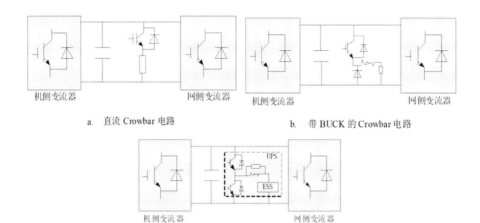

a. 直流 Crowbar 电路　　　　　　　b. 带 BUCK 的 Crowbar 电路

c. 带 UPS 的 Crowbar 电路

图7　直流侧 Crowbar 保护电路

2. 其他辅助硬件设备

还有一些通过辅助硬件实现低电压穿越的技术方案考虑了使用例如储能系统，在基于 Crowbar 保护电路实现低电压穿越的技术方案中，将相应的 Crowbar 保护电路替换成储能器件比如超级电容器或者储能电池组，通过控制储能器件对能量的吸收与释放，实现能量的双向传输提高了系统低电压穿越裕度，另一些技术方案设计使用串联无源阻抗、动态电压补偿电路、采用辅助变流器与主变流器串并联以实现分压或分流等通过辅助硬件实现低电压穿越。

上述基于增加辅助硬件设备实现低电压穿越的技术方案，虽然增加了系统的成本，加大了系统的投入，然而通过增加辅助硬件设备实现低电压穿越的优势，在一定程度上，仅靠改进控制策略是无法取代的，当电网电压跌落到一定程度，即电网电压深度跌落时，微网自身系统无法安全可靠的吸收多余能量，必须增加辅助硬件设备来实现对多余能量的消耗，从而实现微网系统的不间断并网，提升系统的低电压穿越能力。

（三）基于控制策略和相关外加辅助硬件设备相结合实现低电压穿越

基于前述分析可知，通过控制策略所实现的低电压穿越一般应用于电压跌落幅度不大时，在电压跌落时，通过并网变流器直流母线上的储能系统，存储多余的能量维持母线电压的稳定，但是，毕竟存储能量的能力有限，同时也相应增加了系统的硬件成本。

文献 10 提供了一种通过软件控制策略和硬件卸荷电路相结合的技术方案来

完成低电压穿越功能，其软件控制策略为基于电压定向矢量控制的 LVRT 控制策略，通过该控制策略对光伏并网逆变器进行电压定向矢量控制，三相光伏并网逆变器在两相同步旋转坐标系下的电压定向矢量控制框图如图 8 所示，图中 Udcref 为逆变器通过 MPPT（最大功率跟踪）算法得到的直流侧电压参考值；通过控制有功电流和无功电流，就可以分别控制逆变器输出的有功功率和无功功率，这就实现了有功功率与无功功率的解耦。

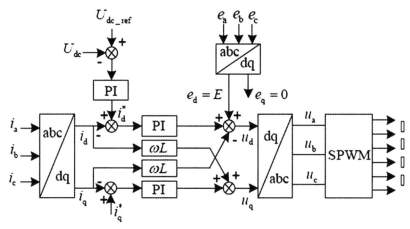

图8 基于电压定向矢量控制框

在电网电压跌落期间，增加如图 9 所示的卸荷电路抑制直流侧电压波动，根据电网电压的跌落深度补偿一定的无功功率以支撑系统电压恢复。在整个电网电压跌落期间，并网逆变器不仅要保持并网状态，而且需要根据电网电压来实现有功和无功功率的协调控制，向电网提供一定的无功功率，从而支持电网电压恢复，实现低电压穿越。

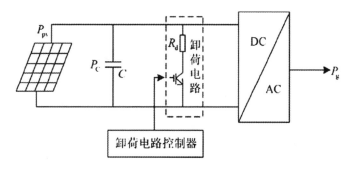

图9 直流侧卸荷电路

三、结　论

本文总结了微电网并网系统实现低电压穿越的相关策略，比较了多种通过控制策略的改进和增加辅助硬件电路实现低电压穿越的优缺点，可综合考虑对两者进行合理的使用，当电网电压跌落较轻时，通过对控制策略的改进，可提升微网并网系统的低电压穿越能力，当电压跌落幅度较大时，可考虑增加辅助硬件或者使辅助硬件结合相应控制策略来完成低电压穿越功能，综合协调以实现微网并网系统的低电压穿越，维护整个电网系统的稳定。

参考文献：

[1] 刘文，杨慧霞，祝斌. 微电网关键技术研究综述 [J]. 电力系统保护与控制，2012，40（14）：152 – 155.

[2] 余潇潇，张凯，左向红，等. 具有低电压穿越功能的微电网并网逆变器的控制策略的研究 [J]. 电气应用，2015，增刊：87 – 93.

[3] 曹鑫晖，孙耀杰，林燕丹. 分布式电源逆变器的低电压跌落控制策略 [J]，复旦学报（自然科学版）[J]. 2014，53（1）：71 – 76.

[4] 郭晓明. 电网异常条件下双馈异步风力发电机的直接功率控制 [D]. 杭州：浙江大学，2008.

[5] 胡家兵，孙丹，贺益康，等. 电网电压骤降故障下双馈风力发电机建模与控制 [J]，电力系统自动化，2006，30（8）：21 – 26.

[6] 王伟，孙明冬，朱晓东. 双馈式风力发电机低电压穿越技术分析 [J]. 电力系统自动化，2007，31（23）：84 – 89.

[7] 贾利虎，朱永强，孙小燕，等，基于模型电流预测控制的光伏电站低电压穿越控制方法 [J]. 电力系统自动化，2015，39（7）：68 – 74.

[8] 刘其辉，葛立坤，郭晓芸. 适应多类型电网故障的储能系统预测电流控制与 LVRT 策略 [J]. 电力系统保护与控制，2014，42（10）：96 – 103.

[9] 魏丽丽，晁勤，袁铁江. 双馈风电机组中 Crowbar 保护综述 [J]. 四川电力技术，2013，36（1）：12 – 15，69.

[10] 张明光，陈晓婧. 光伏并网发电系统的低电压穿越控制策略 [J]. 电力系统保护与控制，2014，42（11）：28 – 33.

燃料电池全氟磺酸质子交换膜
在专利申请中的研究进展

张瑞雪　韩建华[①]　周文娟　见　姬

▌摘要▌全氟磺酸膜作为质子交换膜广泛应用于燃料电池中。本文介绍了在国内专利申请中全氟磺酸复合质子交换膜的最新研究进展，如全氟磺酸树脂与无机物、有机物之间的复合改性以及改性后的性能进行了归纳总结。

▌关键词▌全氟磺酸质子交换膜　改性　复合　有机　无机

引　言

质子交换膜燃料电池（proton exchange membrane fuel cell，PEMFC）以其完全的"零排放"和高效率的独特优势，已经被国际上大多数汽车制造商认为是开发清洁能源汽车的首选技术，并把 PEMFC 作为最终目标。其中，作为燃料电池的核心组件之一的质子交换膜（proton exchange membrane，PEM）也引起了研究人员的广泛关注。

20 世纪 60 年代中期，GE 与 DuPont 公司合作开发 Nafion 系列膜，并将其用于质子交换膜燃料电池，使电池的寿命提高 57000h。1983 年，加拿大等国家重新认识到质子交换膜燃料电池的军事用途和良好的商业前景，掀起了对质子交换膜燃料电池的大量研究，并在膜材料方面大量采用全氟磺酸型质子交换膜。研究表明，由于全氟磺酸质子交换膜优异的质子传导率、良好的化学稳定性和机械性能，其已成为现代质子交换膜燃料电池研究中最主要的膜材料。

本文以专利申请数据为分析样本发现，最早的燃料电池用全氟磺酸质子交换膜相关专利申请出现在 1992 年，从 1999 年开始至今，相关的专利申请量呈现上

[①]　第二作者对本文的贡献等同第一作者。

升的趋势。而在全氟磺酸质子交换膜的国内申请中，主要申请机构有山东东岳神舟新材料有限公司（山东东岳高分子材料有限公司）和高等院校及科研单位，就国内申请人的分布情况，其中，大学和科研院所的申请量占主要，约为总申请量的68%，其次是企业，占总申请量的30%，最后还有小部分为个人申请。

下面主要是在对专利文献进行大量检索和阅读的基础上，就全氟磺酸型质子交换膜材料进行一些讨论分析和总结归纳。根据添加物的种类，大体可以分为无机物复合膜以及有机物复合膜两类。

一、全氟磺酸高分子与无机物复合质子交换膜

将无机粒子添加到 Nafion 膜中，一方面，无机粒子可能占据甲醇的渗透通道，有效降低甲醇透过率；另一方面，无机粒子特殊的表面形态或层状结构可以吸附更多的水分子，使复合膜在较高的温度仍具有高的质子电导率，从而提高膜的使用温度；此外，将有机物与无机粒子适当复合，可以大大增加膜的机械性能；因此，向全氟磺酸高分子膜中添加无机粒子是近年来研究的热点之一。这些无机物包括无机氧化物、碳材料、金属或金属离子、纤维以及其他无机物。

（一）Nafion/无机氧化物复合质子交换膜

SiO_2、TiO_2、ZrO_2 及 Al_2O_3 等无机氧化物制备的 Nafion 复合膜较未改性膜相比可以工作在更高的温度，并且表现出更优的性能。纳米级的硅氧化物颗粒具有比表面积大、吸湿性良好的特点，将其掺杂至全氟磺酸聚合物中，可大大改善复合膜在高温时的保水能力；同时，纳米多孔 SiO_2 被认为是质子导体可能额外提高质子交换膜的质子电导；因此，硅氧化物作为改善 DMFC 用全氟磺酸膜甲醇渗透及高温性能的无机添料，获得了广泛的关注。

山东东岳神舟新材料有限公司[1]申请的掺杂交联增强全氟质子交换膜具有交联网络结构，其是将全氟磺酸树脂和无机物混合，以熔融挤出或热压成形方法制的薄膜，然后将其在含氮化合物的溶液中浸泡，后在加热或酸碱的置换反应作用下，形成交联结构，后经碱水解、酸化步骤制的掺杂全氟磺酸交联增强膜。其中，无机物为无机氧化物、无机盐和无机酸，无机氧化物为 TiO_2、Sb_2O_5、ZrO_2、MoO_3、Ta_2O_5、HfO_2。此质子交换膜保水性好、机械强度高、尺寸稳定性好。

由于三维网孔结构的 SiO_2，可以利用其类似蜂窝结构的多孔性，一方面，其多孔立体结构的支撑作用，既增强复合膜的机械强度，又使得膜在压合过程中能防止过量变形而影响膜性能；另一方面，其蜂窝多孔性，起到了保持膜在中高温

度下的湿度，从而维持其高的电导率。因此，江苏新源动力有限公司[2]将全氟磺酸聚合物中填充到具有三维网孔结构的 SiO_2 和/或 TiO_2，以实现中高温下的保湿性能好、吸水膨胀率低、电导率高、机械强度高、热稳定性好。宁波大学[3]也申请了在 SiO_2 三维超薄微孔膜上浇铸一定量的全氟磺酸树脂溶液，加热，挥发溶剂后在真空气氛下热处理，去离子洗涤得到 SiO_2 与全氟磺酸树脂呈双相连续互穿网络结构，该结构的复合膜在保持复合膜的质子传导性能的同时，可以避免出现由于界面张力不合适使复合膜的致密性出现问题，也消除了在燃料电池运行中由于亲水基团被氧化或亲水材料流失、降解等问题，同时在高温度（电池温度至130℃）时的保水能力，抗高温能力及电池的功率效率高于单纯的全氟磺酸树脂质子交换膜。

而通过改变无机氧化物如 SiO_2 的结构，如选择介孔结构或分子筛结构以提高其亲水性能，也是本领域研究的重点。中国科学院长春应用化学研究所[4]、巨化集团技术中心[5]和上海交通大学[6]都申请 Nafion 和介孔二氧化硅的复合质子交换膜，通过原位浸涂的方法，将含有表面活性剂的硅源溶胶通过提拉的方法涂敷在 Nafion 膜表面，得到 Nafion/介孔二氧化硅的复合质子交换膜，由于中空介孔二氧化硅微球为中空球状结构，球壁部分沿着垂直球面的方向具有有序介孔结构，可将吸收的水能够进入微球的空腔部分，从而可以达到吸附和储藏水的作用，提高质子交换膜的吸水率（提高幅度为30%～50%以上），同时保持质子交换膜较低的溶胀率。而得到的复合膜可以有效地阻挡甲醇透过，使聚合物基体在离子液体吸附率较低时仍具有丰富的质子传输通道，质子导电率可以达到 10^{-3} S/cm 以上。而北京化工大学[7]申请的 Nafion/磺化 SiO_2 分子筛复合质子交换膜，是以 Nafion 醇溶液和磺化 SiO_2 分子筛为主要原料，用溶剂置换法减压蒸馏除去低沸点的醇类得到 Nafion – DMF 溶液，然后将磺化 SiO_2 分子筛与 Nafion – DMF 溶液混合均匀，流延成膜，经热处理后得到全氟磺酸树脂/磺化 SiO_2 分子筛复合质子交换膜。该复合膜的含水率为5%～18%，并且随着磺化 SiO_2 分子筛含量的增多，膜含水率也逐渐增大，随着温度的升高，膜含水率也同时在增大，另外，复合膜的质子传导率为 0.0085S/cm～0.22S/cm，353K 时，复合膜的最大质子传导率为 0.22S/cm。

（二）Nafion/碳材料复合质子交换膜

由于碳纳米管具有管径小、长径比大、电学性能好、优良机械性能和良好化学稳定性，被广泛应用在各个领域，碳纳米管增强聚合物基复合材料的发展引起了人们对磺化聚合物掺杂碳纳米管制备复合质子交换膜的研究兴趣。新源动力股份有限公司[8]申请了用碳纳米管修饰 Nafion 树脂膜，然后向膜内引入 Pt 作为自增湿催化剂。得到的自增湿复合质子交换膜膜厚和碳纳米管含量易控制，不透气、不短路、强度高、电导率好。而天津大学[9]通过以 Nafion 与高分子功能化碳纳米管物理共混制备而成得到 Nafion – 高分子功能化碳纳米管杂化膜；高分子功能化的碳纳米管具有良好的保水能力，可以赋予杂化膜稳定的水环境，促进质子在低湿度下快速传递；且由于碳纳米管含大量导质子基团，可以沿着纳米管构建连续的质子传递通道，实现质子的快速传递；该杂化膜表现出良好的低湿度质子传导能力、良好的机械性能，可以提升膜的使用寿命。

同时，基于碳材料的高比表面和绝佳的吸水特征，财团法人工业技术研究院[10]申请的有机无机混成的质子交换膜，包括 0.5 wt% ~ 30 wt% 无机材料以及 Nafion 树脂。无机材料为表面积为 $50m^2/g \sim 3000m^2/g$ 的无改质碳材，包括活性碳、中孔洞碳材、碳纳米壳层、碳纳米角、碳纳米片、无定型碳或结晶碳。由于上述碳材料的复合，使得质子交换膜具有高保水能力且具有可以快速传导质子的能力，机械强度优且在高温的水中不易膨胀变形。

石墨烯作为碳材料的一种，具有独特拓扑结构的二维量子材料，其比表面积大，力学、热学和电学等各方面性能优异。天津大学[11]制备了一种阻醇质子导电复合膜，聚合物质子导电膜平行复合有石墨烯层，石墨烯层附着于聚合物质子导电膜的一侧或夹于两层聚合物质子导电膜之间。聚合物质子导电膜在不影响质子导电率的前提下，可以显著提高膜的阻醇性能，且石墨烯层大部分面积为单层，对膜本体中质子传导造成的阻力较小，从而降低了膜的质子电导率的技术问题。对于含氧官能团修饰的石墨烯—氧化石墨烯，较容易分散于聚合物中，将其引入质子交换膜基体，可以通过调节膜基体中的微相分离结构而使其有助于质子的传导。复旦大学[12]通过将磺化的石墨烯—二氧化硅复合物均匀分散在 Nafion 基体中制得的磺化的石墨烯—二氧化硅复合物/Nafion 杂化质子交换膜，磺酸基团的引入、两亲性氧化石墨烯对质子交换膜微相结构的有效重组以及二氧化硅对膜含水率提高的促进作用，使得该杂化质子交换膜的质子传导率较纯聚合物质子交换膜提高极其明显，尤其是在高温和/或低湿度的环境下有成倍乃至一个数量级的提高。

（三）Nafion/金属复合质子交换膜

由于质子可在 Pd 金属表面与电子结合成氢原子，并且通过 Pd 金属传递，再重新解离成质子和电子，而甲醇在 Pd 膜中的渗透系数几乎为零，因此，常采用金属 Pd 作为无机添加剂可有效降低甲醇的渗透，武汉理工大学[13]通过静电自组装的方法将纳米 Pd 颗粒组装到含氟磺酸质子膜表面，从而降低甲醇对膜的渗透性。哈尔滨工业大学[14]通过先将 Nafion 膜置于去离子水中，用伽玛射线照射，然后进行表面化学镀钯处理。Nafion 用伽玛射线对其进行照射后，将会产生高分子辐射化学反应，改性后的 Nafion 质子交换膜溶胀率降低，具有良好的质子传导性，耐甲醇渗透能力得到极大提高。

除了常用的 Pd 添加外，本领域还常使用稀土、碱土金属和过渡金属离子作为质子膜的添加剂。山东东岳神舟新材料有限公司[15]通过用金属离子掺杂含氟高分子聚合物质子交换膜，部分阳离子交换基与铈离子或锰离子进行离子交换，制备含有铈离子或锰离子的质子交换膜，通过上述两种离子的掺杂不仅提高了质子膜的机械强度和尺寸稳定性，而且使膜具有稳定的质子电导率和较低的介质渗透率。中国科学院大连化学物理研究所[16]也通过离子交换法，在全氟磺酸质子交换膜中引入 Zr^{4+}、Ca^{2+}、Mg^{2+}、Al^{3+} 中的一种或二种以上金属离子，提高膜的抗化学降解能力，降低吸水量和渗透的反应气体。

（四）Nafion/纤维复合质子交换膜

向全氟磺酸树脂中添加纳米纤维以提高膜的玻璃化温度和膜的保水能力的研究已得到广泛的关注，于淑芳[17]和山东东岳[18]均申请了一种纤维增强无机物掺杂全氟质子交换膜，由全氟磺酸树脂、增强纤维和无机物组成。其中，增强纤维有玻璃纤维、氟碳聚合物纤维、陶瓷纤维、石英纤维、矿物纤维或碳化硅纤维，而无机物为氧化物、磷酸盐和杂多酸或硅酸盐。制得的纤维增强全氟质子交换膜具有较好导电性及机械强度并具有好的保水性能及高的质子传导能力。

（五）其他无机复合质子交换膜

为了在提高质子导电能力的同时，尽可能地改善膜水保持性和甲醇渗透率，国内申请人选择不同的改性剂作出了很多尝试，如清华大学[19]申请的 Nafion/分子筛复合氢型质子交换膜，其中分子筛为 Y 型、ZSM - 5 型、MCM - 41 型分子筛，单骨架中的硅铝比为 4~60。利用分子筛孔道的筛分作用，可以在不影响质子传导率的情况下提高阻醇能力，分子筛表面大量的羟基对保水和传导质子都有益处，其优良的保水性能，可使电池的操作温度到 100℃ 以上，从而提高电极催化剂抗 CO 中毒的能力。而申靓博[20]将 $Na_2Ti_3O_7$ 纳米管与 Nafion 复合制得质子交换膜，通过在质子交换膜加入具有优异保水性能的 $Na_2Ti_3O_7$ 纳米管，形成网络结构，有效地阻挡甲醇透过，可在降低甲醇透过率的同时明显提高质子传导率。复旦大学[21]则制备了一种二咪唑二碘合铂/聚合物杂化质子交换膜。该配位化合物结合了咪唑与铂在低湿条件下用于质子交换膜中的优势，可有效地提高杂化膜的含水率与质子传导率。质子传导率较纯聚合物质子交换膜提高极其明显，尤其是在低湿度和/或高温的环境下有成倍乃至一个数量级的提高。而郑州大学[22]则采用新型二维材料 MXene［Ti$_3$C$_2$F$_x$（OH）$_y$］填充到 Nafion 中制备有机无机杂化质子交换膜，MXene 具有和石墨烯类似的纳米片层结构，同时具有较强的亲水性、较高的比表面积、优异的稳定性等优点，表面富含羟基，能够为质子交换膜中质子的传导提供充足的跳跃位点，能够调控膜内化学环境，促进质子传导。另外，中国科学院大连化学物理研究所[23]通过表面改性的 LnF$_3$ 与 Nafion 溶液共混再铸制得，该复合膜表面改性的 LnF$_3$ 与 Nafion 溶液相容性好、阻醇性能强、电化学稳定性高。

二、全氟磺酸高分子与聚合物复合质子交换膜

由于有机大分子高温稳定性差、成膜性不好、与 Nafion 亲水区相容性差等缺点，Nafion/有机大分子复合膜并不多见。一般非磺化的有机聚合物都具有较好的阻醇性能，通过 Nafion 与适量具有良好相容性的有机物复合的方法可显著降低复合质子交换膜的甲醇透过率，提高 DMFCs 的性能。本文按照复合膜制备方法的不同，选取一些有代表性的 Nafion/聚合物复合膜进行描述。

（一）Nafion/聚合物共混复合膜

聚苯并咪唑（PBI）是一种无定形的热塑性聚合物，具有优异的热稳定性和力学性能，而聚苯并咪唑膜可用于中温（100℃～200℃）的燃料电池。如同济大学[24]申请的半互穿网络的增强型复合质子交换膜，在聚苯并咪唑类聚合物链上引入双键基团，然后与 Nafion 的溶液共混，再使用含有双键类单体作为交联剂使其交联而得到。可以大大提高全氟磺酸树脂膜的力学性能并仍具有较高的质子传导率。中国科学院长春应用化学研究所[25]则通过在真空条件下，将 Nafion 质子交换膜在聚苯并咪唑磷酸溶解液中进行浸泡，得到浸泡后的 Nafion 膜，将浸泡后的全氟磺酸质子交换膜进行干燥，得到改性全氟磺酸质子交换膜。该复合膜本身具有良好的质子传导性能；具有较低的甲醇透过率；在膜中水的静电渗透扩散系数近似地等于零，这就使得将其应用于燃料电池后，燃料电池可在不外加水分的情况下稳定地工作。

聚苯胺（PANI）是碱性化合物，能与 Nafion 分子中的磺酸基团形成氢键，所以 Nafion/PANI 复合膜能有效降低膜的甲醇透过率，华南师范大学[26]申请的经

聚苯胺修饰的 Nafion117 膜，是在经过预处理的质子交换膜的表面沉积聚苯胺，经过聚苯胺处理的 Nafion117 膜甲醇渗透率大大降低，而质子导电率只略下降，以质子电导率与甲醇渗透率比值 K/D 作为综合评价指标，相比较 Nafion117 膜而言，经过聚苯胺修饰的 Nafion117 膜的 K/D 增大幅度超过两个数量级。

武汉理工大学[27]制备了一种高温燃料电池用复合质子交换膜，由使用 UV 激光器在聚酰亚胺薄膜表面制备出带有均匀、有序直通孔结构的聚酰亚胺基体薄膜，浸渍制备全氟磺酸树脂膜构成。其特点是运用 UV 激光刻蚀技术在聚酰亚胺薄膜表面制备均匀、有序的直通孔结构，所制备的复合膜具有高温保水性能、机械强度高、气体渗透率低、溶胀应力低等特点。

将含氮化合物作为改性剂也是本领域的一个研究方向，如华南理工大学[28]将卟啉化合物加入 Nafion 溶液中将树脂溶液应用流延法、涂浆法和浸胶法制成改性质子交换膜。通过物理或化学方法，将不透甲醇又可导通质子的卟啉化合物分子嵌入或键合到全氟磺酸膜的离子通道中，形成氢离子筛结构，在实现保持较高质子传到能力的同时，大大降低甲醇透过率。南京航空航天大学[29]利用有机氰化物经过偶氮化合物的 [3+2] 环加成反应制备两种结构的四氮唑质子传输试剂，并根据结构特点采用复合和共混缩聚方法制备质子交换膜，该质子交换膜在室温 –200℃ 范围内都可使用，特别在 100℃ ~200℃ 无水条件下具有较高的质子电导率，同时具有很好的阻醇性能，具有高温燃料电池应用前景。

另外，其他的改性质子交换膜的有机添加剂也被广泛使用，如成都中科来方能源科技有限公司[30]申请将含氟聚合物与带乙烯基和磺酸基的小分子单体混合均匀后，用电子束辐照，再加入带不饱和双键的羧酸进行接枝，成膜。且该膜具有高的接枝率和电导率，具有良好的抗氧化性。复旦大学[31]申请的是一种 $SiO_2 sPS$ 改性的 Nafion 杂化质子交换膜，将磺化的硅球聚苯乙烯核壳复合物（$SiO_2 sPS$），均匀分散于聚合物基体中，制备得到的 $SiO_2 sPS$ 改性的聚合物杂化质子交换膜的质子传导率较纯聚合物质子交换膜有极大的提高。此外，将硅球核刻蚀得到磺化的中空聚苯乙烯（h – sPS）/Nafion 杂化质子交换膜，进一步提升了杂化质子交换膜的保水能力和质子传导率；同时，进一步抑制了杂化质子交换膜的燃料渗透性。另外，复旦大学[32]还以 Nafion 为 ATRP 大分子引发剂，引发乙烯基唑类单体聚，进而制备得到 Nafion 接枝聚乙烯基唑类复合质子交换膜。得到的 Nafion 接枝聚乙烯基唑类复合质子交换膜的质子传导率较纯聚合物质子交换膜明显提高，具有极其优越的选择性。

（二）Nafion/聚合物原位聚合复合膜

上海交通大学[33]将含氟磺酸型质子交换膜放到扩散池中，利用磺酸根基团与导电聚合物单体之间相互的静电作用，使导电聚合物单体穿过含氟质子交换膜到扩散池的氧化剂侧，并通过扩散原位聚合的方法，将导电聚合物单体聚合到含氟磺酸型质子交换膜内部或者表面的磺酸根团簇上，膜电导率高，有效提高膜的抗甲醇渗透能力，甲醇透过系数可以降低1～2个数量级。

三、结　语

本文主要对全氟磺酸质子交换膜领域的专利申请的技术主题进行了分析和总结，该领域的技术密集区在于通过对质子交换膜进行改性来提高膜的机械强度、尺寸稳定性、气密性以及阻醇性和电导率。国内燃料电池领域的一些企业之间应相互之间加强合作，形成合力。且中国的科研工作者要在借鉴吸收其相关专利的基础上，并时刻关注国外最新最近的研发成果，并及时得将研究成果有效地投入到实际的生产中。

参考文献：

[1] 山东东岳神舟新材料有限公司. CN101237054A［P］. 2008－08－06.

[2] 江苏新源动力有限公司. CN101359743A［P］. 2009－02－04.

[3] 宁波大学. CN101931085A［P］. 2010－12－29.

[4] 中国科学院长春应用化学研究所. CN, 101320815A［P］. 2008－12－10.

[5] 巨化集团技术中心. CN103172890A［P］. 2013－06－26.

[6] 上海交通大学. CN103474680A［P］. 2013－12－25.

[7] 北京化工大学. CN101938002A［P］. 2011－01－05.

[8] 新能源动力股份有限公司. CN101170183A［P］. 2008－04－30.

[9] 天津大学. CN104045946A［P］. 2014－09－17.

[10] 财团法人工业技术研究院. CN102117920A［P］. 2011－07－06.

[11] 天津大学. CN103367773A［P］. 2013－10－23.

[12] 复旦大学. CN103435828A［P］. 2013－12－11.

[13] 武汉理工大学. CN1601790A［P］. 2005－03－30.

[14] 哈尔滨工业大学. CN1770530A［P］. 2006－05－10.

[15] 山东东岳神舟新材料有限公司. CN101771156A［P］. 2010－07－07.

[16] 中国科学院大连化学物理研究所. CN102479956A［P］. 2012－05－30.

[17] 于淑芳. CN102153827A［P］. 2011－08－17.

［18］ 山东东岳神舟新材料有限公司 . CN10237055A ［P］. 2008 – 08 – 06.

［19］ 清华大学 . CN1861667A ［P］. 2006 – 11 – 15.

［20］ 申靓博 . CN101789512A ［P］. 2010 – 07 – 28.

［21］ 复旦大学 . CN103772726A ［P］. 2014 – 05 – 07.

［22］ 郑州大学 . CN105576267A ［P］. 2016 – 05 – 11.

［23］ 中国科学院大连化学物理研究所 . CN102786755A ［P］. 2012 – 11 – 21.

［24］ 同济大学 . CN101367903A ［P］. 2009 – 02 – 18.

［25］ 中国科学院长春应用化学研究所 . CN103490081A ［P］. 2014 – 01 – 01.

［26］ 华南师范大学 . CN1750293A ［P］. 2006 – 03 – 22.

［27］ 武汉理工大学 . CN102709576A ［P］. 2012 – 10 – 03.

［28］ 华南理工大学 . CN102002167A ［P］. 2011 – 04 – 06.

［29］ 南京航空航天大学 . CN103288767A ［P］. 2013 – 09 – 11.

［30］ 成都中科来方能源科技有限公司 . CN101488572A ［P］. 2009 – 07 – 22.

［31］ 复旦大学 . CN104945644A ［P］. 2015 – 09 – 30.

［32］ 复旦大学 . CN105186023A ［P］. 2015 – 12 – 23.

［33］ 上海交通大学 . CN101055929A ［P］. 2007 – 10 – 17.

人工神经网络技术发展综述

周 正 覃婧婵① 王 芳

┃摘要┃人工神经网络是人工智能的重要分支，具有自适应、自组织和自学习的特点。本文对人工神经网络技术发展的涉及专利情况、人工神经网络的特点和优越性、人工神经网络与其他理论的融合、神经网络的发展与展望做了介绍，旨在给出该技术领域的发展趋势和方向的参考。

┃关键词┃神经网络　人工神经网络　混沌神经网络

引　言

　　人工神经网络由众多的神经元可调的连接权值连接而成，具有大规模并行处理、分布式信息存储、良好的自组织自学习能力等特点，网络的中间层数、各层的处理单元数及网络的学习系数等参数可根据具体情况设定，灵活性很大，在优化、信号处理与模式识别、智能控制、故障诊断等许多领域都有着广泛的应用前景。

一、研究概述

　　人工神经网络是一个非线性动力学系统，其特色在于信息的分布式存储和并行协同处理。虽然单个神经元的结构极其简单，功能有限，但大量神经元构成的网络系统所能实现的行为却是极其丰富多彩的。

　　神经网络的研究内容相当广泛，反映了多学科交叉技术领域的特点。主要的研究工作集中在以下几个方面：（1）生物原型研究。从生理学、心理学、解剖学、脑科学、病理学等生物科学方面研究神经细胞、神经网络、神经系统的生物原型结构及其功能机理。（2）建立理论模型。根据生物原型的研究，建立神经

---

　　① 第二作者对本文的贡献等同于第一作者。

元、神经网络的理论模型。其中包括概念模型、知识模型、物理化学模型、数学模型等。(3)网络模型与算法研究。在理论模型研究的基础上构作具体的神经网络模型,以实现计算机模拟或准备制作硬件,包括网络学习算法的研究。这方面的工作也称为技术模型研究。(4)人工神经网络应用系统。在网络模型与算法研究的基础上,利用人工神经网络组成实际的应用系统,例如,完成某种信号处理或模式识别的功能、构造专家系统、制成机器人等。

二、涉及专利情况

本章对截至 2016 年 10 月 23 日的 CNABS 数据库中涉及人工神经网络领域的专利进行分析。如图 1 所示,2006 年之前的专利申请数量较少,这说明 2006 年以前公众对神经网络仅处于基础研究阶段,大多没有进入市场的应用阶段;而 2006 年以后,专利申请数量逐年增加,尤其 2010 年以后,每年的专利申请增长数量显著,2014 年达到了 664 件,2015 年就达到了 944 件。

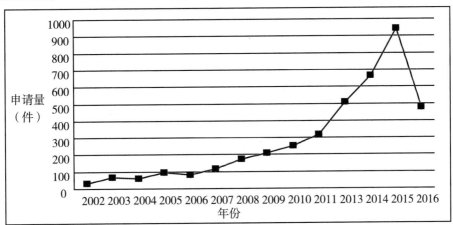

图1 人工神经网络专利申请数量趋势图

对各领域的人工神经网络相关专利申请人来源占比进行统计,从图 2 可以看出,对神经网络专利申请来源最多的是高校,占比 46%,这和高校具有较多的神经网络相关论文正相关,也说明在神经网络领域需要较强的理论基础,其次是公司,占比 37%,统计这些专利,笔者发现,上述专利大多以神经网络为理论基础,结合于各个领域和现有技术,以解决相关领域内的一些技术问题,这说明公司注重于神经网络的实际应用和推广;个人申请较少,占比 8%,说明个人对神经网络研究和应用的掌握较为困难。

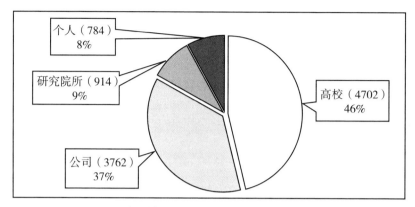

图2　人工神经网络相关专利申请人来源占比

对人工神经网络专利申请国际分类号的分布情况进行统计，从图3可以看出，涉及最多的分类号为G06N 3/00—基于生物学模型的计算机系统，G06N 3/02—采用神经网络模型，G06N 3/08—学习方法，而其他的分类号下文献的总和仍没有达到以上三个分类号任一的文献数量，这说明我国专利申请大多涉及神经网络模型的改进及其计算机的学习。

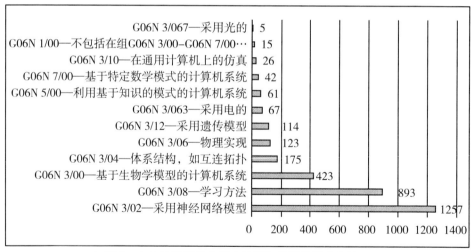

图3　人工神经网络专利申请国际分类号的分布情况

图4显示了在中国大陆提交申请的人工神经网络相关专利的主要申请人省市分布，从图中可以看出，北京、江苏、广东申请量排名前三位，其中北京申请量最大，占据全国申请量的28%，这与北京的高校和科研院所比较集中有关，同时，美国申请人占有11%，说明美国在神经网络技术领域比较领先，也比较重视技术输出和专利海外布局。

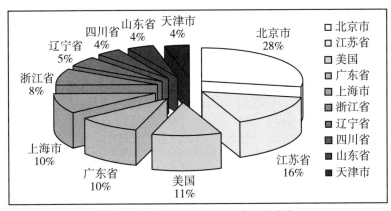

图4 人工神经网络专利申请区域分布

图5显示了人工神经网络领域主要申请人的专利申请趋势，从图5中可以看出国家电网于2012年后，在神经网络领域的专利申请量和专利申请增长量都占据申请人的第一位，查看其涉及的主要专利可以看出，在国家战略推动下，近5年来我国在发电、输电、能源利用等方面技术上有显著进步，神经网络在发电、输电、能源利用领域已经从理论研究阶段向市场应用阶段发展。

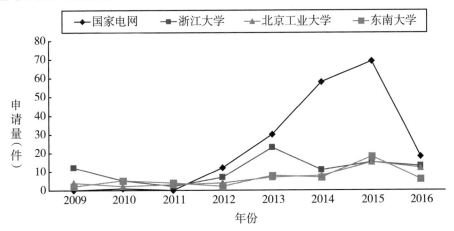

图5 人工神经网络领域主要申请人的专利申请趋势

三、人工神经网络的特点和优越性

（一）人工神经网络的特点

1. 自适应与自组织能力

人工神经网络具有初步的自适应与自组织能力。在学习或训练过程中改变突触权重值，以适应周围环境的要求。同一网络因学习方式及内容不同可具有不同的功能。人工神经网络是一个具有学习能力的系统，可以发展知识，以致超过设计者原有的知识水平。通常，它的学习训练方式可分为两种：一种是有监督或称有导师的学习，这时利用给定的样本标准进行分类或模仿；另一种是无监督学习或称无导师学习，这时，只规定学习方式或某些规则，则具体的学习内容随系统所处环境（即输入信号情况）而异，系统可以自动发现环境特征和规律性，具有更近似人脑的功能。

2. 泛化能力

泛化能力指对没有训练过的样本，有很好的预测能力和控制能力。特别是，当存在一些有噪声的样本，网络具备很好的预测能力。

3. 非线性映射能力

当系统对于设计人员来说，很透彻或者很清楚时，则一般利用数值分析，偏微分方程等数学工具建立精确的数学模型，但当系统很复杂，或者系统未知，系统信息量很少时，建立精确的数学模型很困难时，神经网络的非线性映射能力则表现出优势，因为它不需要对系统进行透彻的了解，但是同时能达到输入与输出的映射关系，这就大大简化设计的难度。

4. 高度并行性

并行性具有一定的争议性。承认具有并行性理由：神经网络是根据人的大脑而抽象出来的数学模型，由于人可以同时做一些事，所以从功能的模拟角度上看，神经网络也应具备很强的并行性。

（二）人工神经网络的优越性

人工神经网络的特点和优越性，主要表现在三个方面：第一，具有自学习功能。例如，实现图像识别时，只在先把许多不同的图像样板和对应的应识别的结果输入人工神经网络，网络就会通过自学习功能，慢慢学会识别类似的图像。自学习功能对于预测有特别重要的意义。预期未来的人工神经网络计算机将为人类提供经济预测、市场预测、效益预测，其应用前途是很远大的。第二，具有联想存储功能。用人工神经网络的反馈网络就可以实现这种联想。第三，具有高速寻找优化解的能力。寻找一个复杂问题的优化解，往往需要很大的计算量，利用一个针对某问题而设计的反馈型人工神经网络，发挥计算机的高速运算能力，可能很快找到优化解。

四、人工神经网络与其他理论的融合

神经网络在很多领域已得到了很好的应用，但其需要研究的方面还很多。其中，具有分布存储、并行处理、自学习、自组织以及非线性映射等优点的神经网络与其他技术的结合以及由此而来的混合方法和混合系统，已经成为一大研究热点。由于其他方法也有它们各自的优点，所以将神经网络与其他方法相结合，取长补短，继而可以获得更好的应用效果。目前，这方面工作有神经网络与模糊逻辑、专家系统、遗传算法、小波分析、混沌、粗集理论、分形理论、证据理论和灰色系统等的融合。

（一）与小波分析的结合

小波变换是对 Fourier 分析方法的突破。它不但在时域和频域同时具有良好的局部化性质，而且对低频信号在频域和对高频信号在时域里都有很好的分辨率，从而可以聚集到对象的任意细节。小波分析相当于一个数学显微镜，具有放大、缩小和平移功能，通过检查不同放大倍数下的变化来研究信号的动态特性。因此，小波分析已成为地球物理、信号处理、图像处理、理论物理等诸多领域的强有力工具。

小波神经网络将小波变换良好的时频局域化特性和神经网络的自学习功能相结合，因而具有较强的逼近能力和容错能力。在结合方法上，可以将小波函数作为基函数构造神经网络形成小波网络，或者小波变换作为前馈神经网络的输入前置处理工具，即以小波变换的多分辨率特性对过程状态信号进行处理，实现信噪分离，并提取出对加工误差影响最大的状态特性，作为神经网络的输入。

小波神经网络在电机故障诊断、高压电网故障信号处理与保护研究、轴承等机械故障诊断以及许多方面都有应用，将小波神经网络用于感应伺服电机的智能控制，使该系统具有良好的跟踪控制性能，以及好的鲁棒性，利用小波包神经网络进行心血管疾病的智能诊断，小波层进行时频域的自适应特征提取，前向神经网络用来进行分类，正确分类率达到94％。

（二）混沌神经网络

混沌这一定义是20世纪70年代才被 Li – Yorke 第一次提出的。由于它具有广泛的应用价值，自它出现以来就受到各方面的普遍关注。混沌是一种确定的系统中出现的无规则的运动，混沌是存在于非线性系统中的一种较为普遍的现象，混沌运动具有遍历性、随机性等特点，能在一定的范围内按其自身规律不重复地遍历所有状态。混沌理论所决定的是非线性动力学混沌，目的是揭示貌似随机的现象背后可能隐藏的简单规律，以求发现一大类复杂问题普遍遵循的共同规律。与常规的离散型 Hopfield 神经网络相比较，混沌神经网络具有更丰富的非线性动力学特性，主要表现如下：在神经网络中引入混沌动力学行为；混沌神经网络的同步特性；混沌神经网络的吸引子。

当神经网络实际应用中，网络输入发生较大变异时，应用网络的固有容错能力往往感到不足，经常会发生失忆现象。混沌神经网络动态记忆属于确定性动力学运动，记忆发生在混沌吸引子的轨迹上，通过不断地运动（回忆过程），一一联想到记忆模式，特别对于那些状态空间分布的较接近或者发生部分重叠的记忆模式，混沌神经网络总能通过动态联想记忆加以重现和辨识，而不发生混淆，这是混沌神经网络所特有的性能，它将大大改善 Hopfield 神经网络的记忆能力。混沌吸引子的吸引域存在，形成了混沌神经网络固有容错功能。这将对复杂的模式识别、图像处理等工程应用发挥重要作用。

（三）与粗集理论

在粗集理论方法和神经网络方法处理信息中，两者存在很大的两个区别：其一，神经网络处理信息一般不能将输入信息空间维数简化，当输入信息空间维数较大时，网络不仅结构复杂，而且训练时间也很长；而粗集方法却能通过发现数据间的关系，不仅可以去掉冗余输入信息，而且可以简化输入信息的表达空间维数。其二，粗集方法在实际问题的处理中对噪声较敏感，因而用无噪声的训练样本学习推理的结果在有噪声的环境中应用效果不佳。而神经网络方法有较好的抑制噪声干扰的能力。因此，将两者结合起来，用粗集方法先对信息进行预处理，即把粗集网络作为前置系统，再根据粗集方法预处理后的信息结构，构成神经网络信息处理系统。通过两者的结合，不但可减少信息表达的属性数量，减小神经网络构成系统的复杂性，而且具有较强的容错及抗干扰能力，为处理不确定、不完整信息提供了一条强有力的途径。

（四）与分形理论的结合

由于在许多学科中的迅速发展，分形已成为一门描述自然界中许多不规则事物的规律性的学科。它已被广泛应用在生物学、地球地理学、天文学、计算机图形学等各个领域。用分形理论来解释自然界中那些不规则、不稳定和具有高度复杂结构的现象，可以收到显著的效果，而将神经网络与分形理论相结合，充分利用神经网络非线性映射、计算能力、自适应等优点，可以取得更好的效果。

分形神经网络的应用领域有图像识别、图像编码、图像压缩，以及机械设备系统的故障诊断等。分形图像压缩/解压缩方法有着高压缩率和低遗失率的优点，但运算能力不强，由于神经网络具有并行运算的特点，将神经网络用于分形图像压缩/解压缩中，提高了原有方法的运算能力。将神经网络与分形相结合用于果实形状的识别，首先利用分形得到几种水果轮廓数据的不规则性，然后利用三层神经网络对这些数据进行辨识，继而对其不规则性进行评价。

五、神经网络的发展与展望

神经网络理论在模式识别、自动控制、信号处理、辅助决策、人工智能等众多研究领域取得了广泛的成功，关于学习、联想和记忆等具有智能特点过程的机理及其模拟方面的研究正受到越来越多的重视。目前，神经网络研究与发展主要集中在以下四个方面。

（一）神经生理学、神经解剖学研究的发展

通过神经网络研究的发展，人们对人脑一些局部功能的认识已经有所提高，如对感知器的研究、对视觉处理网络的研究、对存储与记忆问题的研究等都取得一定的成功。整体功能决不是局部功能的简单组合而是一个巨大的质的飞跃，人脑的知觉和认知等过程是包含着一个复杂的动态系统中对大量神经元活动进行整合的统一性行动。由于人们对人脑完整工作过程几乎没有什么认识，连一个稍微完善的可令人接受的假设也没有，这造成神经网络研究始终缺乏一个明确的大方向。这方面如果不能有所突破，神经网络研究将始终限于模仿人脑局部功能的缓慢摸索过程当中，而难以达到研究水平的质的飞跃。

（二）与之相关的数学领域的研究与发展

神经元以电为主的生物过程在认识上一般采用非线性动力学模型，其动力学演变过程往往是非常复杂的，神经网络这种强的生物学特征和数学性质，要求有更好的数学手段。笔者认为，当今神经网络理论的发展，已经客观要求有关数学领域必须有所发展，并大胆预期一种更简洁、更完善和更有效的非线性系统表达与分析的数学方法是这一领域数学发展的主要目标之一。

（三）神经网络应用的研究与发展

从神经网络发展过程看，理论研究经常走在前列，有时会超出实际使用阶段。虽然说理论研究和实际应用可以相辅相成，但实际需求总是科技发展的主要推动力。目前，在神经网络实用上，虽然有不少实际应用成果报道，如智能控制、模式识别及机器人控制。但真正成熟的应用还比较少见。在这方面，作者重点研究了神经网络在故障诊断领域的应用，如将神经网络与信息融合技术相结合，构造出一神经网络信息融合分类器，并将其应用于电子设备故障诊断之中，取得了比较好的应用效果。

（四）神经网络硬件的研究与发展

要真正实现神经网络计算机，则神经网络芯片设计与生产技术必须有实质性的进展。光学技术是实现神经网络及神经计算机的一个比较理想的选择。因为光学技术具有非常好的固有特性，主要体现在：高驱动性、较高的通信带宽、以光速并行传递信息等。虽然光学神经计算机实现技术目前还不成熟，其商品化大规模实现还有待时日，但一些光学神经元器件、光电神经计算机研究已表现出广阔的发展和应用潜力，并引起相应领域的充分关注。

六、结　语

随着神经网络理论的发展，将神经网络与其他理论交叉结合，研究新型神经网络模型，是神经网络研究发展方向。如将之与混沌理论相结合产生的混沌神经网络理论；再如将量子力学与神经网络的结合，研究量子神经网络，实现功能强大的量子神经计算就是目前神经网络研究的热点之一，本文期望有助于本领域技术人员了解该技术领域的发展情况。

参考文献：

［1］董军，胡上序. 混沌神经网络研究进展和展望［J］. 信息与控制，1997，26（5）：360 － 368.

［2］INOUEM，NAGAYOSHI A. A ChaosNeural-computer［J］. Physical Letter A，1991，158（8）：373 － 376.

［3］胡守仁，余少波，戴葵．神经网络导论［M］．长沙：国防科技大学出版社，1992.

［4］韩力群，人工神经网络理论、设计及应用［M］．北京：化学工业出版社，2002.

［5］朱大奇，于盛林．应用模糊数据融合实现电子电路的故障诊断［J］．小型微型计算机系统，2002，23（5）：633－636.

第二篇

审查实务

公开不充分审查中的权利、义务与技术贡献

王振宇　杜　睿①

┃摘要┃本文从权利与义务的角度，分析专利权人获得权利的原因在于作出了技术创新贡献，并将原因分析引入公开不充分的审查中，提供了审查中辅助的判断依据和新的思考。

┃关键词┃公开不充分　权利　义务　界限　技术贡献

引　言

《专利法》第26条第3款规定：说明书应当对发明或者实用新型作出清楚、完整的说明，以所属技术领域的技术人员能够实现为准。对于《专利法》第26条第3款的审查，也就是我们常说的"公开不充分"审查。

《专利审查指南（2010）》第二部分第二章对"能够实现"做了进一步的明确：所属技术领域的技术人员能够实现，是指所属技术领域的技术人员按照说明书记载的内容，就能够实现该发明或者实用新型的技术方案，解决其技术问题，并且产生预期的技术效果，并给出了五种被认为无法实现的情形：

（1）说明书中只给出任务和/或设想，或者只表明一种愿望和/或结果，而未给出任何使所属技术领域的技术人员能够实施的技术手段；

（2）说明书中给出了技术手段，但对所属技术领域的技术人员来说，该手段是含糊不清的，根据说明书记载的内容无法具体实施；

（3）说明书中给出了技术手段，但所属技术领域的技术人员采用该手段并

---

①　第二作者对本文的贡献等同于第一作者。

不能解决发明或者实用新型所要解决的技术问题；

（4）申请的主题为由多个技术手段构成的技术方案，对于其中一个技术手段，所属技术领域的技术人员按照说明书记载的内容并不能实现；

（5）说明书中给出了具体的技术方案，但未给出实验证据，而该方案又必须依赖实验结果加以证实才能成立。例如，对于已知化合物的新用途发明，通常情况下，需要在说明书中给出实验证据来证实其所述的用途以及效果，否则将无法达到能够实现的要求。

虽然审查指南中对公开不充分给出了较为具体的解释，但是在实际审查过程中，由于审查员能力水平的差异，经常出现对该法条的过度质疑，引来申请人的不满和质疑，并经常成为双方争议的焦点。本文从法律上的权利、义务以及技术贡献的角度来对公开不充分的审查进行思考，以期能够有助于审查中对于公开不充分的判断。

一、权利与义务

"权利"一词，是外国法律名词的意译。"权利"在拉丁文中称为 jus，在法语中称为 driot，在英语中称为 right，在德语中称为 recht。以上几个"权利"的不同称法都含有正义、直道的意思。日本学者开始译为"权理"，后来才改译为"权利"。我国法律上的"权利"一词来自日本。人群共处，各有主张，涉及不同的利益，难免发生冲突，要维护正常的秩序，就必须对涉及主体的不同利益加以界定。这一界定通常需要借助法律来完成。这样，法律就在一定的要件之下，就其认为合理应当者，赋予个人某种力量，以享受其利益。因此，所谓的权利指经由法律确认的、得以享受特定利益的能力。由此可见，权利的本质是一种法律上的力量。[1]

权利在任何情形下都不是任意性的、绝对的，有权利的存在也必然伴随着一定的界限和相应的义务。义务作为一种法律设定的行为模式与权利具有最大的相关性，即义务应是针对某一权利并为保证这种权利实现而设定。义务是指法律所加于当事人作为或不作为的拘束，民事义务是指法律规定民事义务主体为满足他人利益需要，在他人权利限定的范围内必须为一定行为或不为一定行为的约束。

权利与义务对应法律关系是平等主体之间的法律关系。对于权利主体来讲，它有一定的限制，行使权利不能无限制，即权利存在界限；对于义务主体来讲，应当作为或不作为行为的界限是确定的，不能无限制地为自己的行为承担责任。权利人的权利与他人的义务相对应，他人的义务构成了权利人的权利，两者针对不同的主体，是对等的关系，构成了权利与义务的对等形态。即，对于不同的主体，权利和义务必然同时相伴出现，两者是对等关系，一主体权利的实现是基于其他主体履行义务为基础，其他主体不履行义务，则对应的该主体的权利也就得不到保障。

同时，权利与义务是互补的、相应的。对同一主体来说，承担了义务，必然在另一些情形下享有相应的权利，即义务是享有权利应付出的代价，是有偿性的。同时，享有权利的主体也是"有偿"获得权利，其也要承担相应的义务。这体现了法律的"公平原则"，也是对同一主体的权利和义务的统一。[2]

具体到专利权而言，简单来说，专利的"权利要求"简单直接地表明了权利人所拥有的权利，其受到法律的保护。《专利法》第 11 条第 1 款"发明和实用新型专利权被授予后，除本法另有规定的以外，任何单位或者个人未经专利权人许可，都不得实施其专利，即不得为生产经营目的制造、使用、许诺销售、销售、进口其专利产品，或者使用其专利方法以及使用、许诺销售、销售、进口依照该专利方法直接获得的产品"，规定了专利权人的权利和其他单位或个人（以下简称其他民事主体）的义务，两者是对等的关系。

专利权人的权利为：专利权受到保护，其他民事主体未经许可不得侵犯。

其他民事主体的义务为：未经专利权人许可，不得侵犯专利权。

如前所言，对同一主体，权利和义务是相应的。《专利法》第二章和第三章规定了授予专利权的条件及专利的申请要求，只有满足这些条件及要求，申请才能被授予专利权，也就是这些法律要求是专利权人的义务，承担这些义务才能获得专利权。而专利权人获得专利权的根本原因是进行了发明创造，作出了技术创新，促进了科学技术进步和社会经济的发展（《专利法》第 1 条）。

而其他民事主体在专利权人获得专利权的民事法律行为过程中，获得了相关的技术信息，不仅可以在专利期满后合法使用该技术信息，还可以从该技术信息中得到技术启发，进行进一步创新。

因此，本文理解的专利权人和其他民事主体的权利和义务主要内容如表 1 所示。

表1

	权利	义务
专利权人	专利权受到保护,其他民事主体未经许可不得侵犯	通过申请文件贡献出技术创新,并达到一定高度要求
其他民事主体	从专利权人公开的信息中获得技术信息,专利期满后可以使用专利技术	未经专利权人许可,不得侵犯专利权

二、权利和义务的界限

权利和义务都不是无限制的,都存在一定的界限,界限是权利和义务存在的重要前提和条件。

权利必须有合理的界限,有其确立的界限、存在的界限和运行的界限,在其界限内的权利受到法律的保护。义务是权利实现的基础,义务的界限因权利而产生,义务的界限内在地隐含在权利的界限之中,界限内义务的履行构成了界限内权利的实现。[3]

专利法中,专利权的界限包含专利权的范围界限(权利要求)、时间界限(保护期限)、空间界限(地域范围)、运行界限(为生产经营目的制造、使用、许诺销售、销售、进口其专利产品,或者使用其专利方法以及使用、许诺销售、销售、进口依照该专利方法直接获得的产品)等主要界限。该界限和其他民事主体的义务界限(在该界限范围内不得侵犯专利权)相对等。

专利权人的义务也有其界限,主要是专利法规定的各项法条,符合法条要求的标准,即达到了其义务的界限。专利权人的义务的界限与其他民事主体的权利的界限相对等。

三、义务的界限与公开不充分的审查

专利法的相关法条规定了专利权人(以下根据所处的审查阶段,也称申请人)义务的界限,专利审查的本质是审核申请人是否履行了其义务,并且达到了相应的界限,以决定是否应当给与其相对等的权利。而专利权人的众多义务中,对其他民事主体的权利最为直接和重要的就是"贡献出技术创新",因为只有履行该义务,其他民事主体才可以获得技术信息,才可能进一步促进科学技术进步和经济社会发展,这也是专利法的意义所在。

而对该义务的界限，《专利法》第 26 条第 3 款规定"以所属技术领域的技术人员能够实现为准"，对其界限进行了明确的规定，要使申请文件披露其技术创新以使其他民事主体可以从中获得技术信息并达到可以使用的程度，保证其他民事主体的权利得到实现，也就是我们常说的"以公开换保护"。这就是《专利法》第 26 条第 3 款的立法宗旨，其目的在于保证其他民事主体的权利与专利权人的义务处于对等的关系，符合民事法律的"公平原则"，即《专利法》第 26 条第 3 款规定的申请人公开技术创新义务的界限。

　　按照权利与义务对等的原则，其他民事主体的权利应当与专利权人的义务对等，针对该项权利与义务，总结而言：专利权人得到权利，因为其履行了该义务，而判断其是否履行了义务，就是看其是否披露其技术创新，该技术创新是否达到了"所属技术领域的技术人员能够实现"。如果申请文件披露的信息不充分、不全面，那么无论申请人在实际研究中是否实现其技术并解决技术问题，对于其他民事主体来说，根据申请文件披露的内容无法得到其技术创新的内容，即其他民事主体实际并未获得权利，也就是申请人没有尽到其义务，那么申请人显然不应当获得权利。

　　对于其他民事主体来说，其要履行义务，不侵犯专利权人的权利，是因为其可以获得专利权人的技术创新，并且所属技术领域的技术人员可以实现其技术创新。

　　通过以上分析可以得出，公开不充分的判断主体应当是"本领域技术人员"，即首先要立足本领域技术人员，但是理想的本领域技术人员是不存在的，审查员在"本领域技术人员"的能力不同导致了审查中的矛盾和困惑。如果审查员能力过低，达不到合格的本领域技术人员的能力水平，那么无法实施已经充分公开的技术方案，容易导致对于公开不充分的过度质疑。

　　但是，客观上来说，受审查员个人技术积累、理解能力等因素影响，要求审查员在任何时候、面对任何技术方案都做到一个能力水平站位恰好的"本领域技术人员"，也不是特别现实。此时，可以尝试从上文分析的权利与义务的角度来辅助公开不充分的判断，下面通过一个案例进行说明。

　　前段时间，关于亚马逊下架中国产扭扭车的新闻成为业内一个焦点新闻，本文就针对扭扭车这个案例从另一个角度来进行分析。

　　谈到扭扭车，不得不提自平衡车，迪安·卡门于 1999 年发明了自平衡车（如图 1 所示），并申请了专利，其定义了自平衡车的基本形状，并通过传感器、驱动器和控制器实现了自平衡。

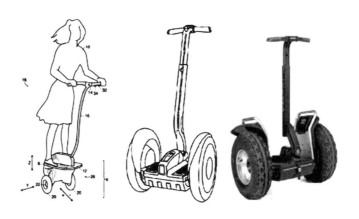

图 1

美籍华人陈星在 2013 年向美国专利局提出了一种不同的自平衡车，其相对于之前的自平衡车，在结构上进行了大的改变（如图 2 所示），由一个固定平台带两个轮，变成两个平台可相对旋转连接在一起加上两个驱动轮的结构，其原理图甚至是一副手绘的草图，对于具体结构和其如何实现平衡控制的控制算法并未进行详细介绍。

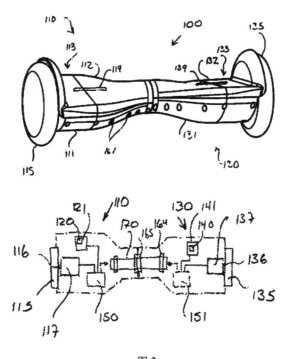

图 2

2014 年，杭州一位名叫应佳伟的申请人提出了扭扭车的专利申请，其中介绍了扭扭车的具体结构（如图 3 所示）和控制算法。

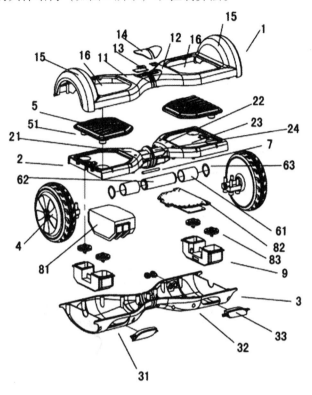

图3

由于从应佳伟处获得专利许可的中国公司被指侵犯陈星所获得的美国专利，中国很多外贸企业的相关产品被亚马逊下架，该事件一时成为业内的热点[4]，同时也有报道称陈星的专利只有一个概念和草图，其进行产品化没有成功，即没有在技术上得以实现，而应佳伟解决了相应的技术问题，成功实现了产品化，这也为该案进一步增加了讨论热点。

本文首先基于一个假设进行讨论，假设 1：如该报道所言，陈星提出专利申请的时候并未能成功制造该产品，即申请人没能够实现，那么陈星的申请是否符合公开充分的要求？

针对该假设 1：首先，应当明确"公开不充分"判断的主体应当是本领域技术人员，并非某一特定人员，发明人也不例外，不能以发明人是否实现为判断的标准，因此，无论发明人在申请日之前是否成功的实现，对于"公开不充分"

的判断不应带来影响。

其次，在申请文件所公开信息的指引下，即使一些细节的技术信息在申请文件中没有公开，如果本领域技术人员基于其知晓的本领域所有的普通技术知识、获知的本领域的现有技术和具备的常规试验手段的能力，能够想到相关技术信息，最终实现其技术方案，则申请文件公开充分。如果根据申请文件公开的信息，即使本领域技术人员考虑了本领域所有的现有技术、普通技术知识和常规试验手段，在没有创造性劳动的情况下，都无法实现其技术方案，则申请文件公开不充分。

就陈星的申请来说，其说明书中仅以草图和文字介绍其构思，对于其具体结构和控制方法并未进行详细的描述，如果本领域技术人员在说明书公开的内容的基础上，即使掌握了本领域关于平衡控制的所有技术知识，以及所有现有技术，例如，迪安·卡门的自平衡车中的平衡控制技术，经过不需要创造性的适当变形和调整及有限的试验都无法实现，则陈星的申请文件的说明书公开不充分，反之，则公开充分。

但是，在审查实践中，经常出现这样的情况，审查员达不到"本领域技术人员"的水平，基于所掌握的技术知识和申请所公开的内容，无法确定申请文件的方案是否可以实现；或者说不确定：究竟是申请本身无法实施，还是由于自己站位本领域技术人员的能力不足而想不到该如何结合已有技术来实施。此时，判定为公开充分还是不充分？这也是审查实践中最大的困扰，将该情况作为假设2。

针对该假设2：依然以陈星的申请为例，可以从另一个角度，也就是我们前面所讲的义务的界限的角度来进行思考和判断。引申出两个问题：首先，判断陈星申请所公开的内容对本领域技术人员来说，是否可以使本领域技术人员得到启发或启示，对本领域技术人员存在技术贡献，即问题1；其次，审查员作为本领域技术人员，根据已掌握的知识，包括对申请文件的了解，虽然不确定是否可以实现，但是从现有理论范畴内判断其是否可行，即问题2。

这两个问题，对审查员来说就相对容易判断了。

针对问题1，对本领域技术人员来说，看到陈星的申请，相当于打开了一扇窗户，原来自平衡车的平台可以是能够相对旋转的，这样能够进一步减小体积、简化结构，其明显对本领域技术人员存在技术贡献，启发本领域技术人员从这一方向进行相应的研究和改进，即问题1的答案是肯定的。针对问题2，不需要太复杂的考虑就可以知道其在现有理论如控制理论的范畴内是可行的，可能仅需要对已有的自平衡车的算法进行改进或者调试即可，即问题2的答案也是肯定的。

针对这两个问题进行思考之后，我们可以得出陈星的申请作出了技术贡献，根据现有理论和技术证明在技术上可行。那么，不确定是否可以实现的原因就应该是本领域技术人员的能力还不够，而申请文件是公开充分的。以上分析将公开不充分的审查转化为对两个问题的解答，不需要审查员来想到具体如何才能实现，而是仅需判断理论上的可行性或不可行性，实施细节中的问题都无须考虑。将判断的要求由审查员思考如何实现，变为判断是否存在技术贡献及理论上是否可行，降低了对审查员立足本领域技术人员的要求，不仅可以降低审查难度，更可以避免该法条被滥用，保证了审查的正确性。

通过以上两个假设，可以得到公开不充分的一些判断方法：当审查员通过本领域技术人员，结合申请文件公开的内容和本领域普通技术知识及现有技术可以确定说明书的方案不能实现时，公开不充分；可以确定说明书的方案能实现时，公开充分；当审查员无法确定说明书的方案是否可以实现时，判断是否存在技术贡献及理论上的可行性或不可行性，如果存在技术贡献，且理论上可行或者没有发现理论上不可行性的依据，则认为公开充分；如果不存在技术贡献且理论上不可行，则认为公开不充分。

四、技术贡献与公开不充分审查的进一步思考

在假设 2 的基础上，本文进行进一步的引申和思考，设定假设 3：陈星仅提出了一个创意构思，其并未实现；并且由于结构发生了改变，现有技术中的平衡控制技术无法适用，本领域技术人员可以确定基于其公开的内容和本领域的普通技术知识及现有技术无法实现，必须要对现有的平衡控制技术进行创造性的设计才可以实现平衡控制，而陈星并未解决该问题。那么，以此驳回陈星申请是否合理？而其他技术人员根据陈星的创意，施以自己创造性劳动而最终解决平衡的技术问题，两者权利如何分配才更为合理？

针对假设 3，按照目前的公开不充分的标准，陈星的申请没有达到"所属技术领域的技术人员能够实现"的界限，没有尽到其义务，不应获得专利权。但是，陈星的申请提出了新的创意，作出了技术贡献，为本领域技术人员打开了一扇窗，指出了一种新的平衡车改进方向，其他技术人员无疑从陈星的申请中获得了这种创意，加上自己创造性的劳动，最终实现了技术方案。因此，按照现行标准，最终的结果将是陈星因为公开不充分不能获得任何权利，而其他技术人员获得了所有的权利。

上述结果明显违背了民事法中的公平原则，在陈星的申请过程中，其尽了部

分义务，但没有获得任何权利，权利与义务明显不对应；其他技术人员也尽到了部分义务，却获得了全部权利，权利与义务也明显不对应。申请人在申请过程中已经贡献出其技术创新，履行了其义务，而其他民事主体由申请人的申请文件获得了技术创新和启示，得到了权利，那么作为申请人的陈星理应获得相应的权利。

在科技飞速发展的今天，在传统技术领域内，技术创新往往是起源于一个创意，创意更重要，这无疑已经成为社会的一个普遍共识，而上述结果明显与这一社会共识相矛盾。因此本文认为，当前的公开不充分的标准需要进行适度调整。

那么，针对假设 3 的情况，什么样的权利分配才是合理的？

对同一主体来说，其获得的权利和承担的义务是相应的。既然专利权人获得权利的根本原因在于公开了技术贡献，那么按照技术贡献分配权利显然是最符合公平原则的方式。陈星的贡献在于提出构思和方向，那么其所获得的权利在于构思；其他技术人员的贡献在于在陈星的构思和方向下，进行了具体的实现，其应当获得具体实现所进行的技术改进对应的权利。两者的技术贡献加起来实现了技术方案，缺少任何一方都没有办法实现。其权利也同样相辅相成，其他技术人员要实施其方案，必然侵犯陈星的权利，而陈星要实施其方案，也必然侵犯其他技术人员的权利。这与其他技术人员的发明的实现是以陈星的贡献为基础、陈星发明的实现也离不开其他技术人员的贡献相一致，因此也符合"公平原则"。

五、结　语

在当前技术发展的水平下，技术更迭速度加快，创意也更加重要，发明人对创意即时保护的意识也加强了很多，在公开不充分的审查中，也建议重视技术贡献，根据技术贡献授予相对等的权利。

参考文献：

[1] 傅静坤. 民法总论 [M]. 广东：中山大学出版社，2002：37 - 38.

[2] 王人博，等. 法治论 [M]. 山东：山东人民出版社，1989：174 - 175.

[3] 徐显明. 公民权利义务通论 [M]. 北京：群众出版社，1991：28 - 37.

[4] 李荣华. 遭亚马逊下架或造成百亿损失 扭扭车主要产地深圳首当其冲. [2016 - 01 - 29]. IT168 首页 > 数字家电 > 数字家电厂商动态，www. elec. it168. com/a2016/0129/000001911609. shtml.

"权利要求书应当以说明书为依据"立法本意的探讨

丁小汀　兰　霞[①]

▎摘要▎ 《专利法》第 26 条第 4 款规定的"权利要求书应当以说明书为依据"是审查实践中审查员经常用以促使申请人缩小权利要求保护范围的条款，也是申请人或代理人容易与审查员产生争议的条款。实际中不支持的情形千差万别，本文分析了三个复审以及无效程序中的案例，总结出权利要求书应当以说明书为依据的立法本意，同时还从专利侵权判定的角度对该条款进行了分析。

▎关键词▎ 《专利法》第 26 条第 4 款　以说明书为依据　支持　概括　侵权

引　言

《专利法》第 26 条第 4 款规定"权利要求书应当以说明书为依据"，《专利审查指南（2010）》进一步指出"以说明书为依据"即权利要求的技术方案应当是所属技术领域的技术人员能够从说明书充分公开的内容中得到或概括得出的。权利要求没有以说明书为依据大致可分为以下几种情形：（1）权利要求的概括包含推测的内容，而其效果又难以预先确定和评价；（2）所属技术领域的技术人员有理由怀疑概括所包含的一种或多种下位概念或选择方式不能解决相同的技术问题并达到相同的技术效果；（3）权利要求中的功能性限定以说明书中的特定方式完成，所属技术领域的技术人员不能明了还可以实现此功能的其他方式（例如，等同替代方式、明显变型方式）；（4）纯功能性限定的权利要求；（5）权利要求的技术方案与说明书的技术方案不一致。判断权利要求的范围概括地说就

---

① 第二作者对本文的贡献等同于第一作者。

是否恰当容易掺杂主观因素，因为它不像评判新颖性、创造性时必须给出对比文件，审查员只有理解了其立法本意，才能在面对各种案情时准确把握该法条的执行尺度。

一、案例简介

【案例1】

无效决定号：WX15770

申请号：200520015885.9

发明名称：用于制造塑料袋的装置

授权公告的权利要求1包括功能性限定技术特征"该装置包括一个传送系统（155），其特征在于：该传送系统（155）能沿着闭合的组合式焊接/切割模具（90）经过"（简称——"沿着闭合模具经过"）。

无效决定认为：虽然本专利说明书第2页第8段提到了"该传送系统也可以通过真空抽吸器或辊子来实现"，但说明书关于传送系统155的实现方式仅公开了"夹持器"一种实现方式——关闭的模具对塑料袋焊接切割完毕后，夹持器从模具中抽取再移动回原位；夹持器再将一个新的薄膜拉入重新开启的模具。而在现有技术中，传送系统虽然可以有例如夹持器、辊子、真空抽吸器等多种方式，但是不同的传送系统，其自身的传送运动方式是不同的。例如，辊子是固定在轴承上作自转运动，其不能实现权利要求1中的"沿着闭合模具经过"；又例如，真空抽吸器是贯穿于开启的焊接/切割模具，其也不能实现权利要求1中的"沿着闭合模具经过"。因此，除了本专利说明书中的特定方式"夹持器"，本领域技术人员并不清楚其替代方式，例如，辊子、真空抽吸器应当怎样应用才能作为"传送系统"实现沿着闭合模具经过。

【案例2】

复审决定号：FS9235

申请号：99105006.1

发明名称：控制接插件引脚电压的装置和方法

驳回针对的权利要求1中包括功能性限定技术特征"检测电路，其检测所述至少一个其他端子的电平状态，当检测到的电平状态表明有可插拔部件与所述连接器连接时，控制所述电子开关电路逐渐向第一端子施加接插件的电压"。

驳回决定认为：权利要求1中记载的功能性限定"检测电路"概括了一个

较宽的保护范围，而该申请只记载了一种能实现上述功能的检测电路，没有说明其他替代方式。

复审决定认为：从说明书第6页第20行至第9页第23行可以看出，由电阻104A、电阻104B、"与"门105组成的检测电路在检测到至少一个端子处于高电平时，输出一个电平，与由RC电路构成的定时电路一起控制电子开关电路108逐渐向第一端子施加插接件的电压。电子开关电路108"逐渐"向第一端子施加插接件的电压这个功能，是通过RC定时电路实现的。RC电路作为定时电路是本领域通用的技术，且不是唯一实现该功能的方式，对本领域的普通技术人员来讲，可以想到采用其他方式实现"逐渐"向第一端子施加插接件的电压这个功能。

【案例3】
无效决定号：21570
申请号：201220014238.6
发明名称：电连接器
授权公告的权利要求2、3分别为："2. 如权利要求1所述的电连接器，其特征在于：所述绝缘本体设有若干侧面及位于至少一个侧面上的且与绝缘壳体相互扣合的凸块和凹槽；3. 如权利要求2所述的电连接器，其特征在于：所述凹槽位于绝缘本体上且呈环形，所述凸块设于绝缘本体上。"

说明书给出的技术方案实际是：绝缘本体设有若干侧面，位于至少一个侧面上设有凹槽，凹槽与绝缘壳体的凸块相互扣合，所述凸块设于绝缘壳体上。

二、案例分析

首先将案例1和案例2进行对比，案例1的说明书给出了三种实施例，而案例2只有一个实施例，然而对于权利要求是否以说明书为依据的判断，这两个案例的结果是截然相反的。在实质审查中，审查员质疑权利要求没有以说明书为依据的理由经常包括"权利要求概括了一个较宽的范围，而说明书中仅给出一个实施例"。然而，仅用这个理由质疑权利要求得不到说明书支持是不公允的，案例1和案例2已经充分表明权利要求是否以说明书为依据与其概括的范围是否"宽"以及实施例个数没有必然联系，关键要看在概括的范围内本领域技术人员是否清楚说明书实施例之外的等同替换方式或明显变型方式。如果说明书中仅以含糊的方式记载了其他替代方式也可适用，但是本领域技术人员不清楚怎样应用这些替代方式，或有理由怀疑这些替代方式不能解决相同的技术问题，则权利要求没有以说明书为依据。[1]

上述"等同替换方式"和"明显变型方式"实际上属于"常用技术手段"的范畴，也就是说，如果"概括"包含的说明书实施例以外的内容是本领域技术人员公知的、常用的、容易想到的，则这种"概括"是合理的；反之，如果"概括"包含了说明书没有公开的却有可能作出创造性贡献的内容，则这种"概括"是不合理的。《专利法》第 26 条第 4 款关于权利要求应以说明书为依据的规定，其立法本意是为了避免权利要求的保护范围涵盖说明书没有公开，但却对现有技术具有创造性贡献的内容，而该内容有可能成为其他申请人的发明创造。从这个角度讲，该条款确保了授予专利权的保护范围与其对现有技术的贡献相当、与说明书充分公开的内容相适应，权利要求不能概括到蚕食社会公众利益的程度。

案例 1 中申请人据以在权利要求中概括成"传送系统"的理由就是说明书提到了夹持器、真空抽吸器和辊子三种方式，但是说明书详细公开的能够实现"沿着闭合模具经过"功能的只有夹持器。根据现有技术，真空抽吸器和辊子的传送运动方式均不能实现这一功能，而说明书又没有详细说明如何对真空抽吸器和辊子进行改进以实现该功能。换言之，说明书对现有技术的贡献在于详细说明了夹持器应具有何种结构、应如何操作才能实现所述功能，而对于真空抽吸器和辊子这两种方式，说明书没有对现有技术作出贡献。假设有另一申请人提出了对真空抽吸器或辊子改进的技术方案，使它们也能够实现上述功能，那么无疑该另一申请人的技术方案对现有技术是有创造性贡献的，完全可以作为另一件发明创造申请专利。如果允许案例 1 的申请人将"夹持器"概括成"传送系统"，那么此时另一申请人的发明创造就侵犯案例 1 专利权人的专利权了，这对另一申请人显然是不公平的。案例 1 的说明书对现有技术作出了什么贡献，就应允许其权利要求概括到什么程度。

案例 2 中虽然说明书关于"检测电路"和"电子开关电路"均只给出了一种实施方式，但是本领域技术人员根据普通技术知识能够确定上述两个电路的其他实施方式，例如，"检测电路"的功能不仅能由"与"门实现，也可由具有"与"逻辑的模拟电路实现；"电子开关电路"的功能不仅能由 RC 电路实现，也可由能够做成定时装置的计数器来实现。也就是说，说明书实施例以外的等同替代方式或明显变型方式是本领域技术人员无须付出创造性劳动就很容易想到的。因此，尽管说明书只有一个实施例，但也应当允许申请人进行概括，因为这种概括所包含的内容属于本领域技术人员公知的、常用的、容易想到的，申请人将属于"常用技术手段"范畴的内容涵盖入自己的权利要求并不会妨害其他人的利益，因为这一范畴的内容不可能作为另一件发明创造使另一申请人获得专利权，社会公众使用了这一范畴内的技术也会因为现有技术抗辩原则而避免陷入对案例2专利权人的侵权。

从案例1、2的分析可见，现有技术也是判断"权利要求是否以说明书为依据"时需要考虑的一个重要因素，关键在于判断本领域技术人员根据说明书充分公开的内容可以合理预期的、可实现的范围，这个范围的确立平衡了申请人（或专利权人）与第三人的利益关系。关于利益的平衡，这一点在案例3中体现地更为充分。本领域技术人员在阅读案例3授权的权利要求时能立即发现权利要求2、3存在明显错误：首先，相互扣合的应该是凸块与凹槽，而不是凸块、凹槽与绝缘壳体相扣合；其次，如果凸块和凹槽均位于绝缘本体上，则无法实现绝缘本体和绝缘壳体的扣合。在实质审查程序中，如果审查员发现了上述错误，毫无疑问应该质疑权利要求2、3没有以说明书为依据，并要求申请人进行修改，以保证授权文件的正确性。但是在无效程序中，专利权人受限于权利要求的修改方式，其无法将权利要求2、3修改成正确的方案，如果据此就宣告该专利无效，显然对于专利权人的惩罚过重，因为该专利的说明书已经正确、充分地公开了权利要求2、3本来想表达的技术方案，权利要求的错误是由撰写疏忽造成的，并且从说明书的整体能看出其唯一的正确答案，因而本领域技术人员在再现该专利时，不会教条地照搬错误，而是必然会在自行纠正该明显错误的基础上，按照说明书本意表达的技术方案对权利要求作出正确的解读，这不会导致权利要求的技术方案在内容上发生变化，进而损害社会公众的利益。因此，从平衡利益的角度考虑，专利复审委员会没有宣告该专利无效是具有合理性的，这一做法恰恰是从《专利法》第26条第4款的立法本意出发的。

三、"以说明书为依据"的立法本意

从上面的分析可以得出结论，《专利法》第26条第4款规定"权利要求书应当以说明书为依据"的立法本意是为了保证权利要求的保护范围与申请人所做的技术贡献相称，不能将尚未完成的发明涵盖在权利要求的保护范围之内，以避免申请人以较小的公开内容换取较大的保护范围而损害公众的利益。权利要求的本质功能是基于说明书充分公开的内容得到或概括出一个保护范围，立法本意就是要确保该保护范围适当，避免该保护范围涵盖说明书没有公开的却对现有技术作出贡献的内容，该内容有可能成为其他申请人的发明创造，从而平衡申请人与第三人的利益关系。该条款最能体现专利法立法的"对价理论"，即"公开"与"保护"的对价，申请人通过向社会公开其发明来换取一段时间内排他性的独占权利。

有观点认为：该条款的立法本意是确保不能将属于公众的已知技术囊括在权利要求的概括范围之内。[2] 本文不赞同这种观点。该条款的目的不是为了从权利要求中排除已知技术，而是为了排除没有被说明书公开但却有创造性贡献的内容。对抗权利要求中涵盖的已知技术应使用的条款是《专利法》第22条第2款或第3款，而不是第26条第4款关于"权利要求书应当以说明书为依据"的规定。同时，在判断"权利要求书应当以说明书为依据"时也不可避免地要考虑"创造性"因素。回顾本文在"引言"部分列举的没有以说明书为依据的情形（1）至（4）：如果权利要求包含了效果难以预先确定和评价的推测的内容，或者包含了一种或多种不能解决相同技术问题的下位概念或选择方式，则这些推测的内容、下位概念或选择方式对于本申请的申请人来说属于尚未完成的发明创造，由于推测的内容难以预先评价效果，因此不确定其能否实现本申请的发明目的，为了确定其效果，必然需要进一步试验；对于已经有合理理由怀疑不能解决相同技术问题的下位概念或选择方式，为了使其能解决本申请的技术问题，必然需要对技术方案做进一步改进。而上述试验和改进的过程实际上是在本申请的基础上继续进行发明创造的过程，这一过程显然需要付出创造性劳动。如果所属技术领域的技术人员看到说明书给出的特定方式之后很容易联想到其等同替代方式或明显变型方式，说明这些等同替代方式或明显变型方式只利用了本领域技术人员的普通技术知识，不需要本领域技术人员做创造性劳动。包含了这些等同替代方式或明显变型方式的概括能够得到说明书支持，表明"以说明书为依据"不是为了从权利要求中排除已知技术。反之，如果本领域技术人员根据现有知识不能明了实现相同功能的其他方式，或者更极端地对于纯功能性的权利要求，为了找到相关实现方式，必然需要本领域技术人员做进一步研究，而研究的过程就体现了其创造性。因此，将没有体现在本申请说明书中的"创造性"内容排除在权利要求的保护范围之外才是该条款的核心目的。

上述立法本意也能够帮助我们理解实质审查程序与无效程序中对该条款处理的差别。在案例3中，虽然权利要求2、3的撰写存在错误，但是所属技术领域的技术人员可以判断该错误属于撰写缺陷，且根据说明书以及附图的明示可以明确获知正确的技术方案。对于明显笔误和撰写缺陷，由于从技术层面考虑这些错误存在一定的荒谬性，不可能包含创造性内容，因此其他申请人不太可能采用这种错误的技术方案，存在错误的权利要求一般也不会妨害公众利益。从上述立法本意的角度考虑，专利复审委员会没有宣告案例 3 无效是合理的，因为明显笔误和撰写缺陷既不包含本申请说明书没有公开的，却有可能成为其他人发明创造的内容，也不会损害第三人的利益，因此，应当允许对授权后的权利要求中明显错误的技术特征予以正确解释以保护发明创造专利权。

四、从专利侵权判定的角度看"以说明书为依据"

2015 年 1 月 19 日，最高人民法院审判委员会通过了修正后的《最高人民法院关于审理专利纠纷案件适用法律问题的若干规定》，其中第 17 条规定："专利权的保护范围应当以权利要求记载的全部技术特征所确定的范围为准，也包括与该技术特征相等同的特征所确定的范围""等同特征，是指与所记载的技术特征以基本相同的手段，实现基本相同的功能，达到基本相同的效果，并且本领域普通技术人员在被诉侵权行为发生时无需经过创造性劳动就能够联想到的特征"。在专利侵权判定中引入"等同特征"的概念实际是对权利要求保护范围概括过窄的一种救济。在实践中经常会出现权利要求仅是简单复述说明书的实施方式、没有将等同替代方式概括入权利要求的情形，而上述第 17 条规定表明：如果被告侵权的技术方案与专利技术存在部分区别，但是这种区别属于以实质上相同的技术手段来替换纳入专利保护范围的技术特征，产生实质上一样的技术效果，则应当认为这种区别仍未超出专利权的保护范围。可见，"等同特征"的引入弥补了权利要求范围概括过窄的缺憾，其将与说明书的技术手段基本相同的技术手段也视为包含在权利要求的保护范围之内。同时，上述规定已明确指出"等同特征"是本领域普通技术人员无须创造性劳动就能联想到的特征，这也进一步印证了本文前面所说的"以说明书为依据"的目的不是为了从权利要求中排除已知技术，而是为了排除需要付出创造性劳动才可得到的内容。

《最高人民法院关于审理侵犯专利权纠纷案件应用法律若干问题的解释》第 4 条规定："对于权利要求中以功能或者效果表述的技术特征，人民法院应当结合说明书和附图描述的该功能或者效果的具体实施方式及其等同的实施方式，确定该技术特征的内容。"根据该规定，在专利侵权案件中，功能性技术特征应解释为覆盖说明书中实现该功能的具体实施方式及其等同方式。而在授权和确权案件中，目前国家知识产权局和法院对功能性技术特征是按照《专利审查指南（2010）》所规定的解释方式，即只要能够实现所述功能的实现方式都覆盖在该特征之内。[3] 在专利侵权判定中采用"具体实施方式加等同实施方式"确定功能性技术特征的内容是对权利要求保护范围概括过宽的一种救济。如果说明书仅给出有限的实施方式，本领域技术人员根据普通技术知识不能将这些实施方式概括成功能性限定，则以功能性限定授权的权利要求必然损害社会公众的利益。上述第4条的规定使得没有以说明书为依据的功能性限定即使获得授权，在侵权诉讼中也无法按照限定的范围获得实际的保护范围，其弥补了权利要求范围概括过宽对公众利益造成的影响，将功能性限定覆盖的本领域技术人员不付出创造性劳动便无法获知的其他方式排除在权利要求的保护范围之外。反之，如果功能性限定得到说明书的支持，则表明说明书给出的实施方式以及本领域技术人员无须创造性劳动即可联想到的其他方式已经足够表征实现该功能的所有方式，那么在侵权判定中这些方式均可以用于对抗侵权技术方案，专利权人也不会因为披露过多的实施方式而导致利益受损。

五、结 语

综上所述，"权利要求书应当以说明书为依据"的立法本意是为了确保授予专利权的保护范围与其对现有技术的贡献相当、与说明书充分公开的内容相适应，避免权利要求的保护范围涵盖说明书没有公开的、有可能成为其他申请人发明创造的内容，保护社会公众利益。对于权利要求概括地是否恰当，审查员应当参照与之相关的现有技术进行判断。

参考文献：

[1] 尹新天. 中国专利法详解 [M]. 北京：知识产权出版社，2011：366－368.

[2] 宋佳，等. 从立法宗旨角度浅谈不支持在实际审查案例中的判断 [J]. 2015年中华全国代理人协会年会第六届知识产权论坛论文集，2015：1100－1109.

[3] 李勇. 专利侵权与诉讼 [M]. 北京：知识产权出版社，2013：53－62.

无效和行政诉讼程序中
对权利要求的解释

徐淑娴　王　平① 马　鑫　刘长勇

▌摘要▌ 对权利要求的解释，是专利授权、确权和维权程序中的关键点，也是难点。对权利要求进行解释应当遵循的原则是维护专利权人和社会公众利益的平衡。本文结合三个无效和行政诉讼案例，具体探讨了如何结合内部证据和外部证据，立足于本领域技术人员的立场，正确地对权利要求进行解释。

▌关键词▌ 权利要求　解释　无效　行政诉讼

引　言

专利制度的本质是以公开换保护，专利权人向社会公众公开自己的发明创造，促进技术进步，同时也可以以专利许可费、转让费等形式，向使用自己技术的对象收取一定的报酬。权利要求书是专门用于确定发明和实用新型专利权保护范围的法律文件，对权利要求的保护范围的确定，要在为专利权人提供有效保护和为社会公众提供足够的法律确定性之间取得平衡。[1]《专利法》[2]第59条规定，发明或者实用新型专利权的保护范围以其权利要求的内容为准，说明书及附图可以用于解释权利要求的内容。专利权保护范围有如下确定方式：一种是完全由权利要求的文字来划出一个保护范围的"圈"，即所谓"周边限定"方式；另一种是完全不拘泥于权利要求的内容，由说明书和附图内容来表达保护范围，即所谓"中心限定"方式；我国采用的方式是两者的折中，既明确了以权利要求为准，也没有完全排除说明书及附图对专利的保护范围的影响，这一方式体现了保护公众和专利权人权益的平衡。权利要求是专利申请文件中最核心的文件，但

---

① 第二作者对本文的贡献等同于第一作者。

是，由于语言表达并非完美无缺，容易造成权利要求保护范围的不确定性，因此在实践中需要对权利要求进行解释。[3] 如何正确地、合理地运用说明书及附图的内容，甚至是外在的辅助证据来"解释"权利要求，是准确理解专利申请的保护范围，以及在此基础上对其作出正确评价和保护的关键所在。本文将结合具体的无效和行政诉讼案例，探讨如何对权利要求进行解释。

一、将权利要求"解释"清楚

由于权利要求是公众确定专利的保护范围的"指南"，对公众具有指引作用，其应当是清楚、明确的。《专利法》[2] 第 26 条第 4 款规定，权利要求书应当以说明书为依据，清楚、简要地限定要求专利保护的范围。然而，权利要求绝对清楚只是一种理想状态，实践中，如果"本领域技术人员"在阅读了发明或实用新型全文的基础上，能够唯一地确定权利要求所限定的技术方案的保护范围，即认为权利要求是清楚的。

案例 1
[案情简介]
本案例是专利号为 201220042797.8，名称为"基于双波长激光管相位测量的校准装置"的实用新型专利，授权的权利要求 1 的内容如下：

"1. 一种基于双波长激光管相位测量的校准装置，其特征在于，所述装置包括：

……

滤光片，用于导通和截止所述外光路和内光路的光路信号，同时能反射外光路光波至内光路，所述滤光片为光学玻璃镀膜、光学塑料镀膜；

……"

针对上述专利权，常州新通光电有限公司（请求人）于 2015 年 10 月 21 日向专利复审委员会提出了无效宣告请求，理由之一是权利要求 1 不清楚：根据滤光片的特性，滤光片无法做到同波长的光波一会儿透过一会儿吸收或反射，更不可能同时既透过又吸收再反射。因此，本领域技术人员不清楚滤光片是如何实现"导通和截止所述外光路和内光路的光路信号，同时能反射外光路光波至内光路"的。

经过审理，专利复审委员会于 2016 年 4 月 8 日作出了维持专利权有效的第 28726 号无效宣告请求审查决定，指出：在确定权利要求的实际保护范围时，应当通过阅读整个专利文件对发明创造进行全面理解的基础上根据权利要求记载的内容进行确定，并应通过说明书和附图对权利要求进行印证；特别是如果对于权利要求的字面理解存在歧义或争议，则应当基于说明书及附图合理地澄清和解释权利要求的内容，同时这种解释应当与本专利的整体技术方案以及所属技术领域的技术常识不相违背。具体到本案，根据说明书附图5及相关文字部分的内容可知，权利要求中的滤光片，应包括第一滤光片504和第二滤光片505，其中第一滤光片504用于导通外光路信号和截止内光路信号，还将外光路信号的一部分反射到内光路，第二滤光片505用于导通内光路信号和截止外光路信号。

[辨析]

在本案中，权利要求的表达的确存在多种字面上的理解，其中包括无效请求书中提出的理解方式，然而，该理解明显有悖于本领域技术人员的常识，按照该理解方式，权利要求的技术方案将无法实施。权利要求的多种理解是由于专利权人在撰写权利要求时，对说明书中披露的技术方案进行了一定程度的概括而造成的，具体而言，说明书中有第一和第二两个滤光片，分别用于完成权利要求中所限定的滤光片的功能的一部分，而不是由一个滤光片完成所有功能，而权利要求中仅笼统记载了"滤光片，用于……"虽然客观上存在仅有一块滤光片用于实现所有功能的理解方式，然而，本领域技术人员在阅读了整个专利文件的基础上，可以给出合理解释，确定权利要求1中滤光片并不仅有一片。作出维持专利权有效的决定，既保护了专利权人的利益，也不会致使社会公众不能确定专利的保护范围，公平地维护了两方的权利。

关于权利要求的解释，我们可以借鉴司法机关在审理侵权专利权纠纷案件中采用的方式。在2010年1月1日起施行的《最高人民法院关于审理侵犯专利权纠纷案件应用法律若干问题的解释》第2条中规定，"人民法院应当根据权利要求的记载，结合本领域普通技术人员阅读说明书及附图后对权利要求的理解，确定专利法第五十九条第一款规定的权利要求的内容"；第3条中则规定，"人民法院对于权利要求，可以运用说明书及附图、权利要求书中的相关权利要求、专利审查档案进行解释。说明书对权利要求用语有特别界定的，从其特别界定。以上述方法仍不能明确权利要求含义的，可以结合工具书、教科书等公知文献以及本领域普通技术人员的通常理解进行解释"。

可见，在侵权判定过程中，人民法院主张应当从本领域普通技术人员的角度去理解权利要求，而不单纯以"说文解字"的方式去理解权利要求，除了说明书及附图以及其他权利要求，还有审查档案等内部证据可以辅助解释权利要求，甚至是外部的证据，如工具书、教科书等公知文献以及本领域普通技术人员的通常理解也可以用于解释权利要求。一言以蔽之，对权利要求的理解要立足于"本领域技术人员"的立场，这些外部证据正是本领域技术人员的认知水平的反映。在对案例1的权利要求进行解释的过程中，其实隐含了本领域技术人员的公知常识的辅助作用，用于排除仅有一块滤光片的情况。

虽然在无效和侵权判定程序中尽量结合说明书的内容合理地解释权利要求，然而，在专利授权过程中，审查员应当指明权利要求中的"瑕疵"，敦促申请人尽可能地克服权利要求中存在的缺陷。具体到本案，授权的权利要求1的概括方式客观上增加了社会公众阅读和利用专利技术的成本，也增加了后续处理程序的复杂度，可以采用更优的撰写方式，将各个滤光片所完成的功能在权利要求中分别予以限定。

二、判断新颖性和创造性时对权利要求的解释

在进行新颖性和创造性判断时，应当将各项权利要求与现有技术（进行新颖性判断时还包括抵触申请）的相关技术内容进行对比，正确对比的前提是正确理解权利要求，确定了权利要求请求保护的技术方案究竟是什么。

案例2
[**案情简介**]
本案例是专利号为200580018875.3，名称为"自动涂覆油脂的煎炸锅"的发明专利，授权的权利要求1的内容如下：

"1. 一种干煎炸锅（1），该干煎炸锅包括用于容纳待煎炸的食物的主体（2），在所述主体（2）内安装有一装置（5，6），所述装置用于通过将所述食物与油脂混合而给所述食物自动涂覆油脂膜，该干煎炸锅还包括安装在所述主体（2）上的主加热器装置（24），该主加热器装置设计成产生热流（25），该热流定向成直接冲击至少一部分所述食物，所述主加热器装置（24）提供用于烹调的热的至少主要部分。"

针对上述专利权，东莞德龙健伍电器有限公司（请求人）于2015年03月24日向专利复审委员会提出无效宣告请求，理由之一是权利要求1相对于证据1（US4581989号美国专利文献，公开日期为1986年04月15日）和证据3（CN86105228A号专利文献，公开日期为1987年04月29日）或证据1和公知常识的结合不具备创造性。

经过审理，专利复审委员会于2015年10月20日作出了维持专利权有效的

第27358号无效宣告请求审查决定，指出：创造性的判断应该是权利要求所要保护的方案整体与已有技术的方案整体的比较与判断。在评价一项权利要求所限定的技术方案是否具备创造性时，对于其保护范围的理解，不能仅根据权利要求的文字的表面的含义，还要基于本领域技术人员对于所属领域的现有技术现状的整体认知，从该专利的发明构思出发，将发明保护的主题与构成技术方案的各个特征及特征之间的相互关系联系起来，全面理解、整体考量。具体到本案，专利权人独创了"干煎炸"这个术语，在理解本专利的"干煎炸"时，不应仅按照字面上的意思去理解，应结合本专利说明书中的具体描述来理解其含义。而说明书的明确记载"干煎炸"表示一种在烹调循环期间不将食物（部分以及/或者临时）浸入油或者油脂中的烹调食物的方式。"干煎炸"烹调方式的具体实现，体现在其具体装置的结构上。基于对权利要求的上述理解，专利复审委员会认为权利要求1具备创造性。

[辨析]

看了这样的无效决定，很多人可能都和笔者一样有疑问：一个"干煎炸"，真的包含如此丰富的含义吗？将没有在权利要求中限定的技术特征用于对权利要求进行解释，会不会导致缩小了权利要求实际的保护范围？实际上，这种做法和上文中提到的《最高人民法院关于审理侵犯专利权纠纷案件应用法律若干问题的解释》中规定的"说明书对权利要求用语有特别界定的，从其特别界定"不谋而合。同时，笔者认为，本案之所以代入说明书中的界定来解释"干煎炸"，更主要的还是基于从发明构思上对专利内容的整体把握，由于本案的发明目的就在于克服现有技术中煎炸食品时需要将食物浸入油中所带来的各种缺陷，区别于现有技术，本专利提出了具有特定含义的"干煎炸"的方式以及对应的"干煎炸"锅。如果不以本专利说明书中的特定含义来理解"干煎炸"，那么权利要求1所限定的技术方案根本不能解决发明的技术问题，实现发明目的，完全有悖于专利权人的初衷，因而，仅从权利要求记载的文字去理解其含义，是对技术方案的是一种曲解。本领域技术人员在阅读专利全文的基础上，能够理解权利要求1中的干煎炸锅，是实现特定的"干煎炸"方式的一种锅具。对案例2的权利要求的解释维护了专利权人和社会公众利益的平衡。

案例3

[案情简介]

本案例是专利号为02143971.0，名称为"用于码分多址（CDMA）通信系统的自动功率控制系统"的发明专利。授权的权利要求1的内容如下：

"1. 一种用于估算接收机的需要的接收信号的频谱中的噪声水平的方法，该需要的接收信号利用码分多址来扩频，该估算的噪声水平用于发送该接收的信号的发射机的功率控制，该方法包括：

在接收机处接收频谱上的信号和噪声；

解调接收的信号和噪声以产生解调的信号；

利用与需要的接收信号有关的码所不相关的码解扩解调的信号［特征（5）］；及测量解扩后的解调的信号的功率作为估算的该频谱的噪声水平。"

针对上述专利权，中兴通讯股份有限公司（请求人）向专利复审委员会提出了无效宣告请求，其理由之一是权利要求 1 相对于对比文件 1（公开号为 JP 特开平 7 - 38496A 的专利文献，公开日为 1995 年 02 月 07 日）或对比文件 1 与公知常识的结合不符合《专利法》第 22 条第 3 款的规定。

经过审理，专利复审委员会于 2012 年 12 月 24 日作出了维持专利权有效的第 19864 号无效宣告请求审查决定，指出：在对比文件 1 的图 3 中可清楚的看出，解调的信号是由"与需要的信号有关的码"进行解扩的，解调的信号必须经过 PN 解扩，然后（在 PN 解扩之后）进行正交解扩，对比文件 1 没有公开权利要求 1 的特征（5）。本领域技术人员不具有从对比文件 1 中去除不可或缺的 PN 码解扩阶段的技术启示。基于上述理解，专利复审委员会认为权利要求 1 具备创造性。

无效请求人不服，向北京市第一中级人民法院起诉，一审法院在（2013）一中知行初字第 3385 号判决书中认定，第 19864 号决定结论正确，应当予以维持。无效请求人不服一审判决，向北京市高级人民法院提出上诉，请求撤销第 19864 号决定结论。随后，北京市高级人民法院（2014）高行终字第 1180 号生效判决撤销了第 19864 号无效宣告请求，判决书中认定：技术特征（5）不构成区别技术特征，本专利权利要求 1 没有具体限定使用"不相关的码"解扩的信号是否经过了 PN 码解扩，对比文件中多出来的技术特征即"在使用不相关码进行解扩前进行 PN 码解扩"并非区别技术特征。

专利复审委员会重新成立合议组，于 2015 年 12 月 25 日作出 27947 决定，宣告本专利的权利要求 1 无效。决定中指出：发明或者实用新型专利权的保护范围以其权利要求的内容为准，说明书及附图可以用于解释权利要求的内容，但不允许将权利要求书中没有记载而在说明书和附图中公开的内容通过解释限定到权利要求书中去。基于这样的理解，该无效决定中认定特征（5）已经被对比文件 1 公开。

[辨析]

案例 3 的无效和诉讼过程集中体现了是否要引入说明书内容来解释权利要求的矛盾。笔者认为，对于案例 3 来说，权利要求本身记载的技术方案是清楚完整的，并且实现了发明目的，并不需要引入说明书中的具体实施方式来对其进行限缩性解释，其与案例 1 和案例 2 不同，案例 1 的权利要求本身存在歧义，其中包括了明显不能实施的一种理解；而案例 2 的权利要求文字本身并不能完整表达出发明构思的实质与核心。案例 3 表明，使用说明书中更为具体的技术内容来解释权利要求，可能会导致不当地限缩权利要求的范围。一般说来，权利要求的记载相对于说明书而言，更为概括和抽象，因而在对权利要求进行理解时，容易不自觉地将说明书中具体的实施例映射到权利要求记载的技术特征中进行具象化的理解，从而实质上理解出了一个更为具体却缩小化了的保护范围。被撤销的第 19864 号无效决定中，在进行专利权利要求与对比文件的技术方案对比时，代入了说明书中的具体实施例的内容对来理解本专利授权的权利要求。然而，授权权利要求是开放式的，其保护范围中并没有排除"PN 码解扩"步骤，并且，本领域技术人员从发明目的和发明构思的整体出发，也无法唯一确定应当排除"PN 码解扩"步骤。

因此，在实践中，是否需要引入内部和外部证据来解释权利要求，需要结合案例的实际情况具体作出分析。对权利要求进行解释，应当回到"为专利权人提供有效保护和为社会公众提供足够的法律确定性之间取得平衡"[1] 的初衷，进行综合考量。另外，要坚守"本领域技术人员"的立场，在进行权利要求解释时保持客观公正、不偏不倚，杜绝为了得到预设的结论刻意拔高或贬低"本领域技术人员"的技术水平的行为。

三、总　结

在专利授权、确权和维权的行政和司法程序中，对专利的权利要求保护范围的判定标准应当做到趋于一致，以维护法的确定性和一致性。[4] 然而同时，也应兼顾到不同的程序使命不同，在实践中有所侧重。在授权阶段，可以追求权利要求的"完美"，要求申请人尽量准确地表达出一个明确的保护范围，这并非是对申请人的"刁难"，而是旨在获得一个稳定的专利权，减少后续程序中对权利要求进行解释时各方当事人的冲突，是对专利权人和社会公众利益的维护；在确权和维权阶段，则可以结合本文中介绍的方法对权利要求进行解释，尽量"还原"一个既符合发明初衷，也不损害公众利益的保护范围。

参考文献：

［1］尹新天．中国专利法详解［M］．北京：知识产权出版社，2011：557－558．

［2］中华人民共和国专利法2008［M］．北京：知识产权出版社，2009：7－14．

［3］张旭波．专利权利要求解释规则的进一步探索——读高莉博士的《专利权利要求解释规则研究》［J］．淮海工学院学报（人文社会科学版），2015，13（10）：28－31．

［4］孙成玉．关于权利要求保护范围判定的思考［J］．2015，（2）：37－42．

从专利侵权的角度浅谈权利要求的撰写

兰 霞 姜 娜①

▌摘要▌在专利侵权的判断过程中，对权利要求的解释非常重要，甚至会决定侵权诉讼的成败。中国专利权人王某诉世博会法国馆发明专利侵权案，令人感触最深的一点是专利权利要求的撰写"一字值千金"。本文以世博会法国馆侵权诉讼过程中的辩论焦点为基础，阐明专利撰写过程中应当如何"未雨绸缪"，针对潜在侵权人，充分进行专利发掘和完善专利申请文件的权利要求的布局。

▌关键词▌世博会 法国馆 专利侵权 权利要求解释

引 言

2010 年中国专利权人王某诉世博会法国馆发明专利侵权案引起了社会的广泛关注，该案经过上海市第一中级人民法院、上海市高级人民法院和最高人民法院的审理，2011 年 4 月 13 日，最高人民法院〔2011〕民申字第 115 号民事裁定书，维持了上海市高级人民法院的二审判决，该案尘埃落定。许多专家或学者都对该案通过各种角度进行了有价值的研究或评析。[1]本文不对判决结果对错与否发表观点，仅以庭审过程的辩论焦点为基础，通过法院的判决，来说明申请人或专利代理人在专利申请的权利要求撰写过程中应当如何"未雨绸缪"，针对潜在侵权人，充分进行专利发掘和完善专利申请文件的权利要求布局，以期对专利撰写质量的提高有所裨益。

一、案件的过程

专利权利人王某拥有发明专利号为：200410033851.2，名称为："高架立体

---

① 第二作者对本文的贡献等同于第一作者。

建筑物"的发明专利权。

2010年1月，王某通过世博会官方网站，发现在建的法国馆建筑涉嫌侵犯其授权的专利权，经过网页公证后，于2010年3月向上海市第一中级人民法院提出专利侵权诉讼。

2010年10月25日，上海市第一中级人民法院作出一审判决，驳回原告王某的诉讼请求。专利权人王某不服，随即向上海市高级人民法院提出上诉。

2010年11月8日，上海市高级人民法院受理了上诉人王某的上诉请求，并于2010年11月16日公开进行了二审庭审，2010年12月3日作出二审判决，维持了一审判决。

专利权人王某于2011年1月向最高人民法院提出再审请求，最高院于2011年4月13日作出民事裁定书。至此，整个案件尘埃落定。

二、案件辩论的焦点以及对撰写的启示

（一）一审过程的辩论焦点

涉案专利权利要求1如下：

"1. 一种高架立体建筑物，建设在地基上，其特征在于：每组高架立体建筑物由空间支架和支承在空间支架上的房屋单元构成；固接于地基的空间支架四周空间及表面布置有若干房屋单元；该空间支架有连接地面的交通设施，该空间支架的顶面为道路；所述空间支架为支承于地基上的螺旋体通道，该螺旋体通道呈螺旋形盘旋上升，其下端连接地面道路构成连接地面的交通设施；所述空间支架四周及表面布置的房屋单元为固定布置或能移动的布置。"

首先，将上述技术方案的技术特征分解如下：

（1）一种高架立体建筑物，建设在地基上；

（2）每组高架立体建筑物由空间支架和支承在空间支架上的房屋单元构成；

（3）固接于地基的空间支架四周空间及表面布置有若干房屋单元；

（4）该空间支架有连接地面的交通设施，该空间支架的顶面为道路；

（5）所述空间支架为支承于地基上的螺旋体通道，该螺旋体通道呈螺旋形盘旋上升，其下端连接地面道路构成连接地面的交通设施；

（6）所述空间支架四周及表面布置的房屋单元为固定布置或能移动的布置。

本文仅以原被告双方辩论焦点为基础进行讨论。

现场勘验表明法国馆的结构：法国馆建筑物内的房间均设置在坡道的表面，而未延伸至坡道的两侧外部空间。

（二）被告辩称的观点

（1）法国馆是"柱、梁、楼板"结构，不同于涉案专利的"空间支架"结构。

（2）法国馆有房间单元而没有房屋单元。

（3）承认空间支架表面为人行道，但空间支架的表面不能通行车辆。

（4）法国馆的"旅游通道可以通往屋顶和地面"与"螺旋体通道下端连接地面道路"不相同。

（5）"法国馆中各层餐厅及其他房间单元均为固定安装，其空间位置不能改变"与"房屋单元可以是固定安装的，也可以是沿空间支架移动安装的"不相同。

因此，实质上在第一审的辩论过程中原告的辩论在于对被告上述观点的反驳，而不是在"空间支架四周空间及表面布置有若干房屋单元"的解释上。这与很多学者想象的辩论过程不太一致。

一审的判决书中描述："为了查明这一争议焦点，本院前往法国馆建筑物进行现场勘验，并结合双方提供的证据，对原告的专利技术方案和法国馆建筑物的技术特征进行了对比，发现法国馆建筑物内的房间均设置在坡道的表面，而未延伸至坡道的四周空间，这与原告专利权利要求1中记载的技术特征之一'空间支架四周空间及表面布置有若干房屋单元'既不相同，也不等同。"

那么，究竟一个螺旋体结构的"四周空间"准确的含义是什么？

（三）一审判决对权利要求撰写的启示

（1）术语的使用不够清楚，缺少对必要技术特征的准确把握。

对"空间支架四周空间及表面布置有若干房屋单元"这一技术特征，可以做如下的理解：

①空间支架四周空间设置有若干房屋单元；

②空间支架表面设置有若干房屋单元；

③空间支架的四周空间和表面都必须设有若干房屋单元。

上述三种理解中，①理解方式有比较大的问题，例如空间支架设在北京，那么远至上海也属"四周空间"的概念，也与申请实际要解决的技术问题无关，不符合常理；对专利权人最有利的理解是②理解方式；对专利权人最不利的是③理解方式。在当时的社会环境下，一审法院判决结果必须能够经得住检验，所以，只有在侵权判断毫无异议的情况下才有判决侵权的可能。

从上述分析可以看出，上述撰写中，"四周空间及"5个字纯属多余。研究该发明的审查过程文件，可以看出该发明的创新点在于"空间支架为螺旋体通道，螺旋体通道是房屋单元的直接支撑"。所以，房屋单元设置在螺旋体通道的上表面、下表面、左侧表面或右侧表面对本申请的授权并无实质性影响。如下图1.4这种螺旋体，如果材料刚性足够，表面上设置材料比较轻的房屋单元是完全可行的。因此，在螺旋体之间增加支撑杆仅是更优的选择，而不是必须的选择。

（2）正是由于语句本身的不清楚，导致了法院判决"法国馆建筑物内的房间均设置在坡道的表面，而未延伸至坡道的四周空间，这与原告专利权利要求1中记载的技术特征之一'空间支架四周空间及表面布置有若干房屋单元'既不相同，也不等同。"

从逻辑的起点分析，一审法院的判决认为：空间支架的"四周空间"是指空间支架两侧面以外的空间，所以坡道上表面设置房屋单元和坡道外侧设置房屋单元既不相同也不等同。

（3）申请人撰写权利要求的过程中明显没有分析专利权保护范围的布局问题，没有对专利权保护范围做到很好的把握。

（四）二审过程的辩论焦点

原告在仔细研究了判决之后，对螺旋体结构的"四周空间"的理解进行了长达18页的阐述，并向上海市高级人民提交了上诉状。简单说明如下，原告认为：三维空间物体的四周空间，是指包围物体在三维空间中所占据空间的空间。因为物体是三维立体的，所以三维空间物体的四周空间也必然是三维立体的。物体在三维空间中所占据空间和三维空间物体的四周空间是互补咬合的，它们之间互补咬合的面是三维空间物体的表面。三维空间物体的表面，是物体在三维空间中和外界接触的部分。因为物体是三维立体的，所以三维空间物体的表面是该物体的所有表面——整体的三维立体的"壳"，而不是这个"壳"的某部分。三维空间物体的四周空间是这个"壳"以外的全部空间。

图文解析如下：

图 1. 1 　　　　　　　　　图 1. 2

如图 1.1，是三维空间中的一个长方体，该长方体的四周空间，是指包围该长方体在三维空间中所占据空间的空间，如图 1.2 所示。因为长方体是三维立体的，所以长方体的四周空间也必然是三维立体的。长方体在三维空间中所占据空间和长方体的四周空间是互补咬合的，它们之间互补咬合的面是长方体的表面，如图 1.2 所示。长方体的表面，是长方体在三维空间中和外界接触的部分，即长方体的"壳"。

图1. 3 　　　　　　　　　图1. 4

如图 1.3、图 1.4 所示。复杂弯曲长方体在三维空间中所占据空间和复杂弯曲长方体的四周空间是互补咬合的，它们之间互补咬合的面是复杂弯曲长方体的表面，如图 1.4 所示。复杂弯曲长方体的表面，是复杂弯曲长方体在三维空间中和外界接触的部分，即复杂弯曲长方体的"壳"。

通过上述的阐述，原告认为对"四周空间"这个概念的理解已经比较清楚了。

二审庭审中对"空间支架四周空间及表面布置有若干房屋单元"究竟做何解释进行了详细的辩论。

二审判决确实"非常高明"，没有在"四周空间"的概念上纠缠，而是将剑指向了本专利撰写的最大缺陷："空间支架的顶面为道路。"至少从形式上看，前述技术特征中使用的"为"字造成判决的直接结果，而且专利权人没有办法反驳。

二审判决的相关论述为："权利要求 1 中记载有"空间支架四周空间及表面布置有若干房屋单元…… 空间支架的顶面为道路"。根据王某在二审庭审中的陈述，"表面"与"顶面"之间的关系是上位概念与下位概念之间的关系，空间支架的"表面"包括"顶面"，"顶面"指专利说明书附图 101 所示及向上延伸部分；再结合涉案专利说明书（包括附图）以及王某在专利授权审查过程中所作陈述"空间支架不仅可以作为车道使用，还可以作为房屋单元移动时的路径使用"，权利要求 1 中技术特征"空间支架四周空间及表面布置有若干房屋单元"应当被解释为"空间支架顶面及向上延伸合理高度以外的四周空间及表面布置有若干房屋单元，房屋单元的主体不设置在空间支架顶面上及向上延伸的合理高度内"。这样的解释才能够与权利要求 1 中记载的"空间支架的顶面为道路"相协调，也才能够与"空间支架（实指空间支架顶面）不仅可以作为车道使用，还可以作为房屋单元移动时的路径使用"的陈述相符。

（五） 二审判决对权利要求撰写的启示

（1）使用术语必须斟酌，尤其涉及"封闭式"含义的术语。

从上面判决书第一句话省略号后留下的语句就可以看出"空间支架的顶面为道路"是非常大的撰写缺陷。因为，通常理解"为"字是一种"封闭式"含义的术语。开放的撰写方式应该是"空间支架的顶面设有道路"，从字面上的理解"为道路"就不应该有其他东西存在！从形式上看，就因为这个"为"字，让原告及代理人在反驳上很难有充足的理由。

（2）如果权利要求 1 以下列方式撰写，会是什么结果？

"1. 一种高架立体建筑物，建设在地基上，其特征在于：每组高架立体建筑物由空间支架和支承在空间支架上的房屋单元构成；固接于地基的空间支架四周空间及表面上的至少一部分布置有若干房屋单元；该空间支架有连接地面的交通设施，该空间支架的至少一部分上表面可作为顶面为道路；所述空间支架为支承于地基上的螺旋体通道，该螺旋体通道呈螺旋形盘旋上升，其下端连接地面道路构成连接地面的交通设施；所述空间支架四周及表面布置的房屋单元为固定布置或能移动的布置。

"2. 如权利要求 1 所述的高架立体建筑物，其特征在于所述房屋单元可延伸到空间支架周围空间。"

从上面设想的权利要求来看，已经基本解决了本专利的缺陷。按照上述所设想的权利要求，估计这个案件原告有胜诉的机会。

三、结束语

从两次审判的判决书来看，权利要求的撰写有较多不理想的地方，尤其是"四周空间"和一个"为"字让专利权人无力回天，真正体现出了"一字千金"的价值。[2] 在专利撰写过程中应当仔细研究专利权保护范围的布局，对技术方案中使用的术语要仔细斟酌；对发明要解决的技术问题、相应技术方案和相应有益效果做到有机统一和协调，这样才是一份高质量的专利申请文件。

参考文献：

［1］冯晓青. 发明专利侵权与合法行为之界限如何确定［J］. 中国法律（China Law）（中英文），2011（4）.

［2］本案涉及的诉讼赔偿金额为四百多万元人民币。

包含非技术特征的
权利要求保护范围的解读

范玉霞　李　强①

▎摘要▎本文从案例出发提出问题，即如何对包含非技术特征的权利要求保护范围进行解读。通过对比中、美、欧的立法和实践，提出了对于这类权利要求的解读方法，以及在新颖性和创造性的判断中的处理方式，期望对我们的实质审查有所帮助，也期望能够引发进一步的讨论。

▎关键词▎非技术特征　保护范围　创造性

一、前　言

关于权利要求中的非技术特征应当如何解读，目前无论是专利法及其实施细则、审查指南，还是司法解释中均未提出明确的意见和建议，在实际操作过程中也是观点迥异。本文期望通过概念释义、借鉴国外做法，提出在我国实质审查中能够适用的做法以供参考，并期望能够抛砖引玉。

二、问题的提出

近期处理复审案件的时候，碰到实质审查阶段对于某些区别特征是否属于"非技术特征"的争议案件。由于我国的专利法、专利法实施细则和审查指南中，并未出现过"非技术特征"，更不涉及其定义或解释。在处理这些案子的时候，颇是踌躇了一番。

第 111504 号复审决定（以下简称第一个案例）涉及一种用于对网站的访问

---

① 第二作者对本文的贡献等同于第一作者。

者进行排名的排名系统，权利要求1中限定了该系统包括处理器和存储器，处理器执行：A在浏览所述网站时跟踪访问者交互行为；B基于所跟踪的访问者行为并且还基于存储在所述存储器中的升级逻辑，C实时地指派排名值给所述访问者中的一个或多个访问者；D标识所述一个或多个访问中的、具有经指派的排名值处于阈值或在所述阈值之上的一个访问者；E基于被指派给所标识的访问者的所述排名值，针对经标识的访问者选择交互形态的类型；F对联络中心的资源的当前状态进行实施评估；G基于资源的所述当前状态切换所述交互形态；H基于所切换的交互形态动态地生成邀请；以及I使用所切换的交互形态向经标识的访问者发送用于参加与现场联络中心代理的交互的所述邀请。驳回决定认为，权利要求1与对比文件1的区别特征2，包括特征E、F、G、H、I，而其是发送邀请时的一个条件设置，属于人为设定的一种规则，体现的是申请人对网站访问者的主观管理思维，不需要任何技术上的技巧和能力即可实现，不涉及对技术问题的解决方案，因此上述特征没有对现有技术作出技术贡献。也就是说，这些特征E、F、G、H、I不属于技术特征。

申请号为2008102162185的发明专利申请（以下简称第二个案例）涉及一种资产交易的系统，权利要求1限定了该系统包括后台处理系统1、前置处理系统2和自助业务系统3；其中，A所述的后台处理系统包括核心账务系统和核心账务数据库；B所述核心账务系统包括第一业务处理系统；C所述第一业务处理系统包括杠杆调节装置、交易处理装置、计时装置和监控装置；D杠杆调节装置算出投资相对金额；E交易处理装置根据投资相对金额进行交易处理；F计时装置自动启动，监控装置自动启动，监控资产的动向；G核心账务数据库记录交易信息；H计时装置到达预设日期，清算装置自动启动，并对资产进行清算；I第一业务处理系统根据清算结果进行交易处理；J所述的自助业务系统包括指令接收装置和数据传输装置；其中，指令接收装置接收用户交易请求；数据传输装置将用户交易请求通过前置处理系统传输至后台处理系统；自助业务系统将交易信息反馈给用户；K还包括数据前期处理装置，所述数据前期处理装置对用户信息进行风险测评确认，与客户签订协议；L数据传输装置将协议及用户信息通过前置处理系统传输至核心账务数据库，核心账务系统开通资产业务。驳回决定认为，权利要求1与对比文件1的区别特征包括特征D、F、H、K，但是提供交易杠杆，监控资产动向、进行清算、传输协议等功能的装置并没有对现有技术做出技术贡献。也就是说，这些特征D、F、H、K并不属于技术特征。

第一个案例中，合议组认为特征E、F、G、H、I属于技术特征，但是在说理的时候却不知道如何从该特征本身出发认定该特征是否属于技术特征，只能是绕一圈，认为这些特征组合起来构成了技术手段，而且该手段的引入使得该方案解决的技术问题，从而这些手段所包含的特征为技术特征。第二个案例中，合议组认为特征 K 本意是在用户参与投资业务之前对其进行风险测评，并基于该风险测评跟用户签订协议，是保证用户投资的安全性的手段之一，不属于技术特征，即为非技术特征。但是，在评述创造性时对该特征如何评述意见不一致，一种观点认为直接认定该特征属于公知常识，一种观点认为直接认定该特征不属于技术特征。

三、概念释义

技术特征是技术方案的基本组成部分，是构成技术方案的最小单元。从字面意思理解，所谓技术特征即是具有技术属性的特征。按照《辞海》的定义，技术泛指根据生产实践经验和自然科学原理而发展成的各种工艺操作方法与技能，除操作技能外，广义的还包括相应的生产工具和其他物质设备，以及生产的工艺过程或作业程序、方法。[①]

我国的专利法、专利法实施细则和审查指南中，并未出现过"非技术特征"，仅根据该词语本身可以推断出来的是，不是技术特征的即为非技术特征。《专利法》第 25 条规定了不授予专利权的几种情形，其中第（2）项是智力活动的规则和方法。审查指南对该条款的解释明确了，智力活动的规则和方法是指导人们进行思维、表述、判断和记忆的规则和方法；由于其没有采用技术手段或者利用自然规律，也未解决技术问题和产生技术效果，因而不构成技术方案。这意味着智力活动的规则和方法不属于专利法意义上的技术方案，其中的特征也不是技术特征。

此外，审查指南中还记载了"权利要求的表述应当简要，除记载技术特征外，不得对原因或者理由作不必要的描述，也不得使用商业性宣传用语"[②]，言外之意，原因或理由、商业性宣传用语不属于技术特征。

四、中美欧做法比较

（一）中国的做法

依据我国的专利法、专利法实施细则和审查指南的相关解释，目前通常将智

---

① 辞海编辑委员会. 辞海［M］，上海辞书出版社，1999：1903.

② 《审查指南》第二部分第二章第 3.2.3 节。

力活动的规则、人为设定的规则等认定为非技术特征，但是如果想给出相反结论的阐述理由，即认定某特征是技术特征，则很难通过判断该特征是否属于智力活动的规则、人为设定的规则给出结论，因为这种判定并不是穷举，如本文中的第一个案例，就需要绕着圈地论述某些特征是技术特征。

《专利法》第59条规定了，发明或者实用新型专利权的保护范围以其权利要求的内容为准，说明书及附图可以用于解释权利要求的内容。这意味着，权利要求中的内容，即每一个特征都应当被考虑。当一项权利要求包括非技术特征时，其保护范围与其不包括非技术特征的同样考量，这一点在权利要求的新颖性和创造性判断中有很明显的体现。如果某一特征已经被对比文件公开，则不会考虑该特征是否为非技术特征，只是，当该特征被认定为区别特征，需要针对该区别特征进行显而易见性的判断时，该特征是否为非技术特征的判断会被提升到关键之处。关于这点，目前并没有明确的统一做法，就出现了本文中的第二个案例中的不同做法。

（二）美国的做法

美国对权利要求保护范围给予了最宽的合理解释（broadest reasonable interpretation）。美国的 MPEP 认为，权利要求中限定特征的总和共同确立了权利要求所要求保护的发明的边界，并限定了权利要求的保护范围。[①] 这也就意味着，权利要求中的所有特征在判断权利要求相对现有技术的专利性时都必须要考虑，并未给出权利要求中包括非技术特征的例外情况。并且明确规定了，美国专利商标局的审查员不得将权利要求所要求保护的发明切成一个个分立的元素，然后再逐个评价这些元素。[②] 可见，非技术特征是必须考虑的特征。

在判断新颖性和创造性时，由于是将权利要求的技术方案作为一个整体来考虑，所以非技术特征也是必须考虑的。在美国专利商标局的审查指南和美国司法实践中，认为既然权利要求中包含了非技术特征，就应当认为它们构成对所述发明的限定特征，起限定作用。如果现有技术中仅仅披露了技术特征的内容，却没有披露非技术特征，就不会影响该权利要求的新颖性和创造性。

由上述内容可以看出，美国也没有必要区分权利要求中的技术特征和非技术特征。

---

① MPEP, 2106. 01, Subject Matter Eligibility Analysis of Process Claims Involving Laws of Nature [R – 9], Rev. 9, August 2012, pp. 2100 – 19.

② MPEP 2103 Patent Examination Process [R – 9], Rev. 9, August 2012, pp. 2100 – 3.

（三） 欧洲的做法

《欧洲专利公约》第 84 条规定权利要求的目的就是确定发明的保护范围，其实施细则第 43 条进一步明确规定权利要求应当通过发明的技术特征（technical features）来限定发明的保护范围。也就是说，欧洲认为只有技术特征才能限定发明的保护范围，非技术特征对于发明的保护范围不起任何限定作用。随之而来的，新颖性和创造性只能基于技术特征来审查，那些非技术特征没有对现有技术作出贡献，因此，在评价新颖性和创造性时应当予以忽略。

欧洲专利局在审查实践中也是如此进行的，在创造性判断中采用"三步法"，"三步法"要求发明为"技术"问题提供"技术"方案。因此，在评价创造性时，只考虑对发明技术性质作出贡献的所有特征，而对于没有针对技术问题给出技术方案作出贡献的那些特征，则不予考虑。在 T 1284/04 中，欧洲专利局申诉委员会进一步说明，评价创造性不考虑非技术特征，不是因为该非技术特征属于现有技术，而是因为这些非技术特征通常是发明被作出前的构思或启发阶段。①

关于如何区分权利要求中的技术特征和非技术特征，欧洲专利局申诉委员会给出了大量的实例进行说明，例如在 T 619/02 案中，申请是一种生产带有香气的物体的方法，该香气根据某种程序进行选择，申诉委员会认为，这种选择程序和由此选择出来的香气由于是纯粹的主观感受，因此，不是技术特征，因而在创造性判断中不予考虑。②

五、借鉴和建议

一个特征只是组成权利要求的一个最小单元，其本身可能并构不成技术手段也无法解决技术问题，就其本身而言界定其是否是技术特性的意义也不大，例如，同为编码规则，如果该编码规则是用于纸牌游戏，则通常被认为属于非技术特征，但是同样的编码规则如果是用于计算机汉字输入法或者用于通信信道编码，则通常被认为属于技术特征。而且，根据我国专利法的规定，对权利要求的

---

① Case Law of the Boards of Appeal of the European Patent Office, Seventh Edition, September 2013, p. 204.

② Case Law of the Boards of Appeal of the European Patent Office, Seventh Edition, September 2013, pp. 198 – 199.

保护范围进行解释时，每一个特征都应当被考虑，其中并未区分技术特征和非技术特征。既然一项权利要求已经被界定为属于技术方案，其保护范围又包括全部特征，那么无论是技术特征还是非技术特征都要纳入考虑。因此，笔者认为，就没有必要区分技术特征和非技术特征，对两者的区分反而容易带来审查中的困惑。

在新颖性和创造性的判断中，如果区别特征中既包括技术特征又包括非技术特征，通常大家会考虑到特征之间的关联性，而认定两者共同所起的作用，在对于非显而易见性的认定过程中通常没有太大的分歧。但是，一旦区别特征中仅包括非技术特征，处理起来就比较棘手。虽然欧洲的做法更易于操作，但是无论对于申请人而言还是对于社会公众而言，这种做法都不易于被接受。而且如前面所分析的，虽然这个特征本身是非技术特征，但是将其放入整个技术方案中，也需要根据其与其他特征之间的关联性而整体判断其在整个技术方案所起的作用。而通常情况下，一旦一个方案已经被界定为属于技术方案，其中的每个特征在该方案中都有与其他特征关联性，共同构成了能够使其技术方案解决技术问题的技术手段。比如本文中的第二个案例，虽然特征 K 是在用户参与投资业务之前对其进行风险测评，并基于该风险测评跟用户签订协议，是保证用户投资的安全性的手段之一，但是该特征是进一步的资产交易的基础，其保障的资产交易的安全性。虽然在该案例中，特征 K 是金融投资领域保障投资安全性的常用手段，可以被认定为属于公知常识，但是如果这种保障投资安全性的手段没有被其他对比文件公开也不属于公知常识，那么其创造性就应当得到认可。

参考文献：

[1] 辞海编辑委员会．辞海［M］．上海：上海辞书出版社，1999．

［2］中华人民共和国国家知识产权局．专利审查指南［M］．北京：知识产权出版社，2010．

［3］MPEP. 2106. 01. Subject Matter Eligibility Analysis of Process Claims Involving Laws of Nature［R - 9］，August 2012.

［4］Case Law of the Boards of Appeal of the European Patent Office. Seventh Edition，September 2013.

抵触申请制度的对比研究

于 白 李 俊① 巩 瑜

▌摘要▌抵触申请制度在不同国家和地区间存在着较大的差异，通过分析抵触申请的立法本意，对比不同国家和地区在制度设计上的异同，可以帮助我们深入了解抵触申请的不同构成要素以及要素之间的相互影响和综合效果，提升法律运用的准确性。

▌关键词▌抵触申请　重复授权　抗自我冲突　等同替代

引　言

相对于创造性判断中较宽的自由裁量范围而言，新颖性判断一直给人以统一明确、界限清晰的印象。然而事实上，新颖性判断标准并非想象中那么简单，特别是其中关于抵触申请的判断条件、使用方式和范围等，在不同国家和地区之间存在着较大的差异。通过对比分析抵触申请的发展演变历程，以及我国与欧洲、日本在抵触申请制度设计上的不同，可以帮助我们进一步把握抵触申请的立法本意，提升审查实践过程中法律运用的准确性。

一、关于"抵触申请"的相关规定和作用

《专利法》第 22 条第 2 款规定：新颖性，是指该发明或者实用新型不属于现有技术；也没有任何单位或者个人就同样的发明或者实用新型在申请日以前向国务院专利行政部门提出过申请，并记载在申请日以后公布的专利申请文件或者公告的专利文件中。

---

① 第二作者对本文的贡献等同第一作者。

在我国的《专利审查指南》[1] （以下简称《审查指南》）第二部分第三章2.2指出：根据《专利法》第 22 条第 2 款的规定，在发明或者实用新型新颖性的判断中，由任何单位或者个人就同样的发明或者实用新型在申请日以前向专利局提出并且在申请日以后（含申请日）公布的专利申请文件或者公告的专利文件损害该申请日提出的专利申请的新颖性。为描述简便，在判断新颖性时，将这种损害新颖性的专利申请，称为抵触申请。

一般认为，抵触申请的作用主要在于防止对同样的发明创造重复授予专利权。[2]将抵触申请纳入《专利法》第 22 条第 2 款关于新颖性的条款之中是实现《专利法》第 9 条规定的"禁止重复授权"原则的有效途径。[3]然而，我们不禁会问，在《专利法》第 9 条已经明确规定了"禁止重复授权"这一原则的情况下，为什么还要设计抵触申请这样一种方式来防止重复授权呢？

产生这种上位原则与具体措施并存现象的一种可能的原因是，法律规定的上位原则过于宏观，不具有实际操作性。比如《专利法》第 1 条关于立法目的的规定"为了保护专利权人的合法权益，鼓励发明创造，推动发明创造的应用，提高创新能力，促进科学技术进步和经济社会发展"。上述规定是一种宏观的描述，仅通过这一条款本身难以获知具体执行的方式和尺度，其实现必须依靠专利法中其他条款以及条款之间的相互配合。但是对于《专利法》第 9 条规定的"禁止重复授权"原则而言并不存在上述缺乏可操作性的问题。《专利法》第 9 条是发明专利申请实质审查过程中经常使用到的条款，其使用对象和判断标准都非常明确，具有良好的可操作性。

那么，还有什么别的原因可能导致上述现象的产生呢？为了回答这个问题，需要首先回顾一下"禁止重复授权"条款的发展历程。

二、"禁止重复授权"条款的发展历程回顾

图 1 是《专利法》第 9 条的发展历程图，其中 A9 表示《专利法》第 9 条，R12.1 表示《专利法实施细则》第 12 条第 1 款，R13.1 表示《专利法实施细则》第 13 条第 1 款。

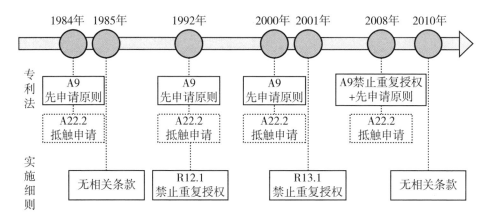

图1 专利法第九条的发展历程图

从图1中可以看出，在我国1984年最初颁布的专利法以及1985年最初颁布的专利法实施细则中都没有关于"禁止重复授权"原则的文字规定，当时的《专利法》第9条仅涉及"先申请"原则的相关内容。直到1992年为了解决当时我国专利法运用中出现的一些新情况和新问题，"禁止重复授权"条款才被首次引入专利法实施细则。而一直到2008年根据实际需要又提升了该条款的法律位阶，将其引入专利法，形成了现在的专利法第9条。与"禁止重复授权"条款在专利法中较晚出现不同，《专利法》第22条第2款中关于抵触申请的相关规定从1984年第一版专利法开始就一直存在。也就是说，至少形式上抵触申请的相关条款要早于"禁止重复授权"的相关条款出现在专利法律法规当中。

作为现代专利制度中的一项基本原则，为什么我国在最初制定专利法时没有对"禁止重复授权"原则作出明确规定呢？这一点其实不难理解。由于现代专利制度是在独占性原则的基础上产生的，因此为了避免权利的冲突，"禁止重复授权"原则是国际上大多数专利体制所公认的原则。很多国家和地区并不将该项原则明文写入专利法当中，[4] 如EPC中就没有关于"禁止重复授权"原则的文字规定，而是依据这一原则，在法律法规中对可能导致产生违背该原则的情况作出具体的规定和设计，比如规定了抵触申请。

以上关于《专利法》第9条的发展历程回答了我们一半的问题，也就是在我国专利法的发展过程中是先设计了抵触申请制度，然后再明确规定了"禁止重复授权"条款。另一半的问题紧接着出现了，那就是：即便"禁止重复授权"条款是在后出现的，如果其能够完全覆盖抵触申请制度所起到的作用，为什么不取消抵触申请制度呢？换句话说，如果认为抵触申请的作用主要在于防止对同样的发明创造重复授予专利权，[2] 那么它就应该还有其他的次要作用，而这种次要作用是超越了"禁止重复授权"原则所涵盖范围的。为了说明这一点，需要回顾一下在较早建立专利制度的国家中抵触申请的演变历程。

三、"抵触申请"的演变历程

我国现行专利法是 1984 年制定的，相比于欧美发达国家而言制定时间较晚。我国专利法也因此能够更多的借鉴和参考其他国家的先进经验，做到"一步到位"。但这种"一步到位"却也使得我们无法通过对我国专利法的纵向研究获知某些法律概念的演变历程。为了弥补上述不足，需要借助对其他更有"历史"的专利法的研究来作为参照。

表1　英国、法国、德国抵触申请判断方式的变化

英国		
	1977 以前	1977 以后
判断方式	权利要求对比	全文对比
法国		
	1978 以前	1978 以后
判断方式	权利要求对比	全文对比
德国		
	1981 以前	1981 以后
判断方式	权利要求对比	全文对比

从表1中可以清楚的看出，在 20 世纪 70 年代末到 80 年代初，英国、法国、德国先后对抵触申请的判断方式进行了重大的调整，且都是将抵触申请的判断方式由"在后申请的权利要求与在先申请的权利要求进行对比"（以下简称权利要求对比方式）修改为"在后申请的权利要求与在先申请的全文进行对比"（以下简称全文对比方式）。对于上述调整的原因，学界存在着不同的解释，大致可以概括为以下三点：（1）在后申请没有公开任何新的发明，因此在后申请人不应取得独占性的报偿；（2）先申请人在其权利要求中未记载的发明应视为主动放弃权利而提供给公众的公有财产，在后申请人不能将该公有财产私权化；（3）全文对比方式更加简单、确定，不必等在先申请审查完毕才能进行判断。[6]

但是，不论上述调整的原因如何，将抵触申请的判断方式由完全体现防止重复授权作用的权利要求对比方式修改为全文对比方式，这本身就已经超越了防止

重复授权的单一作用，而体现出对"先申请"原则等其他重要法律原则的呼应。这也就回答了此前另一半的问题，即抵触申请对比方式的演进已经赋予了抵触申请制度新的活力和作用，这种作用是《专利法》第9条规定的"禁止重复授权"原则所无法涵盖的。

四、"抵触申请"的横向对比

关于抵触申请制度的纵向研究能够让我们更清楚地了解抵触申请的立法本意，而横向对比则有助于把握抵触申请不同构成要素之间的相互影响和综合效果。

从抵触申请的定义中可以看出，其至少包括如下四个方面的要素：时间要素、内容要素、申请人要素和判断方式要素。（1）时间要素体现了在先申请与在后申请在申请时间和公开时间方面的要求，目前大部分国家和地区在时间要素方面的判断条件是一致的，即所谓的"在先申请，在后公开"；（2）内容要素涉及新颖性判断中对"实质相同"判断标准的规定，各国和地区之间在此标准上的一个重要差异在于是否允许"等同物替代"，我国审查指南中规定的新颖性审查基准之一"惯用手段的直接置换"即属于之一标准。显然，允许等同物替代将对在先申请与在后申请之间的差异性提出更高的要求；（3）申请人要素则体现了抵触申请判断标准中对相同申请人的处理方式。目前主流的方式有两种，即"自我冲突"（self-collision）方式和"抗自我冲突"（anti-self-collision）方式。"自我冲突"方式不对申请人进行区分，所有申请人一视同仁，不论在先申请与在后申请的申请人是否相同，均可构成抵触申请，而"抗自我冲突"方式则认可相同申请人的不同申请具有一定的特殊性，相同申请人的在先申请不构成在后申请的抵触申请；（4）判断方式要素涉及对在先申请与在后申请进行对比时判断范围的要求，如此前介绍的权利要求对比方式和全文对比方式。

表2　中国、欧洲、日本抵触申请构成要素对比

	中国	欧洲	日本
时间要素	在先申请，在后公开	在先申请，在后公开	在先申请，在后公开
内容要素	允许等同物替代	排除等同物替代	允许等同物替代
申请人要素	自我冲突	自我冲突	抗自我冲突
判断方式要素	全文对比	全文对比	全文对比

从表 2 的对比中可以看出，中国、欧洲、日本在抵触申请的时间要素和判断方式要素上是基本一致的，均是采用"在先申请，在后公开"以及"全文对比"的方式，但是在内容要素和申请人要素方面却存在着较大的差异。

对于日本而言，国内存在一些超大型企业，这些企业作为技术创新的主力往往存在同一公司围绕相同技术先后申请多项改进型专利的情况。因此，日本企业在申请人要素方面积极支持"抗自我冲突"的方式。而欧洲企业则较少存在像日本一样的超大型企业，文化传统上也更倾向于平等竞争、排斥特权，因此欧洲在抵触申请的申请人要素方面坚定支持"自我冲突"方式，即所有申请人一视同仁。不过虽然欧洲在申请人要素方面采用了较为严厉的"自我冲突"方式，其在内容要素方面却选择了较为宽松的"排除等同物替代"方式，即不允许在抵触申请判断中使用等同物替代。这一点较之日本所采用的"允许等同物替代"方式明显弱化了对申请之间差异性的要求，也可以说是在某种意义上对申请人要素方面采用较为严格的"自我冲突"方式的平衡，避免抵触申请制度过于严苛，不当的损害申请人的利益。

对于我国而言，在 2008 年专利法修改之前，我国抵触申请的判断标准与日本相近，在申请人要素和内容要素方面均采用了"抗自我冲突"加"允许等同物替代"的组合方式。而在 2008 年专利法修改时，我国抵触申请条款的申请人要素由"抗自我冲突"方式修改为"自我冲突"方式。该条款修改的原因和利弊可能是需要深入研究的问题，但就抵触申请制度本身来说，修改后的专利法使得我国抵触申请制度相对于日本和欧洲而言变得最为严厉，其在申请人要素和内容要素上同时选择了较为严格的标准，即"自我冲突"方式和"允许等同物替代"方式。这种组合方式对于改进型发明而言无疑会造成一定的不利影响，但在当今专利丛林问题越来越成为技术发展障碍的情况下，采取上述严厉的标准或许反而能促进技术的发展和进步。

五、总　结

抵触申请制度的设计是一项复杂而精细的工作，需要平衡多方面的因素，如公平性、法律确定性、可预见性、实际操作中的效果。各国的发展状况不尽相同，制度设计中重点考虑的因素也各不相同。只有准确把握好我国的实际情况，并深入借鉴其他国家和地区在抵触申请制度设计、执行时经验，才能更好地制定和运用这一制度，使其为我国专利事业的发展作出贡献。

参考文献：

［1］中华人民共和国国家知识产权局. 专利审查指南［M］. 北京：知识产权出版社，2010：130～132.

［2］尹新天. 中国专利法详解［M］. 北京：知识产权出版社，2011：285～261.

［3］丛珊. 关于抵触申请的一点思考［J］. 审查业务通讯，2007，13（4）：1～3.

［4］黄敏. 独占权、抵触申请及其它［J］. 审查业务通讯，1998，4（7）：1～3.

把握发明构思
在创造性判断中的具体运用

张思秘　刘振玲　赵致民　王　亮

┃摘要┃本文将美欧日中的创造性判断标准和判断方法进行对比，阐述了把握发明构思在创造性判断中的作用，并结合具体案例论述了如何将把握发明构思的理念运用到创造性的判断中，客观准确地衡量发明的技术贡献。

┃关键词┃创造性　发明构思

引　言

近年，随着"以三性评判为主线的实质审查"的进一步发展，对于立法宗旨和立法本意的探讨越来越多。而创造性作为"三性"评判中的重要法条，更加受到广泛关注。随着研究的深入，本领域技术人员已逐渐将创造性的判断提升到"把握发明构思"的层面上，但是目前无论是在专利法、专利实施细则，还是审查指南中均没有明确地对"发明构思"进行定义，更没有形成系统地把握发明构思的理论体系。为了避免在审查过程中，对发明构思的把握不准确，导致创造性的评述不客观，本文结合具体案例详细论述了如何将把握发明构思正确运用到创造性判断的审查实践中，得出客观、准确的创造性结论。

一、"把握发明构思"的理论研究

长久以来，为了获得客观、准确的创造性的判断标准和判断方法，各国的专利审查人员都进行了大量的探索研究。想要准确地使用创造性条款，必须准确地掌握条款的立法宗旨。只有从法条的根源出发，准确地把握发明构思，才能够更加全面、准确地理解法条，避免使用的偏颇和机械化。

专利热点与审查实务研究

（一）美欧日中创造性判断标准

1. 美国创造性判断标准

美国在1952年通过了修改的专利法，其中的第103条规定了"非显而易见性"。随后，在美国专利与商标局的审查指南中规定了作为判断非显而易见性前提的四个需要审查的事实：（1）确定在先技术的范围和内容；（2）确定在先技术与权利要求之间的区别；（3）决定有关技术领域里的一般技术水平；（4）评估作为证据的辅助考虑因素。美局在创造性判断过程中，强调更广泛的技术启示来源，注重抓住发明构思，重构发明，符合技术发展的真实路径。

2. 欧洲创造性判断标准

《欧洲专利条约》和《专利合作条约》规定：如果一项发明与现有技术相比，对所属技术领域的人员来说是非显而易见的，则该发明具备创造性。欧洲专利局的审查实践中总结的创造性判断标准通常采用问题解决法：（1）确定最接近的现有技术；（2）确定所要解决的客观技术问题；（3）从（1）（2）出发考虑要求保护的发明对于本领域技术人员是否显而易见。欧局在创造性判断过程中，通过对技术问题的客观认定，把握发明核心技术内容，掌握发明构思，抓住发明实质。

3. 日本创造性判断标准

日本专利法第29条第（2）款规定：一项发明，在专利申请提出之前由所属领域的技术人员容易作出的，则不具备创造性。并在日本专利审查指南中规定了判断发明是否具有创造性的原则：（1）发明是否具有创造性，是在申请日，考虑了本领域技术人员通过准确理解发明所属领域的现有技术状态后所能做到的，是否可以推断出本领域技术人员能够容易地实现要求保护的发明来确定的。（2）具体说，在确定所要保护的发明和引用的一篇或多篇对比文件后，选择一篇最适合于用来进行推断的引用的对比文件。将所要保护的发明与一项引用的对比文件进行比较，阐明定义发明的主题中确定相同点与不同点，然后，在所选择的对比文件中的内容、引用的其他对比文件以及公知常识的基础上，进行缺乏创造性的推断。日局在创造性判断过程中，参照了美国的专利法规，将创造性评判重点集中于发明真正对现有技术作出贡献的部分，把握发明构思，评判智慧贡献。

4. 我国创造性判断标准

我国《专利法》第22条第3款规定，发明的创造性，是指与现有技术相比，该发明具有突出的实质性特点和显著的进步。判断要求保护的发明相对于现有技术是否显而易见，通常可按照以下三个步骤进行：（1）确定最接近的现有技术；

（2）确定发明的区别特征和发明实际解决的技术问题；（3）判断要求保护的发明对本领域的技术人员来说是否显而易见。国家知识产权局在创造性判断过程中，与欧局的判断方法接近。

（二）"发明构思"在创造性判断中的作用

通过对比各国专利法中对于创造性的规定可以看出，美、欧、中的创造性判断中均引入了"非显而易见性"，日本则是采用"容易实现"来进行判断。但是，从具体的判断标准来看，各国的判断主体均是本领域技术人员，而判断的基本思路都是在对现有技术和发明整体理解的基础上，进行具体判断。而对于发明和现有技术的整体理解就依赖于对发明构思的正确把握，因此，可以说对发明构思的把握在创造性判断中起着至关重要的作用。只有正确地把握发明构思，才能够使创造性的判断准确、客观，不机械化，从而得出正确的创造性结论。

二、"把握发明构思"的具体实践

实践是检验真理的唯一标准。因此，在上述理论探讨的基础上，我们在审查实践中尝试了从"把握发明构思"的角度对创造性判断，以下对于案例进行详细阐述。

（一）案情介绍

发明名称：电容结构（CN201210069410.2）

1. 审查过程

2013 年 12 月 26 日，审查员发出第一次审查意见通知书，指出全部权利要求相对于对比文件 1、2 和公知常识的结合不具备创造性。

针对第一次审查意见通知书，申请人于 2014 年 1 月 9 日提交了修改的申请文件，仅修改了说明书中的一处笔误，未修改权利要求。

审查员于 2014 年 8 月 19 日以本申请权利要求不符合《专利法》第 22 条第 3 款所规定的创造性为由驳回了上述专利申请。申请人对驳回决定不服，于 2014 年 10 月 14 日向专利复审委员会提出了复审请求，未对申请文件进行修改。

专利复审委员会于 2014 年 12 月 5 日依法受理了该复审请求。在前置审查意见中，审查员坚持原驳回决定。随后，专利复审委员会依法成立合议组对本案进行审理，撤销了国家知识产权局专利局对本申请作出的驳回决定。

2. 本申请的技术方案

本申请涉及一种电容结构（具体结构如下图1），包括：介电材料层；以及间隔设置于介电材料层中的第一、第二、第三金属层102、202、302，金属层102包括：绕行状电极108，形成多个第一凹部108a以及多个第二凹部108b，该些第一凹部108a位于该绕行状电极的一侧，该些第二凹部108b位于该绕行状电极的另一侧；第一指状电极110，包括多个第一延伸部110b，该些第一延伸部110b别设置于该些第一凹部108a；以及第二指状电极112，包括多个第二延伸部112b，该些第二延伸部112b分别设置于该些第二凹部108b；第二金属层202和第三金属层302的结构与第一金属层102相同，其中，各该金属层中的绕行状电极电连接相邻金属层中的第一指状电极及第二指状电极。

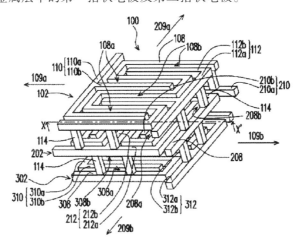

图1

3. 对比文件1和对比文件2的技术方案

对比文件1（CN2686061Y）涉及一种增加匹配度的电容对结构（具体结构如下图2），包括：多个导体层，各导体层包括第一指状电极结构、第二指状电极结构及第三电极结构230，第一指状电极结构包括第一电极210以及复数个第一延伸电极212，第二指状电极结构包括第二电极220以及复数个第二延伸电极222，第三电极结构230等距绕行布局于第一指状电极结构和第二指状电极结构所形成的指插状电极结构之间，第一指状电极结构、第二指状电极结构以及第三电极结构230可分别透过复数个介层窗与不同导体层的相同电极结构相连接。

对比文件2（CN100359692C）涉及一种多层叉合金属电容结构（具体结构

如下图3），具有奇数层216和偶数层218，其中奇数层216包括电极204和电极212，电极204包括数个互相平行的梳状部202，电极212包括数个互相平行的梳状部210，偶数层218包括电极224和电极230，电极224包括数个互相平行的梳状部222，电极230包括数个互相平行的梳状部228，在奇数层216和偶数层218中，电极204与电极224的极性相同，电极212与电极230的极性相同，奇数层216与偶数层218利用两者间的介电材料层中的通孔来进行奇数层216与偶数层218的同极性电极的电性连接，奇数层216与偶数层218的堆栈方式使奇数层216的电极204的梳状部202与电极212的梳状部210垂直于偶数层218的电极224的梳状部222与电极230的梳状部228。

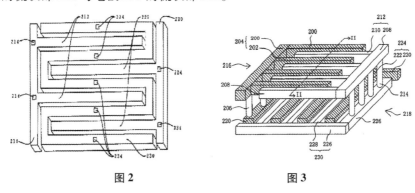

图 2   图 3

（二）案例分析

1. 驳回决定及复审决定中的处理方式

驳回决定和复审决定中均采用对比文件1作为最接近的现有技术，认定的权利要求1与对比文件1的区别技术特征也相同。但驳回决定中认定的基于该区别技术特征实际所要解决的技术问题是：将第一金属层电极延伸的方向设置为与第二金属层电极延伸的方向垂直，从而降低因上下层电极对准所造成的电容值的变化。对比文件2公开了一种将第一金属层电极延伸的方向设置为与第二金属层电极延伸方向相垂直的电容结构，并且该结构与区别技术特征在本申请中所起的作用都是为了降低因上下层电极对准所造成的电容值的变化，因此对比文件2给出了结合启示。而对于电极之间的连接关系，是本领域技术人员依据电容结构中相邻层中电极位置的设置关系，对电极之间的连接作出的常规设置。

复审决定中认定的基于该区别技术特征实际解决的技术问题是：提升单位面积的电容值并实现总电容值的最佳化。并从发明构思的角度，首先阐述了对比文件1的发明构思与本申请不同，对比文件1是基于现有技术中，当电容须以电容对的电路形式应用而将两独立单位的电容连接在一起，造成电路布局上空间的浪费，因此提供一种具有增强匹配度的电容对结构，其中相邻导体层的相同电极结构相连接，各导体层中的第三电极结构始终作为共同电极使用。如果按照本申请的电极连接关系将对比文件 1 中的第三电极结构与其相邻导体层中的第一、第二指状电极结构电连接，则无法实现对比文件 1 中的电容对结构。因此，本领域技术人员没有改变对比文件 1 的第三电极结构 230 与其相邻的导体层中的电极结构的电连接关系的动机。然后又阐述了对比文件 2 的发明构思是通过将两相邻层的电极的梳状结构互相垂直，有效改善对准误差问题，其中奇数层 216 的上视图案在旋转一角度后并不能够与偶数层 218 实质上重合。而对比文件 1 说明书中并未提及任何需要改善对准误差的技术问题，因此对比文件 2 不存在与对比文件 1 进行结合以获得本申请技术方案的技术启示。

2. 驳回决定及复审决定处理方式对比分析

驳回决定脱离了本申请的发明构思，仅将对比文件公开的技术特征与本申请的技术特征进行简单的对比，从而得出本申请不具有创造性的结论。而复审决定对于创造性的判断与美、日、欧的判断思路基本相同，从本领域技术人员的角度出发，在对现有技术和发明整体理解的基础上，以本申请和对比文件的发明构思为切入点，从本申请与对比文件的发明构思不同的角度客观进行分析，指出对比文件 1 不具有改进动机的理由以及对比文件 2 不存在结合启示的原因，将把握发明构思的思想正确的运用到创造性判断的审查实践过程中，最后客观、公正地得出了创造性的结论。

三、总 结

虽然在创造性的判断过程中没有明确限定发明构思的地位和作用，但是发明构思实质上已经渗入创造性的整个判断过程，创造性结论的客观、准确，离不开对发明构思的准确把握。理解和把握发明构思是实质审查中非常重要的内容，对发明的授权、确权均有重要影响。建立把握发明构思的理论基础对今后的审查工作具有重要的指导意义，这也是值得我们今后工作中深入探讨、研究的方向。

参考文献：

［1］美国专利商标局. Manual of Patent Examining Procedure［M］. 2006.

［2］中华人民共和国国家知识产权局. 专利审查指南［M］. 北京：知识产权出版社，2010.

［3］国家知识产权局2014年专项课题. 创造性相关问题研究［OL］. 学术委员会网站，2014.

［4］武晓明，译，尹新天，校. 欧洲专利局实质审查质量的定义及评定原则［J］. 审查业务通讯，1995（1）.

创造性中最接近现有技术的思考

胡 妮 陈毅强①

┃摘要┃发明实质审查过程中，创造性审查是必须的。一件专利申请是否具备创造性，直接影响到该专利申请是否能走向授权。本文从实际案例出发，对实际案例和多个对比文件进行技术剖析，对评述权利要求创造性时应该如何选取最接近的对比文件进行分析，并结合欧洲专利局申诉委员会及扩大申诉委员会判例法进行思考，探讨最接近现有技术的选取，要看对比文件和专利申请是否属于相同或相似的技术领域，对比文件必须从整体上涉及和申请相同或相似的技术问题，或者至少在技术领域上相同或相似。从而更加准确地把握创造性审查。

┃关键词┃专利 创造性 最接近现有技术

引 言

在发明实质审查过程中，发明是否能走向授权，创造性是非常重要的。本文从一个实际案例出发，对该案中最接近现有技术的选取进行探讨，并结合欧洲专利局申诉委员会及扩大申诉委员会判例法进行思考，从而更加准确地把握创造性审查。

一、创造性的含义

《专利法》第22条第3款规定：创造性，是指与现有技术相比，该发明具有突出的实质性特点和显著的进步，该实用新型具有实质性特点和进步。[1]

判断发明是否具有突出的实质性特点，就是要判断对本领域的技术人员来说，要求保护的发明相对于现有技术是否显而易见，通常首先要确定最接近的现

---

① 第二作者对本文的贡献等同于第一作者。

有技术。最接近的现有技术，是指现有技术中与要求保护的发明最密切相关的一个技术方案，它是判断发明是否具有突出的实质性特点的基础，例如可以是，与要求保护的发明技术领域相同，所要解决的技术问题、技术效果或者用途最接近和/或公开了发明的技术特征最多的现有技术，或者虽然与要求保护的发明技术领域不同，但能够实现发明的功能，并且公开发明的技术特征最多的现有技术。应当注意的是，在确定最接近的现有技术时，应首先考虑技术领域相同或相近的现有技术。[2]

二、案情介绍

本申请是一件复审案例，主要技术方案是："一种计算机控制移动设备的系统，包括：计算机，其包括显示装置、接口和输入装置；移动设备，其包括显示装置和接口；以及连接路径，其一端连接到计算机的接口，另一端连接到移动设备的接口，其中，显示在移动设备的显示装置上的画面通过连接路径发送到计算机，并显示在计算机的显示装置上，基于显示在计算机的显示装置上的移动设备的画面，通过计算机的输入装置对移动设备进行操作，并将生成的操作数据通过连接路径发送到移动设备，移动设备根据接收到的操作数据执行相应的操作，显示在移动设备的显示装置上的画面再次发送到计算机，并显示在计算机的显示装置上。"以独立权利要求 6 为例："一种移动设备测试系统，包括：用户终端，供移动设备测试者测试移动设备使用；以及服务器，用于连接和控制待测试的移动设备，其中用户终端和服务器通过网络相互连接，服务器与待测试的移动设备通过连接路径相互连接。"

前审引用了如下对比文件评述独立权利要求 6 的创造性：对比文件 1：CN1719406A，公开日为 2006 年 1 月 11 日；对比文件 2：CN101132459A，公开日为 2008 年 2 月 27 日；对比文件 3：CN1761202A，公开日为 2006 年 4 月 19 日。前审将对比文件 3 作为最接近的现有技术，在对比文件 3 的基础上结合对比文件 1、对比文件 2 和公知常识得出权利要求 6 所要求保护的技术方案，对本领域的技术人员来说是显而易见的，不具备创造性。

首先，来看对比文件 1~3 公开的内容：对比文件 1 公开了一种利用个人电脑实现对终端设备内界面进行可视化配置的方法，该方法是当一个人电脑将一资源文件导入其内的一资源配置软件的界面后，该资源配置软件的界面会对所载入的该资源文件进行分析，并将分析后的该资源文件数据生成相应的可视化使用者界面，借以接受使用者对该资源文件数据在该可视化使用者界面中进行操作编辑，令该编辑更改后的资源文件数据能直观地在该个人电脑的资源配置软件的界面中反映出，再将该编辑后的资源文件数据生成一终端设备能识别的资源文件，并透过一通信界面方式导入该终端设备中并显示出，进而达到更改该终端设备内的界面风格，以实现个性化配置的目的。

对比文件 2 公开了一种通过手机对电脑进行远程遥控的方法，主控手机可向受控电脑发出各种操作指令，受控电脑的远程管理模块对主控手机发来的操作指令进行分析，并进行相应的处理，将处理结果发送给主控手机。在实施例中，手机对电脑实施的远程遥控是实时的，就需要在手机上显示电脑的屏幕或桌面画面，用户在通过手机遥控电脑时，对电脑进行下列操作：手机与电脑之间进行文档的复制或移动，手机直接浏览或阅读电脑中的各类文档，主控手机启动或关闭受控电脑中的各类程序，手机删除、修改电脑中的各类文档。

对比文件 3 公开了一种因特网连接许可系统及控制方法，用户终端机是便携式电话，便携式数字终端机。在具有连接因特网的个人电脑、服务器、用户终端机的因特网连接许可系统中，在个人电脑 PC 中设定用户终端机信息的阶段；把个人电脑 PC 用户输入想要连接的网址，通过服务器把连接相应网站许可请求传送到设定的用户终端机的阶段；确认从用户即接收到的网站连接许可请求，根据连接许可把用户应答信号传送到 PC 的阶段；通过用户终端机根据已传送的用户应答信号，控制 PC 连接相应网站的阶段。

三、案例分析

对于独立权利要求 6，前审将对比文件 3 作为了最接近的现有技术。与对比文件 3 相比，权利要求 6 的区别技术特征在于：（1）移动设备根据相应操作显示在移动设备的显示装置上的画面再次发送到计算机，并显示在计算机的显示装置上；（2）基于显示在用户终端的显示装置上的移动设备的画面，通过用户终端的输入装置对移动设备进行操作，生成的操作数据由服务器接收并发送到移动设备；（3）移动设备根据接收到的操作数据执行相应的操作，显示在移动设备的显示装置上的画面再次发送到用户终端，并显示在用户终端的显示装置上。再评述部分区别技术特征被对比文件 1 和 2 公开，其余的区别技术特征是公知常识。在对比文件 3 的基础上结合对比文件 1、对比文件 2 和公知常识评述其不具备创造性。

纵观本申请和对比文件 1~3，简述之，本申请是在计算机上进行处理操作，手机上显示同样的操作，操作是实时的。对比文件 1 是在计算机上处理画面，将处理好的画面传给手机，不是实时地。对比文件 2 是手机操作控制电脑上显示该操作，实时的。对比文件3是因特网连接许可系统及控制方法。

从发明构思来看，应该将对比文件1作为最接近的现有技术。在领域相同的情况下，对比文件1公开的技术特征也是最多，因此将对比文件1作为最接近的现有技术是合适的。对比文件1公开了电脑模拟终端设备中的各种界面，同时令其资源配置软件的界面可支持一输入装置例如鼠标与键盘的操作，接收使用者对该资源文件数据在该可视化使用者界面中进行操作编辑，使用者可对模拟的终端设备中的界面及数据进行操作编辑。在特征对比后，根据权利要求6与对比文件1的区别，可以确定实际要解决的技术问题是：将计算机输入输出设备代替手机，以同步地实现手机输出，关键在于"实时地、同步地"，计算机和手机同步画面。而对比文件2公开了手机对电脑实施的远程遥控是实时的，手机和电脑实时地同步显示画面和各种操作，且上述技术内容在对比文件2中所起的作用与其在权利要求1中为解决其技术问题所起的作用相同，都是实时地控制计算机和终端设备以实现同步。对比文件2也是实时控制，虽然是手机实时控制电脑，但是在协议相同的情况下，手机和电脑是两个不同的终端设备，终端设备之间的实时遥控是本领域技术人员根据需要来进行选择的，手机可以对电脑进行实时遥控，那么本领域技术人员很容易想到电脑对手机也可以进行实时遥控，A ——→B，B ——→A这是很容易想到的，实时遥控通常包括实时地对设备进行测试等常规操作，这都是本领域的惯用手段。而且对比文件2也公开了服务器，无须再结合对比文件3，将对比文件3作为最接近现有技术更是不合适的。

四、结合欧洲判例法的思考

关于创造性问题，欧洲判例法也给出了相关的判例。欧洲判例法中关于创造性的判断，运用的是问题解决法。问题解决法中第一步需要确定最接近的现有技术即起点。作为评价一项发明的发明价值的起点，该文献与本发明都要属于相同或相似的技术领域，或者从整体上涉及相同或相似的技术问题。

在 T1437/09 中，审查部门发现对比文件4构成最接近的现有技术，然而申请人认为对比文件1是最接近的现有技术。委员会认为，对比文件1和对比文件4两者都可以作为创造性判断的起点。具体地，对比文件1和对比文件4与本发明都属于相同的技术领域，即光学调节器领域，并且都公开了同类装置。如果存在几个不同的现有技术文件，且每一个看起来都可以合理地作为创造性判断的起点，那么根据判例法的规定：在作出是否具备创造性的决定之前，应相对于所有现有技术对创造性作出评价。

在 T1760/11 中，委员会选择了文献对比文件 2 作为最接近的现有技术。申诉人提出了以下请求：对于有多个可行的起点的情形，采用问题解决法来判断创造性时，应考虑每一个起点。但委员会拒绝了申诉人的请求。委员会驳回了申诉人提交的文件中认为评判创造性应该将文献对比文件 1 作为起点的意见。申诉人争辩认为，尽管委员会已经确定了以哪个文件或哪些文件组成了最有希望的起点进行讨论，但也应该允许以申辩人认为的所有可能的起点来讨论创造性问题。扩大的申诉委员会认为，根据既定的问题解决法审查专利申请的权利要求的主题是否具备创造性属于实体法问题，无论是采用单独的文件还是采用多个文件作为判断起点或者最有希望的出发点，作为问题解决法中的第一步，都需要确定最接近的现有技术。扩大委员会进一步认为，与本案有关的情况是程序节约原则，这需要申诉委员会将重点放在与决定有关的这些要点上。因此，扩大委员会没有遵从申诉人的将对比文件 1 作为出发点讨论缺乏创造性的诉求，尽管委员会的结论也是文献对比文件 1 并不是最接近的现有技术，不能作为后续评判创造性的起点。

再来看 T25/13，涉及用于摩托车驱动器和外壳的紧固装置。文献对比文件 4 是反对方引用的用于证明缺乏创造性的唯一文件，该文献描述了一种用于滚筒式烘干机的紧固装置。委员会认为，作为评价一项发明的发明价值的起点，该文献必须从整体上涉及与发明相同或相似的技术问题，或者至少在技术领域上相同或相似。文献对比文件 4，特别是其附图详细描述了滚筒式烘干机的实施例，这属于家用电器领域，和汽车技术领域并不相近，这是不能作为最接近现有技术的最简单的原因。本领域技术人员试图在最接近的现有技术的基础上解决技术问题，可能要参考作为次要信息来源的对比文件 4，如果技术问题给了他这样做的理由。反对方基本上是随意选择了起点进行评价，但是他们的选择预示着相关领域技术人员的技术知识。委员会发现，关于本案有以下两个选择：本领域技术人员也许完全不会考虑文献对比文件 4，因为它和本发明属于完全不同的领域；也许会考虑文献对比文件 4 作为起点，但是在本案中本领域技术人员的领域是家用电器领域，对本领域技术人员来说将文献对比文件 4 中的紧固装置用于摩托车是非显而易见的。委员会认为这些基于文献对比文件 4 评述创造性的异议不能成立。

从欧洲判例法关于创造性确定最接近的现有技术的判例中可以看出，在创造性审查中，不要仅从字面意思去比对技术特征，首先要看对比文件和专利申请是否属于相同或相似的技术领域，对比文件必须从整体上涉及和申请相同或相似的技术问题，或者至少在技术领域上相同或相似。

运用到本案中，独立权利要求 6 出现了"服务器、移动设备、终端"，对比文件 3 也有这几个技术特征，但仔细分析，对比文件 3 的技术领域是互联网连接许可领域，是为了解决在家庭中通过个人电脑连接因特网时需经过父母许可才能连接的问题，从而设计的由个人电脑、服务器、用户终端机构成的系统和许可请求传输控制的方法。本申请的技术领域是移动互联网领域，为了测试简单和降低成本，使得移动设备与控制的计算机直接连接，从而让计算机控制移动设备的系统和方法。两者从上位概念来看属于相同领域，但从整体上并未涉及相同或相似的技术问题，公开的技术特征也仅是服务器、移动设备。如果仅是对特征进行比对，再结合其他对比文件进行评述，这种评述方法是不能让人信服的。因此，参考欧洲判例法中确定最接近现有技术的问题解决法，将对比文件3作为最接近的现有技术是不合适的。

再来看对比文件1和2，对比文件1是互联网领域，利用个人电脑对终端设备内界面进行配置的方法，对比文件2是互联网领域，通过手机对电脑进行远程遥控的方法。对比文件1和2的领域和本申请相同。但对比文件2是手机实时控制电脑，控制方向与本申请是相反的，而对比文件1是将计算机处理的结果发送给手机，控制方向是一致的，从整体上涉及和本申请相似的技术问题，即"实现计算机对移动设备的控制"，参考欧洲判例法，针对权利要求6，将对比文件1作为最接近的现有技术更为合适，不应当被权利要求6中的服务器、移动终端连接方式所影响而选取对比文件3作为最接近的现有技术。

五、总　结

在审查中，对于专利申请是否具备创造性的判断，第一步要确定最接近的现有技术。本文通过一个实际案例对创造性审查中最接近的现有技术的判断进行了探讨，并结合欧洲判例法中对最接近现有技术确定的做法再对本案进行分析。在创造性审查中，首先应该考虑的是领域是否相同或相近，从整体上涉及相同或相似的技术问题，以及发明申请和对比文件的整体构思，不能仅将特征分隔开进行比对，要从整体上、实质上去把握是否具备创造性。

参考文献：

［1］尹新天．中国专利法详解［M］．北京：知识产权出版社，2012：266.

［2］中华人民共和国国家知识产权局．专利审查指南［M］．北京：知识产权出版社，2010：172.

［3］European Patent Office. Case Law 2014［M］．ISSN 1996–7543，2014：1–180.

技术贡献视角下的专利创造性判断

┃摘要┃ 专利技术的本质是通过给作出技术贡献的发明人授予与其技术贡献相适应的排他性权利，以激励人努力作出技术贡献，不断推动技术进步，实质上是以专利权利与技术贡献相交换。因此，对于技术贡献这一概念的认定就极为重要。在专利授权确权以及侵权审判的实践中，案件是否具备创造性无疑是最为常见且最为重要的争议焦点。从某个角度讲，专利创造性的本质就是技术贡献。因此，本文结合法院创造性案件的行政判决，从技术贡献的视角来分析专利创造性判断司法实践中的一些问题。

┃关键词┃ 技术贡献　显著进步　创造性　发明点

引　言

专利制度的本质有多种不同类型的解读，比如，专利制度通过给作出技术贡献的发明人授予与其技术贡献相适应的排他性权利，激励所有人努力作出技术贡献，推动技术进步。其实质是技术贡献与专利权利相交换，基本原则是：有技术贡献，才可能获得专利权；有多大技术贡献，才能获得多大的专利权。充分理解技术贡献与专利权相互交换的基本原则，可以帮助我们正确解答专利权有效性评价中的各种难题。本文将从技术贡献的视角出发，结合法院的实际判决案例，分析专利权审判实践中涉及的创造性判断问题，探索技术贡献的认定与创造性判断之间的关系。

---

① 第二作者对本文的贡献等同于第一作者。

一、技术贡献的本质

关于技术贡献的类别，按其本质可大致将其分为两类，第一类体现为专利新颖性和创造性的技术贡献，这类贡献意味着与现有技术相比具有进步性，虽然在多大进步才具有技术贡献的问题上无法统一，但普通认为，如果在现有技术的基础上，对于本领域技术人员来说，技术方案是非显而易见的，则应当认定该方案有进步性，即具有一定的技术贡献；第二类主要体现为专利法上对专利实用性和专利客体的技术贡献，也就是说，技术贡献要具备技术性，即技术方案的技术贡献应当是利用了自然规律的技术手段，解决了技术问题，获得了符合自然规律的技术效果，且具有在产业中被制造或使用的可能性。

要想分析技术贡献在专利创造性上的体现，我们不仅要探讨技术贡献的本质，还需要从国家专利法规中对创造性的定义出发进行理解。我国《专利法》第22条第3款规定：发明的创造性，是指与现有技术相比，该发明有突出的实质性特点和显著的进步。[1]其中，发明有突出的实质性特点，是指对所属技术领域的技术人员来说，发明相对于现有技术是非显而易见的。所谓实质性特点，是指发明创造的设计要点或关键技术特征，体现着该发明创造与已有成果的技术差别。发明具有显著的进步，则是指发明与现有技术相比能够产生有效的技术效果。

对于创造性规定中实质性特点与技术进步的关系，也有几种不同的认识：一种观点简单地认为只要技术方案具有实质性特点就有进步，即只要技术方案是非显而易见的，技术方案就具备创造性；另一种观点认为实质性特点和进步是两个独立的条件，需同时满足或者满足了其中一项就具备了创造性；还有一种观点认为两者是互补的，在实质性特征较强，非显而易见性较突出的情况下，即使方案没有进步也具备创造性；而在具有显著进步的情况下，对显而易见性的要求可以降低，甚至在取得了预料不到的技术效果的情况下，即使技术方案是显而易见的，也具备创造性。[2]

不能笼统地说哪种观点是绝对正确的，但是单从技术贡献的角度出发来看，在第三种观点中提到的假设方案只具有进步性的情况是不能简单地将其认定为有技术贡献，技术进步必须要以对本领域技术人员而言具有非显而易见性为前提。如果该技术方案仅是对本领域的基础知识或已知技能的应用，无论取得的技术效果有多大，都不应当被授予专利权。因为专利权的保护实质上是一种以技术贡献换取排他性权利的行为，如果仅具有显著进步而没有突出的实质性特点，也就不存在授予其排他性权利的正当性。

在某些情况下，即使发明取得了预料不到的技术效果，即具有显著的进步，也不能认定其具备创造性，比如如果技术进步能够依照技术启示进行改进而自然得出，由于没有技术贡献，无论是否取得预料不到的技术效果，都不具备创造性；或者由于没有其他选择而只能采用这种技术手段实现，即构成"单行道"的情形，本领域技术人员在现有技术基础上不需要付出任何努力也能不可避免地取得预料不到的技术效果，也会因为该方案没有作出技术贡献而不具备创造性。因此，对于不具备正当性的显而易见的技术方案，不管其取得了怎样的技术效果，由于不符合专利制度的本意，也不应当被授予专利权。

二、技术贡献的评价与创造性的判定

对于一个完整的技术方案来说，其具有技术贡献的发明点可能体现在"技术三要素"的任何一方面，而并不需要三个要素同时都具有技术贡献。因此，在对专利创造性进行评判时应该遵守综合性原则，即在进行专利创造性的判断时，应当将技术问题、技术手段和技术效果结合起来进行综合、立体的判断。

（一）技术贡献或发明点体现在揭示技术问题的原因上

有些方案的技术贡献主要体现在对技术问题产生原因的揭示上，比如美国的Sponnoble案，按照美国法典中有关可获得专利创造性的条件的规定，可授予专利权的方案必须是非显而易见的。如果要求保护的发明和先有技术的差别使得要求保护的发明在整体上对于本领域具有一般知识的技术人员来说是显而易见的，即使发明没有被等同地公开披露或描述，这项发明也不能获得专利权。在该案中，美国法院认为，揭示技术问题的原因是专利创造性综合性评判原则的一部分，因为一旦问题的原因被明确了，解决的办法就是显而易见的，因此揭示该技术问题的原因的发明则可能具有创造性。然而，在审查实践中需要注意，技术问题原因的揭示并不一定总是产生具有专利性的发明，假设现有技术中存在对同样技术问题的同样解决方案时，解决方案相对于现有技术就是显而易见的，因而不具备创造性。

（二）技术贡献或发明点体现在解决技术问题的技术手段上

有些技术方案的技术贡献则关注于改进解决某一技术问题的技术手段。

【案例1】

申请号：200910080121.0

发明名称：用于互联网搜索引擎的信息发布方法及其系统

申请人：北京立新盈企信息技术有限公司

［权利要求1］：

1. 一种用于互联网搜索引擎的信息发布系统，包括发布信息输入系统、审核系统、信息发布控制系统、合规发布信息数据库，搜索结果页面发布系统和检索服务器，其特征在于：

所述发布信息输入系统连接审核系统，所述审核系统连接合规发布信息数据库和信息发布控制系统，所述合规发布信息数据库与信息发布控制系统双向连接，所述信息发布控制系统连接搜索结果页面发布系统，所述检索服务器分别连接信息发布控制系统和搜索结果页面发布系统；

所述信息发布控制系统将各显示信息的存储位置号按关键字生成一个长度为单位检索次数的队列，队列中各显示信息的存储位置号所占据的比例根据该显示信息所对应的权重参数确定，存储位置号在队列中的具体位置随机确定；

所述搜索结果页面发布系统在搜索结果页面上随机排列各显示信息。

审查员以本案针对对比文件1（CN101034456A）和本领域常用技术手段的结合不具备创造性为由驳回了该申请，申请人向专利复审委员会提交了复审请求，而合议组认为权利要求1与对比文件1相比，区别特征在于：（1）审核系统还连接合规发布信息数据库，信息发布控制系统还连接搜索结果页面发布系统，以及检索服务器还与信息发布控制连接；（2）信息发布控制系统对每个关键字分别生成一个显示信息的存储位置号的队列，在互联网搜索引擎每次提供基于关键字的搜索结果时，信息发布控制系统在队列中随机排列各显示信息的存储位置号，搜索结果页面发布系统在搜索结果页面上随机排列各显示信息。由此确定本申请权1实际解决的问题是：（1）实现系统各模块间的数据通信；（2）使得在固定的时间段或者单位检索次数内，客户的显示信息出现的概率由某一权重参数决定，而同时实现在每一次搜索时，客户的显示信息随机出现。由于区别特征均属于本领域技术人员的常用技术手段，因此，复审委员会驳回了请求人的复审请求。

申请人继续向北京市高级人民法院提起了针对该驳回申请复审行政纠纷案的诉讼请求，经审判，北京市高级人民法院在行政判决书中指出，为了要解决上述第二个技术问题，本专利采取了如下技术手段：一是在固定的时间段或单位检索次数内，客户的显示信息在指定位置出现的概率由某一权重参数决定；二是在每次搜索时，客户显示信息都会随机出现。正因为采取了这些并没有被现有技术公开的技术手段，而且这些相互配合起作用的技术手段并非本领域技术人员容易想到的，所以法院认为，正因为本申请采用了体现技术贡献或发明点的解决技术问题的技术手段，使得该案在整体上具有创造性。

（三）技术贡献或发明点主要体现在其能够实现的功能上

【案例2】

申请号：200580034859.3

发明名称：运行通信系统的方法

申请人：诺基亚西门子通信有限责任两合公司

[权利要求1]：

用于运行包括网络（15）和至少一个终端的通信系统的方法，该方法包括：在终端（10）上接收电路交换呼叫的寻呼（14），而所述终端从事于分组交换呼叫；

其中所述网络评估是否有足够资源用于建立电路交换呼叫以与分组交换呼叫同时运行；

其中如果没有足够资源用于同时运行呼叫，则从所述终端向所述网络提供一个用户偏爱接收电路交换呼叫或维持分组交换呼叫的指示；

以及其中根据所指示的偏爱在所述网络和所述终端之间继续通信。

审查员在第一次审查意见通知书中引用了对比文件1（WO03/0037671A1）和对比文件2（CN1377559A）评述了权利要求1~8不具备创造性。申请人则认为：（1）对比文件1和2所要解决的技术问题与权利要求1技术方案所要解决的的技术问题不同，权利要求1所要解决的技术问题是：移动站和无线网络之间的通信；（2）权利要求1中所述电路交换通信不需要与已存在的分组交换链路同样的目标进行通信。因此，权利要求1~8具备创造性。

由于申请人没有提交修改文件，审查员并未接受申请人的陈述意见，因此驳回了该申请。审查员认为：权利要求1与对比文件1的区别技术特征在于：网络评估无线资源，若不满足同时建立呼叫，则由所述终端选择一种呼叫方式；而对比文件1中是在无线资源充足时，之间同时建立两种呼叫。基于区别技术特征，该权利要求技术方案所实际解决的技术问题是在无线资源不充足时，如何提高终端选择连接方式的灵活性。对比文件2公开了一种电路交换域和分组交换域选择

的方法，当网络中存在电路交换域和分组交换域时，用户设备能够选择自身期望
的交换方式。因此，当无线资源不能满足电路交换和分组交换同时建立连接时，
本领域技术人员能够由对比文件 2 公开的技术内容中得到启示，即终端用户有能
力选择交换方式，网络以终端用户选择的连接方式建立呼叫连接，以提高终端用
户选择的灵活性。对于本领域技术人员来说，在对比文件 1 的基础上结合对比文
件 2 公开的内容得到权利要求 1 请求保护的技术方案是显而易见的，因此该方案
不具备突出的实质性特点和显著的进步，因而不具备创造性。

申请人对上述驳回决定不服，于是向专利复审委员会提交了复审请求，认为
权利要求 1~8 相对于对比文件 1 和 2 的结合具备创造性，因为对比文件没有描
述对所述呼叫的拒绝；对比文件也都没有公开接收终端中的优先指示器。

专利复审委员会对本案进行合议审查后，认为权利要求技术方案与最接近的
现有技术存在区别技术特征，所述区别特征为其他对比文件中披露的相关技术手
段，并给出了将两者结合的技术启示，权利要求相对于两篇对比文件不具备突出
的实质性特点和显著的进步，因而不具备创造性。合议组肯定了审查员的评述意
见，同时指出复审请求人所陈述的权利要求中所限定的根据"用户偏爱"的指
示来选择接收电路交换或者维持分组交换，并没有限定复审请求人所陈述的
"防止具有同时运行的两个连接"的方案，也没有"拒绝针对第二连接的请求"
"放弃第一连接并建立第二连接"的含义，因而对于复审请求人的陈述意见不予
支持，驳回了该申请。

申请人继续向北京市高级人民法院提起了诉讼请求，法院经审判在行政判决
书中强调，本申请权利要求 1 请求保护的技术方案与对比文件 1 公开的技术内容
相比，区别技术特征是：权利要求 1 中，无线资源若不满足同时建立呼叫，则由
所述终端选择一种呼叫方式；对比文件 1 中，在无线资源充足时，直接同时建立
两种呼叫。权利要求 1 实际所要解决的技术问题是，在无线资源充足时，如何提
高终端选择连接方式的灵活性。由于本申请权利要求 1 并没有具体描述在无线资
源不满足同时建立呼叫时如何通过终端选择一种呼叫方式，只是描述了该方法具
有这样一种功能。换言之，本申请权利要求 1 相对于现有技术而言，实质区别是
功能性的，而非实现该功能的具体技术手段。在本案中，北京市高级人民法院认
为，就功能性技术方案的创造性判断而言，首先要分析体现技术贡献的发明点是
功能本身还是实现功能的技术手段。如果功能本身是容易想到的，实现功能的技
术手段也是容易想到的，则技术方案整体上是显而易见的；如果功能是不容易想
到的，虽然实现功能的技术手段是容易想到的，则技术方案在整体上也可能是非
显而易见的。

在创造性案例的实际审判过程中，需要牢牢抓住该发明创造是否具有创造性的技术贡献这一本质，虽然我国目前的法律法规没有对专利创造性的判断方法和步骤作出明确的统一和规范，但在一般情况下通常会采用"三步法"进行创造性判断。然而，这并非唯一的判断标准，如果基本的创造性判断方法不能准确地判断方案是否作出了创造性的贡献，则可以灵活运用其他方法进行创造性判断，以衡量技术方案是否作出了非显而易见性的技术贡献。

三、总　结

综上所述，从技术贡献的角度来分析专利创造性的判断规则时，需要注意具有非显而易见性的技术方案才可能有技术贡献；发明人的技术贡献或发明点可能体现在技术问题、技术手段或技术效果的任何一个方面；从技术贡献的视角评价说明书和权利要求书是否符合要求及其对专利权有效性的影响，可能更容易接近专利权的本质，也有利于正确处理司法实践中的现实问题。

参考文献：

［1］中华人民共和国国家知识产权局．专利审查指南［M］．北京：知识产权出版社，2010：130－132.

［2］石必胜．专利权有效性司法判断［M］．北京：知识产权出版社，2016：42－71.

［3］田振，黄月．从几个案例看"夸大技术效果"与"充分公开之间的关系"［J］．审查业务通讯，2011，16（8）：15－18.

［4］尹新天．中国专利法详解［M］．北京：知识产权出版社，2010：366－370.

从"相反的教导"
分析创造性判断中的结合启示

李 英 薛 梅① 刘秀艳

┃摘要┃本文通过对一个具体案例的深入分析，探讨在判断创造性结合启示时，如何考虑"相反的教导"所带来的影响，在分析"本领域技术人员"能力的基础上，得出这样的结论，即判断该"相反的教导"是否会对创造性结合启示产生影响，应从现有技术整体出发进行考虑。

┃关键词┃创造性　结合启示　相反的教导

引　言

创造性是授予专利权的重要条件之一，在创造性评判的三步法[1]中，要求保护的发明对本领域的技术人员来说是否显而易见，即最接近现有技术与其他现有技术以及公知常识的结合是否具有结合启示，这是一个关键点和难点，其对判断是否具备创造性有着重要影响，但又容易包含较多的主观因素。在实际审查中，审查员如果使用两篇对比文件结合评述权利要求的创造性，申请人面对权利要求不具备创造性的结论，往往会以"对比文件1给出了相反的教导"或类似的理由质疑对比文件2的结合启示，认为对比文件1中存在阻碍本领域技术人员将对比文件2公开的区别特征应用于对比文件1的相反的技术启示，本领域技术人员在对比文件1的基础上，难以想到将对比文件2公开的内容结合到对比文件1中以解决其技术问题。审查员在面对这类质疑时，常感到困惑。那么，在判断创造性的结合启示时，究竟如何看待对比文件所给出的"相反的教导"呢？下面结合一个具体案例进行分析。

---

① 第二作者对本文的贡献等同于第一作者。

一、案例分析

该案例涉及一种超弹性合金的牙科器械，第一次审查意见通知书针对的权利要求 1 如下：

1. 一种用于牙齿的牙科器械，其包括：被构造成能啮合牙齿组织的器械杆轴或主体，所述杆轴或主体还包括：基本上不含镍的金属合金，所述金属合金具有下述摩尔百分组成：约 1Ti – 12Ta – 9Nb – 3V – 6Zr – 1O，或者约 1Ti – 23Nb – 0.7Ta – 2Zr – 1O，且特征是在冷加工时具有提高的抗拉强度、耐加工硬化和降低的弹性模量；所述牙科器械通过冷加工所述金属合金成形，从而与没有进行冷加工的金属合金形成的牙科器械相比提高其抗拉强度、防止加工硬化和降低其弹性模量；所述牙科器械相比由镍 – 钛合金制成的牙科器械具有更高的韧性、耐久性、耐加工硬化和生物相容性。

第一次审查意见通知书采用对比文件 1 和 2 相结合评述权利要求 1 的创造性，其中权利要求 1 与对比文件 1 相比的区别技术特征在于：所述金属合金具有以下摩尔百分组成，约 1Ti – 12Ta – 9Nb – 3V – 6Zr – 1O，或者约 1Ti – 23Nb – 0.7Ta – 2Zr – 1O，其在冷加工时具有提高的抗拉强度、耐加工硬化和降低的弹性模量。基于该区别技术特征可以确定，权利要求 1 的技术方案所要解决的技术问题是：寻找一种合适的制造牙科器械的杆轴或主体的金属合金材料，使得采用该金属合金材料制造出的牙科器械具有优良的性能指标，从而获得较好的使用效果。

对比文件 2 公开了一种超弹性金属合金，并具体公开了如下内容：该超弹性金属合金可采用以下摩尔百分组成，约 1Ti – 12Ta – 9Nb – 3V – 6Zr – 1O，或者约 1Ti – 23Nb – 0.7Ta – 2Zr – 1O（与权利要求 1 的金属合金组成完全相同）；该超弹性金属合金在冷加工后具有提高的抗拉强度、耐加工硬化和降低的弹性模量，因而具有较好的韧性、耐久性和耐加工硬化，并且因为不含镍而具有较好的生物相容性。

申请人在答复第一次审查意见通知书时质疑对比文件 1 和 2 的结合启示，认为对比文件 1 给出了阻碍本领域技术人员将对比文件 2 应用到对比文件 1 以解决其技术问题的信息，具体理由是：对比文件 1 作为牙科器械领域的现有技术，提出了对于合金成分的一些限制，例如，必需包含钼，因为钼可作为强的相稳定剂，以防止合金组分之间的相分离；锆的含量必需大于 10 重量%，以稳定合金，防止组分之间的相分离；生物不利的元素如 Co、Cr、Ni、V、Be 和 Al 不包含在本发明的组合物中。上述限制条件均与对比文件 2 提出的合金成分相矛盾。因此，申请人认为现有技术整体上（综合考虑对比文件 1 和 2）并没有将对比文件 1 和 2 结合起来的技术启示，本领域的普通技术人员没有动机将对比文件 2 应用到对比文件 1 中得到本发明的技术方案。

笔者最初看到申请人的陈述意见时，也认为有一定道理。然而，进一步思考会产生疑问：对比文件 1 所公开的对于合金成分的限制是否是本领域技术人员在制造牙科器械时所公认的技术规则呢？为此，笔者在非专利数据库进行了补充检索，找到一份背景技术文件（"口腔科铸钛理论和技术"，郭天文，第 86 页，世界图书出版公司，下文简称对比文件 3），其公开了如下公知常识：Ti – 6Al – 4V 是目前较为理想的生物金属材料，具有良好的在口腔科应用的生物相容性。显然，该合金中并未包含钼和锆，且包含了金属钒，即具有上述合金成分的生物材料虽然不满足对比文件 1 所提出的限制条件，却也是较为理想的生物金属材料。可见，对比文件 1 所提出的限制条件并非本领域的通用规则。

那么，对比文件 1 作为本申请最接近的现有技术，如何看待其给出的与对比文件 2 公开的区别特征"相反的教导"？该"相反的教导"是否会成为本领域技术人员将对比文件 2 公开的内容应用于对比文件 1 的技术障碍？

回顾一下《专利审查指南》有关创造性三步法第三步的相关规定："判断过程中，要确定现有技术整体上是否存在某种技术启示，即现有技术中是否给出将上述区别特征应用到该最接近的现有技术以解决其存在的技术问题的启示，这种启示会使本领域的技术人员在面对所述技术问题时，有动机改进该最接近的现有技术并获得要求保护的发明"。从上述表述可以看出，是否存在技术启示，应从现有技术整体出发进行判断。当本领域技术人员需要对最接近现有技术进行改进以解决某一技术问题时，他不会将思路局限于最接近的现有技术本身所公开的信息，而是综合考虑现有技术整体这个大集合，当发现某一现有技术所提供的技术手段能够较好地解决该技术问题，而最接近现有技术又给出了与该现有技术公开的技术手段相反的教导，本领域技术人员有能力从现有技术整体出发去判断，最接近现有技术所给出的这一相反的教导是否正确，或是否是可选择的规则（而不是必须遵守的规则），进而判断出该现有技术是否给出了解决该技术问题的技术启示。

具体到本案，笔者认为，由于本领域存在与对比文件 1 提出的合金组分的限制条件相矛盾的公知常识，本领域技术人员在考虑采用何种合金材料制造对比文件 1 所述结构的牙科器械时，不会将选择范围局限在对比文件 1 提出的限制条件下，也就是说，对比文件 1 所提出的合金组分的限制不会成为本领域技术人员将对比文件 2 公开的超弹性合金应用于对比文件 1 的技术障碍。

　　申请人在接下来答复第二次审查意见通知书时未修改权利要求，继续质疑对比文件 1 和 2 的结合启示，并认为在对对比文件 1 的技术方案进行改进时，对于公开内容互不相符的对比文件 1 和 3，本领域技术人员不会认可公开在前的对比文件 3，因此坚持认为权利要求具备创造性。

　　而笔者认为，人类技术的发展是螺旋式上升的过程，即使存在后续的第二观点对第一观点的否定，也不能就此认定第一观点就是错误的，可能后续发展的第三观点又与第一观点相一致。就本申请而言，虽然对比文件 1 晚于对比文件 3 公开，也不能证明对比文件 1 的结论较之对比文件 3 就是正确的或更加理想的。本领域技术人员为解决本申请的技术问题，在对对比文件 1 的技术方案进行改进时，不会只局限于对比文件 1 所公开的内容，而是考虑现有技术整体，包括对比文件 3 所公开的内容。因此，对比文件 1 所提出的合金组分的限制不会成为本领域技术人员将对比文件 2 公开的超弹性合金应用于对比文件 1 的技术障碍。

　　基于上述理由，我们可以得出权利要求 1 相对于对比文件 1 和 2 的结合不具备创造性。

二、思　考

　　针对上述案例，笔者进行了深入思考。审查员与申请人争论的焦点在于对比文件 1 所给出的"相反的教导"是否构成将对比文件 2 与对比文件 1 相结合的技术障碍。要分析这一问题，关键还是要确定"本领域的技术人员"的内涵——本领域技术人员是否有能力排除对比文件 1 给出的"相反的教导"所造成的困扰？《专利审查指南》明确指出，"本领域的技术人员，是指一种假设的'人'，假定他知晓申请日或优先权日之前发明所属技术领域所有的普通技术知识，能够获知该领域中所有的现有技术，并且具有应用该日期之前常规实验手段的能力，但他不具有创造能力。如果所要解决的技术问题能够促使本领域的技术人员在其他技术领域寻找技术手段，他也应具有从该其他技术领域中获知该申请日或优先权日之前的相关现有技术、普通技术知识和常规实验手段的能力"[1]。从中可以看出，本领域技术人员具备申请日或优先权日之前本领域所有的普通技术知识，也能够获知该领域的所有现有技术，即本领域技术人员具有从现有技术整体出发进行判断的能力。当最接近的现有技术存在"相反的教导"时，本领域技术人员根据其掌握的技术水平，有能力在寻找解决技术问题的技术手段时决定是否参考该"相反的教导"所给出的选择建议，也有能力在判断结合启示时决定是否考虑这一"相反的教导"所带来的负面影响，而不会将思路仅局限在对比文件 1 公开的内容上。

当然，在判断过程中还需要考虑，对比文件 1 作为最接近的现有技术公开的与本申请相同的特征，与对比文件 1 给出的"相反的教导"，两者之间是什么关系，如果两者之间有着必然或直接的联系，例如对比文件 1 公开的与本申请相同的某个特征正是该"相反的教导"所带来的结果，那么断然否定该"相反的教导"对于结合启示的影响显然是不恰当的，因为该"相反的教导"是其他特征存在的基础，基础不存在，其他特征也必然会产生变化，这种情形在判断结合启示时是必须考虑的。如果对比文件 1 公开的与本申请相同的特征与"相反的教导"之间并无必然联系，则可进一步从现有技术整体考虑该"相反的教导"是否成立，进而判断是否有创造性结合启示。这里"是否成立"的含义，既包含"相反的教导"在申请日之前是否正确，也包含"相反的教导"在申请日之前是否是本领域技术人员唯一的选择。

三、总　结

在判断现有技术"相反的教导"对于创造性结合启示的影响时，审查员和申请人常会陷入一个误区，认为最接近现有技术所给出的"相反的教导"一定会阻碍其他现有技术与其的结合。本文通过对一个具体案例的分析，认为判断该"相反的教导"是否会对创造性结合启示产生影响，应从现有技术整体出发进行考虑。正确认识本领域技术人员的能力，对于创造性判断的审查标准执行一致，具有重要的意义。

由于不同申请技术方案的多样性，在判断是否具有结合启示时，还是需要站在本领域技术人员的角度，具体问题具体分析。本文旨在抛砖引玉，分析中难免有不足之处，欢迎大家指正。

参考文献：

[1] 中华人民共和国国家知识产权局 . 专利审查指南 [M]. 北京：知识产权出版社，2010：171 – 173.

涉及医疗的计算机模拟方法的
可专利性判断

冯婷霆　田　越[①]　丛　磊

▌**摘要**▌随着计算机模拟技术与医疗技术的逐步融合，涉及医疗的计算机模拟方法的可专利性成了审查实践中的难点之一。本文结合一个实际案例，对该类专利申请的判断标准进行了深入的剖析，探讨了其是否可在我国被授予专利权。

▌**关键词**▌计算机　模拟　疾病　治疗　客体

一、疾病治疗方法的相关规定

TRIPS 第 27 条第 3 款规定，各成员可以排除人和动物的诊断、治疗和手术方法的可专利性，从而使这种排除符合该协定的规定。世界上绝大部分国家对疾病的诊断治疗方法不授予专利权。

在欧洲，EPC 第 53（c）条说，不能对使用手术或疗法治疗人体或动物体的方法和在人体及动物体上实行的诊断方法授予专利。

在日本，为能够被授予专利，不但应当属于"发明"，还需要具有"产业可利用性"，其中将人类的手术方法、人类的治疗方法、人类的诊断方法等明确认定为不具备产业可利用性的发明。[1]

在美国，医疗和外科手术方法作为专利法第 101 条规定的方法属于可专利客体。然后、在 1996 年，国会在专利法中增加了一条含糊的条款，使得部分医疗和外科手术方法专利在本质上变得无效，该项立法是对救济手段的排除。[2]

而在我国，《专利法》第 25 条第 1 款中所列不授予专利权的客体中涉及了疾病的诊断和治疗方法。审查指南中指出了：疾病的诊断和治疗方法，是指以有生

---

①　第二作者对本文的贡献等同于第一作者。

命的人体或者动物体为直接实施对象，进行识别、确定或消除病因或病灶的过程。疾病的诊断和治疗方法不能被授权的立法本意在于：出于人道主义的考虑和社会伦理的原因，医生在诊断和治疗过程中应当有选择各种方法和条件的自由。治疗方法，是指为使有生命的人体或者动物体恢复或获得健康或减少痛苦，进行阻断、缓解或者消除病因或病灶的过程。对于既可能包含治疗目的，又可能包含非治疗目的的方法，应当明确说明该方法用于非治疗目的，否则不能被授予专利权。[3]

二、疾病治疗方法的审查策略

通常，判断一个方法是否属于疾病的治疗方法，会从方法所针对的实施对象、实施该方法的目的，并结合立法本意进行综合判断。当该方法是以有生命的人体或者动物体为直接实施对象，以治疗为目的，并且有妨碍医生在实施治疗过程中选择各种条件和方法自由的时候，该方法将被认定为疾病的治疗方法，而不能被授予专利权。

审查员对于审查指南中列出的典型情形，例如，以治疗为目的的外科手术类方法等均能够很容易地确定其不属于专利保护的客体。但随着计算机技术的飞速发展，将计算机技术中的图形处理、模拟技术等应用于医疗领域，辅助医生进行更好地判断病人的病情、管理医疗档案、模拟训练等已成为广泛的趋势，那么随着专利撰写角度的不同、计算机技术与医疗技术混杂程度的不同，加深了此类专利客体判断的难度，很多审查员对这类专利的可专利性存在着困惑和争议，其已成为可专利性判断方面的难点之一，因此，如何正确快速地对这类专利的客体进行判断成了计算机领域审查员的研究方向。

三、实际案例及具体分析

一种埋藏式缝合技术的实时模拟方法，提出了一种能够模拟缝合线在软组织内部运动的算法，使得缝合线不仅能够在软组织内部穿刺，而且能够使得缝合线与软组织互相制约运动，由此逼真地模拟出埋藏式缝合的过程；采用四面体弹簧模型，作为软组织和缝合线的模拟基础，并且采用半隐式更新方法，构建了较为稳定的弹簧模型基础框架，实现了高效的更新；借鉴头发的模拟方法，采用四面体弹簧模型来进行缝合线的模拟，并且提出了冲量传递机制，实现了对线进行长度控制；采用了 K – DOPS 树，提高了碰撞检测的效率，提高了虚拟手术中缝合模拟的真实性和有效性。

权利要求1. 一种埋藏式缝合技术的实时模拟方法,其特征在于,该方法包括以下步骤:

(1)采用基于物理模型的模拟方法,利用四面体弹簧模型,对软组织进行建模;

(2)借鉴头发模拟方法,采用四面体弹簧模型,对缝合线进行建模,并通过冲量传递机制对缝合线进行长度控制;

(3)进行缝合线的渲染,引入Bezier曲线进行差值,然后通过绘制小球来渲染出一个整条的缝合线;

(4)采用K-DOPS树进行碰撞检测及表面张力模拟;

(5)当针头和软组织发生碰撞且针头施加在软组织表面的力大于软组织表面可承受的最大张力,针头进入软组织,则执行步骤(6);

(6)进行软组织与缝合线的交互模拟,包括缝合线与软组织的表面网格的交互和缝合线与软组织的内部网格的交互。

该案从权利要求中看,其涉及的均是计算机模拟技术上的实现过程,不涉及有生命的人体以及治疗方面的内容,并且从说明书的内容看,其明确指出该方案重点在于缝合模拟过程的改进,采用四面体弹簧模型、通过缝合线运动模拟算法的改进,使得埋藏式缝合过程的模拟更加逼真,提高碰撞检测的效率,解决的问题以及达到的效果均是技术上的,看似不是以治疗为目的,从而,这种具有相当隐蔽性的专利获得了被授予专利权的机会。

对于这类具有隐蔽性的专利,审查员应该提高敏感度,更深入地对方案应用的场景、采用的手段中实际用到的数据以及达到的目的进行深入剖析,兼顾《专利法》第25条立法本意以及权利要求撰写两个层次,综合进行评判。

对于本案,首先,其是一种实时模拟方法,那么其必然涉及物理模型的构建,埋藏式缝合技术需要对软组织进行建模,从而实现软组织与缝合线互相间的交互,具体体现在权利要求"利用四面体弹簧模型,对软组织进行建模"等内容中,而软组织的数据实质上有两种形式,一种是虚构的人体软组织数据,另一种则是来源于真实的人体软组织数据,即该方案并未排除其是从有生命的人体采集的信息,这种采集的信息表征的是有生命人体的结构、状态,因此,该方案实质上可看作以有生命的人为实施对象。

其次,本案涉及"侵入性行为",具体体现在权利要求"当针头和软组织发生碰撞且针头施加在软组织表面的力大于软组织表面可承受的最大张力,针头进入软组织"等内容中,此步骤需要具有医学专业技能的人员进行操作,因此,其实质上涉及医生从事医疗处理的过程。

再次，从实质达到目的的角度上看，该方案可看成"手术之前的预处理方法"，通过该方法获得的数据，包括医生进行缝合的路径、缝合线间密度、缝合速度等内容直接决定了医生确定在实际手术中采取的具体措施，在本案说明书中也提及了其是一种虚拟手术的模拟方法，因此，其可用于手术之前，通过该模拟缝合手段从而确定最佳的手术方案，帮助和指导医生更精确、熟练的实施实际的手术，提高手术中软组织缝合的成功率，其是以治疗为目的。

最后，从立法本意上来看，基于公共健康和患者的利益，使得医生所采取的措施与手段不受到专利保护的限制，对于这种实际手术之前的模拟手术方法予以授权，那么将限制了医生实施手术前准备过程的自由，限制了医生进行人道主义治疗的自由。

综上，本案的权利要求实质上涵盖了用于治疗目的和非治疗目的，由于其未排除用于治疗目的，那么目前的权利要求不能被授予专利权，属于《专利法》第 25 条中规定的情形。但如果申请人对该权利要求进行修改，明确其用于医生的训练系统，即用于对于医生的培训过程中，而不是用于医生进行手术前的必要准备阶段，排除了以治疗为目的，那么该修改的方案则能够被授予专利权。

四、结 论

在具体审查过程中，对于《专利法》第 25 条的规定，审查指南未进行明确认定或排除的情形，有困惑的时候，应更多的基于立法本意，以此为原则进行判断，根据方案的本质，分析其是否以有生命的人或动物体为实施对象、是否以治疗为目的。

在医疗领域涉及计算机模拟技术类申请时，审查员需要提高警惕，除非根据权利要求自身所请求保护的方案即可排除其不属于疾病的诊断和治疗方法，大部分情形需要结合说明书所记载的内容来辅助判断其实质上是否属于疾病的诊断和治疗方法，尤其要重点考虑申请人声称所要解决的问题、所针对的对象、所采取的数据内容、每一个方法流程步骤实质所起到的作用与目的、是否为治疗而采取的预备性措施方法等，避免受到申请人及代理人撰写技巧的干扰。在具体的判断手段上，可结合是否需要真实人体或动物体的数据、是否具有侵入性行为、是否排除了虚拟手术的结果数据直接应用于后续真实手术的指导以及方案的确定等几方面进行综合判断。

参考文献：

［1］青山纮一．日本专利法概论［M］．北京：知识产权出版社，2014：93－95.

［2］J. M. 穆勒．专利法（第3版）［M］．北京：知识产权出版社，2013：268－269.

［3］中华人民共和国国家知识产权局．专利审查指南2010［M］．北京：知识产权出版社，2010：124－128.

医疗器械操作方法的保护客体判断

田 越 冯婷霆① 杨 玲 杨庆丽

▍摘要▍专利申请要求保护的主题是否属于可授予专利权的客体，是专利审查中的首要步骤。随着计算机技术的发展及其在医疗领域的深入应用，计算机领域中涉及疾病诊断和治疗方法的案件越来越多，其中医疗器械的操作方法是否属于疾病的诊断和治疗方法在判断上有一定难度。本文以一个实际案例出发，具体分析了在涉及医疗器械操作方法的保护客体判断中如何把握需要考虑的因素。

▍关键词▍客体 医疗器械 操作方法 疾病 诊断 治疗

引 言

专利申请要求保护的主题是否属于可授予专利权的客体，是专利审查中的首要步骤。《专利法》[1]第25条规定，对疾病的诊断和治疗方法不授予专利权。随着计算机技术的发展及其在医疗领域的深入应用，计算机模拟医疗流程、医学图像的计算机图形分析处理、远程会诊等将计算机技术与医疗领域相结合的专利申请越来越多。对于此类申请，由于权利要求的撰写往往侧重于计算机处理方面，而非疾病诊断和治疗方面，导致审查员容易轻视对该类案件的客体判断，而且在具体进行客体判断时有一定难度。本文结合一个实际案例具体探讨了在疾病诊断和治疗方法的客体判断中需要考虑的因素，希望能够对审查员的实际审查工作有所帮助。

一、从一个实际案例说起

在分析如何进行疾病的诊断和治疗方法的客体判断前，我们先来看一个实际

---

① 第二作者对本文的贡献等同于第一作者。

案例。

该案涉及一种植入式医疗器械远程监控系统及方法，与现有技术相比，病人只需在家里或具有上网设备的站点，医生即可对病人的植入式医疗器械进行监控，无须长途跋涉，节省了时间，减轻了病人的经济负担。系统结构如图 1 所示。

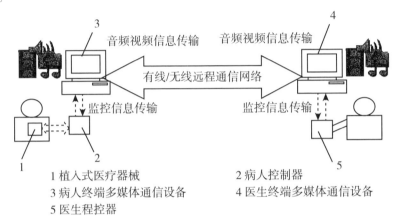

图1　植入式医疗器械远程监控系统和方法的系统结构

同大多数计算机领域申请一样，该申请请求保护一组产品权利要求和一组方法权利要求，其中方法权利要求如下：

一种植入式医疗器械远程监控方法，其包括以下步骤：

（1）将医生程控器与医生终端多媒体通信设备相连接，病人控制器与病人终端多媒体通信设备相连接，医生终端多媒体通信设备与病人终端多媒体通信设备通过有线/无线远程通信网络相连接；

（2）病人将用于诊断的视频音频信息及植入式医疗器械的参数信息通过病人终端多媒体通信设备传输给医生终端多媒体通信设备，医生对接收到的病人诊断信息进行分析；

（3）医生使用医生程控器将监控信息依次经过医生终端多媒体通信设备、病人终端多媒体通信设备传输至病人控制器；

（4）所述病人控制器将接收到的监控信息传输至植入式医疗器械对植入式医疗器械进行远程监测和输出调节控制。

上述权利要求中重点描述了设备间的连接关系以及信息在各设备间的传递过程，同时也涉及了医生对接收到的病人诊断信息进行分析以及对植入式医疗器械进行远程监测和输出调节控制。对于该权利要求请求保护的主题是否属于疾病的诊断和治疗方法，审查员之间存在意见分歧：一种意见认为，本申请将医疗器械植入人体，针对的是有生命的人体；植入式医疗器械获取的是反映有生命人体的信息，医生对接收到的病人诊断信息进行分析，并将相应的监控信息传输至位于病人体内的植入式医疗器械，实现对该植入式医疗器械相应的调节和控制，直接目的是通过该植入式医疗器械对病人的疾病进行诊断或治疗；监控仅仅是部分手段，目的是了解或控制病情，类似于内窥镜诊断法。因此该方法属于《专利法》第 25 条第 1 款第（3）项规定的不授权专利权的范畴。另一种意见认为，权利要求保护的是一种远程监控方法，是对植入式医疗器械远程监控，直接目的不是获得诊断结果或健康状况，远程监控方法本身并未获得任何的诊断结果，也未提供任何治疗方法；植入式医疗器械的参数信息不能等同于病人的生理参数，因此，获取植入式医疗器械的参数信息，并不是识别、确定病因和病灶的过程；对植入式医疗器械的控制不一定能直接消除病因或病灶。因此，不属于疾病的诊断和治疗方法。

那么，我们究竟应该采用怎样的判断方法，需要考虑哪些因素呢？让我们先来探寻下疾病的诊断和治疗方法被排除在专利权保护客体之外的立法本意。

二、法规解读

（一）立法本意

《专利审查指南》[2]中指出：出于人道主义的考虑和社会伦理的原因，医生在诊断和治疗过程中应当有选择各种方法和条件的自由。另外，这类方法直接以有生命的人体或动物体为实施对象，无法在产业上利用，不属于专利法意义上的发明创造。因此，疾病的诊断和治疗方法不能被授予专利权。

从上面的表述看，原因似乎有两个，一是出于人道主义与社会伦理的考虑，二是出于实用性的考虑。但多数学者认为，世界上绝大多数国家都将人或动物的外科手术方法、治疗和诊断方法排除在专利权的保护之外，这种排除是一种政策性考虑，与该项主题是否具有实用性无关。[3][4][5]无论是欧洲还是日本，人们对疾病的诊断、治疗和手术方法不授予专利权的认识，绝不是或不仅仅是因为这类方法无法在产业中使用，也不在于医疗业是否已经形成一个产业，本质的原因在于"疾病"本身。自古至今，从中到西，疾病对人类的威胁从来没有间断过，而从人类历史发展的进程上看，人类与疾病的斗争也从来没有停止过；疾病并不是某一个人、一个国家的事情，而是全人类的共同敌人。基于此，作为对付共同敌人最直接的武器——确定或治疗疾病的方法就不应被专利权所垄断，而应该对全人类广为开放。[4]

据此，为了人类社会的公共利益，为了维护社会公德，不应限制或者约束医生的行医自由。因此，不应利用专利等任何手段限制和影响医生应用先进技术诊断和治疗疾病的自由。[5]

（二）判断原则

对于一项方法权利要求，应当明确其是否是疾病诊断方法或者疾病治疗方法，只有两者都不是的情况下，才被排除在《专利法》第 25 条第 1 款第（3）项规定的范畴之外。

对于诊断方法的判断，《专利审查指南》[2]中规定：一项与疾病诊断有关的方法如果同时满足以下两个条件，则属于疾病的诊断方法，不能被授予专利权：（1）以有生命的人体或动物体为对象；（2）以获得疾病诊断结果或健康状况为直接目的。由此可见，"对象"和"直接目的"是疾病诊断方法判断时需要考虑的两个重要因素。而对是否是"直接目的"的判断中，一个重要的概念是"中间结果"。《专利审查指南》[2]中规定，如果请求专利保护的方法中包括了诊断步骤或者虽未包括诊断步骤但包括检测步骤，而根据现有技术中的医学知识和该专利申请公开的内容，只要知晓所说的诊断或检测信息，就能够直接获得疾病的诊断结果或健康状况，则该方法满足上述条件（2）。只有当根据现有技术中的医学知识和该专利申请公开的内容从所获得的信息本身不能够直接得出疾病的诊断结果或健康状况时，这些信息才能被认为是中间结果。由此可见，从所获得的信息本身能不能够直接得出疾病的诊断结果或健康状况，需要考虑的方面有两个：现有技术中的医学知识、该专利申请公开的内容。

对于治疗方法的判断，《专利审查指南》[2]中规定：治疗方法包括以治疗为目的或者具有治疗性质的各种方法，预防疾病或者免疫的方法视为治疗方法。对于既可能包含治疗目的，又可能包含非治疗目的的方法，应当明确说明该方法用于非治疗目的，否则不能被授予专利权。在判断一个方法是否属于疾病的治疗方法时，通常从方法所针对的实施对象以及实施方法的目的，同时结合立法本意进行分析。是否以有生命的人体或动物体为实施对象，不能仅从表述形式上判断。根据目前科技发展的程度，多数的医疗方法针对的是从有生命的人体或动物体采集的信息（包括生理参数和图像等），这种采集的信息表征的是有生命人体或动物体的结构、状态或技能，单纯认为如果方法实施的对象是采集的信息就否认不是以有生命的人体或动物体为对象会导致偏离《专利法》第 25 条第 1 款第（3）项的立法本意。对于方法是否以治疗为目的的依据的并不仅仅是是否获得了治疗效果，需要结合说明书所记载的应用环境和场合来判断权利要求限定的方案是否与治疗过程直接相关，是否妨碍了医生在实施治疗过程中选择各种条件和方法的自由。[6]

三、案例分析

回到实际案例，从权利要求中不难看出，其包含两个步骤：一个是"病人将用于诊断的视频音频信息及植入式医疗器械的参数信息通过病人终端多媒体通信设备传输给医生终端多媒体通信设备，医生对接收到的病人诊断信息进行分析"的步骤，其可能涉及疾病诊断；另一个是"医生使用医生远程控制器将监控信息依次经过医生终端多媒体通信设备、病人终端多媒体通信设备传输至病人控制器；所述病人控制器将接收到的监控信息传输至植入式医疗器械对植入式医疗器械进行远程监测和输出调节控制"的步骤，其可能涉及疾病治疗。因此，不宜将该权利要求简单地划定为疑似诊断方法或疑似治疗方法的单独一方面进行判断，应当两个方面同时考虑。

对于权利要求是否属于疾病诊断方法，我们从"方法实施的对象"和"方法实施的直接目的"两个条件进行考虑。首先看方法实施的对象，权利要求保护的是一种植入式医疗器械远程监控方法，看似实施的对象是"植入式医疗器械"，直接对象并不是人体，但是植入式医疗器械直接作用于有生命的人体，其参数反映的是生命体的特征，对器械的操作也间接作用于有生命的人体，如果植入式医疗器械脱离了有生命的人体，其也就失去了植入式的作用，对其进行的操作没有任何意义。因此，该方法是以有生命的人体为实施的对象。再来看实施方法的直接目的，方法中"视频音频信息及植入式医疗器械的参数信息"都是用于诊断的，方法步骤包括病人将这些信息传输给医生、医生对接收到的病人诊断信息进行分析。其中"医生对接收到的病人诊断信息进行分析"是不是只得到器械的参数，不会得到病人的恢复状况，仅仅是取得一种中间结果呢？显然从该申请公开的内容可以明了，"医生对接收到的病人诊断信息进行分析"是为了后续对病人体内的植入式医疗器械进行调节，其必然需要知道目前的植入式医疗器械的各项参数是否符合病人的身体状况，需要获知病人的身体状况。因此，权利要求请求保护的"一种植入式医疗器械远程监控方法"并不是与医生对病人的诊断完全独立的监控过程，该监控方法的实施目的是，通过远程监控该植入式医疗器械对病人的疾病进行诊断。因此，该权利要求包括疾病诊断方法步骤。

对于权利要求是否属于疾病治疗方法，我们也从"方法实施的对象"和"方法实施的目的"两个条件进行考虑。关于"方法实施的对象"，同前面分析的一样，看似监测和调节的对象是"植入式医疗器械"，直接对象并不是人体，但是植入式医疗器械直接作用于有生命的人体，对器械的调节操作会直接作用于有生命的人体，因此，该方法是以有生命的人体为实施的对象。关于"方法实施的目的"，对植入式医疗器械进行监测和输出调节控制显然是将植入式医疗器械植入人体这一手术后对病人治疗的延续，是以治疗为目的方法操作。因此，该权利要求包括疾病治疗方法步骤。

最后，结合立法本意，如果该权利要求被授权并应用于术后的延续治疗阶段，将限制医生选择利用远程技术进行诊断治疗的自由。因此，该权利要求属于《专利法》第 25 条第 1 款第（3）项规定的疾病的诊断和治疗方法，应当排除在专利法保护的客体之外。

四、案例延伸

如果权利要求中删除了"医生对接收到的病人诊断信息进行分析"以及操作主体"病人"和"医生"，修改为如下形式：

一种植入式医疗器械远程监控方法，其包括以下步骤：

（1）将医生程控器与医生终端多媒体通信设备相连接，病人控制器与病人终端多媒体通信设备相连接，医生终端多媒体通信设备与病人终端多媒体通信设备通过有线/无线远程通信网络相连接；

（2）将用于诊断的视频音频信息及植入式医疗器械的参数信息通过病人终端多媒体通信设备传输给医生终端多媒体通信设备；

（3）医生程控器将监控信息依次经过医生终端多媒体通信设备、病人终端多媒体通信设备传输至病人控制器；

（4）所述病人控制器将接收到的监控信息传输至植入式医疗器械对植入式医疗器械进行远程监测和输出调节控制。

即权利要求中仅包含了设备的连接步骤和设备中数据传输步骤，那么修改后的方法还属于疾病的诊断和治疗方法吗？还是仅是处理参数信息等中间结果信息的远程监控方法呢？

对此，在判断时仍应从方案实质限定的具体内容来判断。通过上面的分析可知，即使删除了方案中"医生对接收到的病人诊断信息进行分析"等表述，但通过其他特征仍能分析出该方法中必然存在对接收到的信息进行分析的过程，而且对植入式医疗器械进行输出调节控制的操作与该器械在人体上发挥作用并产生效果有着密切的联系，因此仍应该视为疾病的诊断和治疗方法。

五、结　语

由于审查领域的差别，审查员在实际审查过程中容易对某些法条轻视。作为一项申请取得专利权需要跨过的第一道门槛，[5]客体判断过程不容缺失。在判断一项权利要求是否属于疾病的诊断和治疗方法时，应当从方法实施的对象、方法实施的目的，并结合立法本意进行考虑。对于直接目的的判断，应根据现有技术中的医学知识和该专利申请公开的内容，看是否知晓所说的诊断或检测信息，就能够直接获得疾病的诊断结果或健康状况。对于涉及医疗器械操作的方法，应当注意要求保护的方法与该器械在人体或动物体上所产生的效果之间是否存在功能性联系。作为计算机领域的审查员，应站位"本领域技术人员"，充分了解现有技术中的医学知识，这样才能确保作出公正和准确的评判。

参考文献：

[1] 中华人民共和国专利法 2008 [M]. 北京：知识产权出版社，2009.

[2] 专利审查指南 2010 [M]. 北京：知识产权出版社，2010：124 – 128.

[3] 尹新天. 中国专利法详解 [M]. 北京：知识产权出版社，2011：343 – 345.

[4] 张沧，袁红霞. 与"疾病的诊断和治疗方法"不可专利性有关的几个问题探讨 [G]. 国家知识产权局条法司. 专利法研究（2004）. 北京：知识产权出版社，2005：118 – 132.

[5] 高巍. 我国排除医疗方法可专利性的原因思辨 [G]. 国家知识产权局条法司. 专利法研究（2007）. 北京：知识产权出版社，2007：251 – 259.

[6] 局审查业务指导意见——术前手术规划方法. 2014.

关于禁止重复授权"例外"情况的一点思考

覃婧婵　周　正[①]　王　芳

▎**摘要**▎我国专利制度将禁止重复授权原则作为一项基本原则纳入专利法，并规定了禁止重复授权的"例外"情况，本文从"例外"情况的历史渊源出发，引申出对"例外特殊情况"的思考，希望能对审查实践工作的完善有一定探讨作用。

▎**关键词**▎重复授权　发明　实用新型　专利

引　言

禁止重复授权原则是我国专利制度中的一项基本原则，其实质上是保护专利权作为独占权的基本属性，防止不同申请人之间权利的冲突，避免第三人实施发明创造时成本的不当提高，节约行政审批资源，还要防止同样的发明创造保护期限超过法定的保护期限，因此禁止重复授权原则也是我国专利制度中非常重要的一条原则。

第三次修改后的《专利法》已于 2009 年 10 月 1 日期实施，在此次修改中，将原《专利法实施细则》第 13 条第 1 款规定的"同样的发明创造只能被授予一项专利权"纳入《专利法》第 9 条第 1 款，即将"禁止重复授权"写入法律位次更高的《专利法》，总领了禁止重复授权原则，并且在《专利法》第 9 条第 1 款进一步规定了禁止重复授权的"例外"情况。在《专利法》中既规定了"禁止重复授权"，又进一步规定了可以重复授权的"例外"情况，这是在我国专利保护制度从无到有并不断发展完善的过程中逐步确立的，有其历史渊源和出台

---

① 第二作者对本文的贡献等同于第一作者。

背景。

　　本文简述了禁止重复授权的"例外"情况的历史发展来源，并基于"例外"情况对可能出现的"例外特殊情况"进行了思考和探讨，希望能对审查实践工作应对特殊情况时处理方式的不断完善有一定的探讨作用。

一、禁止重复授权"例外"情况的历史来源

　　《专利法》第9条第1款规定了禁止重复授权原则："同样的发明创造只能授予一项专利权"，并进一步规定了禁止重复授权的唯一"例外"情况："但是，同一申请人同日对同样的发明创造既申请实用新型专利又申请发明专利，先获得的实用新型专利权尚未终止，且申请人声明放弃该实用新型专利权的，可以授予发明专利权。"

　　1984年我国在最初制定《专利法》时并没有规定禁止重复授权原则，仅在《专利法》第9条规定了先申请原则，由于在《专利法》和《专利法实施细则》中均没有对同一申请人同日或先后就同样的发明创造提出两份以上专利申请的情况进行规定应当如何处理，申请人为了更快地获取专利权保护并获得更长的保护期限，于是就想出了一个折中并能够取得良好效果的办法，便是先后或同日就同样的发明创造向国家知识产权局提交一件实用新型专利申请和一件发明专利申请的做法，能同时满足更快获取专利权保护和获得更长时间保护的需求。

　　直到1992年修改《专利法实施细则》时在第13条第1款增加禁止重复授权的规定后，我国的专利制度才真正地确立了禁止重复授权原则。但是，为了缓和大量申请积压和审查能力不足之间的矛盾，国家知识产权局在禁止重复授权原则之外又采取了一项临时措施，允许同一申请人同日或先后就同样的发明创造申请一项实用新型和一项发明，在发明实质审查后如果符合其他授权条件，而申请人声明愿意放弃已经获得的实用新型专利权的，可以授予其发明专利权，以此方式来补充了禁止重复授权的例外处理情况。

　　然而，上述临时措施却带来了争议，一个典型的案例情况是：申请人就同样的发明创造先提交了一件实用新型专利申请，后又提交了一件发明专利申请，之后该实用新型专利申请被授权，随后该实用新型的专利权又被终止，在该实用新型专利权终止后该发明专利申请被授权。该案被以发明专利重复授权为由提起无效宣告请求到专利复审委员会，并进一步诉讼到北京市第一中级人民法院和北京市高级人民法院，对此的争议是，"同样的发明创造只能被授予一项专利权"的含义应当理解为"不能有两项有效的专利权同时存在"，还是应当理解为"同样

的发明创造就不能被两次授予专利权"？专利复审委员会和北京市第一中级人民法院都认为没有两项有效的专利权同时存在即不存在重复授权，因而支持第一种观点从而维持发明专利权有效；而北京市高级人民法院却认为该实用新型专利权终止之后已经进入公有领域，对同样的发明创造又授予发明专利权，是将公有领域的技术又授予专利权，妨害了公共利益，构成了重复授权，因此支持第二种观点从而撤销了专利复审委员会的决定。至此，对"同样的发明创造只能被授予一项专利权"的含义理解才明确为"同样的发明创造不能被两次授予专利权"。

然而，就我国的国情而言，申请人就同样的发明创造既申请实用新型又申请发明的做法具有一定的历史渊源，也能够为申请人提供更多的选择余地，因而在2008年修改《专利法》时该临时措施被保留下来，但对其进行了进一步的限制和完善，形成了目前《专利法》第9条第1款中禁止重复授权的"例外"情况："但是，同一申请人同日对同样的发明创造既申请实用新型专利又申请发明专利，先获得的实用新型专利权尚未终止，且申请人声明放弃该实用新型专利权的，可以授予发明专利权"，并且在《专利法实施细则》第41条第2款中规定："同一申请人在同日（指申请日）对同样的发明创造既申请实用新型专利又申请发明专利的，应当在申请时分别说明书对同样的发明创造已申请了另一件专利；未作说明的，依照专利法第九条第一款关于同样的发明创造只能授予一项专利权的规定处理。"目前《专利法》及《专利法实施细则》中对禁止重复授权"例外"情况的规定，既通过必须"同日"提出的规定避免了先后申请可能导致发明创造实际保护期限超过20年的情况，又通过"先获得的实用新型专利权尚未终止"的规定避免了实用新型专利权先终止导致的损害公众利益的情况，并且要求申请人在申请时"分别说明"使得公众能够知情、审查时也能予以注意，完善了原有的做法并避免了多种不良后果的产生。

二、关于"例外特殊情况"的思考

目前《专利法》和《专利法实施细则》对禁止重复授权的"例外"情况的规定较好地补充了对国内实际申请情况的处理方式，能够有效解决同类情况处理时遇到的问题，但是由于可能产生重复授权的情况非常之多，仅通过禁止重复授权原则和"例外"情况的规定并不能完全解决所遇到的所有重复授权的问题，例如，仅就"例外"情况最相近的一种"例外特殊情况"而言，如果同一申请人同日就同样的发明创造既申请实用新型专利又申请发明专利，极端情况下有可能出现实用新型专利申请尚未授权而发明专利申请已经被授权的情况，比如实用新型专利申请在初步审查时可能被多次通知要求修改而导致授权期限延长，而发明专利申请被要求提前公开并加快审查，从而导致发明专利申请的授权先于实用新型专利申请的授权，此时是否能允许申请人放弃发明专利权而获得实用新型专利权呢？

《专利法详解》[1]中对上述情况提出的观点是否定的，即申请人不能通过放弃发明专利权而获得实用新型专利权，一方面是由于《专利法》及《专利法实施细则》均未对这种"特殊例外情况"进行规定，因而不能通过该方式获得实用新型专利权；另一方面是由于相对于实用新型专利权而言，发明专利权经过了实质审查具有更高的法律稳定性、更长的保护期限，并且申请人也缴纳了更多的申请和审查费用，出于各种利益的考虑，没有理由使申请人有必要采用这种做法；因此认为放弃发明专利而获得实用新型专利权的方式是不可行的。

而笔者对此持有不同的观点，认为虽然上述观点有相应的道理，但并不能一言概之，对上述做法仍有商榷的余地。一方面，对于保护期限而言，虽然发明的法定保护期限 20 年比实用新型的法定保护期限 10 年更长，但是申请人未必一定需要 20 年那么长的保护期限，尤其在技术快速发展的今天，很多新兴的技术在 5 至 10 后就会过时，例如互联网、移动通信等领域，10 年前的技术在今天很多已经被淘汰，没有了专利保护的价值，因而申请人可以根据其实际的需要只选择 10 年保护期限的方式，而没有必要一定选择 20 年保护期限的方式。另一方面，从稳定性的角度考虑，实用新型虽然没有经过实质审查，但是其对创造性的要求比发明更低，根据《专利法》第 22 条第 3 款关于创造性的规定，发明与现有技术相比具有突出的实质性特点和显著的进步时具备创造性，而实用新型只需要与现有技术相比具有实质性特点和进步即具备创造性；从法律规定的角度可以看出，实用新型对创造性的要求比发明更低，因而在审查实践的过程中也是以更低的标准来要求实用新型的创造性，例如在实用新型评价报告中对实用新型的创造性进行考量时，对使用对比文件和公知常识的数量及结合启示等会作出比发明更低的要求，那么在面对发明的技术方案可能将以创造性理由被无效的情况下，申请人则更愿意作出放弃发明专利权而获得实用新型专利权的选择，从而获得一个更稳定的专利权保护，而非追求保护期限的时长。

因此，笔者认为在这种情况下有理由让申请人作出对其更有利的选择，这并没有违背禁止重复授权原则及其"例外"情况的立法本意，只是对另一种相似的"特殊例外情况"给予了申请人更多适合其需求的合理选择，在实际审查实践中可以参照常用的放弃实用新型专利权而获得发明专利权的做法来操作，也并不会给审查工作带来过多的不必要的负担。

三、结　语

在实际的审查实践中，同一申请人同日就同样的发明创造既申请实用新型专利又申请发明专利、实用新型专利申请尚未授权而发明专利申请已经被授权的"例外特殊情况"可能出现的概率比较小，是否有必要将上述"例外特殊情况"纳入法条还有待考虑。按照目前《专利法》及《专利法实施细则》的规定仍然没有办法能让申请人作出放弃发明专利权而获得实用新型专利权这样的选择，因为没有依法行政的依据；在目前的审查实践中也不能实际实施，审查系统中也没有相应的处理流程，但笔者认为上述情况仍然是申请人可以作出的一种合理选择，申请人应当有权利通过这样的方式而获得其需要的专利权保护，因而建议在我们的专利审查实践中能够增加相应的处理依据和处理方式，使得申请人这种合理的选择能够得以实现。

本文希望能提出一种对禁止重复授权"例外特殊情况"思考和探讨，使今后的审查工作遇到特殊情况时的处理方式能够更加合理、充分和完善。

参考文献：

[1] 尹新天. 新专利法详解 [M]. 北京：知识产权出版社，2012，96 - 110.

[2] 中华人民共和国国家知识产权局. 专利审查指南 [M]. 北京：知识产权出版社，2010：167 - 169.

浅析实用新型专利权"尚未终止"如何处理同日申请发明专利授权

兰　霞　吴丽丽①

┃摘要┃ 禁止重复授权是为保障专利制度正常运作而设定的一项基本原则。本文以《专利法》第 9 条为纽带，浅析同一申请人同日对同样的发明创造既申请实用新型专利又申请发明专利，先获得专利权的实用新型专利权尚未终止的情况下如何处理发明专利授权。

┃关键词┃ 禁止重复授权　专利权尚未终止

一、前　言

我国《专利法》第 9 条第 1 款规定："同样的发明创造只能授予一项专利权。但是，同一申请人同日对同样的发明创造既申请实用新型专利又申请发明专利，先获得的实用新型专利权尚未终止，且申请人声明放弃该实用新型专利权的，可以授予发明专利权。"

对于"同样的发明创造只能授予一项专利权"，一种观点主张应理解为对同样的发明创造不能有两项专利权同时存在，另一种观点主张应理解为对同样的发明创造不能两次授予专利权。[1]

对于不同人先后申请同样的发明创造，根据先申请原则应该授予申请在先的申请人专利权。对于同一人先后申请同样的发明创造，对于在后的申请满足授权条件的情况下，可以通知申请人修改在后申请后授权，如果不修改在后申请就只能被驳回。这种处理方式体现了第二种观点，即对同样的发明创造不能两次授予专利权。

---

① 第二作者对本文的贡献等同于第一作者。

针对同日提出专利申请的情况，不同人同日申请同样的发明创造，两申请人协商，协商不成的，都授予专利权，留待后续无效程序解决。同一人同日对同样的发明创造既申请实用新型专利又申请发明专利，先获得的实用新型专利权尚未终止，且申请人声明放弃该实用新型专利权的，可以授予发明专利权。从该款的表述来看，将对同样的发明创造两次授予专利权作为例外情形，可以看出上述第二种观点更合理。这里对同样的发明创造两次授予专利权的例外情形也就是我们通常所说的"同日申请"。

那么，"先获得的实用新型专利权尚未终止"将对同日申请发明专利的授权产生影响，该如何处理发明专利授权呢？

二、对"尚未终止"的理解

《专利法》第9条禁止重复授权的例外情况规定的"先获得的实用新型专利权尚未终止"，是为了避免进入公有领域的技术方案重新获得专利授权，从而损害公众利益。也就是说，我国现行专利法不认可同样的发明创造设立的两项专利权的有效期可以存在时间间隔，从而形成公众"中用权"[2]。那么，如何理解上述"尚未终止"，如何判断上述实用新型专利权是否已经终止，是非常重要的问题。

（一）三种终止原因与同日申请的联系

三种终止原因与同日申请的联系

专利权终止包括以下三种情形：

（1）根据《专利法》第42条规定，因权利期限届满而导致的专利权终止。

（2）根据《专利法》第44条第1款第（1）项规定，因专利权人没有按照规定缴纳年费而导致的专利权终止。

（3）根据《专利法》第44条第1款第（2）项规定，因专利权人主动放弃专利权而导致的专利权终止。

对于（1），实用新型专利权的法定期限为10年，发明专利申请在此前未审结的可能性极小，本文对此不作讨论。

对于（3），如果专利权人在发明专利实审程序结束前，已经依据《专利法》第44条第1款第（2）项的规定放弃了实用新型专利权，这种情况不符合"实用新型专利权尚未终止"的条件，此时同日申请的发明专利申请即无法适用禁止重复授权的例外规定。

《专利法实施细则》第41条第5款对同日申请的实用新型专利权的终止日作出规定："实用新型专利权自公告授予发明专利权之日起终止。"这样，两项专利权的有效期既无时间间隔，又无重叠。实际上同日申请制度本身就是向申请人提供通过放弃一项专利权而选择另一项专利权的机会——按照《专利法》第9条的规定放弃实用新型专利权，获得发明专利权，取得实用新型专利权和发明专利权接续的效果。

（二）"尚未终止"的三种特殊时间情形

在发明专利申请符合其他授权条件的前提下，先获授权的实用新型专利申请的法律状态直接影响发明专利申请能否授予专利权。目前，在审查实践中，对于"先获得的实用新型专利权尚未终止"这一要件是否成立，在两类情形下的判断是明确的。一是实用新型专利年费正常缴纳，处于专利权维持状态，当然属于"尚未终止"；二是实用新型专利因未缴纳年费已公告专利权终止，当然不属于"尚未终止"。但是，对于中间状态，即年费未及时缴纳至公告专利权终止之间的状态判断，实审员应该如何处理呢？

年费未及时缴纳至公告专利权终止之间的状态包括以下三种时间段情形：

1. 处于专利权人在实用新型专利年费缴纳6个月滞纳期内

《专利法实施细则》第98条规定："授予专利权当年以后的年费应当在上一年度期满前缴纳。专利权人未缴纳或者未缴足的，国务院专利行政部门应当通知专利权人自应当缴纳年费期满之日起6个月内补缴，同时缴纳滞纳金；……期满未缴纳的，专利权自应当缴纳年费期满之日起终止。"

2. 专利局针对实用新型专利发出专利权终止通知书之日

《专利审查指南》第五部分第九章第2.2.2节规定："专利年费滞纳期满仍未缴纳或者缴足专利年费或者滞纳金的，自滞纳期满之日起两个月后审查员应当发出专利权终止通知书……"该日期比情形（1）推迟了至少2个月。

3. 专利局公告实用新型专利权终止

《专利审查指南》第五部分第九章第2.2.2节还规定："……专利权人未启动恢复程序或者恢复权利请求未被批准的，专利局应当在终止通知书发出四个月后，进行失效处理，并在专利公报上公告。"《专利法实施细则》第6条第1款和第2款分别规定了当事人因不可抗拒的事由和其他正当理由延误指定期限可以请求恢复权利。

该日期比情形（1）推迟了至少6个月。

三、"尚未终止"的三种特殊时间情形的处理方案比较

（一）处于专利权人在实用新型专利年费缴纳 6 个月滞纳期内

以专利权人在实用新型专利年费缴纳 6 个月滞纳期满日为时间点，如果滞纳期满仍未足额缴纳年费及滞纳金，认定实用新型专利权终止，就会造成实用新型专利权自上一年度期满时终止，此时同日申请的发明专利申请即无法适用禁止重复授权的例外规定。

但是，专利权人未在规定期限内缴足实用新型专利的年费，但仍处于上述 6 个月滞纳期的，显然还不能认定实用新型专利权终止，并不影响同日申请的发明专利申请的授权。

该方法确立的判断标准依据直接，但可操作性不强。滞纳期满未监视到费用，并不意味着权利人未在滞纳期满前缴纳相应的费用，因为汇款缴费到账需要经过一定的周期。实审员在滞纳期满之后、终止通知书的发出之前无从判断专利权人是否已经缴费，因此该方案难以应用于审查实践。

（二）专利局针对实用新型专利发出专利权终止通知书之日

《专利审查指南》第五部分第七章第 5.2 节规定："因耽误期限作出的处分决定主要包括：视为撤回专利申请权、视为放弃取得专利权的权利、专利权终止、不予受理、视为未提出请求和视为未要求优先权等。"

据此，以专利局针对实用新型专利发出专利权终止通知书之日起，认定其专利权终止。《专利审查指南》第五部分第七章第 5.2 节规定："因耽误期限作出的处分决定主要包括：……专利权终止……"因未及时缴纳年费而发出的专利权终止通知书，是专利局针对权利人耽误期限作出的处分决定，处分决定尚未作出前，不能认为处分已经生效。

按照该判断标准，如果专利局已经针对实用新型专利权发出终止通知书，而同日申请的发明专利申请仍处于实质审查阶段时，申请人只能通过修改发明专利申请避免重复授权，否则审查员会根据《专利法》第 9 条第 1 款驳回发明专利申请。如果驳回通知书发出时仍在实用新型专利权恢复期内，权利人很容易想到先恢复实用新型专利权，然后针对发明专利提出复审请求，说明同日申请的实用新型专利权已经恢复，专利权尚未终止，原驳回理由已不复存在。而后续的复审程序中并未设置相应的衔接程序。因此该方案也难以应用于审查实践。

（三）专利局公告实用新型专利权终止

专利局已经发出专利权终止通知书的，恢复期届满未能恢复专利权，才能认为实用新型专利权终止，此前专利权处于"未决"状态，需要等待专利权的恢复或者进入专利权终止公告程序。

该方案确立的判断标准事实可靠，等待实用新型专利是否进入专利权终止公告程序可以可靠判断其法律状态。虽然可能会延长实审程序，但在等待期限内，审查员也可以告知申请人进行选择，如果其选择放弃实用新型专利权，就可以对发明授予专利权。这样，一方面避免了重复授权的问题，另一方面也符合申请人的本意，不希望通过对发明专利申请权利要求进行其他方面的修改来避免重复授权，这样既不会使申请人的利益受到损失，也不会侵害公众利益。

四、结束语

申请人能否按时足额缴纳实用新型专利的年费会对同日申请的发明专利申请能否适用禁止重复授权的例外情况的规定存在显著的影响。在对同日申请的发明专利申请进行实质审查时，可以根据专利局是否公告实用新型专利权终止来判断实用新型专利是否终止，这样既不会使申请人的利益受到损失，也不会侵害公众利益。

本文仅阐述本文作者观点，不代表在专利审查实践以及法院审判中的执行标准。

参考文献：

[1] 国家知识产权局条法司.《专利法》第三次修改导读 [M]. 北京：知识产权出版社，2009.

[2] 潘文涛. 关于专利的"中用权"[J]. 知识产权，1999（1）.

驳回决定中听证原则和
程序节约原则的把握

武建刚　刘振玲

▌摘要▌ 本文探讨了驳回听证中如何确定同类缺陷，以及事实、理由和证据的概念以及三者之间的关系；针对一个案例的介绍和分析，笔者认为，通过对同类缺陷的合理解释，在驳回决定指出全部权利要求相对证据和公知常识的结合不具备创造性的缺陷并没有超出申请人的判断和预期情况下，可以直接发出驳回决定，以兼顾听证原则和程序节约原则，提高审查效率。

▌关键词▌ 驳回听证　程序节约　同类缺陷　公知常识

引　言

专利审批程序是一种行政程序，听证原则与程序节约原则是其中两个需要遵循的重要原则，专利审查中的听证相比于一般行政行为的听证，有其自身的特点。一般行政行为的听证，针对的对象是固化的行为、事实，但在专利审查过程中，申请人可以针对审查意见对专利申请文件进行修改，申请文件的修改使专利审查针对的文本发生变化，从而导致听证针对的事实、理由可能处于不断地变化之中，此时如果一味追求听证原则，将导致专利审批效率低下，与程序节约原则相悖。对审查员来讲，最难以把握的环节是如何保证驳回时机符合听证原则又能兼顾程序节约原则，而问题的焦点也主要集中在如何确定同类缺陷，以及事实、理由和证据的概念以及三者之间的关系。

一、审查指南中的相关规定

《专利审查指南 2010》（以下简称指南 2010）规定了驳回申请的条件[1]：

"如果申请人对申请文件进行了修改，即使修改后的申请文件仍然存在用已通知过申请人的理由和证据予以驳回的缺陷，但只要驳回所针对的事实改变，就应当给申请人再一次陈述意见和/或修改申请文件的机会。但对于此后再次修改涉及同类缺陷的，如果修改后的申请文件仍然存在足以用已通知过申请人的理由和证据予以驳回的缺陷，则审查员可以直接作出驳回决定，无须再次发出审查意见通知书，以兼顾听证原则与程序节约原则。"

指南 2010 的这部分内容规定了在"同类缺陷"的情况下，只要已经给过申请人两次陈述意见和/或修改申请文件的机会，并且审查员评述所用的证据和理由也告诉过申请人，即使申请人再修改申请文件，审查员也可以直接作出驳回决定，指南 2010 的这部分内容概括起来就是"同类缺陷、二次听证"。指南 2010 中对"同类缺陷"没有给出明确解释，而目前的解释认为"同类缺陷"为专利法及其实施细则同一法律条款下的法律问题，例如同是新颖性，同是创造性等缺陷，可以看出目前的解释把"同类缺陷"等同为"相同缺陷"，这样的做法存在矛盾和不合理的情况。下面我们通过一个具体的案例做一分析。

二、具体案例

某 PCT 国际申请在进入国家阶段时，申请人在权利要求 1 中加入体现其发明点的技术特征 A。审查员第一次审查意见通知书中指出权利要求 1 相对于对比文件 1、对比文件 2 和公知常识的结合不具备创造性，申请人答复第一次审查意见通知书时删除了上述技术特征 A，在权利要求 1 中增加新的技术特征 B；第二次审查意见通知书中指出权利要求 1 相对于对比文件 1 不具备新颖性，从属权利要求 2 相对于对比文件 1 和公知常识的结合不具备创造性，申请人答复第二次审查意见通知书在权利要求 1 中增加技术特征 C；第三次审查意见通知书中指出权利要求 1 相对于对比文件 1 不具备新颖性，从属权利要求 2 相对于对比文件 1 和公知常识的结合不具备创造性；申请人答复第三次审查意见通知书在权利要求 1 中增加技术特征 D"隧道氧化物层由二氧化硅（SiO_2）组成"，该技术特征为本领域的公知常识。

由于第三次审查意见通知书后权利要求 1 由新颖性缺陷变为创造性缺陷，如果依照"相同缺陷"的评判原则，因为权利要求 1 的创造性缺陷没有评述过，权利要求 1 是不符合驳回听证的，应该继续发第四次审查意见通知书、第五次审查意见通知书，指出权利要求 1 相对于对比文件 1 和公知常识的结合不具备创造性，在权利要求 1 的创造性缺陷（相对于对比文件 1 和公知常识）评述过两次以后才能够发驳回决定，这将直接导致审查程序的延长。

但是，第三次审查意见通知书后从属权利要求 2 的创造性缺陷（相对于对比文件 1 和公知常识）已经被指出过两次，且理由和证据均未发生改变，因此从属权利要求 2 的驳回是符合听证原则的。但是，仅以权利要求 2 不具备创造性发驳回决定虽然符合听证原则但不合理，因为在新颖性和创造性审查中，针对从属权利要求中存在的缺陷（不包括假从属的情况）进行驳回且同时没有针对独立权利要求进行驳回的情况几乎不存在。因此，需要进一步研究同类缺陷立法本意，是不是只有"相同缺陷"才能认为是"同类缺陷"。

三、驳回时机分析

"同类缺陷"的概念是在《专利审查指南 2006》（以下简称指南 2006）首次提出，在之前的《专利审查指南 2001》（以下简称指南 2001）仅要求申请文件中存在的缺陷用已告知的证据和理由予以驳回即可作出驳回决定，即对事实的改变仅需进行一次听证，指南 2001 对于申请人修改申请文件后是否可以驳回的要求更倾向于节约程序。那么关于修改后申请文件中驳回时机的把握，为何两版指南中的倾向性各不相同。《审查指南修订导读 2006》中解释了驳回时机修改的原因，具体如下："由于各案的情况不同，合适的驳回时机也就不同，不能一概而论，此处规定驳回决定一般应当在第二次审查意见通知书之后才能作出，是为了通过程序上的要求尽可能满足听证。然而无限期的、绝对的听证又是与程序节约原则相悖的，实际上在驳回的理由和证据已经事先告知的情况下，对于申请人提交的再次修改文本涉及的已改变，但与前次的审查文本涉及的缺陷为同类缺陷的，审查员可以不就此事实再次听证，而可以直接作出驳回决定。"[2]

根据以上解释可以看出，指南在修改过程中认为指南 2001 中对于修改后驳回时机的把握过于倾向于程序节约，进而要求修改方案中驳回时机的把握时，应对变化的事实再次听证，并且首次提出了"同类缺陷"的概念，由此可见，指南 2006 中新增加"同类缺陷"的概念主要是基于程序节约原则的角度考虑的，因此，我们在理解指南中关于"同类缺陷"的解释时，不应将其简单的理解为"相同缺陷"。

结合前述案例，新颖性是否可以看作创造性的同类缺陷？

指南 2010 中关于创造性审查基准的有关规定：判断发明是否具有突出的实质性特点，就是要判断对本领域的技术人员来说，要求保护的发明相对于现有技术是否显而易见。权利要求 1 相对于对比文件 1 不具备新颖性，权利要求 1 的技术方案在申请日之前已经被一篇现有技术公开了（不考虑抵触申请），权利要求1相对于对比文件1必然是显而易见的，权利要求1相对于对比文件1不具备创造性，新颖性属于创造性的同类缺陷并不违背审查指南的相同规定。

PCT国际检索和初步审查指南第13.09节规定：如果任何现有技术的特征或所属领域技术人员的一般知识使得在相关日时，所属领域技术人员将有动机或受到启示通过替换、组合或修改一项或多项现有技术特征得到所要求保护的发明，并具有合理的成功的可能性，则发明从整体上说是显而易见的。对于可以影响一项发明的新颖性的现有技术而言，无须进行任何替换、组合或修改就能得出所要保护的发明，权利要求的技术方案相对于该篇现有技术是显而易见的。权利要求不具备新颖性必然不具备创造性，这一点可以从PCT国际审查报告表237书面意见得到验证，也就是说新颖性属于创造性的同类缺陷并不违背PCT国际申请审查的相关规定。PCT国际申请目前已经被各国广泛接受，因此上述观点也是被各国所认可的。

由上面的分析可以看出，新颖性解决的是本申请是否与现有技术重叠，创造性解决的是本申请相对现有技术的高度，本申请与现有技术重叠，与现有技术的高度相当，相对现有技术必然是显而易见的，不具备新颖性的权利要求必然不具备创造性。

根据指南"同类缺陷、二次听证"的规定，在解决了"同类缺陷"的疑问后，还需要判断审查员评述所用的证据和理由是否已经告知过申请人，如果修改后的申请文件仍然存在足以用已通知过申请人的理由和证据予以驳回的缺陷，则无须发出通知书，可以直接作出驳回决定。

新颖性和创造性虽然属于不同的驳回理由，但二者存在紧密的内在逻辑联系，不具有新颖性的方案显然同时不具备创造性，新颖性可以看作是创造性的同类缺陷，申请人在克服新颖性缺陷时，一般会施加合理注意是否同时克服了相对于所引用的证据不具备创造性的缺陷。前述案例中，审查员在第二次审查意见通知书、第三次审查意见通知书中均指出权利要求1相对于对比文件1不具备新颖性，同时指出引用权利要求1的从属权利要求2相对于对比文件1不具备创造性。第三次审查意见通知书后申请人又在权利要求1中增加了说明书中记载的技术特征，从形式上看，似乎驳回所针对的事实，以及证据结合不同公知常识的证据使用方式均发生了改变，但需注意的是，这种证据与公知常识的结合相对于其他类型的证据及其使用方式的改变具有一定的特殊性，其原因在于，公知常识是所属技术领域的技术人员知晓的所属领域普通技术知识。申请人、发明人具备所属领域技术背景，理应了解所属领域的公知常识，例如本案中，申请人在答复第三次审查意见通知书新增加的说明书的技术特征 D "隧道氧化物层由二氧化硅（SiO2）组成"，而本申请背景技术就提及了，采用氧化硅、氮化硅以及氮氧化硅作为隧穿层是本领域的常规选择，也就是说申请人也知晓该新增加的技术特征 D 为公知常识，由于第二次审查意见通知书、第三次审查意见通知书中均已经使用了对比文件 1 与公知常识的结合评述了以原权利要求 1 为基础的技术方案的创造性，申请人应已将公知常识划入其创造性判断询查对比的基础范围内，当申请人将说明书的技术特征补入到权利要求 1 以克服创造性缺陷时，理应对其是否属于公知常识有所判断和预期。

通过以上分析可以得出，前述案例已经满足了指南 2010 中的相关规定 "当对于此后再次修改涉及同类缺陷的，如果修改后的申请文件仍然存在足以用已通知过申请人的理由和证据予以驳回的缺陷，则审查员可以直接作出驳回决定，无须再次发出审查意见通知书，以兼顾听证原则与程序节约原则"。

四、国外他局关于听证原则与程序原则的把握

美国专利商标局完全遵循程序审查，在审查过程中允许在第一次 non-final rejection（相当于第一次审查意见通知书）后，即使申请人做了修改，但是申请人的陈述意见未能改变审查员的立场，审查员这时就会发出 "final rejection"（相当于驳回），申请人缴纳相关费用后，审查员可以继续审查，延续前面的通知书发 non-final 以及 final rejection。如果申请人对 final rejection 不服，也可以直接向 USPTO 专利上诉即冲突委员会（相当于专利复审委员会）进行上诉。[3]

日本专利局的听证原则更为宽松，审查员发现了驳回理由的，为通知申请人而发出驳回理由通知书（相当于第一次审查意见通知书），申请人可提交意见书，还可以对权利要求书等进行修改，以克服驳回理由，审查员阅读意见书、补正书之后，判断仍然没有克服驳回理由，无法授予专利权的，作出驳回查定（审查阶段的最终决定）。[4]

可以看出，美国、日本在驳回听证方式类似于我国指南 2001 中的相关规定，在审查过程中，如果审查员认为案件没有授权前景，则更倾向于程序节约。在发出一次通知书后，如果申请人的意见陈述和/或修改并不能改变审查员的立场，审查员可以直接发出驳回决定，而我国的指南 2010 中明确规定了 "同类缺陷、二次听证"，在听证上又多给了申请人一次陈述意见和/或修改申请文件的机会。因此，在驳回听证过程中，如果案件没有授权前景，在满足现行审查指南的相关规定前提下平衡听证原则和程序节约原则时，应更多考虑程序节约。

五、总　结

指南 2010 中对"同类缺陷"没有明确解释，由前述的分析可以看出指南在修改过程引入"同类缺陷"的概念也是基于程序节约原则的角度考虑的，因此，在审查过程中不应将"同类缺陷"简单地等同为"相同缺陷"，尤其关于新颖性、创造性，前者可以看作后者的同类缺陷，即使部分权利要求的评述由新颖性变为创造性，由于其他权利要求证据结合不同公知常识的评述方式已经通知过申请人，驳回决定指出全部权利要求相对证据结合公知常识不具备创造性的缺陷并没有超出申请人的判断和预期，则可以直接发出驳回决定，以兼顾听证原则和程序节约原则，提高审查效率。

参考文献：

[1] 中华人民共和国国家知识产权局. 专利审查指南 2010 [M]. 北京：知识产权出版社，2010.

[2] 国家知识产权局专利局审查业务管理部. 审查指南修订导读 2006 [M]. 北京：知识产权出版社，2 版，2006.

[3] J. M. 穆勒. 专利法 [M]. 沈超，等，译. 北京：知识产权出版社，2013.

[4] 青山纮一. 日本专利法概论 [M]. 聂宁乐，译. 北京：知识产权出版社，2014.

专利实质审查中网络证据的取与舍

苏 菲 孙国辉[①] 王 迅[②]

┃摘要┃伴随着计算机网络的繁荣而出现，网络证据的使用已呈现出蓬勃发展的趋势。而对于知识产权行业的专利审查来说，网络证据由于其易篡改、难识破、难恢复的特点而让审查员取舍两难，这种新的证据形式给各国专利审查带来了巨大的影响。本文对网络证据的渊源和案例进行了梳理，希望能探索出辨识其真伪的判断准则，为网络证据寻求定位、建立规则提供些许思路与启发。

┃关键词┃网络证据 互联网 专利审查

引 言

现今互联网以其获取方式便捷、延伸范围广泛、传播速度迅速之特点成为人们生活中极其重要的传播媒介，各行各业无不对"互联网＋"青睐有加并趋之若鹜，网络证据也正是源起于互联网技术的繁荣和发展。而对于知识产权行业的专利审查来说，互联网上采集的证据又因其易篡改、难识破、难恢复的特点而变成有点儿取舍两难，但是，技术革新的车轮必是滚滚向前，我们不能因为网络证据的认定困难而弃之不用、与科技的车轮背道而驰，而应顺应其发展和传播方式的变革和趋势，探索出辨识网络证据真伪的合理合法的判断准则，这也是本文撰写之初衷。

---

①② 第二作者、第三作者对本文的贡献等同于第一作者。

一、研究背景

（一）释义

网络证据，存在不同的叫法，比如电子证据、互联网证据，是指以数字形式存在的，以互联网络作为传播媒介，需要借助计算机系统予以获取、展现，并且用于证明案件事实的证据材料。

网络证据可分为以下几种类型：文字处理文件；图形处理文件；数据库文件；程序文件；多媒体文件。

（二）现有基础

我国现行法律、法规对网络证据的适用还没有明确规定，网络证据的可采性、证明力、真实性、公开时间的认定等，不同部门、不同的判断主体都会有不同的做法，导致行政和司法的公正性和统一性很难得到保障，当事人也会无所适从。

首先来看一下在专利审查事务中，仅有少数的关于网络证据适用的指导：

根据《专利法》第 22 条第 5 款的规定，现有技术是指申请日以前在国内外为公众所知的技术，《专利审查指南》指出：现有技术包括在申请日以前在国内外出版物上公开发表、在国内公开使用或者以其他方式为公众所知的技术。而对于出版物的界定，《专利审查指南》明确指出：专利法意义上的出版物是指记载有技术或设计内容的独立存在的传播载体，并且应当表明或者有其他证据证明其公开发表或出版的时间，并对出版物的范围作出进一步的解释：符合上述含义的出版物可以是存在于互联网或其他在线数据库中的资料。由此可见，网络信息作为出版物的可行性已在《专利审查指南》中得到肯定。

尽管《专利审查指南》已经明确网络信息符合出版物的条件并可以作为现有技术，但对引用网络信息时如何进行操作并未作出进一步的具体说明，因此在审查过程中仍存在如何认定和利用网络证据的问题。

二、网络证据的认定

专利申请的实质审查中对于网络证据的认定包括真实性认定和公开日期的认定。在专利实质审查过程中，审查员首先需要对网络资源的真实性和公开日期作出客观判断，确定其是否可作为网络证据使用；如果申请人对通知书中网络证据的使用存在质疑，基于法律行为中谁主张、谁举证的一般原则，申请人有责任对自己提出的主张提供证据并加以证明，而审查员有责任判断申请人提供的证据的可信程度。由此可以看出，在审查意见与争辩陈述的交互过程中，需要审查员客观准确地进行判断，而这要求网络证据的定位和认定存在一个尽量全面的标准。

（一）真实性认定

专利审查是法律性事务，因而采用的网络证据其真实性的判断需符合法律范畴下真实的一般判断规则。法律真实指案件事实达到法律规定的真实程度即视为真实的标准，在民事诉讼中，判断证据真实性的标准是"高度盖然性"，即证据为真的可能性明显大于其不真实的可能性，则认定该证据是真实的。

1. 判断网络证据是否经过篡改

《PCT 国际检索和初步审查指南》特别作出规定：在无相反证据时，审查员应假定网络公开的内容未随时间修改。而申请人有权利质疑网络证据是否经过篡改，也就是质疑审查员获得的网络证据内容及其公开日期不相适应，在公开日期之后证据内容发生了修改，但是公开日期未相应地变更为修改日期。

基于谁主张、谁举证的一般原则，如申请人主张该网络证据经过篡改，则该申请人有责任提供予以证明该网络证据在审查员认定的公开日期之后经过篡改的证据，而审查员有责任判断申请人提供的证据是否可信。我们建议依靠以下因素加以判断：

（1）申请人与网络证据发布者之间是否存在利害关系；

（2）网络证据发布者是否有动机篡改网络信息；

（3）网站的信息发布/修改的随意性大小，比如修改信息是否需要权限；

（4）网站的规范程度，比如已发布内容修改后是否会显示编辑时间；

（5）网站、网路的防御技术高/低导致存在第三人恶意篡改可能性小/大；

（6）网站的软硬件条件高/低导致服务器出现故障的可能性小/大。

对于上述的第（3）~（6）条因素，可以进一步借助网站的真实性强弱来判断，真实性越强，信息被篡改的可能性越小，而真实性来源较弱的网络证据需谨慎使用。根据网站的真实性，我们将其分为以下几类：

（1）真实性非常强。

①公共组织网站、国际组织网站类。例如政府网站、事业单位网站、NGO网站、标准组织的网站；

②学术机构网站。例如大学网站、科研机构网站等；

③长期发表出版物的网站。如在线期刊、会议网站等。

（2）真实性较强。

①具有一定知名度的营利性网站类；

②公司网站、私营组织网站、BBS类。

（3）真实性较弱。

①个人讨论区、聊天应用类；个人博客、个人网站类。

2. 判断网络证据是否公开

从专利审查角度，判断网络证据是否公开，也就是判断在申请日以前公众借由互联网是否能够得知该证据，具体包括是否在互联网上公开发表或是否可由网络检索得到并推定该证据公开。我们建议网络证据的公开与否可参考以下因素。

（1）具有公开性的情况。

下述类型的信息一般被认为是公众所能得知的，可以构成专利法意义上的公开：

①网站的存在和位置为公众所知，或者通过任一搜索引擎搜索可得的网站；

②需要输入口令的网站。任何人通过非歧视性的合理途径就能够获得所需口令可访问的网站或得到的信息；

③需要付费的网站。任何人仅需缴纳一定的费用即可访问的网站或得到的信息；

④会议与会议论文集。当在前作出的会议报告与在后的该会议论文集中论文为同一主题的，基于惯例默认报告与论文内容一致，认为在会议报告发生当天该论文已公开，除非有证据证明该报告未按期作出。

（2）不具有公开性的情况。

下述类型的网站发布的信息一般不能被认为是公众所能得知的：

①网络资源定位地址没有公开，公众只能偶尔地进行访问的网站；

②只有特定机构或者特定的成员才能访问（例如只有雇员才能访问的公司网站），并且其中的信息被作为秘密对待的网站；

③网站信息采用了特殊的编码方式，一般公众无法阅读的网站（不包括通过一组付费或者不付费的方法才能公开地得到解码工具的情况）；

④信息公开时间过短，不足以让公众进行访问的网站；

⑤针对特定人公开的信息，如仅供朋友可见的微博、微信朋友圈、聊天记录等；

⑥电子邮件中的内容不具备公开性，因为电子邮件的收件人都是特定的；但是，当实际上收件人的数量非常广泛以至于满足了"公众"特征的情形除外；

⑦有证据表明，由于特殊情况导致未按网络中公布的计划公开时间如期进行。

（二）网络证据公开日期的认定

《专利审查指南》中规定了互联网证据的公开时间，即公众能够浏览互联网信息的最早时间为该互联网信息的公开时间，一般以互联网信息的发布时间为准。

在实际操作中，时间信息在网页上具有多种表达方式，通常分为可视内容和不可视内容两类。从可视内容来看，已注明或可查询获得发表时间或更新时间，或者上传时间、最后修订时间；从不可视内容看，在某些网页的地址栏，其内嵌有网页生成时间，或者在地址栏输入简单的脚本语言进行测试，也能够获得该页面的生成时间。

通常，由计算机自动生成的上述发表日、更新时间、上传时间和最后修订时间均能确定为网络证据构成专利法意义上的公开时间，但有证据表明上述时间被认为更改过的情况下除外。另外有一类时间信息，是由信息发布方内嵌于信息内容内部的，能否依据这一时间信息确认网页证据的公开时间，更多要依赖于该网页证据真实性的认定，需要结合个案进行分析。

经过实际案例的总结，我们给出几种典型的公开日期认定：

（1）网页上记载发布时间/编辑时间，可以作为网络证据的公开时间；

（2）中国优秀硕士电子期刊网 www.cmfd.cnki.net 或中国博士学位论文电子期刊网 www.cdfd.cnki.net 检索到的论文，公开日期为检索结果栏的所属"年期"的出版日期；

（3）技术手册的公开日期为：该手册的发布时间，或者对应版本软件的发行时间，因为按照惯例默认对应版本的软件和技术手册同步发行；

（4）电子期刊或图书的公开日期为：期刊或图书的在线电子形式出版日期，或者纸质版本的出版日期；

（5）当在前作出的会议报告与在后的该会议论文集中论文为同一主题的，基于惯例默认报告与论文内容一致，此时会议报告发生的日期可作为论文公开的日期，除非有证据证明该报告未按期作出。

（6）公开日期只显示年份的，取当年最后一天作为公开日期；公开日期只显示月份的，取当月最后一天作为公开日期。

三、案例

【案例一】

1. 案情介绍

某发明专利审查案件，审查员检索发现某技术 BBS 上同一发明人发表的一篇帖子，公开了本申请的大部分内容，且发表时间早于本申请的申请日。审查员将其作为对比文件评述了本申请不符合创造性的规定，并对帖子及上传时间进行了网页截屏。在审查员发出第一次通知书之后，该帖子在 BBS 上被删除。

2. 认定观点

首先，论坛上的帖子一旦发出，即处于能够为公众获得的状态，正规的网络发帖会记录发帖时间，编辑会记录编辑时间，而且上述网络资料所在的论坛是所属领域公知的、能够获得本领域现有技术的论坛，且没有证据表明所发的帖子在申请日之前未被公开。因此，将发帖时间或帖子编辑时间确定为公开日是合理的。

其次，关于通知书发出之后帖子被删除，该帖子在网络上曾经存在，并且通过截屏等方式均可确定其内容和上传日期。因此，通过合理的逻辑推理可以确定该帖子公开时间在申请日之前。

综上，该文件的真实性和公开时间均可以得到认定，该文件可以作为网络证据使用。

【案件二】

1. 案情介绍

某发明专利审查案件，涉及"图像处理装置"，其申请日为 2008 年 1 月 1 日，审查员检索到的对比文件为《Adobe® Photoshop® CS 使用指南》，是 Adobe 公司在其网站上随其平面设计软件 Photoshop CS 发布的联机用户手册。其中，对比文件的公开日期被认定为 2003 年 10 月 30 日，理由是：Adobe 网站上记载的 Adobe® Photoshop® CS 软件产品的发布时间是 2003 年 10 月。

2. 认定观点

Adobe 公司是可信的公司，其网站 www.adobe.com 是可信的站点，在无反证的情况下，应当推定其网站上公开的内容是真实的。同时，经核实，该用户手册对相应软件产品基本功能的描述与对应版本的软件本身所具有的功能也是一致的。因此，对对比文件 1 作为网络证据的真实性予以认定。

对于公开时间。首先，具有联机手册的大型软件产品，根据商业惯例软件产品一般会与其用户手册同时发布；其次，本申请申请日晚于软件发布日期四年多，且晚于软件的下一版本（Photoshop Lightroom）的发布日期（2006 年），因此，基于常理推定，用户手册不可能在对应软件发布四年仍不发布，其发布日期也不可能晚于下一软件版本的发布时间。因此，在没有其他反证的情况下，基于高度盖然性推定对比文件 1 的公开日期为 2003 年 10 月 30 日，早于本申请的申请日，能够构成专利法意义上的现有技术。

综上，该文件的真实性和公开时间均可以得到认定，该文件可以作为网络证据使用。

【案件三】

1. 案情介绍

某外观专利审查案件，审查员检索到的对比文件为某网购商城网站（www.buybuybuy.com）的部分网页。审查员对包含图片和描述、上架时间的网页进行截屏。

2. 认定观点

浏览该网购商城网站的部分网页，该网站持有经营许可证，且网页上已注明商铺地址。首先，虽然该网站属于个体商户或较小规模的私营企业网站，但由于没有相应证据且没有合理怀疑表明申请人与该网站之间具备利害关系。进一步结合网站的内在管理机制，其网页监督机制由网站的系统管理员负责。从而，该网购商城网站不存在主动修改网页内容以及上架时间之主观动机。其次，该网站部分网页的 URL 地址表明该网站采用".NET"的网站架构模式。基于".NET"标准，用于处理显示逻辑的显示层、用于处理业务逻辑的业务层和用于处理数据逻辑的数据层分离，数据报文的形成、存储、传送与接收均需符合".NET"标准。由于".NET"与 J2EE 标准均属于 BS（Brower-Server）结构下的典型网站架构模式，具有一定的安全性，通过非法访问方式修改上架时间或篡改内容的可能性极小。

综上，该文件的真实性和公开时间均可以得到认定，该文件可以作为网络证据使用。

四、结　语

伴随着计算机网络及其他电子技术的繁荣而出现，网络证据的使用已呈现出蓬勃发展的趋势。毋庸置疑，这种新的证据形式给各国证据法带来了巨大的影响，这种影响不仅体现在对现有证据观念、证据意识的冲击，更多的是在专利案件审查、诉讼处理中实实在在的证据障碍。然而，我们不能因为其异于传统和形成障碍就对网络证据避而远之，因为否认世界信息化的潮流如同螳臂当车般愚蠢。著名证据法学者何家弘曾展望，就司法证明方法的历史而言，人类曾经从"神证"时代走入"人证"时代，又从"人证"时代走入"物证"时代，也许我们即将走入另一个新的司法证明时代，即电子证据时代。在这个时代来临之前，亦希望通过本文，能够为网络证据寻求定位、建立规则提供些许思路与启发。

参考文献：

［1］中华人民共和国国家知识产权局. 专利审查指南［M］. 北京：知识产权出版社，2010.

［2］何家弘. 电子证据法研究［M］. 北京：法律出版社，2002.

［3］日本特许厅. 通过互联网等公开的技术信息作为现有技术的操作指南.

优先权之首次申请的探究

孙 娟 王 荣

▌摘要▌ 本文从审查工作过程中碰到的一个有关优先权核实的问题入手，简单追溯优先权有关规定的历史根源，并且从立法本意角度探讨专利法对于优先权问题中有关"首次申请"的规定，简单探究了目前有关规定的法理依据，以及审查工作中对"首次申请"的尺度把握。

▌关键词▌ 优先权 在先申请 申请日 首次申请

引 言

优先权的核实是审查工作中经常会遇到的一项内容，根据巴黎公约的有关规定，一项可以作为优先权基础的在先申请应当是首次申请。那么，这样一项规定设立的意义何在？在实际的审查工作中，该规定的要求是否是绝对的？对于申请人来说，如果要求的优先权并非首次申请，是否有救济途径？笔者希望从这几方面简单地剖析优先权相关法条的有关规定，并且给出以上几个问题的初步答案。

一、"首次申请"的法律基础

（一）"优先权"溯源

1. 优先权的产生

优先权原则源自 1883 年签订的《巴黎公约》，目的是方便成员国国民就其发明创造或者商标标识在其本国提出专利申请或者商标注册申请后，在其他成员国申请获得专利权或者注册商标权。

其实质在于：申请人提出的在后申请与其他人在其首次申请的申请日之后、在后申请的申请日之前就同一主题所提出的申请相比享有优先的地位。

《巴黎公约》之所以确立优先权原则，是因为绝大多数国家的专利法都采用先申请原则：对于同样的发明创造，只对最先提出专利申请的人授予专利权。

同时，各国专利法都规定授予专利权的发明创造应当具备新颖性和创造性，而绝大多数国家的专利法都规定新颖性和创造性的时间标准是申请日。

如果申请人希望发明在其他国家获得保护，就必须尽可能同时在这些国家提出申请；显然，在不能确定该发明的价值前，在多个国家同时申请，显然是不经济的，并且也是难以实现的。

从历史记录来看，订立《巴黎公约》的主要动力就是各国对优先权的迫切需求。[1]

2. 优先权的发展

随着历史的发展，优先权的适用范围逐渐扩大，并不仅适用首次在外国提出申请，也适用于首次在本国提出申请，然后在本国再次申请的情形——这就产生了本国优先权。

（二）可以作为优先权基础的首次申请

1. 巴黎公约的相关规定

《巴黎公约》第4条第C部分规定，优先权的期限对于发明和实用新型来说是12个月，对于工业品外观设计和商标来说是6个月，优先权期限自首次申请的申请日起开始计算，但申请日当日不包括在内。

如果首次申请为实用新型申请，在后申请为外观设计申请，并要求以该首次申请为基础享受优先权，则优先权期限为6个月，而不是12个月

2. 判断条件

首先，作为优先权基础的在先申请必须是正规的国家申请：指该申请按照受理国专利法的规定提交，被正式受理并给予了申请日的申请，与该申请随后的法律状态无关。

与正规申请相当的任何申请也可以作为优先权基础，例如按照PCT提出的国际专利申请。

1958年举行的《巴黎公约》里斯本修改会议，在该公约第4条第C部分中增加了第（4）款，规定一件在后提出的申请也可以视为"首次申请"：

在后申请与首次申请针对相同的主题。

在后申请与首次申请在同一成员国提出。

在后申请在首次申请的申请日之后的12个月或者6个月之内提出。

在提出在后申请之前，首次申请已经被撤回、放弃或者驳回，没有供公众阅览，也没有遗留任何权利。

首次申请尚未被用作要求优先权的基础。

在首次申请与在后申请之间的时间间隔中，该申请人也没有向其他成员国就相同主题提出过申请。

也就是说，对于"首次申请"的这一要求并不是绝对的，这也是我们第二个问题的答案。

3.《专利法》第 29 条的相关规定。

1992 年版的《专利法》规定：申请人自发明或者实用新型在外国第一次提出专利申请之日起 12 个月内，或者自外观设计在外国第一次提出专利申请之日起 6 个月内，又在中国就相同主题提出专利申请的，依照该外国同中国签订的协议或者共同参加的国际条约，或者依照相互承认优先权的原则，可以享有优先权。

申请人自发明或者实用新型在中国第一次提出专利申请之日起 12 个月内，又向专利局就相同主题提出专利申请的，可以享有优先权。

2000 年版中将"专利局"修改为"国务院专利行政部门"。[2]

4.《专利法实施细则》对优先权的相关规定

已经享有过外国或者本国优先权的，不得作为要求本国优先权的基础——首次申请。

已经被批准授予专利权的，不得作为要求本国优先权的基础——避免重复授权。

属于按照规定提出的分案申请的，不得作为要求本国优先权的基础——首次申请。

期限、资格、成立的条件——与外国优先权相同。

其中有一项特殊规定："申请人要求本国优先权的，其在先申请自后一申请提出之日起即被视为撤回"——避免重复授权。

二、相关案例

（一）基本案情

申请号：PCT/CN2016/076776

申请日：2016 - 03 - 18

优先权信息：201510307214.8

在先申请：2015 - 06 - 05

其中优先权文本 CN201510307214.8 的本国优先权数据项为：201510288193.X

2015.05.29CN。

根据 PCT 细则 26.2 的有关规定，在先申请应该是首次申请，这一点也与《巴黎公约》的有关规定完全一致。

其中，还有一项特殊规定：如果一份在后申请与在或向同一国家首次提出的一份在先申请的发明主题相同，且该在后申请递交时，在先的第一份申请已被撤回、被放弃或被驳回，但并未向公众公开，也未遗留任何悬而未决的权利问题，并且未作为要求优先权的基础，则可将该在后申请视作可要求优先权的首次申请。

但是对于本案来说，在先申请并非首次申请，本身也要求了 CN201510288193.X 的中国申请的优先权，显然其在先申请是不满足首次申请的规定的。那么，初步的结论是本案的优先权不成立。

（二）是否合理合情

对于本案来说，虽然其在先申请并非首次申请，但是显然在先申请要求的优先权，中国申请 CN201510288193.X 本身的申请日 2015 年 5 月 19 日，距离本案的申请日 2016 年 3 月 18 日并不到巴黎公约规定的 12 个月期限，但是根据"首次申请"这一条件，其不能享受优先权，那么这样一项规定是否合情合理呢？

这就回到了我们的第一个问题，"首次申请"的设定的意义何在？

我们假设一种情况，如果没有"首次申请"的限制：申请人提交了 A 申请，要求了申请日为 A 申请 12 个月前的 B 申请的优先权，B 申请又要求了申请日为 B 申请 12 个月前的 C 申请的优先权，C 申请又要求了申请日为 C 申请 12 个月前的 D 申请的优先权……显然，这样一种无限享有较早申请日的链式申请违背了优先权原则的设立基础。

因此，设定这样一个"首次申请"的条件是保障优先权原则合理使用的必要条件。

（三）是否可以救济

既然本案的在先申请要求的优先权，中国申请 CN201510288193.X 本身的申请日 2015 年 5 月 19 日，距离本案的申请日 2016 年 3 月 18 日不到巴黎公约规定的 12 个月期限，那么对于本案来说，可否通过修改优先权或者转让优先权来要求首次申请的优先权？

1. 《专利法》第 30 条的相关规定

申请人要求优先权的，应当在申请的时候提出书面声明，并且在三个月内提交第一次提出的专利申请文件的副本；未提出书面声明或者逾期未提交专利申请文件副本的，视为未要求优先权。[3]

2.《巴黎公约》第 4 条第 D 部分的相关规定

（1）任何人希望享受一项在先申请的优先权的，应当作出声明，指明提出该申请的日期以及受理该申请的国家，每一国家应当确定必须作出该项声明的最后日期。

（2）这些事项应当在主管机关的出版物中，特别是在有关专利和专利说明书中予以载明。

（3）本联盟国家可以要求提出优先权声明的任何人提交以前提出的申请（说明书、附图等）的副本。该副本应当经原受理该申请的主管机关证明属实，但不应该要求任何认证，并且在任何情况下都可以在提出在后申请后的 3 个月内随时提出，不需要缴纳费用。本联盟国家可以要求该副本附具上述主管机关出具的载明申请日期的证明以及译文。

（4）对提出申请时要求优先权的声明不得规定其他手续，本联盟每一国家应当确定不符合本条规定的手续的后果，但这种后果不得超出优先权的丧失。

（5）以后，可以要求提供进一步的证明。

任何人利用一项在先申请的优先权的，应当写明该申请的号码；该号码应当按照上述第（2）款的规定予以公布。[4]

第（4）款隐含了成员国可以要求申请人在向该国提出专利申请的同时就予以声明的含义。申请人提交在后申请之后再补交要求优先权的书面声明的，不能享受优先权。

例如，申请人在优先权期限之内提前向我国提出在后申请，但未提出要求优先权的书面声明的，不能因为优先权期限届满尚有时日，就认为可以允许其随后再补交要求优先权的书面声明。

3. 我国要求优先权的程序规定

我国的规定较为严格：在后申请必须在《巴黎公约》规定的优先权期限之内提交。提出在后申请的同时必须提交要求优先权的声明，不能随后补交（自申请日 18 个月公布，有优先权的话指优先权日，若可以享受优先权，那么 6 个月就应当予以公布）。

在后申请直接向我国提交的情况：遵照《专利法》第 30 条的规定。

其中《专利法实施细则》第 31 条第 2 款规定了 3 个月内的修改：要求优先权，但请求书中漏写或者错写在先申请的申请日、申请号和原受理机构名称中的一项或者两项内容的，国务院专利行政部门应当通知申请人在指定期限内补正；

期满未补正的，视为未要求优先权。

要求优先权的申请人的姓名或者名称与在先申请文件记载的申请人姓名或者名称不一致的，应当提交优先权转让证明材料，未提交该证明材料的，视为未要求优先权。[3]

4. 对于 PCT 申请的有关规定

PCT 第 26 条之二"优先权要求的改正或增加"规定了：申请人可以通过向受理局或国际局递交一份通知而在请求书中改正或增加一项优先权要求，期限是自优先权日起 16 个月内，或者如果所做的改正或增加将导致优先权日改变，期限是自改变了的优先权日起 16 个月内，以先届满的任一个 16 个月期限为准，但是，此项通知可以自国际申请日起 4 个月届满之前提交为限。

对于国际申请，国家知识产权局既是国际申请的受理局，又是国际申请的指定局的情况，2010《PCT 实施细则》规定，国际申请提交即使超过《巴黎公约》规定的优先权期限，仍然可以在自优先权日起的 14 个月内请求；在《巴黎公约》规定的优先权期限之内提交国际申请的，可以自优先权日起 16 个月之内补交要求优先权的声明以及改正或者增加先前提出的优先权要求。

作为受理局：

国家知识产权局对《PCT 实施细则》的上述规定没有作出保留；即可以在自优先权日起 14 个月请求恢复优先权；也可以自优先权日起 16 个月内补交要求优先权的声明以及改正或增加先前提出的优先权要求。

作为指定局：

针对《PCT 实施细则》第 49 之三关于由受理局作出的优先权恢复的效力的规定，国家知识产权局于 2005 年正式通知 PCT 国际局，指出该规定与《专利法》本条规定不符，因而予以保留（美、日、韩作为指定国都予以保留）。无论是哪个国家受理的国际申请，即使受理国允许 14 个月恢复优先权，当该国际申请进入我国国家阶段时，仍然不会承认恢复优先权，超过 12 个月期限就丧失优先权的权利。

但是对于进入我国国家阶段的国际申请而言，如果受理局已经认可自优先权日起 16 个月之内补交要求优先权的声明以及改正或者增加先前提出的优先权要求的，国家知识产权局将予以接受。

通过 PCT 途径进入我国的专利申请能够享受比直接向我国提出的专利申请更为优惠的待遇。[5]

5. 小结

对于本案来说，我国作为 PCT 申请的受理局，允许 16 个月内修改优先权，而作为指定局，如果受理局已经认可自优先权日起 16 个月之内改正的优先权，就予以承认，那么当本案进入中国国家阶段以后，2016 年 9 月 29 日（满 16 个月）之前可以修改优先权。

三、结　论

目前的优先权制度源于《巴黎公约》，《巴黎公约》之所以确立优先权原则，是因为绝大多数国家的专利法都采用先申请原则，即对于同样的发明创造，只对最先提出专利申请的人授予专利权。一般情况下，我们要求可以作为优先权基础的在先申请应当是"首次申请"，因为设定这样一个"首次申请"的条件是保障优先权原则合理使用的必要条件，然而对于"首次申请"的这一要求并不是绝对的，在某些特定情况下，一个在后申请也可以被视为是"首次申请"。另外，个别情况下，对于申请人来说，如果要求的优先权并非首次申请，存在一定的救济途径，即在一定的期限内，可以通过修改优先权获得相关权利，而通过 PCT 途径进入我国的专利申请能够享受比直接向我国提出的专利申请更为优惠的待遇。

参考文献：

[1] 尹新天. 中国专利法详解 [M]. 北京：知识产权出版社，2010：381 -387.

[2] 吴伯明. 关于中华人民共和国专利法的修改 [M] 北京：专利文献出版社，1992：72 -73.

[3] 中华人民共和国国家知识产权局. 专利审查指南 [M]. 北京：知识产权出版社，2010：31 -33.

[4] G. H. C BODENHAUSEN. Guide to the Application of theParis Convention for the Protection of Industrial Paroperty [M]. William Clowns (International) LTD，1968：10 -60.

[5] PCT 国际检索与国际初步审查实务手册 [M]. 北京：知识产权出版社，2012：73 -77.

关于修改超范围的法律思考

韩　冰　刘振玲　武建刚　王　亮

┃**摘要**┃本文讨论的内容包括：《专利法》第33条的立法宗旨、"直接地、毫无疑义地确定的内容"的含义、各国判断原则的对比以及3个实际案例。通过案例1给出了关于明显笔误修改超范围的判断原则；通过案例2和3指出，修改超范围的判断主体是"本领域技术人员"，应当站在本领域技术人员的角度，判断原始申请文件所记载的内容所要表达的真实技术信息，而不是仅仅关注文字记载的信息。

┃**关键词**┃修改超范围　《专利法》第33条　本领域技术人员

一、《专利法》第33条及其立法宗旨

在专利申请的审查过程中，我们经常会遇到申请人对申请文件进行修改的情形，其中，《专利法》第33条对修改的内容和范围进行了规定。

《专利法》第33条规定：申请人可以对其专利申请文件进行修改，但是，对发明和实用新型专利申请文件的修改不得超出原说明书和权利要求书记载的范围，对外观设计专利申请文件的修改不得超出原图片或者照片表示的范围。[1]

该法条的立法宗旨，一方面，允许申请人对专利申请文件进行修改，以克服申请文件中所存在的缺陷，从而使申请人能够获得一个清楚、合理、稳定的专利权；另一方面，由于我国采用的是先申请制，为了防止申请人将其在申请日后完成的发明创造通过修改纳入申请文件而不正当地获利，从而影响公众利益，因此对修改的内容进行了限制，不允许申请人将超出原申请文件记载范围的新信息补充到原申请文件中。可见，《专利法》第33条是平衡申请人和社会公众间利益的折衷产物。

《专利法》第33条规定的一个总的原则就是对申请文件的修改不得超出原说明书和权利要求书记载的范围，《专利审查指南》第二部分第八章第5.2.1.1

节对其进行了进一步的解释：原说明书和权利要求书记载的范围包括原说明书和权利要求书文字记载的内容和根据原说明书和权利要求书文字记载的内容以及说明书附图能直接地、毫无疑义地确定的内容。[1] 在专利审查实践中，原说明书和权利要求书文字记载的内容可以比较容易的把握，而根据原说明书和权利要求书文字记载的内容以及说明书附图能直接地、毫无疑义地确定的内容往往是存在争议的焦点。

二、他国关于修改超范围的相关规定

对于修改超范围，各国的专利法都有类似的规定，例如，欧洲专利法 EPC 第 123 条，美国专利法 35 U. S. C. 112（a）、35 U. S. C. 132 或 35 U. S. C. 251，日本专利法第 17 条第 3 款。从美、日、欧关于修改超范围的相关规定可以看出，其对于修改超范围的立法宗旨与我国基本相同，但是，在实际的操作层面，我国对于修改超范围的把握明显要严格于上述各国。

具体地，欧洲专利审查指南指出：如果申请内容的全部变化（通过增加、改变或删除）导致本领域技术人员看到的信息不能从原申请的信息中直接地且毫无疑义地导出，即使考虑了对本领域技术人员来说隐含公开的内容也不能导出，那么应当认为该修改引入了超出原始申请内容的主题，因此不允许。其中"隐含公开的内容"仅指没有明确记载但是由明确记载的内容可以清楚地且毫无疑义地暗含的信息。同时，必须考虑公知常识以确定从明确公开的内容中能够清楚地、毫无疑义地导出哪些内容。[2]

美国专利审查指南规定：修改后的每个权利要求必须得到原始申请文件公开内容明确地、隐含地或固有地支持。其中，对于"明确地"，当权利要求中的明确限定未在书面描述中体现，就必须证明具有普通技术知识的人能够理解，在专利申请提出时，所描述要求这样的限定。对于"隐含地"，需要本领域技术人员根据其知识水平进行判断。对于"固有地"，外部证据必须清楚地表明没有描述的内容必然在其参引内容中存在，并且这应当是普通技术人员能够公认的。然而，上述固有性不能建立在概率或可能的基础上。仅仅是某事物可能从给定的情况中产生是不够的。[3]

日本专利审查指南规定，对申请文件的修改仅限于：（1）明确记载的事项；（2）根据原始说明书等的记载是显而易见的事项；（3）本领域技术人员综合原始说明书等所有记载而推导出的技术性事项。

从美、日、欧对修改超范围的相关规定可以看出，其与我国存在的显著差别在于其强调了本领域技术人员的知识水平和公知常识的内容。下面我们通过两个案例讨论关于修改超范围的判断主体以及"直接地、毫无疑义地确定"的判断原则。

三、案例1：申请号200710303423.0

对于"直接地、毫无疑义地确定"的理解，一种观点认为，其含义等价于"能够根据原申请文件的内容唯一地推导出正确的表述是什么"[4]。下面我们从一个实际的案例对此展开讨论。

（一）基本案情

本案中，实质审查部门对本申请作出驳回决定，其驳回理由之一是：说明书第七页倒数第二行中将原始数值"105Ω·cm"修改为"10^5Ω·cm"，两者的含义明显不同，修改后的内容并未记载在原说明书和权利要求书中，也不能从原说明书和权利要求书的记载直接地、毫无疑义地加以确定，因此，修改超出了原申请文件记载的范围。

本申请原始提交的说明书记载了：实施例1和5所制备的改性氧化锌晶须的体积电阻率为10^6Ω·cm、实施例3和4所制备的改性氧化锌晶须的体积电阻率为10^7Ω·cm、实施例2和7所制备的改性氧化锌晶须的体积电阻率为10^8Ω·cm。驳回决定认为：数值"105"与"10^5"两者的含义明显不同，虽然数值"105Ω·cm"对于本领域的技术人员而言是明显的错误，但其修改方式并不必然是幂的形式，亦或是数字缺失。即，实质审查部门认可原说明书实施例8中所记载的"105Ω·cm"是本领域技术人员能够识别出的明显的错误，但是"105Ω·cm"并不是能够推导出的唯一正确答案，也有可能是例如"1005""10^6"等造成的打字错误。

申请人不服上述驳回决定，向专利复审委员会提出了复审请求，合议组在复审决定中认为：根据原说明书的其他实施例，所属领域的技术人员能够识别出"105Ω·cm"是明显的错误，并且申请人将"105Ω·cm"解释为"10^5Ω·cm"的笔误也是根据上下文合理的解释，申请人对其所作的修改可以被认为是对明显笔误的更正，更正后的内容是合理的修改方式，而且对上述明显错误的修改使得说明书更清楚地表述了其真实的技术内容，因此这种修改是允许的，符合《专利法》第33条的规定。

（二）本案引发的思考

对于申请文件的修改，应当考虑申请人的修改目的，本案中申请人是对申请文件中明显笔误的修改，其修改目的是使得说明书更清楚地表述其真实的技术内容，而不是为了引入申请日后完成的新的技术内容，并且根据说明书上下文的内容可以看出，申请人对于笔误的解释也是合理的，在此情况下，应当允许申请人对申请文件中存在的明显笔误进行修改，这与《专利法》第33条的立法宗旨相符合。如果以"能够唯一推导出正确的表述"的标准把握"直接地、毫无疑义地确定"的含义，由于文字的博大精深和不同个体之间理解的差异，很难出现能够根据申请文件的记载唯一推导出正确的表述的情形，由此如果按照该标准，其实质上是只要原申请文件没有记载的内容，均不能允许申请人进行修改，在此情况下，即失去了《专利法》第33条中"申请人可以对其专利申请文件进行修改"的意义，从而违背该法条的立法宗旨。因此，应当站在本领域技术人员的角度，对于申请文件中能够识别出的明显笔误的修改，只要对造成笔误的解释是合理的，应当允许申请人对其进行修改，而不是以"能够唯一推导出正确的表述"作为判断的标准。

四、案例2

（一）基本案情

本申请的说明书记载了其发明目的是提供一种磁化的保温杯，其对现有技术作出贡献的技术特征在于具有磁化的保温杯体的结构。说明书的实施方式1给出了一种具有磁化的保温杯体的技术方案，实施方式2给出了一种具有杯盖和磁化的保温杯体的技术方案，实施方式3给出了一种具有杯把手和磁化的保温杯体的技术方案。申请人主动修改了权利要求书，增加了一组具有杯盖、杯把手和磁化的保温杯体的保温杯的权利要求。针对上述修改，存在以下两种观点。

观点1：原申请文件仅记载了磁化的保温杯体＋杯盖，以及磁化的保温杯体＋杯把的技术方案，修改后的技术方案是说明书实施方式2和3的组合，组合后的方案在原申请文件中没有记载，也不能从原说明书和权利要求书的记载直接地、毫无疑义地确定，因此修改超范围。

观点2：原申请文件记载了磁化的保温杯体＋杯盖，以及磁化的保温杯体＋杯把的技术方案，通过本领域技术人员对原申请文件披露的技术信息的把握，能够直接地、毫无疑义地确定将上述两个方案进行组合对其解决的技术问题没有影响，各个技术特征之间也未因其组合产生相互关联性，修改后的技术方案属于根据原说明书和权利要求书的记载直接地、毫无疑义地确定的内容，修改没有超出原说明书和权利要求书记载的范围。

笔者观点：从本申请说明书的记载可知，本申请的技术贡献在于磁化的保温杯体结构，而杯盖和杯把手对于本领域技术人员而言是公知的技术，与本申请的技术贡献没有直接的依赖关系，并且本领域技术人员根据所掌握的技术常识也能够了解将杯盖和杯把手的技术方案进行组合，并不需要其他结构的适应性改变，两者的组合仅是结构的简单叠加，对解决的技术问题不会产生影响，组合后的方案对于本领域技术人员而言是能够根据原申请文件记载的内容而容易获知的方案，修改没有超原始申请文件记载的范围。

（二）本案引发的思考

由于专利申请文件公开的是技术方案，而不同的人阅读专利申请文件，根据其技术背景的不同，其从对比文件文字记载的内容所获得的信息是不同的。因此，在判断修改是否超范围时，应当首先确定判断的主体，才能够统一"直接地、毫无疑义地确定"的标准。从美、日、欧局的相关规定不难看出，其对修改超范围的判断主体都是本领域的技术人员，我国专利审查指南也指出："如果申请的内容通过增加、改变和/或删除其中的一部分，致使所属技术领域的技术人员看到的信息与原申请记载的信息不同，而且又不能从原申请记载的信息中直接地、毫无疑义地确定，那么，这种修改就是不允许的"，从上述内容可以看出，我国专利法关于修改超范围的判断主体同样也是所属技术领域的技术人员，而所属技术领域的技术人员知晓申请日或者优先权日之前发明所属技术领域所有的普通技术知识，由此可知，所属技术领域的公知常识是超范围判断主体自身即具有的，因此，在明确了判断主体是所属技术领域的技术人员的前提下，其从申请文件看到的信息除了包括原始申请文件文字记载的内容外，其必然包括所属技术领域的技术人员的技术能力，即其自身所具有的普通技术知识。因此，对于修改超范围的判断，应该站在本领域技术人员的角度，判断原始申请文件所记载的内容所要表达的真实技术信息，而不是仅关注文字记载的信息。

五、案例3：申请号201110251065.X

（一）基本案情

本案中，实质审查部门对本申请作出了驳回决定，其驳回理由是：权利要求1的修改超出了原说明书和权利要求书记载的范围，不符合《专利法》第33条的规定。权利要求 1 中修改的技术特征"所述树脂膜片的厚度为 10～16μm 的范围"在原说明书和权利要求书中并无文字记载，说明书中虽然出现了厚度 10μm、16μm，但这只是离散的几个点，而并没有概括出厚度范围，因此修改后的内容不能由原说明书和权利要求书直接地、毫无疑义地确定。

申请人不服上述驳回决定，向专利复审委员会提出了复审请求，合议组在复审决定中认为：从本申请的说明书附图 11（如下图 1 所示）中的斜线可以看出，三条斜线分别对应粒子设置层厚度 4μm、6μm、8μm，对于同样厚度的粒子设置层，树脂膜片全体的厚度越大，粒子捕捉率越低，例如最上面一条斜线对应于粒子设置层厚度 4μm，在该厚度一定的情况下，膜全体厚度为 10μm 时的捕捉率最高、16μm 时的捕捉率最低；而在膜片全体厚度一定的情况下，粒子设置层的厚度越大，粒子的捕捉率也越低，例如第一组柱状图对应于膜片全体厚度为 10μm 时，此时当粒子设置层厚度为 4μm 的捕捉率最高、8μm 的捕捉率最低。因此，附图 11 实际上给出了粒子捕捉率与树脂膜片全体厚度及粒子设置层厚度的分别的关系，图中的斜线即代表粒子捕捉率随树脂膜片全体厚度的变化趋势，本申请说明书第 146 段中记载了"将 2 层树脂膜全体的厚度变更为 10μm、12μm、14μm、16μm 来进行研究"也清楚表明了树脂膜全体的厚度设定为离散值 10μm、12μm、14μm、16μm 仅是为了用于对上述变化趋势进行研究，而并不限于这几个值本身，并且 10 和 16μm 作为该变化趋势的两个端点值在原说明书附图 11 中具有明确记载，因此树脂膜片全体厚度为 10～16μm 的范围可以从原说明书及附图 11 中直接地、毫无疑义地得到，修改没有超出原申请文件记载的范围，符合《专利法》第 33 条的规定。

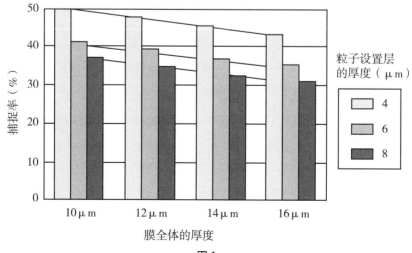

图1

（二）本案引发的思考

对于修改超范围的判断，不应当仅关注修改的具体出处，而是应当从整体把握整个技术方案的内容。本案中虽然看似仅记载了几个孤立的离散值，但是结合整个说明书的内容可以看出，上述离散值是为了用于对粒子捕捉率随树脂膜片全体厚度的变化趋势进行研究，可见对于本案的技术方案，上述离散值仅是作为一种举例，而不是对树脂膜片的厚度的绝对的限制，由于 10 和 16μm 作为该变化趋势的两个端点值在原说明书附图 11 中有记载，结合附图 11 的变化趋势，本领域技术人员能够得到树脂膜片全体厚度为 10 ~ 16μm 的范围。因此，修改没有超出原申请文件记载的范围。

六、总　结

对于申请文件的修改，应当考虑申请人的修改目的和本领域技术人员具有的技术常识。对于申请文件中能够识别出的明显笔误的修改，只要对造成笔误的解释是合理的，应当允许申请人对其进行修改。修改超范围的判断主体是所属技术领域的技术人员，而所述技术领域的普通技术知识是判断主体自身即具有的，对于修改，不能简单的以"无法唯一推导出正确的表述""技术方案进行了组合""进行了重新概括"的理由认为修改超范围，而应当站在本领域技术人员的角度理解原始申请文件文字记载内容所要表达的技术信息，而不是仅仅停留在文字信息的层面上。

参考文献：

[1] 中华人民共和国国家知识产权局. 专利审查指南 [M]. 北京：知识产权出版社，2010：243 – 253.

[2] 欧洲专利局审查指南 [M]. 北京：知识产权出版社，2012：105 – 111.

[3] U. S. Patent and Trademark Office. MANUAL OF PATENT EXAMINING PROCEDURE（MPEP）[M]. 2012：2163

[4] 尹新天. 中国专利法详解 [M]. 北京：知识产权出版社，2011：411 – 421.

专利审查中对于事实认定的
法律思维体现

刘振玲　韩　冰　武建刚　张思秘

▌摘要▌ 专利审查是专利审查员依法对专利申请行使行政审批的法律行为，其核心是一种法律判断行为，属于思维活动的结果。为了保障专利审查"客观、公正、准确、及时"的要求，专利审查员需要建立与法律判断工作相对应的具有特定专业属性的思维模式，即法律思维。法律思维中法律规范是依据，法律事实的认定构成法律思维的重要组成部分，法律思维必须从客观事实出发基于法律研究进行理性思考，达致法律事实，最终归于事实判断。因此，在专利审查中法律思维的运用不能仅局限于法律适用阶段，必须从始至终地贯穿于整个审查过程，尤其是专利审查的关键事实认定环节，并把握专利审查的特点，抓住专利审查中法律思维体现的关键点。

▌关键词▌ 专利审查　法律思维　法律事实　技术事实

专利审查是专利审查员依法对专利申请行使行政审批的法律行为，[1]其本质是专利领域内的行政执法。作为法律活动的一种，专利审查的核心也是一种判断行为，从认识论的角度，无论何种判断，均是思维活动的结果。对于专利审查，《专利法》第21条进行了明确规定："国务院专利行政部门及其专利复审委员会应当按照客观、公正、准确、及时的要求，依法处理有关专利的申请和请求。"[2]为了保障这样的结果，专利审查需要建立与法律判断工作相对应的具有特定专业属性的思维模式，即法律思维。保障法律活动的公正正是法律思维的目的。但是对于大多数具备深厚理工科背景的专利审查员而言，对于法律思维的理解更多的是一种形而上的概念，对其关注多停留于法律条款的适用上，法律思维对于专利审查中至关重要的关键环节事实认定的作用尚未得到重视甚至被忽略。带着如何理解法律思维，如何在专利审查中切实运用法律思维的困惑，笔者将从法律思维的概念，专利审查相较于一般法律活动的特点出发，通过对比实审、复审、诉讼案例中法律思维运用的分析，以期加深对于法律思维的理解并尝试探究在专利审查中法律思维在事实认定中的关键作用。

一、法律思维的概念

法律思维是法律职业者的特定从业思维方式，是法律从业者在决策过程中按照法律的逻辑，来思考、分析、解决问题的思考模式或思维方式。[3]

法律思维是主体认知客体的一种方法。法律思维的主体是指法律职业者；客体是指法律规范和客观现实。世界分为主体和客体两部分，主体和客体相分而结成认识关系，认识的方法就是作为主体的人的思维。法律是人类思维创造的产物，同时又具有独立于人类而存在的客观性，徒法不能自行，法律理论为法律介入社会生活提供了依据，法律思维则为法律与人类社会生活的互动提供了方法。

法律思维是主体从现象到本质以达至法律真实为最低标准的一个思考过程。进入法律视野的客观事实经常呈现纷繁杂陈、杂乱无章的现象。这些现象背后隐藏着事物的质的规定性。法律思维作为理性的思考方式，需要对大量的现象进行分析加工，通过思考由感性材料变成理性认识。但是，由于法律思维的对象一般都是发生过的事实，法律职业者只能根据符合程序要件的当事人的主张和举证，以及依照法定程序收集的信息和证据进行分析判断。只能达到程序要求的法律真实，而不可能完全再现客观真实。因此，法律思维虽然是主体从现象到本质的思考过程，但这种思考以达至法律真实为标准，即所谓的合法性优于客观性。

法律思维以法律职业者的法律知识和经验阅历为前提。与法律职业者相关联的不仅是法律规范整体，还涉及具体的事实构成。法律思维不可能凭空产生，其必然以对事物的"先见"为前提。所谓"先见"是指个人在评价事物时所必备的平台，其先前的生活阅历、知识等构成理解倾向的基础因素，不可避免地带有个人的主观色彩。法律职业者运用法律思维，必须具备深厚的法律知识底蕴，否则思考法律问题就会没有依据和方向；同时，法律职业者还必须具备丰富的人生阅历和社会经验，否则就无法认识事实构成。因此，只有具备了法律知识与"先见"这两个前提，法律思维才可能发生。

法律思维以法律规范和客观事实为思考质料。法律思维的逻辑起点是进入法律视野的自然事实或者说案件，这些自然事实包括时间、地点、人物、行为、动机等。法律思维通过法律规范要求，区分出自然事实和法律事实，并在此基础上进行建构，区分出法律事实的性质。法律思维的过程就是将法律研究和事实研究结合起来的过程，[4]法律规范和客观事实则是这个思考过程的质料。具体执行步骤为：自然事实、初步法律研究、法律事实及其性质、法律事实和证据研究、深入法律研究、裁判事实。

由此可见，法律思维中法律规范是依据，而法律事实的认定构成了法律思维的重要组成部分，法律思维必须从客观事实出发基于法律研究进行理性思考，达致法律事实，最终归于事实判断。如果在法律活动中仅考虑法律适用，而欠缺从客观事实到法律事实的分析过程，这样的思维模式显然不符合法律思维的构成要件。

二、专利审查的特点

专利审查需要在认定事实的基础上，按照专利法的要求，正确适用法律，以法定的审查程序作出审查结论。因此，专利审查可分为事实认定与法律适用两个步骤，事实认定的结论构成法律适用的基础，作为专利审查的起点，事实认定是专利审查中的至关重要的关键环节。因此，法律思维的运用决不能仅局限于法律适用阶段，而必须从始至终地贯穿于整个审查过程中。

同时，专利审查中的事实有其明显的特点，进入审查中的专利案件，以及审查员在实际审查过程中所检索考量的现有技术均以文字形式承载。通常情况下，专利审查均围绕书面材料开展，有别于一般的法律裁决，专利审查员所接触到的事实均为文字事实，而非客观事实。"描述非描述之物"，文字不是客观事实，任何客观事实一旦被语言描述，都会失去客观事实的若干要素，因此，描述便脱离了客观事实本身，文字事实所呈现的都只是客观事实的局部。同时将文字事实转换为认知时，都需要用阅读者自身的"思维模式"解读、判断文字事实，而思想的局限使得我们对事实的认识和理解总是存在局限。并且发明的核心内涵是发明人解决技术问题的技术改进思路，是一种人类思维。发明的本质要求是在作出发明时需要付出一定程度的、体现人类智慧的劳动过程以达到技术的进步，而专利审查又是将本申请技术方案与现有技术进行比较判断的过程。所以，当专利审查中的申请文件及现有技术所呈现的多样性、复杂性，在对背景技术、发明构思、技术问题、技术方案、技术效果的记载中，出发角度不同、测量方法不同、描述角度不同，都可能使得审查中所关注的客观事实呈现为文字事实上的信息缺失、信息冲突，所以专利审查中事实的文字承载特性加大了专利审查工作中对文字事实的认知难度。

结合专利审查工作的实际，尽管我们都探求从文字事实到客观事实的本质，但事实认定也是以达致法律事实为标准，专利审查理应针对申请的法律事实进行，为了克服个体思维的差异、尽量保障法律适用的一致性，法律思维是推动我们穿过文字事实尽可能逼近客观事实获得法律事实的保障，是克服专利审查中事实的文字承载特性带来问题的有效手段。法律事实是依法能够引起法律关系产生、变更、消灭的客观情况，其必须符合法律规范逻辑结构中假定的情况。所以客观性是法律事实的首要特征，法律事实必须与客观事实相竞合，必须是法律中涵盖的事实，对法律事实的认定是用法律规范衡量客观事实的一种结果。法律事实大多是经过证据证明的事实，专利审查的证据也主要是各类现有技术的文字呈现，但法律事实也可以依据非证据方式来认定，例如自认的事实、事实推定。

三、案例分析

事实虽然本身是客观的，但并不存在完全复原客观事实的可能，任何事实的认定都离不开主体的参与，所以事实认定的过程必然是一种客观之于主观的过程，是一种历史上的事实于当下的主体"视域融合"的结果。在这样的理论基础上，对事实认定的偏差是客观存在的，以下从经过实审、复审、诉讼三个阶段的实际案例出发进行分析，比较在事实认定过程中法律思维运用的水平，寻找有效进行法律事实认定的模式。

【案例】200810059346.3、第 45513 号决定、（2013）一中知行初字第 872 号
案情介绍：

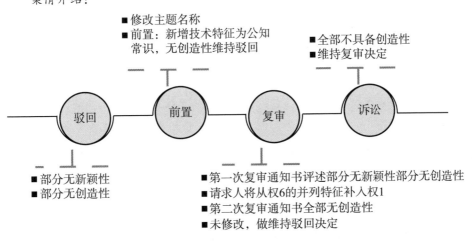

图 1　案例法律程序概要

复审决定针对独立权利要求1：用于升压式或升降压式（复审请求加入）功率电流变换器临界断续电流模式的高精度平均输出电流控制方案，其特征在于有如下功能块组成：产生预定的控制信号的参考源块，根据不同功率电流变换器拓扑结构按照预定算法进行运算产生相应的参考控制信号的参考源运算功能块（1），检测功率电流变换器的状态变量并将其变换成与参考源运算功能块输出的信号相同形式信号的状态检测块（2），用于检测从参考源运算功能块和状态检测块输出信号的差值并当差值过零时输出信号控制功率驱动器块使得功率开关关断的误差检测块（3），用于检测状态变量过零并当过零时输出信号控制功率驱动器块使得功率开关导通的过零检测块，用于驱动功率开关并受控于误差检测块和过零检测块的输出信号的功率驱动器块（4）；在参考源运算功能块中按照预定算法实施方案，功率电流变换器的输入输出电压不参与预定算法进行运算产生相应的参考控制信号（答复第一次复审通知书加入）。

申请人在复审请求意见中认为：对比文件1公开的控制方案是针对降压式功率电流变换器，本申请针对升压式或升降压式功率电流变换器，两者的控制算法不同。

前置审查意见认为：审查员已陈述过升压式或升降压式功率电流变换器是本领域的公知常识，将已知的控制方法应用于公知的功率电流变换器中对本领域技术人员而言是显而易见的，权利要求1~5不具备创造性。

在此基础上，复审合议组经过对本申请及对比文件1的公开内容的进一步认定后，在复审决定中指出：对比文件1明确公开了其控制方法可用于升降压式功率电流变换器（参见对比文件1说明书第0042段、权利要求4、说明书附图1~5），基于相同的应用对象升降压式功率电流变换器，其预定算法与本申请并不能区别开来。并且在本申请说明书中，并未区分其控制方法应用于升压式、升降压式、降压式功率电流变换器时有何不同，根据说明书的记载，应用于升压式、升降压式、降压式功率电流变换器的控制方法的工作原理都是相同的，详见说明书第3页对附图4、5、6的说明，以及附图4~6的内容。因此，复审请求人所声称的升压式或升降压式功率电流变换器和降压式功率电流变换器的控制方法的不同合议组不予认可。

此后，申请人在诉讼程序中提出："对比文件1明确公开了其控制方法可用于升降压式功率电流变换器，基于相同的应用对象升降压式功率电流变换器，其预定算法与本申请并不能区别开来"存在错误，对比文件1控制方法是典型的双闭环环路控制方法，本申请的控制方法是以单闭环环路控制方法，预定算法与本申请预定算法可以区别开来。

经法院庭审，合议庭作出如下判决：

《专利法》第56条第1款规定：发明或者实用新型专利权的保护范围以其权利要求的内容为准，说明书及附图可以用于解释权利要求。权利要求书的作用是用于确定专利权的保护范围，一般情况下，权利要求中的用语应当理解为相关技术领域通常具有的含义，并且权利要求的保护范围因说明书对该用语的说明而被限定得足够清楚，则应当以该特别界定作为权利要求用语的含义，这与"不得将说明书的限制读入权利要求"并不矛盾，因为后者通常是指不得以说明书的实施例等例示性解释来限制专利权的保护范围。就本案而言，首先，本申请权利要求1中并未记载其是单闭环环路控制方法，原告指出的"电流检测电阻，模块2和模块4构成单一闭环回路"在权利要求中并不能体现；同时，权利要求1中对控制方案的限定采用了上位的功能块的方式，并未给出涵盖例如电阻、电感、晶体管等的电路元件的具体电路结构，就其限定的内容而言，不能直接且毫无疑义地得出其就是采用的单闭环环路控制方法，因此，将本申请的具体实施例作为权利要求1的保护范围，并将对比文件1中公开的技术方案与其相比较显然不是正确的比较方式，其不能成为权利要求1的预定算法与对比文件1的预定算法存在区别的必然理由。其次，原告在答复复审通知书中指出应用于升压式、升降压式功率电流变换器的预定算法与占空比有关，应用于降压式功率电流变换器的预定算法与占空比无关，因此对于升压式、升降压式功率电流变换器和对于降压式功率电流变换器的控制方法不同。基于原告的逻辑，对比文件1中也公开了将其控制方法应用于升降压式功率电流变换器，就相同的应用对象而言，两者的预定算法并不能区别开来。至于功率电流变换器的输入输出电压不参与预定算法进行运算产生相应的参考控制信号，其在被诉决定中已被认定为权利要求1与对比文件1的区别。因此，对于原告的上述主张，法院不予支持。

对比实审、复审、法院的审查过程，实审审查员、复审合议组、法院合议庭均对本申请及对比文件1的事实进行了认知，但思维模式存在显著区别，体现在结论和说理存在较大差异。实审阶段对于对比文件1是否公开"升降压式功率电流变换器"的事实认定有遗漏，而对于事实认定也未从文字体现出对事实依据的分析，仅是给出了判断结论，未能体现法律思维。复审阶段的审查，则是从对比文件1和本申请的文字事实出发，进行了分析比对，对于未载于文字的事实认定也给出了推理原因，在此基础上，体现出了事实认定的思维过程，但是欠缺了法律规范与事实认定的结合，法律思维的体现存在欠缺。而法律思维体现最为充分的法院判决，则充分体现了从文字事实出发，结合法律规范进行法律事实认定，在法律事实认定的基础上进行法律适用，最终得出裁定结果的过程。其在判决中首先申明了法律规范:《专利法》第 56 条第 1 款的规定,明确权利要求和说明书的作用,阐述了两者的关系,澄清了权利要求的保护范围如何确定,厘清了创造性审查的事实对象,继而就对比文件 1 与申请的事实基础,紧紧围绕本申请权利要求的具体限定,结合申请人的诉讼理由进行逻辑分析与推理,有理有据的完成了法律事实的认定;并且分析中还运用了申请人的逻辑进行了自证。判决的客观公正性更加令人信服。整个思维过程充分运用所掌握的专业技术知识和法律知识对案件的文字事实以及法律规范进行了思考和分析,是客观事实与法律规范的有机结合,通过法律思维的运用达成了停止纷争的法律目的。

四、专利审查中法律思维体现的关键

结合以上案例的三个阶段的审查结论,笔者尝试总结了在专利审查中对于事实认定的法律思维体现的几个关键点。

(一)对文字事实的准确认知是重要基础

尽管文字事实不同于客观事实,但对于证据的准确认定却是整个审查的重要基础,这样的认知必须是全面而严谨的,文字事实已明确的内容是专利审查员必须能够把握的内容。因此,在错误现象基础上的分析与推理,即使逻辑正确,也会使事实认定南辕北辙。对此,要保障文字事实的准确认知,专利审查员必须不断提高自己的技术素养与外语能力,以上述案例为例,不能准确识别日语文献中专业术语是造成事实认定有误的一个因素。

(二)严密的分析和严谨的推理是确保法律事实认定准确的程序要求

专利审查是严格依法定程序进行的过程,审查的思维也要严格按照这一进程逐步推进。尤其表现在事实认定中,当面对文字事实的公开存在欠缺,也就是说文字事实未能清晰明示,如何认定存在困扰的情况时,法律事实的认定中更应当辅以严密的分析、严谨的推理来补足法律事实的认定的客观准确。程序公正是审查公正的一个重要目标,正如前述,所有案件事实都是已发生的事实,没有人能够完全通过文字事实还原客观事实,审查只能根据文字事实这一并不完美的证据,经过科学思维,形成一个法律意义上的真实推断,并依法对此进行裁判。对申请文件和现有技术的事实理解分析,技术构思与技术问题的认定、相同或相应技术特征的对比,技术方案整体的比较都是专利审查中需严密分析所不可或缺的组成部分,而严谨的推理则要从申请文件和现有技术的发明构思历程出发,从相应文献自身出发理解技术特征的实质，如此才能够在纷繁的差异表述中识别出技术内容的相似度，准确把握技术方案的发明内涵。

（三）法律研究与事实研究的有机结合是法律事实认定的有效保障

在专利审查中，虽然可以将其分为事实认定与法律适用两个阶段，但是这两个阶段不应划分出严格的界限，相反分析过程中相互融合才能充分体现出法律思维的思维过程。事实研究为法律研究提供前提，而法律研究则能够将法律事实从复杂的文字事实中提炼出来，明晰法律事实成立所依据的文字事实，确定思维的方向，分析才能够有的放矢，结论才能够有理有据。这也是作为技术与法律结合体的专利的内在要求，是使得专利审查进行法律事实认定时能够有理有据的保障。

（四）不断积累提高法律知识与专业知识的重要性

法律思维的产生以对事物的"先见"为前提。做好专利审查中的"先见"不仅包括专利法的相关法律规范，还包括作为本领域技术人员所必须具备的专业技术知识储备。虽然审查员具备一定的专业技术知识，但是各个技术领域均不断发展，没有静止的技术，要成为合格的本领域技术人员，需要审查员建立起边审查边积累、边学习边扩展的学习习惯，与时俱进的更新自己的技术水平，拓展自己的知识面，在深厚的技术知识储备之上准确把握技术事实。而法律知识作为专利审查的规范，只有对相关法律知识具有正确的理解才能够保证法律适用的正确，审查员应当对法律条款的立法本意、法律渊源形成充分认识，在法律脉络清晰、立法本意明确的基础上，法律思维的运用才能够准确把握重点，实现与专业技术知识的有机结合，得出准确的审查结论。

综上所述，法律思维是切实实现依法审查的内在保障，专利审查员需将法律规范与专业知识进行广泛而有深度的内化，才能够在审查实践的判断过程中运用好法律思维，在审查的关键环节事实认定中充分体现法律思维。

参考文献：

［1］任玲. 浅谈专利审查员的审查思维培养［J］. 审查业务通讯，2015，21（9）：28～34.

［2］中华人民共和国国家知识产权局. 专利审查指南［M］. 北京：知识产权出版社，2010：546.

［3］杜宴林，法理学［M］. 北京：清华大学出版社，2014：242～246.

［4］张保生. 法律推理的理论与方法［M］. 北京：中国政法大学出版社，2000：231.

基于层次分析（AHP）的
审查能力评估研究

郭明华　胡　妮①　王　洋

┃**摘要**┃为了提高审查质量，需要对审查员进行培训，以提高审查能力，由
于审查员个体的审查能力差别较大，以往集中培训的方式已难以适应当前的培训
需求。为此，本文提出一种基于层次分析（AHP）的审查能力评估方法，该方
法能有效评估审查能力的各项指标，从而发现审查员个体的审查能力短版，进行
有针对性的培训，且本文方法不需要对原始审查数据做大量前期处理，评估模型
简单易实现，评估结果偏差较小。

┃**关键词**┃层次分析　审查能力　评估

引　言

审查能力评估首先要将审查能力进行细分，划分为可测评的指标，为了评估
的全面性和准确性，可测评的指标通常包含多个一级指标、二级指标甚至多级指
标，但是指标越多，评估的复杂性和难度就越高。现有的评估方法通常为考试测
评、调查问卷、主观评价等，难以对多级指标作出有效评价，评估结果也往往是
定性结论，比如：初级、中级、高级；合格、良好、优秀等。还有的评估方法采
用复杂的数学模型，[1]需要对原始指标数据做大量的前期处理，导致指标评估结
果存在偏差。此外，现有的评估方法不能有效评估审查能力的各项指标，从而不
利于发现审查能力的短板，进行有针对性的培训。为此，本文将层次分析法
（The Analytic Hierarchy Process，AHP）应用于审查能力评估，该方法能够对审查
能力的各项指标作定量评估，得到较为准确的审查能力评估结果。

---

① 第二作者对本文的贡献等同于第一作者。

一、层次分析法

　　层次分析法，又称多层次权重解析方法，是 20 世纪 70 年代初期由美国著名运筹学家、匹兹堡大学萨蒂（T. L. Saaty）教授首次提出。该方法是一种多目标决策分析方法，能够有效地分析层次间的非序列关系，有效地综合测度评价对象，由于层次分析法系统、简洁、实用，在资源系统分析、经济管理、教育管理、科研成果评价、社会科学等许多领域，得到越来越广泛的应用。[2][3][4] 采用层次分析法进行分析的思路如下：

　　（1）首先把问题层次化，即根据问题的性质和要达到的总目标，将问题分解为不同的基本组成因素，并按照因素间的相互关联影响以及隶属关系将因素按不同层次聚集组合，形成一个多层次的分析结构模型，从高层次到低层次分别包括目标层、准则层、指标层、方案层、措施层等。

　　（2）分析每一层次的因素相对于上一层次某因素的单排序情况。通过对一系列成对因素的量化判断比较，并写成矩阵形式，即构成判断矩阵。通过计算判断矩阵的最大特征值及其对应的特征向量，得到每一层的各个因素相对于上一层某因素的相对重要性系数。

　　（3）计算层次总排序系数。计算最低层相对于最高层的重要性系数，其方法是用下一层各个因素的相对重要性系数与上一层次因素本身的重要性系数进行加权综合。实际计算中可以用表格形式分步计算，即先计算指标层相对总目标层的相对重要性系数（权重系数），然后计算方案层相对指标层的相对重要性系数，最后综合计算方案层相对于最高层的相对重要性系数。

　　（4）根据各个方案、措施相对于总目标的优劣排序，可以进行问题分析、方案选择等评价决策工作。

二、基于层次分析的审查能力评估

（一）审查能力指标体系

　　经研究发现，审查能力的多级指标与层次分析法中的层次模型相吻合，因此可将各级指标分别与层析模型中的各层次相对应，建立审查能力指标体系。如图 1 所示，本文的审查能力指标体系包括 4 个一级指标和 25 个二级指标。

目标层　　　　　　　　准侧层　　　　　　　指标层

　　　　　　　　　　　　一级指标　　　　　　　二级指标

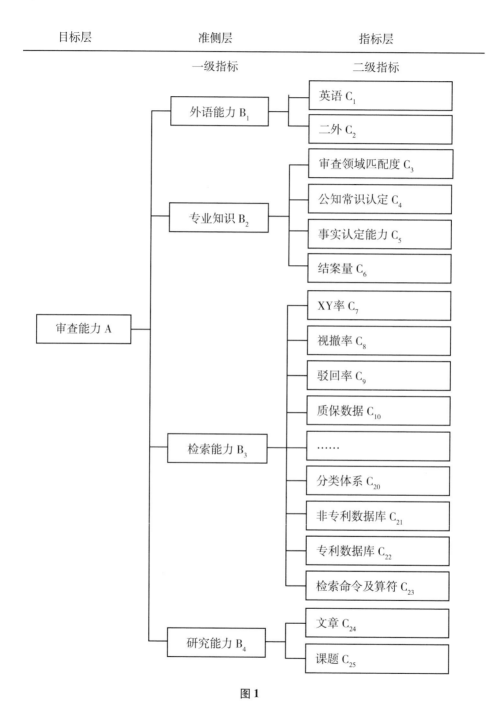

图 1

（二）指标的权重系数

通过简易的数学模型确定指标的权重系数，包括以下步骤。

1. 确定指标的相对重要程度，得到判断矩阵

在层次分析法中，首先需要确定一系列成对因素的相对重要性，形成判断矩阵，TA. L. Saaty 引用了表 1 所示的 1 ~ 9 标度法来反映指标间的相对重要性，进行定量评价。

表 1　相对重要性标度及其含义

标度	含义
1	表示两个因素相比，具有同样重要性
3	表示两个因素相比，一个因素比另一个因素稍微重要
5	表示两个因素相比，一个因素比另一个因素明显重要
7	表示两个因素相比，一个因素比另一个因素强烈重要
9	表示两个因素相比，一个因素比另一个因素极端重要
2，4，6，8	介于以上两相邻判断的中值

对各个指标进行两两比较，获得判断矩阵 $A = \begin{bmatrix} 1 & b_{12} & \cdots & b_{1n} \\ b_{21} & 1 & \cdots & b_{2n} \\ \vdots & \vdots & \vdots & \vdots \\ b_{n1} & b_{n2} & \cdots & 1 \end{bmatrix}$，其中判

断矩阵具有性质：$b_{ij} > 0, b_{ij} = (b_{ji}) - 1$。

本文通过统计分析方法得到一级指标间的相对重要程度，从而得到审查能力 A 的一级指标 $B_1 \sim B_4$ 的判断矩阵，如表 2 所示：

表 2　一级指标 $B_1 \sim B_4$ 的判断矩阵

A	外语 B_1	专业 B_2	检索 B_3	研究 B_4
外语 B_1	1.00	0.33	0.14	0.20
专业 B_2	3.00	1.00	0.20	0.33
检索 B_3	7.00	5.00	1.00	3.00
研究 B_4	5.00	3.00	0.33	1.00

2. 采用根法权重公式求归一化的指标系数

基于判断矩阵采用根法权重公式计算指标权重：$w_i = \dfrac{(\prod\limits_{j=1}^{n} b_{ij})1/n}{\sum\limits_{k=1}^{n}(\prod\limits_{j=1}^{n} b_{kj})1/n}$（$i = 1$,

$2,\ldots,n$），其中，$w_i > 0$（$i = 1,2,\ldots,n$），$\sum\limits_{i=1}^{n} w_i = 1$。由此可得，$W = （w_1$,

w_2, ……, $w_n)^T$即为权重矩阵，其中，n 为指标个数，w_i 为第 i 个指标的权重。

本文在得到如表 2 所示的一级指标的判断矩阵后，采用根法权重公式求归一化的指标权重系数 W，如表 3 所示：

表3　一级指标 B₁ ~ B₄的判断矩阵和权重系数 W

A	外语 B₁	专业 B₂	检索 B₃	研究 B₄	权重 W
外语 B₁	1.00	0.33	0.14	0.20	0.06
专业 B₂	3.00	1.00	0.20	0.33	0.13
检索 B₃	7.00	5.00	1.00	3.00	0.56
研究 B₄	5.00	3.00	0.33	1.00	0.26

3. 通过一致性检验对判断矩阵进行修正

计算一致性指标 $CI = \dfrac{\lambda_{max} - n}{n - 1}$，其中，$\lambda_{max}$ 为判断矩阵的最大特征值 $\lambda_{max} =$

$\dfrac{1}{n}\sum\limits_{i=1}^{n} \dfrac{\sum\limits_{j=1}^{n} b_{ij}w_j}{w_i}$，通过查表 4 得到平均随机一致性指标 RI，则一致性比率 CR 为

$CR = \dfrac{CI}{RI}$。当计算结果 $CR < 0.1$ 时，表明判断矩阵具有可接受的满意的一致性，

$W = [w_1, w_2, \cdots w_n]^T$可以作为权重向量；当 $CR \geqslant 0.1$ 时，表明判断矩阵不具有可接受的满意的一致性，应该对判断矩阵做适当修正，使其具有满意的一致性。

表4　平均随机一致性指标 RI

n	1	2	3	4	5	6	7	8	9	10	11	…
RI	0.00	0.00	0.58	0.90	1.12	1.24	1.32	1.41	1.45	1.49	1.51	…

本文对表 2 所示的一级指标的判断矩阵进行一致性检验，得到 CR = 0.04 < 0.1，表明审查能力 A 的判断矩阵具有可接受的满意的一致性。

通过步骤 1 ~ 步骤 3 计算得到一级指标和二级指标的判断矩阵、权重系数和一致性检验结果，如表 5 ~ 9 所示：

表 5　审查能力 A 的一级指标 B_1 ~ B_4 的计算结果

A	外语 B_1	专业 B_2	检索 B_3	研究 B_4	权重 W	一致性检验
外语 B_1	1.00	0.33	0.14	0.20	0.06	
专业 B_2	3.00	1.00	0.20	0.33	0.13	$CR_A = 0.04 < 0.1$
检索 B_3	7.00	5.00	1.00	3.00	0.56	
研究 B_4	5.00	3.00	0.33	1.00	0.26	

表 6　外语能力 B_1 的二级指标 C_1 ~ C_2 的计算结果

B_1	C_1	C_2	权重 W	一致性检验
C_1	1	1/2	0.87	$CR_{B1} = 0 < 0.1$
C_2	2	1	0.13	

表 7　专业知识 B_2 的二级指标 C_3 ~ C_6 的计算结果

B_2	C_3	C_4	C_5	C_6	权重 W	一致性检验
C_3	1.00	3.00	6.00	0.50	0.31	
C_4	0.33	1.00	4.00	0.25	0.14	
C_5	0.14	0.25	1.00	0.14	0.05	$CR_{B2} = 0.02 < 0.1$
C_6	2.00	4.00	7.00	1.00	0.50	

表 8 检索能力 B_3 的二级指标 $C_7 \sim C_{23}$ 的计算结果

B_3	C_7	C_8	C_9	C_{10}	C_{11}	C_{12}	C_{13}	C_{14}	C_{15}	C_{16}	C_{17}	C_{18}	C_{19}	C_{20}	C_{21}	C_{22}	C_{23}	权重 W	一致性检验
C_7	1.00	0.50	3.00	16.00	8.00	5.00	14.00	2.00	13.00	4.00	9.00	12.00	10.00	6.00	15.00	11.00	7.00	0.18	
C_8	2.00	1.00	4.00	17.00	9.00	6.00	15.00	3.00	14.00	5.00	10.00	13.00	11.00	7.00	16.00	12.00	8.00	0.22	
C_9	0.33	0.25	1.00	14.00	6.00	3.00	12.00	0.50	11.00	2.00	7.00	10.00	8.00	4.00	13.00	9.00	5.00	0.11	
C_{10}	0.06	0.06	0.07	1.00	0.11	0.08	0.33	0.07	0.25	0.08	0.13	0.20	0.14	0.09	0.50	0.17	0.10	0.00	
C_{11}	0.13	0.11	0.17	9.00	1.00	0.25	7.00	0.14	6.00	0.20	2.00	5.00	3.00	0.33	8.00	4.00	0.50	0.03	
C_{12}	0.20	0.17	0.33	12.00	4.00	1.00	10.00	0.25	9.00	0.50	5.00	8.00	6.00	2.00	11.00	7.00	3.00	0.07	
C_{13}	0.07	0.07	0.08	3.00	0.14	0.10	1.00	0.08	0.50	0.09	0.17	0.33	0.20	0.13	2.00	0.25	0.13	0.01	
C_{14}	0.50	0.33	2.00	15.00	7.00	4.00	13.00	1.00	12.00	3.00	8.00	11.00	9.00	5.00	14.00	10.00	6.00	0.14	
C_{15}	0.08	0.07	0.09	4.00	0.17	0.11	2.00	0.08	1.00	0.10	0.20	0.50	0.25	0.13	3.00	0.33	0.14	0.01	$CR_{B3}=0.08<0.1$
C_{16}	0.25	0.20	0.50	13.00	5.00	2.00	11.00	0.33	10.00	1.00	6.00	9.00	7.00	3.00	12.00	8.00	4.00	0.09	
C_{17}	0.11	0.10	0.14	8.00	0.50	0.20	6.00	0.13	5.00	0.17	1.00	4.00	2.00	0.25	7.00	3.00	0.33	0.02	
C_{18}	0.08	0.08	0.10	5.00	0.20	0.13	3.00	0.09	2.00	0.11	0.25	1.00	0.33	0.14	4.00	0.50	0.17	0.01	
C_{19}	0.10	0.09	0.13	7.00	0.33	0.17	5.00	0.11	4.00	0.14	0.50	3.00	1.00	0.20	6.00	2.00	0.25	0.02	
C_{20}	0.17	0.14	0.25	11.00	3.00	0.50	9.00	0.20	8.00	0.33	4.00	7.00	5.00	1.00	10.00	6.00	2.00	0.05	
C_{21}	0.07	0.06	0.08	2.00	0.13	0.09	0.50	0.07	0.33	0.08	0.14	0.25	0.17	0.10	1.00	0.20	0.11	0.01	
C_{22}	0.09	0.08	0.11	6.00	0.25	0.14	4.00	0.10	3.00	0.13	0.33	2.00	0.50	0.17	5.00	1.00	0.20	0.01	
C_{23}	0.14	0.13	0.20	10.00	2.00	0.33	8.00	0.17	7.00	0.25	3.00	6.00	4.00	0.50	9.00	5.00	1.00	0.04	

表 9　研究能力 B_4 的二级指标 $C_{24} \sim C_{25}$ 的计算结果

B_4	C_{24}	C_{25}	权重 W	一致性检验
C_{24}	1.00	3.00	0.75	RI = 0，一致
C_{25}	0.33	1.00	0.25	

（三）指标的评估函数

根据指标数据和相应的权重系数计算得到能力评估函数，例如：

$A = B_1 \times w_1 + B_2 \times w_2 + B_3 \times w_3 + B_4 \times w_4$，其中，$B_1,B_2,B_3,B_4$ 为 4 个指标数据，w_1,w_2,w_3,w_4 为各指标权重系数，A 为 B_1,B_2,B_3,B_4 共同的上一级指标。

基于层析分析法，首先确定审查能力指标体系中 25 个二级指标的判断矩阵和指标权重系数，代入各一级指标的评估函数，计算得到各一级指标的评估分数，然后确定 4 个一级指标的判断矩阵和指标权重系数，将各一级指标的评估分数和一级指标的权重系数代入审查能力评估函数，得到审查能力的评估分数。由此可见，通过本文的评估模型可以获得审查能力各级指标中任意一项指标的评估分数，从而可以发现审查员能力的短板，进行有针对性的培训。例如，随机抽取计算机领域 10 名审查员，其专业知识 B_2 的二级指标 $C_3 \sim C_6$ 数据如表 10 所示：

表 10　专业知识 B_2 的二级指标 $C_3 \sim C_6$ 数据

序号	1	2	3	4	5	6	7	8	9	10
C_3	100	87.5	100	87.5	100	87.5	87.5	87.5	100	100
C_4	100	100	100	100	100	100	100	100	100	100
C_5	90	100	100	100	80	100	100	90	100	100
C_6	100	60	80	100	100	80	80	80	60	60

将表 10 中的数据与表 7 中的权重系数 W = ［0.31 0.14 0.05 0.50］做矩阵乘，得到计算机领域 10 名审查员的一级指标专业知识 B_2 评估分数，如表 11 所示：

表 11　一级指标专业知识 B_2 评估分数

序号	1	2	3	4	5	6	7	8	9	10
B_2 评估结果	99.51	76.15	90.04	96.06	99.03	86.10	86.10	85.62	80.09	80.09

三、总 结

为了验证本文方法的有效性，在电学领域的子审查领域中分别随机选取了30 名审查员，抽取他们的原始审查数据进行分析，计算得到各自的审查能力评估分数、检索能力评估分数、外语能力评估分数、专业知识评估分数和研究能力评估分数，将评估分数分别与检索能力测试、自评他评结果、质保数据等作对比分析，得到以下对比结果：（1）检索能力的曲线变化与检索测试曲线的变化基本相同；（2）各项能力评估分数的排序与自评他评分数的排序差别不大；（3）审查能力评估分数高的审查员，其审查特点为：一通时检索充分，审查策略得当，说理充分，对同族的审查过程也在每次审查过程中进行了跟踪；审查能力评估分数低的审查员，其审查特点为：对比文件有效性低，导致审查周期延长。综上，本文的基于层次分析的审查能力评估方法能够较为客观地评价审查员的审查能力和各分项能力，从而为有针对性地提高审查能力提供帮助。

参考文献:

[1] 孙瑞丰，等. 审查员检索能力提升研究——从审查员自身检索实践出发，2014 年度中心课题研究报告，2014（10）.

[2] 叶义成，柯丽华，黄德育. 系统综合评价技术及其应用 [M]. 北京：冶金工业出版社，2006：76 – 131.

[3] 常玉，刘显东. 层析分析、模糊评价在企业技术创新能力评估中的应用 [J]. 科技进步与对策，2002：125 – 127.

[4] 焦志强，汪厚祥，马良荔. 基于 AHP 的特种部队作战能力评估模型的研究 [J]. 舰船电子工程，2008，28（8）：47 – 49.

图像领域公式检索策略研究

王晓燕　　王雪婷①　　孙国辉　　苏　菲

▌**摘要**▌公式检索是审查实践中检索的难点之一。图像处理领域的申请中，权利要求书多包含公式，因此，对公式进行有效的检索是审查图像处理领域案件的关键。Google 学术搜索引擎对文献中公式的标引方式使得对公式进行快速有效的检索成为可能。本文针对不同类型的公式给出了相应的检索策略，并分别给出典型案例进行示例。

▌**关键词**▌Google　公式　检索

引　言

图像处理领域案件的申请人多为高等院校或研究所，发明内容主要涉及图像处理算法层面的改进和优化，因此权利要求中常包含较多公式。公式检索一直是专利审查过程中检索环节的难点之一，尤其对于复杂公式，检索往往无从下手。如果能实现对公式的有效检索，则可以在一定程度上提升图像领域案件的检索质量。专利检索与服务系统在对申请文件进行代码化时，对于较简单的公式，可以将其完全代码化，而对于较为复杂的公式，通常采用图片格式进行表示，因此无法通过仅包含简单字符的检索式对其进行检索。虽然专利检索与服务系统提供了"数学公式检索工具"，其对代码化的或者图片格式的公式都能够进行检索，但输入公式的过程较为繁琐，容易出现误操作，不利于提高检索效率。因此有必要寻找其他途径实现对公式，尤其是复杂公式的有效检索。

---

① 第二作者对本文的贡献等同于第一作者。

一、检索工具

在 Google 学术搜索中搜索获得的文档多为 PDF 格式，且多数 PDF 格式的文档中，公式都是被完全代码化的，而非以图片形式表示，因此 Google 学术搜索可以对公式中的每个参数和运算符号进行标引，这对公式的检索是非常有利的。并且，Google 学术搜索在显示搜索结果时可以按相关度排序，直接给出相关段落并高亮关键词，为检索结果的初步筛选提供了便利。因此选择 Google 学术搜索作为检索工具来介绍几种公式的检索策略。

二、检索策略

（一）使用算法名称的公式检索策略

通常公式本身描述的就是一种算法，或者体现了算法中的某个计算步骤。在申请文件中直接记载了与公式相关的算法的名称的情况下，可以避开使用公式中的参数直接对公式本身进行检索，而使用算法名称对公式进行检索，以快速获取检索结果。

1. 申请文件中存在算法名称的情况

【案例1】申请号 2013101286444

权利要求 1 中包含如下特征：

"步骤3，按以下基于代数加权的乘积变换融合模型，将头颅灌注多参数图像与原始灰阶图像融合，获得同时具备病变区域纹理信息和病变程度特征信息的诊断图像，$F(i,j) = \dfrac{I_{2ij}}{\max(I_{2ij})}$

$$\left(\left(\left|\frac{\frac{1}{mn}\sum_{i=1}^{m}\sum_{j=1}^{n}(I_{1ij}-\bar{I}_1)(I_{2ij}-\bar{I}_2)}{\sqrt{\frac{1}{mn}\sum_{i=1}^{m}\sum_{j=1}^{n}(I_{1ij}-\bar{I}_1)^2\frac{1}{mn}\sum_{i=1}^{m}\sum_{j=1}^{n}(I_{2ij}-\bar{I}_2)^2}}\right|\times 0.5+0.5\right)\times I_{1ij}+\right.$$

$$\left.\left(1-\left(\left|\frac{\frac{1}{mn}\sum_{i=1}^{m}\sum_{j=1}^{n}(I_{1ij}-\bar{I}_1)(I_{2ij}-\bar{I}_2)}{\sqrt{\frac{1}{mn}\sum_{i=1}^{m}\sum_{j=1}^{n}(I_{1ij}-\bar{I}_1)^2\frac{1}{mn}\sum_{i=1}^{m}\sum_{j=1}^{n}(I_{2ij}-\bar{I}_2)^2}}\right|\times 0.5+0.5\right)\right)\times I_{2ij}+B"$$

步骤3中出现了一个非常复杂的计算 $F(i,j)$ 的公式，无法采用参数和运算符号对公式本身进行检索。但同时能够注意到，在步骤 3 的文字部分，出现了"按以下基于代数加权的乘积变换融合模型"，也就是说，上述 F（i，j）的计算公式描述的是一个"基于代数加权的乘积变换融合模型"，因此尝试在 Google 学术搜索中采用上述算法名称进行检索：

检索式：基于代数加权的乘积＋融合

可以快速获得对比文件"遥感影像融合的自适应变化检测"，其公开了与上述步骤 3 中的公式完全相同的公式。

【案例 2】 申请号 2013102307594

权利要求 2 涉及三个"逆向云算法"的改进，其中，逆向云算法 2 如下：

"逆向云算法 2：BCG2（x_i）

输入：样本点 x_i（i＝1，2，…，n）；输出：反映定性概念的数字特征 E_x，E_n，H_e；算法步骤：

（1）根据 x_i 计算这组数据的样本均值 $\bar{X} = \dfrac{1}{n} \sum_{i=1}^{n} x_i$，样本方差 $S^2 = \dfrac{1}{n-1} \sum_{i=1}^{n} (x_i - \bar{X})^2$，及样本四阶中心距 $\bar{\mu}_4 = \dfrac{1}{n-1} \sum_{i=1}^{n} (x_i - \bar{X})^4$；

（2）$E_x = \bar{X}$；（3）$E_n = \sqrt[4]{\dfrac{9(S^2)^2 - \bar{\mu}_4}{6}}$；（4）$H_e = \sqrt{S^2 - \sqrt{\dfrac{9(S^2)^2 - \bar{\mu}_4}{6}}}$ "

从权利要求的特征可以看出，其包含算法的多个公式，很难用常规算法获得检索结果。因此，笔者首先使用中文关键词"逆向云算法"进行检索，了解到算法 2 主要涉及步骤（1）中提到的"样本四阶中心矩"，其在现有算法中没有提到。因此，在采用英文关键词检索时，尝试直接采用"逆向云"和"样本四阶中心距"的英文表述在 Google 学术搜索中进行检索：

检索式：backward cloud ＋ fourth order sample central moment

快速得到对比文件"A Multi-step Backward Cloud Generator Algorithm"，其公开了权利要求 2 中的全部三种逆向云算法。

2. 申请文件中不存在算法名称的情况

对于申请文件中仅记载了采用什么公式进行计算，而并未给出公式的名称的情形，如果恰好对本申请的技术领域十分熟悉，则可以直接给出公式所涉及的算法的名称，否则需要对现有技术进行初步检索，以从现有技术中获得公式所涉及的算法名称。

【案例 3】 申请号 2012105607929

权利要求 1 中包含如下特征：

"步骤 S102，应用成像模型方程式 $G = MX$，采用 $X^{i+1} = X^i + (G_i - M_i \cdot X^i) \cdot M_i^T \cdot \lambda / (M_i \cdot M_i)$ 公式计算出重建图像；其中，G 为 CT 扫描所采集的投影数据，M 为系统矩阵，X 为重建的 CT 图像，X^i 表示第 i 次迭代后得到的重建图像，λ 表示收敛系数。"

上述权利要求 1 中包括 X^{i+1} 的计算公式，通过对现有技术的初步检索可以了解到，上述公式实际上涉及本领域常见的代数重建 ART 迭代算法。因此，在算法名称 "ART" 的基础上，结合本申请的应用领域 "CT 图像的重建"，在 Google 学术搜索中进行检索：

检索式：ART 迭代 + CT + 重建

得到对比文件 "一种基于数据外插改进的 ART 迭代算法"，其公开了 ART 迭代公式：

$$f_j^{(k+1)} = f_j^{(k)} + \lambda \frac{p_i - \sum_{n=1}^{N} w_{in} f_n^{(k)}}{\sum_{n=1}^{N} w_{in}^2} w_{ij}$$

虽然该公式与本申请权利要求 1 中的公式在形式上有区别，但仔细观察可以发现，本申请的公式中，参数是采用矩阵的形式表示，例如 X^{i+1}，而对比文件中的公式中，参数是采用矩阵中的元素的形式表示，例如 $f_{j(k+1)}$。可见，对比文件公开的上述公式与本申请权利要求 1 中的公式实际上是同一个公式的不同表达方式。另外，检索的过程中还发现了该公式的其他表达形式，例如：

$$\hat{f}_{ij}^{(k+1)} = \hat{f}_{ij}^{(k)} + \lambda w_{ijmn} \left(\frac{P_{mn} - \sum_{i=1}^{I} \sum_{j=1}^{J} w_{ijmn} \hat{f}_{ij}^{(k)}}{\sum_{i=1}^{I} \sum_{j=1}^{J} w_{ijmn}^2} \right) \text{以及} \ x^{k+1} = x^k + \lambda^k \frac{p_l - R_l^T \cdot x^k}{\| r_l \|^2} r_l,$$

$\| r_l \|^2 \neq 0, x^{k+1} = x^k, \| r_l \|^2 = 0$，其与本申请中的公式具有相同的公式结构，只是具体使用的参数表达有所不同。可见，同一公式在不同的文献中可能以不同的表达形式存在，在检索的过程中要注意认清这些不同表达的实质，避免漏检。

（二）公式推导策略

案例 3 给出的例子中，对比文件中的公式与本申请中的公式只是在参数表达上有些不同，但公式的整体结构还是相同的，因此比较容被易辨认出是同一公式。而在实际检索的过程中，也会遇到对比文件中的公式与本申请中的公式形式差异较大的情形，这种情况下可能需要通过公式推导来寻找公式之间的关联关系。

【案例4】 申请号 2011101498877

权利要求 1 涉及一种基于单幅图像散焦信息的空间结构建模方法，包含如下特征：

"步骤 2，通过计算确定清晰的图像块，并对该清晰的图像块赋值；该值为场景到镜头的距离 u，$u = \dfrac{f^2 u_0}{(f + \sigma N)f - \sigma N u_0}$，$f$ 为焦距，σ 为模糊圈的直径，$N = f/D$，D 为光圈直径，u_0 为聚焦平面到镜头的距离。"

关于散焦信息的空间结构，本申请在说明书中提到"根据图像的散焦信息求取场景的空间结构是单目立体技术中的一种重要方法，最早由 Pentland 于 1987 年提出"，于是通过作者名"Pentland"和"散焦"的英文表达"defocus"在 Google 学术搜索中检索到这篇于 1987 年提出的文献："A NEW SENSE FOR DEPTH OF FIELD"，Alex Pentland，《Pattern Analysis and Machine Intelligence, IEEE Transactions》，其中公开了如下内容：

"The distance D to an imaged point is related to the parameters of the lens system and the amount of defocus by the following equation, which is developed in the appendix.

$$D = \frac{Fv_0}{v_0 - F - \sigma f}$$"

可以看出，上述公式虽然与本申请中的公式不同，但求取的 D 也是场景到镜头的距离，且两个公式中又存在具有相同含义的参数 F、f 以及 σ，于是尝试在上述 D 的计算公式的基础上进行推导，以期获得本申请中的公式。

本申请权利要求 1 的公式中存在参数 u_0，而对比文件的公式中存在参数 v_0。考虑到本领域公知的透镜成像公式 $\dfrac{1}{u_0} + \dfrac{1}{v_0} = \dfrac{1}{F}$ 中既包含 u_0 又包含 v_0，因此进行如下推导：

由透镜成像公式 $\dfrac{1}{u_0} + \dfrac{1}{v_0} = \dfrac{1}{F}$ 推导出 v_0 的表达形式：$v_0 = \dfrac{Fu_0}{u_0 - F}$

将上述 v_0 的表达式带入对比文件中 D 的表达式，得出 $D = \dfrac{F^2 u_0}{(F + \sigma f)F - \sigma f u_0}$

再将上述推导出的 D 的公式中的参数符号转换成本申请中的参数符号，最终得到 $u = \dfrac{f^2 u_0}{(f + \sigma N)f - \sigma N u_0}$。可见，上述对比文件公开的 D 的计算公式与本申请权利要求 1 中计算 u 的公式是一致的。

（三）含特殊字符的公式检索策略

对于含有特殊字符的公式，采用前面介绍的方法可能也会获得检索结果，但同时也可以尝试另一种更为快捷的检索方法。这里所述的"特殊字符"是指明显区别与常见的字符/字符串、具有较高辨识度的字符或字符串。以这类特殊字符作为关键字进行检索，往往可以更高效地获取对比文件。

【案例5】申请号 2011101633633

权利要求 5 中包含如下特征：

"（1）从 RGB 空间变换到 LMS 空间

以三种视锥细胞的光谱响应量为基，可建立 LMS 空间。使用下式将图像从 RGB 空间变换到 LMS 空间：

$$\begin{pmatrix} L \\ M \\ S \end{pmatrix} = \begin{pmatrix} 17.8824 & 43.5161 & 4.11935 \\ 3.45565 & 27.1554 & 3.86714 \\ 0.0299566 & 0.184309 & 1.46709 \end{pmatrix} \begin{pmatrix} R \\ G \\ B \end{pmatrix}$$

（2）在 LMS 空间上进行色域缩减，根据用户选择的欲模拟的色异类型，在 LMS 空间上进行色域缩减；

（3）从 LMS 空间变换回 RGB 空间；

使用下式将缩减的 LMS 图像变换回 RGB 空间，得到最终的模拟图；

$$\begin{pmatrix} R_x \\ G_x \\ B_x \end{pmatrix} = \begin{pmatrix} 0.080944 & -0.130504 & 0.116721 \\ -0.0102485 & 0.0540194 & -0.113615 \\ -0.000365294 & -0.00412163 & 0.693513 \end{pmatrix} \begin{pmatrix} L_x \\ M_x \\ S_x \end{pmatrix}。"$$

注意到上述两个空间转换公式中，都存在一个 3×3 的矩阵，每个矩阵的元素都是具有多位小数的数字。这些数字并不常见，因此猜想，如果在其他文献中也出现这些数字，则该篇文献很可能涉及上述两个公式之一。因此，选择了第一个公式中的数字"1.46709"以及代表公式含义的关键词"LMS"在 Google 学术搜索中进行检索：

检索式：LMS + 1.46709

检索结果如图 1 所示：

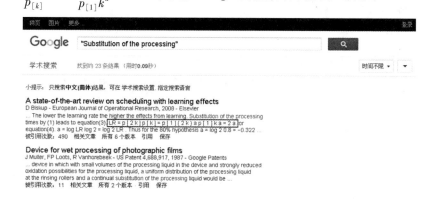

图1

最终选择"Digital video colourmaps for checking the legibility of displays by dichromats"作为对比文件，其公开了与本申请完全相同的 RGB 空间与 LMS 空间的转换公式。可见，针对这类包含特殊字符的公式，使用特殊字符本身作为关键词进行检索可以快速获得相关文献。

（四）带角标的公式检索策略

数学公式中经常会出现带上、下角标的计算公式，这类公式无法通过常规的检索式进行表示，因此要寻找另外的途径进行检索。笔者在日常的检索过程中发现，Google 在搜索结果中表示带角标的公式时有其特定的规律。例如，对于公式

$$LR = \frac{p_{[2k]}}{p_{[k]}} = \frac{p_{[1]}(2k)^a}{p_{[1]}k^a} = 2^a$$

，其在 Google 的搜索结果如图 2 所示：

图2

411

可以看出，角标字符在显示的搜索结果中并不带有角标格式，而是以常规的大小和位置显示在其所属的字符之后。因此，笔者尝试按照这样的思路对带角标的公式进行检索，即，采用常规字体的字符代表角标字符进行检索，获得了较好的检索结果。

【案例6】申请号2012100175859

权利要求1包括如下内容：

"步骤三，将光谱最小化注入模型引入波段间相互构造模式IBSM；具体为：

对高光谱立方体分别在32个波段中进行多尺度分解，在每个波段中的分解过程相同，具体为：将第 k 波段的高光谱数据与小波分解后的 CCD 图像进行以下操作，其中 $k=1,2,\cdots,32$，

$$C_{LR1-2}^{Z}=a^{Z}C_{HR1-2}^{Z}+b^{Z}；a^{Z}=\sigma^{Z}(LR)/\sigma^{Z}(HR)；$$
$$b^{Z}=m^{Z}(LR)-a^{Z}m^{Z}(HR)，Z=D,V,H"$$

选择最后一个公式将其转换为常规格式，并作为关键字在 Google 学术搜索中检索：

检索式：$bZ=mZ(LR)-aZmZ(HR)$

检索结果如图3所示：

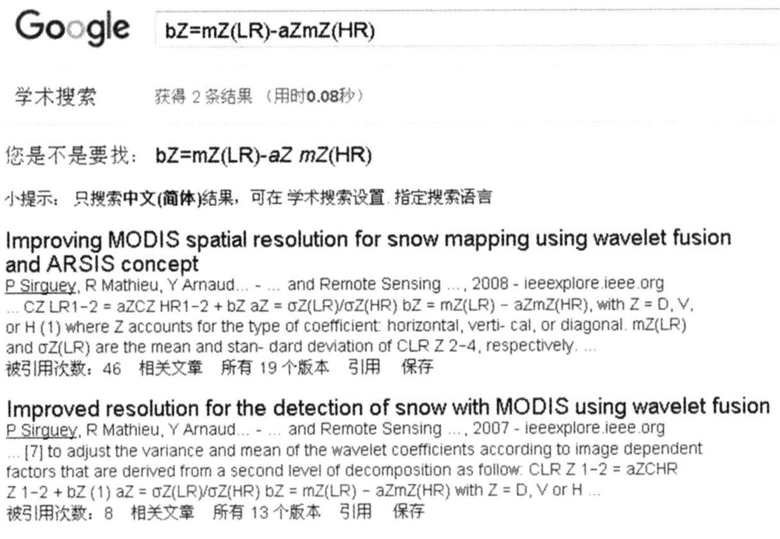

图 3

两篇文献都公开了权利要求1的上述三个公式，最终选择"Improving MODIS spatial resolution for snow mapping using wavelet fusion and ARSIS concept"作为对比文件。

还可以尝试通过这种方法分析其他复杂公式在 Google 中的表达形式，以辅助检索更多的复杂公式。

另外，在 Google 中构建检索式时，如果返回的检索结果较多，公式中的多个参数在检索结果中分布较为零散，则可以尝试使用双引号进行短语搜索，例如将上述检索式修改为 "$bZ = mZ$（LR）$- aZmZ$（HR）" 以只返回包括 "$bZ = mZ$（LR）$- aZmZ$（HR）" 这一确切短语的结果。[1]

三、结　语

从上面的例子可以看出，对于公式，尤其是某些包含矩阵、角标的复杂公式，也存在一些有效的检索途径。虽然上述方法具有一定的局限性，但也为审查过程中进行公式检索提供了新的思路。在日常的审查实践中，要注重积累类似的检索经验和提取有用的信息，进一步寻找更多、更有效的检索手段。值得注意的是，上述案例虽然涉及图像处理领域，但容易理解，上述检索方法也适用于其他领域案件中公式的检索。另外，由于还有一些文献是以网页的形式发表的，因此在实际检索的过程中，可以使用 Google Web 代替 Google 学术搜索，以获得更全面的检索结果。

参考文献：

［1］利用搜索引擎检索现有技术［M］. 北京：知识产权出版社，2011：101 - 112.

浅谈 H02M 领域专利申请
针对性检索策略

王 迅 苏 菲① 方 蕾②

▌摘要▌H02M 小类分类号下主要涉及交直流变换装置及其控制方式，该领域专利申请涉及的专业技术知识较难、权利要求限定的技术特征较多，往往请求保护一种具体的电路结构图，导致检索要素难以提取。针对这类申请的特点，本文首先对 H02M 领域的申请概况进行了分析，梳理了 H02M 领域的发明申请的特点和检索的难点，然后以三个典型案例探讨了 H02M 领域专利申请的针对性检索策略。

▌关键词▌H02M　芯片型号　FT　检索

引　言

H02M 小类下主要涉及交直流变换装置及其控制方式，即用于电功率变换的电路或装置或者用于控制或调节此种电路或者装置的设备，其中包括变换装置的零部件、直流功率输入变换为直流功率输出（DC – DC 变换）、交流功率输入变换为交流功率输出（AC – AC 变换）、交流功率输入转换为直流功率输出或者直流功率输入转换为交流功率输出（DC – AC 或者 AC – DC）等领域，上述领域的专利申请的技术方案涉及的专业技术知识较难，通常要求保护一种电路拓扑，并限定为由基本的电路元件（如电阻、电容、电感、开关、控制器）的具体连接关系，权利要求限定的技术特征较多，篇幅很长。在实际审查中需要深入了解相关专业知识和扩展检索和仔细查阅文献，增加了检索的难度，客观上对检索提出了更高的要求。另外，随着各行各业对电力电子变换器需求的增加和研究热情的高涨，该领域的专利申请也是成正比激增，那么对于 H02M 领域针对性检索策略

---

①② 第二作者、第三作者对本文的贡献等同于第一作者。

的研究是非常重要的。

一、H02M 领域专利申请的特点及难点分析

H02M 领域申请量较大、专业技术性强，领域特点造成的检索难度尤为明显，下面从该领域的专利申请特点出发分析该领域的几个检索难点，为在后深入研究该领域针对性检索策略做下铺垫。

（一）H02M 领域专利申请的特点

1. 年申请量成逐年递增态势，技术更新较快

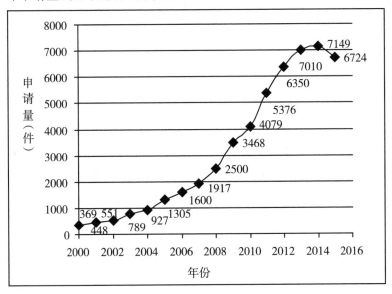

图 1　历年申请量趋势图

由图 1 可知，H02M 领域的申请量在 2007 年之前增加量较为缓慢，2007 年之后随着大功率开关器件的大量运用，该领域的申请量也维持高速增长。说明了近两年申请量下降是因为部分申请还未公开。

2. H02M 领域专业技术性强

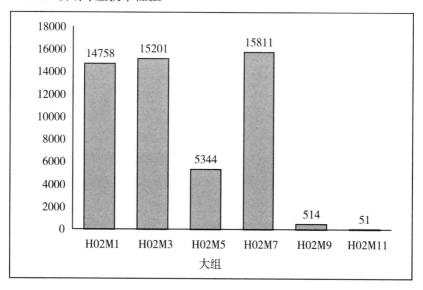

图2 各大组申请量分布

各个大组的总体申请量如图 2 所示，申请量主要集中在 H02M1、H02M3、H02M7，各约占总申请量的 30%，H02M5、H02M9、H02M11 整体约占总申请量的 10%。这与该领域的技术热点也是贴切的。各个大组下所涉及的技术领域专业技术性强，需要较深的专业技术背景，了解变换器或者电路的工作原理、功率流向以及所使用的开关器件的开关特性等，对达到本领域技术人员水平提出了较高的要求。

3. H02M 领域国别分布较集中

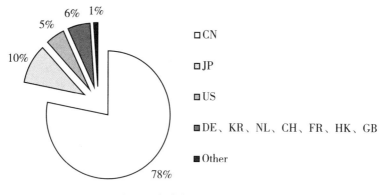

图3 申请人国别分布情况

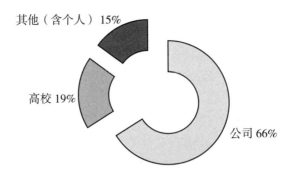

图 4　国内申请人分布情况

由图 3 可以看出，总体来看，国内申请人占了较大比重，达到 78%，国外申请人中以日本居多占 10%，另外一部分为其他国家（如德国、韩国）占 7% 左右。另外，从图 4 可以看出，国内申请人主要以公司申请为主，占比达到 66%，但高校、科研院所的申请比例也达到 19%，高校申请的技术方案更倾向于学术研究，对理论知识要求较高。另外，日本的申请人占比达到 10%，而且日本具有特色的分类体系 FT 分类号，由此可见，H02M 领域的检索除了常规检索之外，还要注重非专利数据库和使用 FT 分类体系进行检索。

（二）H02M 领域检索难点分析

H02M 领域发明申请的以上特点决定了 H02M 领域检索的特殊性，也导致在实际检索过程中存在的一些检索难点，主要包括以下几个方面。

（1）H02M 涉及交直流变换装置及其控制方式，基本上涵盖了电力变换的各种类型，尤其是具体的电路结构和电路工作原理，需要较强的专业技术知识，对检索员的要求较高。

（2）H02M 领域的 IPC 分类体系主要是根据变换类别进行划分，但电力电子技术发展至今，通常是一个方案中含有多种变换类别，如交直交变换，既含有交流—直流变换，也含有直流—交流变换，给分类造成一定困扰；另外，仅依据变换类别的划分不能体现技术方案的具体细节，使得通过 IPC 分类号进行检索很难获得有意义的结果。而且，H02M 领域的权利要求撰写方面存在着大量的功能性和细节性表述，如保护一种具体的电路拓扑，并限定为由基本的电路元件（如电阻、电容、电感、开关、控制器）的具体连接关系，权利要求的篇幅很长，造成提取、扩展关键词存在很大的困难。

（3）针对不同的技术方案，相关文献的分布会存在较大的差异。有些申请人为高校或者科研院所，相关的非专利对比文件占有较大比重。此时，若仅在专利数据库中进行检索，往往无法获得满意的结果，同时还可能会漏检。并且H02M涵盖的专业技术较多，需要通过教科书、学术论文等来达到本领域技术人员的水平，还需要充分利用互联网资源如维基百科、Google、百度、IEEE等来进行补充检索。

二、H02M针对性检索策略

检索是专利审查质量保证、效率保证的一个至关重要的环节，检索水平的高低直接决定着专利审查的质量和效率。基于前述H02M领域申请的特点和客观存在的检索难点，下面结合几个具体的实际案例来探讨下H02M领域针对性的检索策略和检索难点的解决方案。

（一）巧用核心芯片

在H02M领域申请中有一类权利要求保护一种具体的电路，并限定为由基本的电路元件（如电阻、电容、电感、开关、控制器）的具体连接关系。对这一类权利要求采用常规的电路元件为关键词进行检索噪声很大，且往往偏离检索方向；然而，分析电路领域的专利申请可以看出，随着集成控制芯片技术的发展，现在的电路大多以控制芯片为核心，配置相应的外围电路来构成智能化、小型化的电路拓扑。这一特点为该领域重新制定高效的检索策略提供了客观条件。在分析该领域申请的一些共性特点的基础上，笔者根据审查工作中的实际检索经验，发现在涉及电路图的有些专利申请中，以电路图的核心控制芯片的型号为突破口进行检索，效率较高且检索方向准确。

【案例1】在申请文件中给出明确的芯片型号结合专业学术数据库进行检索
申请号：200910252822.8
权利要求1：一种用于大功率可控硅整流开关的触发电路，其特征在于：该电路由限流滤波电路、光耦隔离电路和输出限流电路连接组成；所述限流滤波电路包括电阻R1、R3、R4，电容C1、C2、C3；所述光耦隔离电路包括光电耦合器U1、U2、U3；所述输出限流电路包括二极管D1、D2、D3，电阻R2、R5、R6；所述限流滤波电路中的电阻R1、R3、R4其各自一端与电源正极连接，另一端分别对应连接电容C1、C2、C3，电容C1、C2、C3各自两端分别对应连接光耦隔离电路中的光电耦合器U1、U2、U3，且其一端分别接地；所述光电耦合器U1、U2、U3输出端分别对应连接二极管D1、D2、D3，电阻R2、R5、R6；然后对应连接到 CNR、CNS、CNT 的端子 1、3 两端，1、3 端分别连接于可控硅的门极和阳极。

权利要求 1 保护的电路图为：

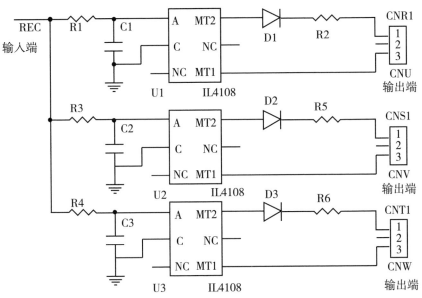

通过分析权利要求 1 可知，权利要求 1 的技术方案将电路图中各个元件之间的连接关系做了具体的描述。该电路以一个光电隔离电路为核心配置相应的电阻、电容、二极管等元器件，提供了一种结构简单、设计合理、应用简便的用于大功率可控硅整流开关的触发电路。

按照常规（分类号 + 关键词）检索思路：首先，领域方面，本申请给出的H02M7/12 并非表示触发电路，其他 H02M 或其他部的分类号中也没有具体表示触发电路的分类号。其次，在发明点方面，该电路由限流滤波、光耦隔离和输出限流组成，而核心部分为光耦隔离电路，而至于各个器件的连接关系，更是无法恰当表达，只能通过浏览附图的方式来寻找对比文件，浏览量较大。因此，优先考虑运用以芯片型号为检索入口的检索方式。

首先，通过阅读该申请说明书及其附图可以发现，电路图的核心光电耦合器的芯片型号为"IL4108"，因此，在外网 www.alldatasheetcn.com 以"IL4108"为关键词进行检索，查到其芯片资料以及该芯片的应用实施例，如下图所示：

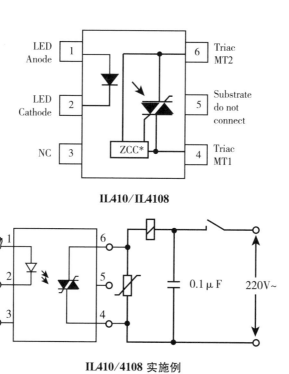

IL410/IL4108

IL410/4108 实施例

　　虽然芯片资料的内容结合公知常识可以进行评述，但芯片资料并未给出具体的应用领域，评述较牵强。考虑到电气专业学术文献中如果应用到上述芯片，则很可能出现类似的触发电路，且相关度也较高。

　　因此，在 CNKI、万方专业学术数据库中继续检索，以"IL410、IL4108"为关键词进行检索，但未发现合适的对比文件。但是在 www.alldatasheetcn.com 以"IL4108"进行检索时，在结果网页中存在与该芯片具有相同功能的芯片系列"MOC3080、MOC3081、MOC3082、MOC3083"。MOC 芯片系列与 IL410 系列的芯片在结构以及芯片管脚完全相同。

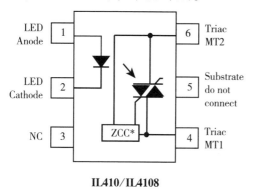

IL410/IL4108

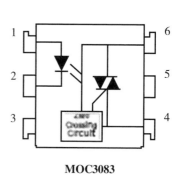

MOC3083

因此，在 CNKI 专业数据库中，以与"IL4108"具有相同功能和结构的"MOC3083"为关键词进行扩展检索时，在 6 篇检索结果中发现其中一篇《基于 MAX6675 的温度控制器设计》，该学术论文在其摘要信息中记载了"MOC3083"，并公开了以 MOC3083 为核心芯片大功率可控硅的单路触发电路的具体的应用形式，在此对比文件的基础上结合公知常识评述权利要求 1 的创造性，该案在一通后视撤。

小结：该案综合了非专利文献库检索、互联网资源检索和发明点合理扩展等特点，是 H02M 领域检索时常用的检索手段的缩影。在常规检索手段不容易得到对比文件的情况下，可以优先考虑在 www.alldatasheetcn.com 中以电路核心芯片的型号为检索入口，查找其芯片的相关资料，有可能直接找到合适的对比文件；若芯片资料不太适合作为对比文件，那么在非专利学术文献库中也可以芯片型号为检索入口查找相关的学术文献，并适当扩展与该芯片结构、功能相同的其他芯片型号作为检索入口，也有可能获得意外的收获。

（二）追踪 FT 分类号

日本的申请量在 H02M 领域约占 10% 的比例，且电路拓扑、结构及其相关的控制主要分在申请量占 H02M 领域约 60% 的大组 H02M3、H02M7 下。可见，日本专利在现有技术中占有比较大的分量，而日本专利分类法是日本专利局的内部分类系统，包括 FI、F–TERM 分类系统。F–TERM（简称 FT）分类系统是专门用于计算机检索的分类系统，是从技术主题的多个角度考虑分类类目，与 H02M3、H02M7 对应的 FT 分类 5H730、5H750，从目的、用途、变换器拓扑、输入输出、开关器件、信号检测、控制方式、保护等多个角度进行了细分，FT 在准确发达发明点上具有得天独厚的优势，可以有效避免单纯使用关键词所带来的噪音、漏检和检索精度差等缺点。获取准确的 FT 分类号主要有三个措施：（1）可以直接查找 IPC 对应的 FT 分类号；（2）可以在 VEN 进行简单检索，通过 m2 命令进行查询统计来确定；（3）在检索过程中注意相关中间文献给出的 FT 分类号。通过实践可知，利用上述三种措施获取的 FT 分类号对于涉及功能、结构、用途、电路具体细节相关的 H02M 申请进行检索，噪音低、效率高，是必不可少的检索手段。

【案例 2】利用中间文件确定 FT 分类号并进行检索

申请号：200910136406.1

权利要求 1：一种电子装置，其特征在于该电子装置包含：一整流单元，用以接收一交流讯号，并将该交流讯号整流后输出一整流讯号；一负载，与该整流单元电连接，并用以接收该整流单元输出的该整流讯号以进行动作；及一定电流单元，包括：一第一定电流电路，与该负载串联，当通过该负载与该第一定电流电路的电流达到一第一电流值，该第一定电流电路可藉由调整其自身阻抗，以维持通过该第一定电流电路与该负载的电流于该第一电流值，该第一定电流电路的跨压是恒低于一第一压降上限值，一第二定电流电路，与该负载串联，当通过该负载与该第二定电流电路的电流达到一第二电流值，该第二定电流电路可藉由调整其自身阻抗，以维持通过该第二定电流电路与该负载的电流于该第二电流值，该第二电流值较该第一电流值高，及一第一分支电路，与该第一定电流电路并联，当该第一分支电路的跨压大于等于一第一操作电压值，该第一分支电路可让电流由该第一分支电路通过，该第一操作电压值小于等于该第一压降上限值。

权利要求 1 保护的电路图为：

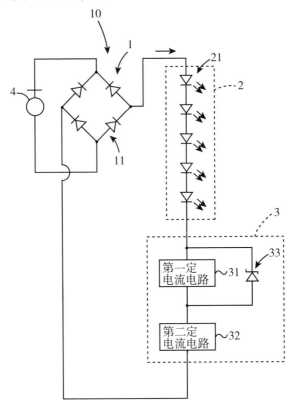

权利要求 1 的技术方案将电路图中各功能模块和元件器进行了表述，该电路以定电流电路和与之并联的齐纳二极管为主要改进点，并涉及连接结构和控制方式，且权利要求较长，给检索提供了不小难度。

该案为台湾申请，优先在 TWABS 中以发明名称检索到该案，查找到台湾发明人名称为 WANG，ZHENG－MING，在 VEN 中构造检索式：1 VEN 11（WANG 1w ZHENG 1w MING）/in，可快速找到台湾申请的美国和日本同族，查看美国和日本审查过程后发现两国均是全 A 授权。该种情况下，未盲从各国同族的肯定性审查结论，按照正常检索策略进行检索。

首先在中文库中并未检索到对比文件，随即转到 VEN 数据库进行检索：先进行简单检索，关键词 LED 定电流、串联

1 VEN 170（（led or（light 1w emit ＋ 1w diode?））s（constant 1w current）s（in 1w series））/ti

浏览过程中发现很接近本申请的现有技术的中间文件：JP2004207654A，其采用的是恒电流驱动方式，该中间文献为日本文献，需要重点关注其给出的 FT 分类号，核查发现在该文件给出的 FT 分类号中有针对 LED 进行定电流驱动的分类号为 5F041/BB06，另外，结合本申请说明书实施例中的元器件含有齐纳二极管，考虑到 FT 分类号通常会对技术特征进行进一步细分，翻看 FT 分类表进一步发现相关元件的下位分类：BB22 为电阻，BB23 为电感，BB24 为电容，BB25 为普通二极管，BB26 为晶体管，BB27 为其他元器件。本申请的齐纳二极管属于其他元器件范畴，因此，选用 BB27 作为限定。

在 VEN 中以下述检索式进行检索：

3 VEN 2485F041/BB06/ft and 5F041/BB27/ft

4 VEN 54（constant 1w current）and LED and 3（进一步缩小范围）

在 54 篇文献中检索到可以评价本申请所有独立权利要求新颖性的 X 文献 JP2007147668A。评述后相对于已经授权的美国和日本同族申请，申请人缩小了权利要求的保护范围。

小结：该案综合了台湾申请人追踪、简单检索、常规检索和中间文献追踪检索、FT 检索等特点，检索时运用了通过中间文件查找准确 FT 分类号的技巧，有效降低了关键词检索可能带来的噪音。由本案情形可见，FT 分类号对于电路结构以及电路控制方法的描述相对 IPC 分类号要相对准确，因此合理使用 FT 分类号进行电路领域相关技术方案的检索具有较好的效果。

（三）万变不离其宗

在 H02M 领域，基于基本的电路拓扑（如 Buck、Boost、整流、逆变）进行改进也是该领域申请的一个重要组成部分，在撰写权利要求时，申请人会对电路的连接结构进行具体的表述，且表述的术语也是各类各样，而容易让审查员忽视其电路的本质。通过各级检索交流发现，针对此类型的专利申请，审查员在提取基本检索要素也千差万别，若按照申请文件记载的内容提炼出的检索要素进行检索，检索结果很少，若将检索要素进行适当的扩展，带来的噪音又很大，审查员检索到相关的对比文件难度较大。对于该类申请，笔者遵循"万变不离其宗"这一原则，通过准确表达发明本质这一方式，有效规避申请文件带来的检索要素干扰，能够有效提高对比文件的检出率。

【案例 3】准确表述发明实质结合文献追踪进行检索

申请号：201220022725.7

权利要求 1：一种高效率的并网逆变电路，其特征在于，设置有半桥逆变器或三电平逆变器（11），以及不带 LC 输出滤波器的第一、第二 DC/DC 变换器（21、22）；还设置有第一、第二二极管（D1、D2），输出电感（L1），及串联的第一、第二电容（C1、C2）；外部太阳能电池板输出端的正极（PV+），分别通过所述第一二极管（D1）及所述第一 DC/DC 变换器（21），连接至所述半桥逆变器或三电平逆变器（11）的正极端；所述第一电容（C1）的第一端，也与所述太阳能电池板输出端的正极（PV+）连接；所述半桥逆变器或三电平逆变器（11）的负极端，分别通过所述第二二极管（D2）及第二 DC/DC 变换器（22），连接至所述太阳能电池板输出端的负极（PV-）；所述第二电容（C2）的第二端，也与所述太阳能电池板输出端的负极（PV-）连接；所述第一电容（C1）的第二端与所述第二电容（C2）的第一端的连接点，作为第一、第二电容（C1、C2）串联的中间节点接地设置；所述半桥逆变器或三电平逆变器（11）的零电平端，连接至接地设置的所述中间节点；所述半桥逆变器或三电平逆变器（11）的输出端，通过所述输出电感（L1）连接至外部电网。

权利要求 1 保护的电路图为：

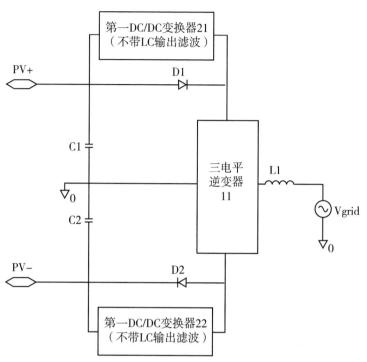

本发明的技术方案基于三电平逆变器通过在正负两极设置 DC/DC 变换器并联二极管的方式来实现一级 SPWM 变换，提高了变换器的工作效率，其权利要求涉及电路的连接方式和控制方式，基本检索要素很难基于申请文件准确提取，给检索造成很大的难度。

回顾该案的检索过程，笔者首先从电路改进点入手，该案为典型三电平逆变器，通过在正负极串入旁路二极管的 DC/DC 变换器作为电路改进点，将检索重点放在了上述改进点上，检索噪音很大。然后从效果入手，领域限定在具有中性点的并网逆变器依然没有得到合适的对比文件。此时回溯本案的发明构思为将原有的多级变换器变成一级变换，在逆变器领域本领域技术人员可知其实质为单级逆变器；从结构上来看，其实质为具有中性点的光伏多电平逆变器；因此，从发明本质的角度入手构建检索式：

发明构思实质：单级逆变器

1. VEN 273033（（（DC 1w AC）or（直 6w 交）or（direct + 6w alterna +））s（（？换器）or converter? or 装置 or 方法 or 变换 or transf + or device? or method?））or（逆变？or inverter?）or H02M7/ic

2. VEN 358（单级 or（single 1w stage?））and 1

3. VEN 249 2 not cn/pn

找到构思类似的中间文件 us2009046492，然后对该文件进行追踪可以得到评价本申请所有权利要求的 X 类文献：WO2011132206。

发明结构实质：具有中性点的光伏多电平逆变器

1. TXT 1244（photovoltaic or 光伏）and（（中 3w 点）or（neutral））and（inverter or 逆变）

2. TXT 117（（多 2w 电平）or（multilevel or（multi 1w level）））and 1

可以找到 CN102918759A　同族为 X 类文献 WO2011132206。

小结：该案虽权利要求表述详细，采用常规的主题 + 发明点的基本检索要素法的方式不容易得到对比文件，此时采用万变不离其宗的准确表达发明实质的方式来检索，发明点通过浏览文献的方式来确定，即使文献量稍微多一些，也是相对高效一种检索方式。H02M 领域中有大量类似的申请，采用上述检索策略是可以有效提高 X/Y 率的。

三、总　结

H02M 领域个案类型复杂多样，以上案例是结合 H02M 领域申请的特点和检索难点较为典型的几种情况，实际该领域的案子分布远不止这些，这里仅是抛砖引玉，观点难免偏颇和存在不完善之处，敬请指正。

参考文献：

［1］罗玮 . 浅谈涉及集成电路芯片的产品权利要求的审查［J］. 审查业务通讯，2011，17（4）：57 - 61.

［2］李玉红 . FI、F - TERM 在空调检索领域应用实例［J］. 审查业务通讯，2011，17（5）：62 - 66.

序号在电连接器领域检索中的应用

潘小明　符　渊① 田苏洁

▌摘要▌ 电连接器领域难以提取合适的关键词，IPC 分类也不是特别准确，导致该领域的检索存在一定的困难，而"第一""第二"等表示序号的词语在连接器等结构领域被广泛运用，但是在检索时，通常不被作为检索要素，笔者结合几个具体案例对利用序号在电连接器领域的检索进行探讨，希望对相关领域审查员的检索有所帮助。

▌关键词▌ 电连接器　检索　序号

引　言

在各类电子系统中，电连接器在器件与器件、组件与组件、系统与系统之间进行电气连接和信号传递，是构成一个完整系统所必须的基础元件，近些年，电连接器应用领域从传统的无线电通讯领域扩大到消费类电子产品、数据处理、能源交通、办公自动化以及作为工厂自动化部分的工业控制设备等领域，随之涉及的电连接器领域的专利申请量也相应地迅速增长。

一、电连接器领域检索难点以及将序号作为检索要素加以考虑的原因

（一）分类号难以确定

首先，电连接器领域（H01R）的 IPC 分类号分类体系复杂，而且部分分类号涵盖内容有重叠的部分，分类员在分类时可能会将某些相似申请归入不同的分类号下，有时还可能分入不同的部；其次，随着时间的发展，电连接器领域的发

---

① 第二作者对本文的贡献等同于第一作者。

明涉及的技术问题越来越细化，现有的 IPC 中没有可以体现发明点的分类号，只能将其归入比较上位的组。比如一点组 H01R13/46（底座，外壳），尽管该分类号下已经具有十几个小组，但归类在该组的专利数量仍然有一万余篇，想在其中找到满意的结果困难可想而知。

（二）关键词难以确定

电连接器领域的特点一方面是术语的不统一性，比如能够体现"凹槽"特征的关键词有凹槽、凹进、凹部、槽、孔、沟、开口等，而且本领域来自台湾地区和外国的申请量也较多，更带来了同样的部件名称不同或者翻译用语不规范等问题，审查员在检索时很难想到穷尽的表达，有可能因此错失合适的对比文件。

（三）将序号作为检索要素加以考虑的原因

电连接器领域的申请通常结构部件众多，为了将命名相同的结构部件进行区分，"第一""第二"等表示序号的词语被大量运用，另外，相当一部分申请的发明点也在于具有多个部件，所以如果存在对比文件，对比文件中也应该具有该多个部件，从对比文件申请人撰写的角度出发，为了进行清楚的区分，其通常也会采用上述表示序号的词语，所以在技术方案难以提取有效关键词的背景下，我们可以尝试用表示序号的词语加关键词进行检索，从而达到去除噪声，快速得到对比文件的效果。

二、案例分析与检索策略小结

【案例1】
申请号：2011101820273
名称：电子装置组
权利要求 1. 一种电子装置组，其特征在于包含：

支撑座，包含容器与第一电路，该容器具有开口、内侧面与内底部，该第一电路包含设置于该内侧面且邻近该开口的第一电极接触面与设置于该内底部的第二电极接触面；以及

电子装置，包含壳体与第二电路，该第二电路包含露出于该壳体外的第一电极与第二电极，其中，当该电子装置经过开口倾斜放置于该容器内时，该第一电极接触该第一电极接触面且该第二电极接触该第二电极接触面使该第一电路与该第二电路形成回路；

该第二电路更包含第一发光源，该壳体具有一透光面与一不透光面，该第一

发光源设置于壳体内部且面向该透光面。

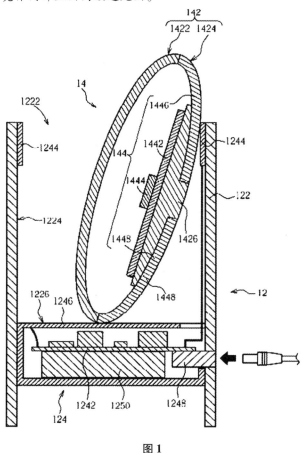

图1

1. 检索过程分析

　　在电连接器领域中，为了保持触点良好的电接触，通常都会在触点部分设置弹性夹持结构，而本申请中，电接触的两部分自然放置，利用重力实现电接触，构思并不常见，阅读该技术方案后，审查员通常会提取出壳体、容器、侧面、底面、壁部，倾斜，触点、光等关键词，但是这些关键词都是本领域常规的关键词，利用它们进行检索噪声极大，本申请的分类号 H01R 33/05 也比较宽泛，所以常规检索容易陷入困境，再来分析该技术方案，发现其核心是通过正负两个自然接触部分实现电路的导通，所以对比文件中也必然存在这两个触点，而申请人为了区分这两个触点，通常会用"第二"加以区分，所以通过分析，提取出了"第二触点"这个关键词，并尝试结合其余关键词进行检索。

2. 检索过程

编号	数据库	命中数	检索式
1	EPODOC	831.017	CONTAINER
2	EPODOC	1.714.411	BOTTOM
3	EPODOC	267.900	SIDE 2D WALL
4	EPODOC	47.946	SECOND 2D CONTACT
5	EPODOC	8	1 AND2 AND 3 AND 4
6	EPODOC	70	1AND 2AND 4

通过浏览检索式6，得到 X 文件 GB1313723。

3. 检索过程小结

序号由于本身没有实际意义，在检索中通常为审查员所忽略，但是通过分析上述技术方案可以得出，在其对比文件中，肯定存在两个接触部分，而申请人撰写时，为了区分，通常都会用到"第二触点"等类似表述，而"第二触点"相对于普通关键词"触点"极大的降低了噪音，从而迅速得到了对比文件。

【案例2】

申请号：2012101382273

发明名称：可改善输出波形的变压器及其改善输出波形的方法

权利要求1. 一种可改善输出波形的变压器，包括原边绕组、副边绕组，其特征在于：该变压器还包括第三绕组及电容，该原边绕组、副边绕组及第三绕组绕在一共同的铁心上，该第三绕组与该电容串联后与该原边绕组并联接到交流电源上。

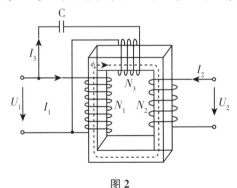

图2

1. 检索过程分析

通过权利要求的技术方案，审查员通常能够提取出变压器、线圈、绕组、电容、铁心、并联等关键词，但是这些关键词都是该领域中的常规关键词，通过其检索会发现浏览量极大，效率低下，我们再仔细分析该技术方案，其核心在于存在三个绕组，所以对比文件中也必然存在三个绕组，并从申请人撰写角度去思考，申请人为了区分三者，很大概率也会用上"第三绕组"的表述，所以提取出了关键词"第三绕组"。

2. 检索过程

编号	数据库	命中数	检索式
1	EPODOC	236.977	transformer
2	EPODOC	4.686	third 2d（winding or coil or wound）
3	EPODOC	1.017.481	capacit +
4	EPODOC	419	1 and 2 and 3
5	EPODOC	394.206	h01f/ic
6	EPODOC	71	4 and 5

通过浏览检索式6，得到 X 文件 JP2003229287。

3. 检索过程小结

权利要求中很难提取出有效的关键词，仔细分析技术方案后确定，对比文件中肯定也存在三个绕组，从申请人撰写的角度出发，为了清楚的区分三个绕组，很大可能也用到了"第三绕组"的表述，所以将其作为关键词提取，并结合其余常规的关键词和分类号，很快得到了对比文件。

【案例3】

申请号：2015102503156

发明名称：一种可竖插和侧插的插针机

权利要求1. 一种可竖插和侧插的插针机，包括机架、产品输送机构和竖向插针机构，所述产品输送机构包括用于输送产品的送料槽，所述竖向插针机构设置在所述送料槽的上方，其特征在于：所述插针机还包括设置在所述送料槽的外侧的侧向插针机构，所述侧向插针机构包括设于所述机架上用于夹紧金属线材的夹线机构、用于输送所述金属线材的送线机构和用于切断所述金属线材的切断机构。

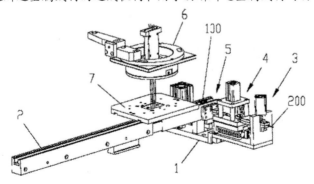

图3

1. 检索过程分析

通过权利要求的分析，我们提取出了插针机、插针设备、插针装置、竖向、侧向、送料、切断等关键词，但是这些关键词也都是比较常规的关键词，检索起来噪声较大，对技术方案进行分析，确定其核心在于具有两个插针机构，所以如果存在对比文件，其对比文件的技术方案中也应该具有两个插针机构，而申请人撰写时为了进行区分，很可能用了"第二插针"等类似表述，所以虽然在原始权利要求中没有出现表述序号的词语，但是在实际检索中，为了降低噪声，仍将"第二"作为检索要素。

2. 检索过程

编号	数据库	命中数	检索式
1	CNABS	410	插针机 or 插针装置 or 插针设备
2	CNABS	286	第二插针
3	CNABS	14	1 AND 2

通过浏览检索式3，得到 X 文件 CN204290006U。

3. 检索过程小结

在该案例的权利要求中，并没有出现"第一""第二"等表示序号的词语，但是从技术方案本身出发，确定其核心在于存在两个插针机构，而在其对比文件中，申请人撰写时可能采用不同于本申请的方式对这两个插针机构进行区分，考虑到利用"第一""第二"等词语来命名两个插针机构是常用的方式，所以提取出了关键词"第二插针"进行检索，并很快找到了对比文件。

三、结束语

"第一""第二"等表示序号的词语由于本身没有实际意义，在检索的时候通常不被审查员所采用，笔者结合具体案例的检索过程给出了分析技术方案，提取带序号的关键词，进行检索从而快速得到对比文件的过程，一定程度上证明了在检索时，序号也应该作为检索要素加以考虑的必要性，希望能够对相关领域的审查员的检索工作有所帮助。

浅谈检索工作中的几个误区

巩 瑜 胡丽丽①

▎摘要▎本文从实际案例出发，介绍了在检索过程中容易碰到的三大误区，具体包括：忽视了背景技术中所提出的其要解决的技术问题所属的具体技术领域；忽视在外网中检索申请的技术方案相关的行业发展状况；检索过程中不与同事进行交流，忽视掉现有技术中的技术线索。从而促使相关领域的专利审查员在检索过程中适时关注最新的技术发展趋势、行业发展现状、技术应用领域，并且建议通过与同事的交流获得相关的检索线索，从而更好地服务于专利审查工作。

▎关键词▎检索 误区 行业发展 技术领域

引 言

检索对于实审审查员来说，是判定专利申请是否具备新颖性和创造性的基本工具，也是从事复审工作的审查员判定具有争议的特征是否属于本领域的公知常识的有力工具。实际检索过程中，审查员往往需要灵活调整检索思路，以期最终命中最接近的现有技术。然而在实际工作中，审查员在检索时往往会陷入一些误区，从而错失检索到最接近对比文件的机会。以下，笔者将结合自己在实际审查工作中碰到的案例，谈谈在检索过程中应避免的误区。

一、检索过程中应避免的三个误区

（一）误区一

仅从权利要求所要求保护的范围出发构建检索式，忽视了背景技术中所提出的其要解决的技术问题所属的具体领域。

---

① 第二作者对本文的贡献等同于第一作者。

【权利要求】

1. 一种重定向到 Web 页面的方法，包括：

在第一设备接收到第二设备的域名 DNS 请求，且在所述 DNS 请求所请求的域名不是所述第一设备网关域名且满足重定向条件时，所述第一设备向所述第二设备发送所述 DNS 请求的响应消息，其中，所述响应消息中携带有本地预设的虚拟 IP 地址组中未使用的虚拟 IP 地址，所述未使用的虚拟 IP 地址是指还未用来重定向 DNS 响应包的虚拟 IP；

所述第一设备建立所述虚拟 IP 地址与满足重定向条件的所述域名的对应关系；

所述第一设备接收所述第二设备发送的 TCP 数据包后，使用指定 IP 地址替换所述 TCP 数据包中携带的虚拟 IP 地址，并根据所述指定 IP 地址转发所述第二设备与所述指定 IP 地址之间的交互数据包。

【技术问题】该方案所要解决的技术问题是提供一种重定向到 Web 页面的方法，以至少解决相关技术中由于 PC 浏览器的优化而导致的重定向过的域名，当不需要重定向时，在不清除 PC 浏览器缓存的情况下，在一段时间内仍会重定向的问题。

【检索思路】在构建检索式时，笔者一直将重点放在浏览器或网页的重定向过程中虚拟地址或虚拟 IP 的使用，或者浏览器或网页的重定向过程中有关域名解析的检索方向，并且也限定过该方案所属领域的关键词。检索式如下：

1	CNTXT	8	浏览器 and 重定向 and 3g and（虚拟 4d（地址 or ip））
2	CNTXT	811	（web 页面 or 网页）s（重定向 or 重新定向）
3	CNTXT	661969	无线通信 or 3g or 4g
4	CNTXT	144	2 and 3
5	CNTXT	10510	（虚拟 4d（地址 or ip））
6	CNTXT	4	4 and 5
7	CNTXT	16464	dns or 域名解析
8	CNTXT	42	4 and 7
9	CNTXT	102	4 not 8

【调整后的检索思路】然而，浏览上述检索结果却令人十分失望，检索结果中甚至连本申请的相关背景技术文献都没有命中。于是，笔者决定调整检索思路，重新阅读说明书背景技术后，笔者注意到，说明书背景技术部分中还提到了"数据卡、MIFI 等设备一般都需要一个用于设置的页面，通常是以 Web 页面的方式呈现给用户，当设备和 PC 连接时，用户在 PC 的浏览器中输入该本地域名或

网关 IP 即可打开设备的 web_ ui，对设备进行相关操作和设置"，由此可见，虽然本申请宏观上的技术领域是无线通信或 3G 或 4G，但更为具体的应用背景是针对使用数据卡或 MIFI 设备上网的方向，因而笔者重新构建了以下检索式：

CNTXT　　　　83　　　　　　　（数据卡 or mifi or 上网卡）and 重定向

该检索式检索结果并不多，只有 83 篇，经过浏览很快地找到了本申请最接近的现有技术，该现有技术为华为的一篇专利申请，阅读全文后发现在该专利申请的说明书的具体实施方式部分提到了"本发明以下实施例中的接入终端可以是路由器、家庭网关设备、无线路由器或无线上网卡（例如 USB modem）等，但不限于此"，这也解释了为什么通过上述检索式可以命中本申请最接近现有技术的原因。

【小贴式】检索过程中我们常常会将检索式构建的过于全面，希望检索式涵盖最主要的发明点，其实有时候将检索式进行一下瘦身，精准的限定在发明所应用的具体领域、具体设备上，往往会有事半功倍的效果。

（二）误区二

认为已经完全理解了申请的技术方案，因而没有必要在外网中检索申请的技术方案相关的行业发展状况。

【权利要求】

1. 一种便携设备，包括主机本体、与所述主机本体连接并相对于所述主机本体能够开合一定角度的显示器；其特征在于，所述主机本体上设置有触控板和模式切换键，所述主机本体内设置有主板，所述显示器的边框上设置有投影镜头，所述触控板、所述模式切换键和所述投影镜头与所述主板电性连接；

所述模式切换键用于切换所述主板和所述投影镜头的工作模式，所述工作模式包括键盘模式和屏幕触控模式；

所述触控板用于检测触控动作并生成触控信号；

所述投影镜头用于在所述键盘模式下向所述触控板投影虚拟键盘，和/或用于在所述屏幕触控模式下向所述触控板投影所述显示器显示的画面；

所述主板用于在所述键盘模式下以规定的键盘布局处理所述触控信号，并控制所述触控板起到传统机械键盘的作用；和/或用于在所述屏幕触控模式下根据所述显示器显示的屏幕画面内容处理所述触控信号，并控制所述触控板以实现屏幕触控。

【案情介绍】该案权利要求较长，其主要是通过在便携设备的主机本体的前壳设置触控板，触控板可以实现在键盘模式和屏幕触控模式切换，相应的投影镜头向触控板投影与上述模式相匹配的画面，由主板对不同模式下的触控信号的处理，从而实现键盘功能或屏幕画面触控功能，进而简化便携设备的触控功能的制备难度并降低成本。

【检索后确定的最接近现有技术】通过对该案的初步检索，笔者已经找到了该案最接近的现有技术。该现有技术也公开了一种便携式电脑，其可以在对应于平板电脑模式的触控输入系统和虚拟键盘输入系统间进行切换，且其显示面板上同样设置微型投影仪，用于在触控面板上投影出虚拟键盘的各个按键标识。该现有技术公开了该权利要求大部分的技术特征，其与该权利要求的区别仅在于：该权利要求中投影镜头还可在屏幕触控模式下向所述触控板投影所述显示器显示的画面；以及根据显示器显示的屏幕画面内容处理所述触控信号，并控制所述触控板以实现屏幕触控。

【如何通过对检索思路的调整获得 Y 类文献】上述区别主要是通过直接触控显示器投影出来的屏幕画面，来实现对显示器屏幕的触控操作。针对上述区别，笔者进行了多次检索尝试，均未命中可用的 Y 类文献，于是笔者尝试着在外网百度中输入了三个关键词"屏幕、投影、触控"进行检索，并且意外发现检索结果提示台湾地区和谷歌公司均有类似的技术申请了专利，于是笔者转战 S 系统的 TWABS 数据库，并构建了以下检索式：

TWABS？觸控 4d 投影

＊＊SS 1：Results 31

检索结果非常少，仅有 31 篇，笔者从中很快找到了一篇台湾地区申请，其公开的方案涉及投影单元将可携式电脑提供的影像信号投射于实体平面，使用者直接以手指对投影画面进行互动操控，可见，其公开的方案在这篇文献中的作用与上述区别在本申请中的作用类似，都能够不使用触摸屏而直接通过触控显示画面的投影画面进行互动触控，从而该篇文献可以用来结合评述本申请的创造性。

【小贴式】了解相关领域技术发展现状，区域性技术优势，针对处于技术领先地位的地区数据库或申请人进行检索，检索效果尤为突出。

（三）误区三

检索靠自己单打独斗就能完成，没有必要与他人交流。

【案例 1 权利要求】

一种悬浮对象的实现方法，包括：

1. 终端设备在触摸显示屏幕上悬浮显示所述悬浮对象，其中所述悬浮对象中包括用户配置的一个或多个功能按键，每个所述功能按键配置有操作指令；

以及

所述终端设备捕捉到所述用户对所述悬浮对象中的功能按键的操作时，产生并执行所述功能按键的操作指令。

【检索思路】阅读完该申请的说明书和权利要求书后，笔者首先想到的是曾经看到室内同事演示苹果手机的使用方法，并记得苹果手机上就有一个小白点，可以用来执行快捷操作。于是笔者询问该同事，这个小白点有没有官方名称，得知通常大家都把这个点叫作小白点或小圆点，还有一名同事说这个也可以叫作辅助触点。于是笔者在 CPRS 中构建了以下检索式：

（001） F PA 苹果公司 ＜hits：1665＞

（002） F KW 辅助触点＋小白点＋小圆点 ＜hits：702＞

（003） J 1 ＊ 10 ＜hits：0＞

但是检索结果却为 0，笔者反思，专利申请文件中通常不会出现过于通俗的用词，因而决定弃用"小白点"和"小圆点"，而辅助这个词加上触点会过于具体，因而只保留了"辅助"一词，并微调了检索式：

（004） F KW 辅助 ＜hits：117715＞

（005） J 1 ＊ 4 ＜hits：16＞

16 篇检索结果中，非常容易就找到了苹果公司的一篇专利申请，其内容就是苹果手机用户通过小白点来配置功能按键的相关实现手段，可以用来评述上述权利要求的创造性。

【案例 2 权利要求】

1. 一种描述信息的显示方法，其特征在于，包括：

对终端屏幕界面上的应用图标的描述信息进行隐藏；

根据检测到的用户操作行为，判断用户是否存在对所述描述信息的查看需求；

若存在，则在所述应用图标的关联区域内显示相应的描述信息。

【为同事提供检索思路】这是一件由笔者负责复查的 PCT 申请，当时审查员提交上来的 210 表中仅记录了 A 类文献，没有 XY 类文献，然而笔者阅读该案权利要求书后，发现权利要求 1 的方案与笔者所使用的锤子手机中所具有的桌面图标名称隐藏和查看功能完全相同，且由于笔者看过锤子手机的第一代手机的发布会，在该发布会上该企业就介绍过这项功能，因而笔者印象深刻。于是，笔者与该案主审进行沟通，并建议该案主审在外网中检索相关手机使用说明，该案主审后来在外网中顺利检索到名为"锤子手机桌面图标怎么隐藏"的文章评述了本申请的创造性。

【小贴式】多与身边的同事交流能开拓思路，你认为很难检索到的申请，可能有同事对该方面的技术早有耳闻，并能提供和指引最佳检索方向。

二、结　语

计算机和通信领域的技术发展可谓日新月异，作为相关领域的专利审查员应当时刻关注最新的技术发展趋势、行业发展现状，并在检索过程中关注相关技术的应用领域、技术领先地区和技术领先企业，从而帮助自己灵活调整检索思路，命中最适合的对比文件。

根据权利要求的保护范围扩展检索思路

程小梅

┃摘要┃检索是发明专利申请实质审查程序中的一个关键步骤，在一些专利申请中，仅凭权利要求的字面含义进行检索不易找到相关文件。本文通过两个案例，介绍了如何根据专利法中对权利要求保护范围的确定，扩展检索思路，检索到了密切相关的现有技术用来评述申请的主题不具备新颖性或创造性。

┃关键词┃权利要求　保护范围　扩展　检索　思路

引　言

检索是发明专利申请实质审查程序中的一个关键步骤，其目的之一在于找出与申请的主题密切相关的现有技术中的对比文件，以确定申请的主题是否具备《专利法》第 22 条第 2 款和第 3 款规定的新颖性和创造性。

检索主要针对申请的权利要求书进行，并考虑说明书及其附图的内容。审查员首先应当以独立权利要求所限定的技术方案作为检索的主题。这时，应当把重点放在独立权利要求的发明构思上，而不应当只限于独立权利要求的字面意义，但也不必扩展到考虑说明书及其附图的内容后得出的每个细节。

在一些专利申请中，由于权利要求对说明书内容进行了抽象化或者是权利要求来自外文翻译，仅凭权利要求的字面意义难于找到相关文献，这时就需要扩展检索思路。在本文中，通过一个案例申请介绍，结合专利法中对权利要求保护范围的确定，扩展检索思路，检索到了较为相关的现有技术，可以用来评述该申请的主题不具备创造性。

本文包括三个部分：第一部分简要介绍该申请的情况，第二部分介绍如何利用专利权的保护范围来扩展检索思路，第三部分总结。

一、案例介绍与最初检索思路

(一) 案例介绍

1. 案例1

申请号：CN2014100058036

发明名称：目标页面转化的处理方法和装置

申请人：北京国双科技有限公司

要解决的技术问题：以比特方式存储目标页面的转化结果，以解决现有技术中使用表结构存储目标页面转化结果的可扩展性较低的问题。

权利要求1：

一种目标页面转化的处理方法，其特征在于，包括：

接收对目标页面的配置信息；

监控页面访问，并在监控过程中根据所述配置信息记录所述目标页面的转化结果；以及

以比特方式存储所述目标页面的转化结果，其中，一个比特位表示一个所述目标页面的转化结果。

2. 案例2

申请号：CN 2012103424567

发明名称：用于便携式电子设备的触觉指示器

权利要求1：

一种方法，包括：

确定与便携式电子设备的功能相关联的状态；以及

激励触觉状态指示器将所述便携式电子设备的表面的非显示部分上的纹理改变一段时间，以指示所述功能的针对所述状态的级别值。

(二) 最初检索思路

(1) 案例1中，由于说明书的实施例中未对"目标页面转化"进行进一步的举例说明，最初检索时主要基于权利要求字面记载的"目标页面转化"进行搜索，在中文库中使用的关键词主要有：目标、页面、网页、转、变、换、比特、存储等关键词；但未检索到较为相关的对比文件。其中，检索到的与"目标页面转化"相关的文献大多是通常意义的页面转化，如页面语言、结构等转化操作；而这种转化操作却很少涉及对该转化结果的存储。为此，转换思路，重新

对权利要求的保护范围进行确定。

（2）案例2中，权利要求1记载的范围比较上位，根据其字面记载，最初使用的关键词有：便携、电子设备、功能、触、摸、指示、状态、级别；根据上述关键词未检到合适的对比文件；接着通过说明书的理解可知，设备的功能可以是电量、音量控制或电子消息递送等功能；非显示部分上的纹理改变可以是某个部件或部位的凸起；由于该权利要求涉及的内容比较具体细节，因此，想到中文全文库中检索，检索的关键词主要有：触觉、触感、感觉、反馈、触摸、触控、状态、电量、指示、外壳、表面、凸起；也未找到很合适的对比文件。为此，转换思路，重新确定权利要求的保护范围，并思考该权利要求所能够解决的技术问题。

二、根据专利权的保护范围来扩展检索思路

（一）专利权的保护范围

在理论上，存在两种不同的保护范围确定模式：一种是以英美为代表的"周边限定论"，指专利权的保护范围完全由权利要求的文字部分来确定；另一种是以德国为代表的"中心限定论"，指权利要求的文字所表达的范围仅是专利权保护的最小范围，可以以权利要求书记载的技术方案为中心，通过说明书及其附图的内容全面理解发明创造的整体构思，将保护范围扩大到四周的一定范围。

1977年生效的《欧洲专利公约》第69条第（1）款规定，一份欧洲专利或者欧洲专利申请的保护范围由权利要求书的内容确定，说明书和附图可以用于解释权利要求。

《欧洲专利公约》专门附加了一个关于该公约第69条的协定书，规定：第69条不应当被理解为一份欧洲专利所提供的保护由权利要求的措辞的严格字面含义来确定，而说明书和附图仅用于解释权利要求中含糊不清之处；也不应当被理解为权利要求仅起到一种指导作用，而提供的实际保护可以从所属领域的技术人员对说明书和附图的理解出发，扩展到专利权人所期望达到的范围。这一条款应当被理解为定义了上述两种极端之间的一种中间立场，从这一立场出发，既能为专利权人提供良好的保护，同时对他人来说又具有合理的法律确定性。

《专利法》第59条规定：发明或者实用新型专利权的保护范围以其权利要求的内容为准，说明书及附图可以用于解释权利要求的内容。

由此可见，在上述的最初检索思路中，仅局限于权利要求的字面记载过于狭隘，局限了检索思路的扩展。

（二）检索思路扩展

（1）在案例 1 中，为了扩展检索思路，应对权利要求的保护范围有更准确地认定。为此，应加深对说明书的理解。通仔细阅读说明书，发现，虽然说明书中未对"目标页面转化"进行进一步的举例说明，可是，在背景技术中却记载有这么一句：在互联网数据处理过程中，如果某个会话中某个页面访问的 URL 符合用户配置的目标页面规则，即将此会话设为目标页面转化的会话，后续可以通过查询该会话来确定目标页面转化与否。从中可得出，如果页面符合用户设定的规则，则该页面就为目标页面转化。这一概念非常的上位，使用这种很上位的关键词有时反而不容易搜索到相关文献。为了获得其较为具体下位的含义，我们去外网对"转化目标页面"进行搜索，并获得相关介绍："转化目标，也叫做转化目标页面或目标页面，指商户希望访客在网页上完成的任务，如注册、下订单、付款等所需访问的页面；转化可以指潜在客户：①在网页上停留了一定的时间；②浏览了网页上的特定页面，如注册页面，'联系我们'页面等；③在网站上注册或提交订单；④通过网站留言或网站在线即时通讯工具进行咨询；⑤通过电话进行咨询；⑥上门访问、咨询、洽谈；⑦实际付款、成交。"

为了更为精确地理解申请人实际想要表达的含义，我们从该申请的申请人"北京国双科技有限公司"入手，看申请人主要是做哪些产品。通过其网站介绍了解到这家公司的一些案例涉及精准广告投放；继而想到，目标页面转化也可以是浏览网页上的特定页面；因此将上位的目标页面转化换成比较下位的关键词："点击""投放""访问""广告"；然后再加上"比特""存储"关键词，在中文全文库中找到了一篇密切相关的现有技术。

（2）在案例 2 中，虽然说明书中未记载方案所要解决的技术问题，可是本领域技术人员基于说明书实施例的理解，易于想到，这种通过触摸凸出的方式而不是通过视觉方式指示电量的多少，通常可以用在盲人或视力有障碍的群体身上。基于这个思路，在中文文摘库中，输入关键词：盲人、触、摸、电量，找到了可以评述权利要求 1 新颖性的现有技术。

三、总　结

权利要求保护范围的确定，有时不能仅限于权利要求书字面上的记载，还需要结合说明书甚至本领域公知常识；在进行检索时，对于权利要求中涉及的比较上位或不是很熟悉或含义不明确的术语，可以尝试通过外网对该术语进行搜索，也可以结合申请人的产品，进而找到比较常用且比较下位的关键词以进行进一步搜索；有时还可根据方案实际所能解决的技术问题和所能达到的技术效果重新确定关键词以进行进一步搜索。

参考文献：

［1］中华人民共和国国家知识产权局．专利审查指南［M］．北京：知识产权出版社，2010：204 – 205．

［2］尹新天．中国专利法详解［M］．北京：知识产权出版社，2010：555 – 578．

CPC 分类系统在电缆领域的检索应用

王　娜　李　英①　孙长欣

█摘要█联合专利分类系统（CPC）由美国专利商标局和欧洲专利局联合研发，该系统取代两局原有的分类系统，以 ECLA 为基础，与国际专利分类系统（IPC）保持一致，但内容更加详尽，包括约 25 万个分类号。从国际发展趋势来看，CPC 将极有可能取代 IPC 从而成为最通用的国际分类系统。近年来，电缆领域（H01B）的专利申请量快速增长，对专利分类、审查、管理与利用等方面提出了更高的要求和挑战。本文对电缆领域（H01B）的 CPC 分类号进行了研究，介绍了电缆领域 CPC 分类的特点，并结合该领域具体案例探讨了 CPC 分类在检索过程中的特点和优势。

█关键词█CPC 分类　检索　电缆

引　言

精细、合理的分类系统不仅可以使得专利分类更加准确、合理，还可以有效提高分类号检索的精度和效率，极大地弥补仅使用关键词检索所带来的局限与不足，从而极大地促进专利信息传播的便捷高效和专利信息管理的简单条理等。美国专利商标局和欧洲专利局于 2013 年 1 月 2 日正式发布并开始实施研发联合专利分类系统（Cooperative Patent Classification，以下简称 CPC，以下简称 CPC）。该系统取代两局原有的分类系统 ［即 ECLA（EPO Classification，欧洲专利分类体系）和 USPC（U. S. Patent Classification，英国专利分类体系）]，以 ECLA 为基础，与国际专利分类系统（International Patent Classification，IPC）保持一致，但内容更加详尽，包括约 25 万个分类号。

CPC 分类表分为 9 个部（A～H，Y）。A～H 部 CPC 类号由主干类号和引得

---

① 第二作者对本文的贡献等同于第一作者。

码（2000 系列）组成。主干类号既可标引发明信息，也可标引附加信息，由 ECLA 类号和镜像 ICO 转换而成；引得码（2000 系列）只能用于标引附加信息，由细分 ICO、垂直 ICO 和 IPC 引得码转换而成。Y 部是 CPC 分类表中比较特殊的部分，由 ICO 的 Y 部直接移植过来，用于标识新技术的发展，如防止和应对全球气候变暖、温室气体减排等新兴技术，此外还包括 UC 分类号中交叉文献的参考号和别类类号。Y 部类号的使用规则与引得码相同，也只能用于标引附加信息。[1-3]

本文对 CPC 分类号在电缆领域（H01B）检索实践中的应用进行了研究，分析了该领域中 CPC 分类系统的分类特点，并结合实际案例探讨了 CPC 分类号对检索效率提升的重要意义。

一、电缆领域的 CPC 分类号特点

世界电线电缆的生产与消费主要集中在工业比较发达的欧洲和北美国家，其次是亚太地区。近年来，一个明显的趋势是世界电线电缆的生产重心向亚洲转移，亚太地区是目前电线电缆生产与消费增长最快的地区。在我国，仅次于汽车制造的产业，就是电线电缆行业。因此，利用知识产权打造核心竞争力，加强知识产权保护意识，对于国内的电缆企业也具有重要的意义。

电缆领域在分类表中所在的位置是 H01B 小类，下表是 H01B 小类的 IPC 与 CPC 细分条目的对比。

表 1　H01B 小类的 IPC 与 CPC 细分条目对比

分类号	IPC 细分条目数	CPC 细分条目数	CPC 新增条目
H01B1/	12	20	8
H01B3/	29	67	38
H01B5/	8	18	10
H01B7/	26	124	98
H01B9/	3	34	31
H01B11/	11	53	42
H01B12/	8	8	0
H01B13/	21	127	106
H01B15/	0	5	5
H01B17/	33	45	12
H01B19/	2	2	0
总计	153	503	350

H01B 小类的 CPC 分类表新增条目达到 350 条，相当于现有 IPC 中的条目总数的两倍多，极大地丰富了该领域的分类，并且 CPC 分类系统在技术的分类上更为细化、技术领域更为全面、文献的分布也更为合理。从上表可以看出：H01B 小类的 CPC 新增的条目主要集中在本领域内技术比较复杂或者技术更新比较快的大组中，例如按形状区分的绝缘导体或电缆、制造导体或电缆制造的专用设备或方法、通信电缆或导体、电力电缆、用于回收电缆废旧材料的设备或方法。

电缆领域中 CPC 分类号具有以下特点：技术覆盖全面性、技术发展前沿性、技术扩增合理性等。CPC 分类系统在原有 IPC 体系中做了大量的技术细化。技术细化分支出现，体现了当前技术领域发展的热点和焦点，体现了发明创新活动的趋势。

如 H01B9/00（电力电缆）下面新增了 5 个一点组细分：H01B9/001 涉及为电焊机和电弧炉的电极提供电力的电缆；H01B9/003 涉及包括通讯线和电力控制线的电缆；H01B9/005 涉及包括光传输部件的电缆；H01B9/006 涉及导体的结构特点；H01B9/008 涉及上述集中电缆的应用。而上述新增分类的出现与电缆技术的发展相呼应，事实上，在电子产品发展日益蓬勃的今天，出现了多种类型的电缆，如集成了光纤从而可以进行光传播的光电复合缆，并且随着全球向 4G 等高速宽带网络发展，各种适应不同通讯要求的电缆也相应的出现并成为当前的热点。那么单纯的传输电力的电缆分类已经不能满足需求，需要增加多种类型电力电缆类型来体现技术的发展。从下面 H01B15/00 技术细化的分解也可以看到，CPC 分类系统顺应了当前发明创新的趋势和要求。H01B15/00（用于回收电缆废旧材料的设备或方法）是一个非常特殊的领域，它在 IPC 分类表中是没有细分，可能因为之前的文献量很少，没有被视为一类而将文献归为其中。但是随着世界铜资源的越来越紧缺，电缆的回收作为一个新兴的产业发展起来了，通过电缆回收可以得到作为电缆导体的铜和其他的贵金属或稀有金属，并且废旧电缆绝缘皮也具有一定的利用价值，因为在这些绝缘层中有一层静电隔离层，是可回收再利用的材质，因此，在 CPC 分类系统中对该分类进行进一步的细分。H01B15/00 下面新增了四个一点组：H01B15/001 涉及使用冷却方法回收电缆；H01B15/003 涉及使用加热方法回收电缆；H01B15/005 涉及使用切割方法回收电缆；H01B15/008 涉及使用粉碎方法进行回收。

二、CPC 分类在电缆领域的检索应用

由于 CPC 分类具有准确性高、噪音小等特点，所以在了解了本领域的 CPC 分类特点后，检索的时候可以优先考虑使用 CPC 分类号进行检索，这样可以避免关键词选取不正确、近义词考虑不全面和翻译不准确等带来的漏检。下文结合电缆领域的具体案例来说明 CPC 检索的优势和特点。

（一）案例一

权利要求：一种 RJ45 线缆，它包括最外层的绝缘套管（1）、四对双绞线（2）和分线支架（3），分线支架（3）和四对双绞线（2）容置在绝缘套管（1）内，分线支架（3）包括四块完全相同的沿 RJ45 线缆长度方向延伸的分隔板（3.1），四块分隔板（3.1）的各一侧相互连接，每块分隔板（3.1）与相邻的分隔板（3.1）垂直，四块分隔板（3.1）将绝缘套管（1）内腔分成四个象限，每个象限内容置有一对双绞线（2），其特征在于：分线支架（3）还设有四块完全相同的沿 RJ45 线缆长度方向延伸的撑片（3.2），每块撑片（3.2）固定在一分隔板（3.1）的外端，每块撑片（3.2）沿着与其固定的分隔板（3.1）的中线对称。

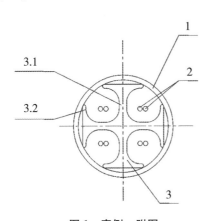

图 1　案例一附图

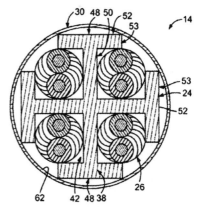

图 2　案例一对比文件附图

1. 确定基本检索要素

本案例涉及一种网线结构，该网线使用了具有一定形状的缆线间隔件将对绞线之间进行间隔，从而达到提高缆线之间防串扰的功能，独立权利要求则是对该电缆间隔件具体结构的描述。基于上述分析，可以确定本申请的发明点在于使用

特定结构的间隔件对同一缆线中的多对对绞线进行分隔，再结合本申请的主题名称"RJ45 线缆"，可以确定基本检索要素如下：

检索要素 1：电缆；

检索要素 2：使用特定结构的间隔件对同一缆线中的多对对绞线进行分隔。

2. 检索过程

使用 IPC 分类号与关键词相结合进行检索。本申请通过使用具有一定形状的缆线间隔件将对绞线之间进行间隔，从而达到提高缆线之间防串扰的功能，因此考虑从 H01B11/00 这一大组入手。然而，在 IPC 分类系统中，能够体现该检索要素的仅有一个分类号：

H01B 11/06 带有减小电磁干扰效应或静电干扰效应的装置的，如屏蔽。

由于 H01B 11/06 这一个二点组涵盖了所有电缆防电磁干扰相关的专利文献，截至 2014 年 6 月，该分类号下共有四千多篇文献。因此，单纯使用该分类号进行检索过于笼统，必须结合相关关键词才能进行有效的检索。针对上述检索要素进行扩展，检索要素 1 可以扩展为：电缆、线缆、网线、电线；检索要素 2 可以扩展为：分隔、分离、间隔、隔离、串扰、干扰。使用上述 IPC 分类号和关键词相结合进行检索，但是检索结果不理想，检出的文件中相关的现有技术很少，大部分现有技术都不包含间隔件结构。接下来调整检索思路使用全文库进行检索，在全文库中单纯使用关键词进行检索，尝试了很多遍，检索结果仍然不理想，检索结果中没有集中的出现相关现有技术，仅是在大量的非相关现有技术中夹杂了少数现有技术，并且没有对比文件出现。继续调整检索思路，使用 CPC 分类号进行检索，同样使用 CPC 分类号 H01B11/06 在 EPODOC 中进行检索，该分类号不是 CPC 分类对 IPC 的细分，而是 IPC 原有的分类条目。但是使用该 CPC 分类号进行检索，效果大大不同，检索到的文件大部分都是具有间隔件的相关文件，包括各种形状的间隔件，其中找到了一篇 X 文献（US2011/0174531A1）。

3. 检索结果分析

可以看到检索时使用的 IPC 分类号与 CPC 分类号相同，但是检索结果却相差很大。通过对比上述检索结果中的文献发现，使用相同的 CPC 分类号和 IPC 分类号在 EPODOC 中进行检索，虽然 IPC 分类号检索到的文献量更大（因为目前 CPC 分类仅对部分国家的专利文献进行了分类，而 IPC 分类则是针对所有国家的专利文献进行了分类），但是使用 CPC 检索到的文献相关度更大，并且注意到最终检到的对比文件的 IPC 分类号为 H05K，说明该文件的 IPC 分类号是不准确的，这也是为什么使用 IPC 分类号检索不到该对比文件的原因。由此可见，CPC 分类号的一个重要特点是采用人工分类使分类的准确度大大提高，其对之前的文献进行重新分类的过程中纠正了一些文献的分类位置，因此使用 CPC 分类进行检索将会大大提高准确性，减小漏检的可能性。

（二）案例二

权利要求：一种电缆石油膏填充装置，包括石油膏泵、用于对石油膏进行加热的加热器和用于储存石油膏的箱体，所述箱体内设有加压管，所述加压管用于对穿过其管体的电缆进行加压填充，石油膏泵连接有出油管和进油管，石油膏泵的出油管与加压管连通，石油膏泵的进油管与箱体连通，其特征在于：所述加热器为两个红外线加热板，分别安装于箱体垂直于电缆穿设方向的两对的外侧面上。

1. 确定基本检索要素

该案例涉及一种电缆石油膏填充装置，相对于现有技术的发明改进在于该填充装置的加热器置于装石油膏的箱体的外侧，从而达到容易更换加热器的功能。基于上述分析，可以确定基本检索要素如下：

检索要素 1：电缆石油膏填充装置；

检索要素 2：加热器位于石油膏的箱体的外侧。

2. 检索过程

使用 IPC 分类号与关键词相结合进行检索。本申请涉及电缆石油膏填充装置，注意到 IPC 分类号中有一个分类与该案非常相关：H01B 13/32·用不透水材料填充或包覆。使用该 IPC 分类号进行检索，发现该分类号下的文献有两千多篇，于是进一步结合关键词进行检索。针对检索要素扩展关键词，检索要素 1 可以扩展为：电缆、石油膏、填充；检索要素 2 可以扩展为：加热、箱、外、分、隔。但是检索结果中均没有涉及发明点的现有技术。考虑到该发明点比较细小，并且发明高度不是很高，因此考虑使用针对该发明点的关键词在全文库中进行检索，检索结果仍然不理想，没有出现对比文件。继续调整检索思路，使用 CPC 分类号进行检索，注意到在 CPC 分类中对于 H01B 13/32 进行细分，其中一个两点组 H01B 13/322 ··｛the material being a liquid, jelly-like or viscous substance｝（填充物质为液体、果冻状或粘性物质）与本申请更相关，使用该 CPC 分类号在 EPODOC 中进行检索，检索结果为三百多篇，直接浏览从中找到 X 文件（JP 特开昭 49 – 15972A）。

3. 检索结果分析

通过该案例的检索可以看出在使用关键词进行检索的过程中容易引入较大噪声，该案例就是由于在选用关键词的时候不够全面和准确，导致在使用关键词对

IPC 分类号的检索结果进行进一步限定的过程中，将对比文件遗漏。而在查找 CPC 分类号的过程中发现，基本检索要素表中的部分检索要素在 CPC 分类中具有明确的分类位置，因此在 EPODOC 数据库中使用 CPC 分类号进行检索，使检索结果的文献量大大减小，不需要进一步使用关键词进行限定就可以进行浏览查找，结果获得了一篇 X 类对比文件。通过对比可以看出，使用 CPC 分类号进行检索相对于使用关键词进行检索具有更加便捷和更加高效的优点。

三、结　论

使用细致准确的分类系统进行检索可以有效地规避关键词检索的缺陷，降低现有技术漏检的风险，提高检索的命中率，CPC 分类系统在迅速锁定有效的对比文件方面有着非常显著的优势。通过电缆领域的实际检索案例可以看出，学习 CPC 分类系统，并应用到检索实践中，将会大大提高检索的命中率和效率。CPC 分类系统在全面性、细致性、文献分布合理性等各个方面具有极大的优势。但是目前 SIPOABS 数据库中含有 CPC 字段的文献量比 EPODOC 数据库中的文献量明显偏少，直接使用 CPC 分类号进行检索，有漏检的可能。因此，希望随着相关数据库的不断完善，广大审查员能够更加有效地利用 CPC 分类系统。

参考文献：

［1］ Cooperative Patent Classification （CPC） scheme essential new features. CPC News. October 2012. www. cpcinfo. org/publications.

［2］Cooperative Patent Classification （CPC）：EPO and USTPO bilateral classification system. www. cpcinfo. org/publications.

［3］Cooperative Patent Classification （CPC）：General Introduction into CPC. www. cpcinfo. org/publications.

半导体测试技术领域分类号浅析

陆　然　李　静

┃**摘要**┃半导体测试技术作为半导体技术中的重点领域，具有分类号涉及广、关键词识别度低的特点，造成了检索中的困难。本文通过梳理相关分类号，以此尝试降低检索噪音，提高检索效率。

┃**关键词**┃半导体测试　检索　CPC 分类号　F – Term 分类号

引　言

半导体测试技术是半导体制造业中重要的技术分支，近些年来随着微电子工业的迅猛发展，半导体器件的特征尺寸不断减小，半导体的集成度以惊人的速度增长，半导体产品的结构日益复杂化，性能参数越来越高。通过专业化的半导体测试工艺对产品在整个加工过程中进行测试和判断，是提供合格的半导体产品的必要步骤。截至 2016 年 7 月月底，在 DWPI 数据库中进行检索，有关半导体测试技术的专利申请约 16 万件。其中，有中文同族的约 3.5 万件，申请量较大。对于该领域的技术原产国进行分析，按照专利申请量的数量，该领域主要的技术原产国依次是日本、韩国、美国、中国。

半导体测试技术的专利申请具有以下的特点：（1）半导体测试的基础技术已经比较成熟，开拓性发明比较少，专利申请多为具体操作步骤或设备地改进；（2）IPC 分类号涉及广泛，且比较粗略；（3）关键词归纳比较困难，检索时关键词识别度比较低。

在检索中合理使用分类号进行文献范围的限定，是一种有效提高检索效率的方法。当选择了某一分类体系之后，在检索时通常首先选择最准确、最下位的分类号进行检索，但如果同时存在多个非常相关的分类号，也可以一并检索。如果没有检索到合适的检索结果是，应该考虑扩展分类号。而扩展分类号往往需要检索人员对该领域的分类号有一定的了解。

针对该领域的技术现状和专利申请情况，本文通过对半导体测试技术的分类以及 IPC、CPC、FT 分类号的梳理和对比，为提高半导体测试技术领域的检索效率提供了基础。

一、半导体测试技术领域相关 IPC 分类号

IPC 是国际通用的专利文献分类和检索工具，其对海量专利文献进行了系统的分类。在半导体测试技术领域，利用 IPC 分类号进行检索具有文献覆盖全面，但是分类号分布范围广、细分针对性较低的特点。

笔者对于半导体测试领域的相关 IPC 分类号进行了梳理，如表 1 所示。

表 1　半导体测试技术相关 ICP 分类号

IPC 分类号	含义
H01L21/66	制造或处理过程中的测试或测量
H01L23/544	加到半导体器件上的标志，例如注册商标、测试图案
G01R31/26	对单个半导体器件（电磁性能）的测试或测量
G01B	对尺寸、表面、轮廓的测试
G01N21/00	借助光学（红外、UV 等）来分析测试材料
H02S 50/00	光伏系统的监测或测试

半导体测试领域涉及了 H 部和 G 部的多个分类号，其中 H01L21/66（制造过处理过程中的测试或测量）在 IPC 分类体系下，并没有对该小组分类号进行细分，而这部分技术内容恰恰正是半导体检测技术领域的主体内容。因此，以该分类号作为入口进行检索，如果不能找到识别度比较高的关键词配合进行检索，往往会造成命中结果过多的问题。虽然 IPC 分类号中 H01L23/544、G01R31/26、G01B、G01N21/00、H02S 50/00 也都从检测采取的手段、检测的参数以及被检测的元件进行分类，并且 G01R31/26、G01B、G01N21/00、H02S 50/0 分类号都具有下位的细分，但是对于半导体测试技术领域 IPC 分类号并没有给出具有完整体系的分类号，IPC 分类号的分类体系比较零散且缺少细分。基于 IPC 分类号作为检索入口的检索，往往存在噪音大的问题。虽然 IPC 分类号在分类的细化程度上有所欠缺，但是其作为通用性最高的一种分类号，当其他检索途径均未获得有效对比文件时，采用 IPC 分类号的扩展检索是保证半导体测试技术领域检索全面性的必要手段。

二、半导体测试技术领域相关 CPC 分类号

为了提高检索的效率，我们需要寻找一种体系更加完整、分类更加具体的分类体系来作为检索入口。CPC 分类号是在编排方式上接近 IPC，分类覆盖范围更广，分类条目更细，并且更新迅速的分类体系。CPC 主干类号由 ECLA（160000 条目）和 UC 中涉及商业方法的 375 个条目组成，CPC2000 系列（即 CPC 引得码）由 ICO（EPO indexing codes）、IPC 引得码和先前在 ECLA/ICO 中的重要 KW 组成[1]。对比在半导体测试领域 IPC 分类号分类条目比较宽泛的情况，我们来看一下该领域的 CPC 分类号情况，如表 2 所示。

表 2　半导体测试技术相关 CPC 分类号

CPC 分类号	含义
H01L22/00	制造或处理过程中的测试或测量
H01L21/67005	非专用于其他地方的设备（包含检测设备）
H01L 51/0031	光电器件的测试
H01L 2225/06596	用于测试的结构布置
G01R31/26	对单个半导体器件（电磁性能）的测试或测量
G01B	对尺寸、表面、轮廓的测试
G01N21/00	借助光学（红外、UV 等）来分析测试材料
H02S 50/00	光伏系统的监测或测试

CPC 分类号相比于 IPC 分类号，其最大的改进就是将 IPC 分类号中的未进行细分的 H01L21/66 变化为 CPC 分类号中的 H01L22/00 小组，并且对其进行了进一步的细分。在 H01L22/00 小组下，分别从测试步骤在制造工艺中的设置情况、测试步骤对结构的影响、测试性能参数的类别几个方面进行了细分，具有 3 个 1 点组以及 7 个 2 点组。相对于 IPC 分类，CPC 在半导体测试领域的分类体系相对系统、具体。

CPC 分类号还提供了其他一些关于半导体测试技术的细分，除了与 IPC 分类方式相同的 G01R31/26、G01B、G01N21/00、H02S 50/00 等分类号以外，光电器件的测试被分入了 H01L 51/0031，H01L21/67005（非专用于其它地方的设备）也包含检测设备的内容；在 CPC 引得码 H01L21/67005 还包括了用于测试的结构布置的内容。上述这些 CPC 分类号，可以作为 H01L22/00 的补充。

此外还需要注意，对于"测试图案"的相关内容，在 IPC 分类体系中被分在 H01L23/544（加到半导体器件上的标志，例如注册商标、测试图案），而在 CPC 分类体系中，H01L23/544 明确规定了用于表征或监测制造工艺的测试图案入 H01L 22/00，也就是说，该部分内容也被整合在 H01L22/00 的测试相关 CPC 小组下。因此，对于这测试图案部分内容可以考虑首先从具有明确细分的 IPC 分类号 H01L23/544 入手，再扩展到 H01L22/00 分类号下补充进行检索。

CPC 分类号相对于传统的 IPC 分类相比，已经初步形成了具有细分的系统分类体系，并且由于 CPC 更新迅速的特点，在未来存在进一步细分优化的可能性，因此采用 CPC 作为检索入口不失为一种有效的检索途径。

三、半导体测试技术领域相关 F – Term 分类号

日本是半导体测试技术的主要技术输出国之一，因此除了 IPC 和 CPC 分类号之外，F – Term 分类号也是非常好的检索手段。并且 FT 分类表由主题码、视点符及数字位符构成了多方位、多角度的立体分类网络，更加适合在半导体测试技术领域使用。半导体测试技术的相关 F – Term 分类号如表 3 所示。

表 3　半导体测试技术相关 F – Term 分类号

主题码	视点符及含义	视点符及含义
4M106 半导体的测试与测量	AA00 对象	DB00 外观和图案的检测装置
	AB00 检测元件的细节	DC00 引线检测装置
	AC00 测试电路	DD00 晶片及探针（接触式检测装置）
	AD00 焊垫（电极）	DE00 非接触式检测装置
	BA00 手段	DG00 搬运装置
	CA00/CB00 检测内容	DH00 其他检测装置
	DA00 鉴别故障元件的装置	DJ00 装置的通用元件

主题码 4M106（半导体的测试与测量）对应于 IPC 的 H01L21/66 以及 CPC 的 H01L22/00，该主题码下包含了 AA00 ~ DJ00 的 14 个视点符，共 346 个具体分类位置，相比已经在 IPC 基础上进一步细分的 CPC 分类号，F – Term 依然具有明显的细分位置的优势。此外，从分类的角度来看，F – Term 除了从测试的内容、手段进行分类之外，还从测试用的对象、装置、设备角度进行了分类。而反观 IPC 和 CPC，这两种分类号缺少测试设备维度的专属细分，对于测试对象类型

的分类也并不完整。对检索来说,详尽、准确的分类号无疑是非常有帮助的检索工具。F-Term 从技术的多个侧面,如测试的内容、手段进行分类、测试用的对象、装置、设备角度等进一步细分,因此在半导体测试技术领域可作为优先检索策略。利用这些详细的 FT 分类位置经常可以快速、准确地检索到 X、Y 类对比文件,省略了确定关键词的繁琐过程,以及语义表达不穷尽带来的漏检风险。但是,F-Term 分类号仅涉及具有日本同族的专利文献也是 F-Term 不可忽视的一个短板,因此在利用 F-Term 分类号进行检索后没有命中相关文献,必须通过关键词、CPC、IPC 来进一步扩展检索。

四、总 结

合理地选择分类体系作为检索入口可以提高检索的效率和准确性。在 IPC、CPC、F-Term 三种分类体系中,F-Term 从技术的多个侧面,如测试的内容、手段进行分类,测试用的对象、装置、设备角度等进一步细分,因此在半导体测试技术领域可作为优先检索策略。采用 F-Term 分类体系作为检索入口,将会大大提高对该领域日本专利文献检索的查全率和查准率,对于日本申请相对集中的半导体测试领域是一种快速、准确、高效的检索手段。虽然 CPC 分类号在系统性和细分程度上和 F-Term 还具有一定的差距,但是相对于传统的 IPC 分类相比,已经初步形成了具有细分的系统分类体系,并且由于 CPC 更新迅速的特点,在未来存在进一步细分优化的可能性,因此采用 CPC 作为检索入口不失为一种有效的检索途径。IPC 分类号在分类的细化程度上有所欠缺,但是其作为通用性最高的一种分类号,当其他检索途径均未获得有效对比文件时,采用 IPC 分类号的扩展检索是保证半导体测试技术领域检索全面性的必要手段。

参考文献:

[1] 郭青. 浅析 CPC 分类体系 [J]. 中国发明与专利,2016 (1):90-94.